I0759834

MAÏMONIDE
ET LES BROUILLONS AUTOGRAPHES
DU *DALÂLAT AL-ḤÂ'IRÎN*
(*GUIDE DES ÉGARÉS*)

DANS LA MÊME COLLECTION

A catalogue of 13th-century Sophismata. Part I : Introduction and Indices ; Part II : Catalogue, by S. Ebbsen and F. Goubier, 2010, 1024 p.

ABÉLARD Pierre : *Des intellections.* Texte latin établi, introduit, traduit et commenté par P. Morin, 1994, 176 p.

– *De l'unité et de la trinité divines.* Intro., trad. et notes par J. Jolivet, 2001, 144 p.

ALBERT LE GRAND : *Métaphysique. Livre XI, Traités II et III.* Texte latin établi, introduit, traduit et annoté par I. Moulin, 2009, 480 p.

AVERROÈS : *La béatitude de l'âme.* Édition, traduction, études doctrinales et historiques d'un traité d'"Averroès" par M. Geoffroy et C. Steel, 2001, 336 p.

– *Commentaire moyen sur le* De interpretatione. Introduction, traduction et notes par A. Benmakhlouf et St. Diebler, 2000, 208 p.

– *Grand Commentaire (*Tafsîr*) de la* Métaphysique. *Livre Bêta.* Traduction de L. Bauloye précédé de *Averroès et les apories de la* Métaphysique *d'Aristote*, 2002, 336 p.

BRENET Jean-Baptiste : *Transferts du sujet. La noétique selon Jean de Jandun,* 2003, 512 p.

CESALLI Laurent : *Le réalisme propositionnel. Sémantique et ontologie des propositions chez Jean Duns Scot, Gauthier Burley, Richard Brinkley et Jean Wyclif,* 2007, 496 p.

DEMANGE Dominique : *Jean Duns Scot. La théorie du savoir,* 2007, 480 p.

ERISMAN Christophe : *L'Homme-Commun. La genèse du réalisme ontologique durant le haut Moyen Âge*, avec une préface de J. Marenbon, 2011.

GUILLAUME D'AUVERGNE : *De l'âme* (chap. VII, 1-9), Introduction, traduction et notes par J.-B. Brenet, 1998, 168 p.

GUILLAUME HEYTESBURY : *Sophismata asinina. Une introduction aux disputes médiévales.* Présentation, édition critique et analyse par F. Pironet, 1994, 644 p.

GUIRAL OT : *La vision de Dieu aux multiples formes.* Quolibet tenu à Paris en 1333. Édition, traduction et introduction par Ch. Trottmann, 2001, 288 p.

JEAN BURIDAN : *Sophismes.* Texte introduit, traduit et annoté par J. Biard, 1993, 304 p.

La condamnation parisienne de 1277. Texte latin traduit, introduit et commenté par D. Piché, 1999, 352 p.

La *sophistria* de Robertus Anglicus. Étude et édition par A. Grondeux et I. Rosier-Catach, 2006, 416 p.

Langage, science, philosophie, au XIIe siecle, J. Biard (éd.), 1999, 256 p.

Le problème des universaux à la faculté des arts de paris entre 1230 et 1260. Édition critique sélective, traduction, analyses structurelle et formelle et étude historico-philosophique par D. PICHÉ, 2005, 366 p.

MICHON Cyrille : *Nominalisme. La théorie de la Signification de Guillaume d'Occam,* 1994, 528 p.

NICOLAS D'AUTRÉCOURT : *Correspondance, Articles condamnés.* Édité par L. M. de Rijk, introuction, traduction, et notes par Ch. Grellard, 2001, 192 p.

PORPHYRE : *Isagoge.* Texte grec traduit en vis-à-vis, latin à la suite, par A. de Libera et A.-P. Segonds, introduction et notes par A. de Libera, 1998, 268 p.

ROSIER Irène : *La parole comme acte. Sur la grammaire et la sémantique au XIIIe siècle,* 1994, 368 p.

SIRAT Colette et GEOFFROY Marc : *L'original arabe du* Grand commentaire *d'Averroès au* De anima *d'Aristote. Prémices de l'édition,* 2005, 126 p.

TISSERANT Axel : *Pars theologica. Logique et théologique chez Boèce,* 2008, 448 p.

THOMAS D'AQUIN : *Les créatures spirituelles.* Texte établi, introduit, traduit et annoté par J.-B. Brenet, 2010, 320 p.

VALENTE Luisa : *Logique et théologie. Les écoles parisiennes entre 1150 et 1220,* 2008, 448 p.

Sic et Non

Collection dirigée par Alain DE LIBERA

MAÏMONIDE ET LES BROUILLONS AUTOGRAPHES DU *DALÂLAT AL-ḤÂ'IRÎN* (*GUIDE DES ÉGARÉS*)

par

Colette SIRAT

Silvia Di DONATO

Accompagnement éditorial

Françoise Bosquet

Appendices

Marie-Jeanne Sedeyn et Philippe Bobichon

Avec la participation de

Simon Bellahsen, Emmanuel Betti, Philippe Bobichon, Moïse Darmon, Yaffa Ellenberger, Nabil Elsakhawi, Marc Geoffroy et Robert Ninio

Ouvrage publié avec le concours du Centre national du livre

PARIS

LIBRAIRIE PHILOSOPHIQUE J. VRIN

6, Place de la Sorbonne, V^e^

—

2011

À Françoise Bosquet et Richard Medioni
dont les beaux livres et l'amitié réjouissent ma vie
depuis de nombreuses années.

Colette Sirat.

Imprimé en France
ISSN 1248-7279
ISBN 978-2-7116-2318-1

www.vrin.fr

Avant-propos

Durant quatre années académiques, de 2002 à 2006, la conférence de « Paléographie hébraïque médiévale » de l'École pratique des hautes études (section des sciences historiques et philologiques) a été consacrée à l'étude des autographes du *Guide des égarés* de Maïmonide. Les auditeurs, Simon Bellahsen, Emmanuel Betti, Philippe Bobichon, Moïse Darmon, Silvia Di Donato, Yaffa Ellenberger, Nabil Elsakhawi, Marc Geoffroy et Robert Ninio, ont activement participé à cette étude. Ils ont aussi apporté leurs critiques à la rédaction du livre présenté ici.

Silvia Di Donato a repris tout le dossier de l'édition, l'a complété et mis en page : elle signe donc la partie II du livre. Marie-Jeanne Sedeyn a bien voulu appliquer aux autographes de Maïmonide la méthode qu'elle emploie dans ses expertises en écritures : on lira son rapport dans l'Appendice A. Philippe Bobichon a utilisé ses connaissances approfondies du *Pugio fidei* pour rédiger l'Appendice B.

Moi-même ai rassemblé les éléments et composé les autres parties du livre. Le lecteur verra que les hypothèses de Silvia Di Donato et les miennes ne concordent pas toujours, les étudiants de Maïmonide ne s'en étonneront pas.

Je remercie vivement les amis qui ont bien voulu relire cet ouvrage et m'en signaler les erreurs : d'abord, Françoise Bosquet, dont les questions et les corrections ont été d'une importance primordiale, Marc Geoffroy, qui a revu les transcriptions de l'arabe, et aussi Dragos Calma et Olga Weijers, dont les remarques ont été précieuses. Suzanne Madon a revu le manuscrit avec une patience sans faille. Les fautes qui demeurent sont de mon entière responsabilité.

Il me reste encore à exprimer ma gratitude profonde à Françoise Bosquet et à Richard Medioni, qui ont eu l'amitié de mettre en page ce livre avec le soin et le sens du beau qu'ils montrent généralement dans des livres d'art.

Tous mes remerciements à Alain de Libera, qui a bien voulu accueillir ce livre dans la collection qu'il dirige, et aux directeurs de la Librairie philosophique Vrin, Anne-Marie Arnaud et Denis Arnaud : publier « chez Vrin » est toujours un honneur et un plaisir.

Colette Sirat

Table des illustrations
de la main de Maïmonide

Introduction

1. Maïmonide et le *Dalâlat al-Ḥâ'irîn*

Depuis le Moyen Âge, Maïmonide (Moïse b. Maïmon, Musâ b. Maymûn ou encore Rambam) est l'un des savants juifs les plus connus dans sa communauté religieuse mais aussi parmi les chrétiens et les musulmans. Ses œuvres, toujours lues et étudiées, continuent à susciter l'admiration ou l'animosité.

La première partie de sa vie est entourée de mystère. Il naquit à Cordoue, en Andalousie musulmane, en 1138[1]. En 1148, la conquête de l'Espagne par la dynastie almohade, qui donnait à choisir entre l'islam et l'expulsion, fit fuir un grand nombre de juifs[2]. Sous la pression du gouvernement almohade, qui fut particulièrement sévère en Andalousie, un grand nombre de juifs se convertirent alors à l'islam.

Il semble clair que, malgré son intolérance religieuse, le régime almohade n'obligea pas tous ses sujets non musulmans à se convertir à l'islam. Les décrets royaux ne furent pas suivis partout, ni toujours, de la même manière, et il reste des témoignages abondants d'une vie juive intellectuelle et professionnelle datant de ces temps troublés. Certains juifs se réfugièrent plus tard dans des royaumes musulmans moins extrémistes afin de revenir ouvertement à la religion de leurs pères.

En 1148, Maïmon et sa famille se réfugièrent d'abord dans d'autres parties d'Espagne. Il semble qu'ils séjournèrent un temps à Séville, puis ils s'installèrent au Maroc, lequel était cependant aussi sous domination almohade. Ainsi, Maïmonide demeura dans des États assujettis aux lois almohades jusqu'en 1168. Il avait alors trente ans. La conversion de Maïmonide à l'islam durant cette période de sa vie est affirmée par un certain nombre d'historiens musulmans[3] et niée par un certain nombre d'historiens juifs.

1. Et non en 1135, comme on le lit pratiquement partout ; y compris dans la date des commémorations ! La date de 1135 était basée sur une note copiée sur ce que l'on croyait être un autographe de David ben Abraham, le petit-fils de Maïmonide. Cette date fausse a été répétée durant des siècles (je l'ai fait moi-même jusqu'en 1975, *mea maxima culpa* !). En fait, le colophon autographe de Maïmonide à la fin de son *Commentaire sur la Mishna*, daté de 1168, montre que sa naissance avait eu lieu en 1138. Cf. Les références réunies dans mon article (1987), p. 114, n. 4 et 5, et Davidson (2005), pp. 6-9.

2. On lira maintenant les deux premiers chapitres du livre de Sarah Stroumsa (2009), pp. 1-83, qui font le point sur la biographie de Maïmonide comme sur le milieu politique et idéologique dans lequel il a évolué. Nous remercions vivement S. Stroumsa de nous avoir communiqué plusieurs chapitres de son livre avant sa parution.

3. « Quand 'Abd al-Mumin ibn 'Alî al-Kûmî, le Berbère qui conquit le Maghreb, proclama dans les pays sur lesquels il régna l'expulsion des juifs et des chrétiens, il leur fixa un terme et stipula que celui qui se convertit à l'islam là où il se trouve pourra conserver les moyens de sa subsistance et aura les mêmes droits et les mêmes devoirs qu'un musulman. Mais celui qui continue de suivre la

Certains événements de la vie de Moïse b. Maïmon[4] rendent sa conversion moins probable qu'on peut l'imaginer. Revenir au judaïsme après une conversion à l'islam n'a jamais été sans danger ; même dans des royaumes islamiques modérés, les renégats notoires étaient punis de mort. Or, dès son arrivée en Égypte, Maïmonide se lança dans une vie publique et politique, très engagée dans les milieux musulmans, et fortement « médiatisée ». Un renégat n'aurait peut-être pas pu s'engager dans ce genre de vie ; une ascension sociale aussi rapide et aussi « voyante » eût été difficile si Maïmonide avait vécu sous l'épée de Damoclès d'une dénonciation[5] ! La « conversion à l'islam » a été souvent reprise[6] mais aucune preuve n'est apodictique ni dans un sens ni dans l'autre.

On pourrait dire que, en somme, la conversion de Maïmonide à l'islam n'a pas d'importance en soi. Elle ne change rien à sa pensée, ni à ses œuvres. En effet, trop souvent, le public tend à confondre l'islam (la religion arabe dominante) et le milieu culturel arabe, dont faisaient partie juifs, chrétiens de toute obédience et tenants des autres religions de l'empire musulman. Or, Maïmonide est bien de culture arabe tout autant que de culture juive ; il ne lui était pas nécessaire de se convertir à l'islam pour être, de plein droit, un savant arabe et ressentir profondément l'influence de l'idéologie almohade, comme le montrent clairement nombre d'études récentes[7] et comme nous le verrons dans la partie III de cette étude.

Après quelques mois passés en Terre sainte, en 1165[8], la famille Maïmon séjourna à Alexandrie puis se fixa définitivement à Fostat. Maïmonide y mourut en 1204, entouré d'honneurs, révéré par nombre de ses concitoyens de toutes religions et pleuré dans la plupart des milieux juifs de la diaspora.

Dès son arrivée en Égypte, probablement en 1168, Maïmonide se présenta comme une autorité religieuse et politique dans la communauté juive et devant les dirigeants arabes, commençant ainsi une carrière communautaire et politique brillante dont nous n'avons pas d'autre exemple dans toute l'histoire juive médiévale[9].

religion de sa communauté doit ou bien partir avant le terme fixé, ou bien il sera, après ce terme, un sujet du sultan exposé à la mort et à la destitution de ses biens. » Ce texte (partie d'une notice dans le dictionnaire biographique de l'historien de la médecine Al-Qifṭî et repris ensuite par Ibn Abî Uṣaybi'a) est la base unique de l'affirmation que la famille Maïmon ne quitta pas Cordoue sur-le-champ et suivit quelque temps la religion musulmane. Les textes, en arabe et en traduction française, se trouvent déjà dans Munk (1842) p. 38 *sqq.*, lequel dresse un large tableau historique de la situation. A. Badawi (1987), p. 47-48, reprend le problème et donne de nouveau, en français, une partie de la notice. Dans le même volume, mon article (1987) donne la traduction française des textes anciens et de ceux qui ont été ajoutés au dossier depuis 1842. Voir, en dernier, Davidson (2005), pp. 9-28, et les chapitres de Stroumsa cités dans la note précédente.

4. Goitein (1980).

5. Maïmonide ne manquait pas d'ennemis et, de fait, il est question d'une dénonciation à la fin de sa vie, mais pas avant.

6. Ce genre de rumeur fut propagé à propos d'autres personnalités juives, toujours sans preuves. Remarquons seulement que les juifs convertis à l'islam, et certains furent fort célèbres, n'ont jamais caché leur conversion et qu'elle est mentionnée dans les sources juives.

7. Ce sujet sera repris dans la conclusion, p. 263.

8. Publiée par Stroumsa (1999). Cf. Davidson (2005, pp. 29-30 et n. 108) ainsi que la mise au point de C. Cohen (2007).

9. L'ouvrage classique de D. Yellin et I. Abrahams (1972) doit être complété par un article de S. D. Goitein (1980).

Sa carrière de savant talmudiste et de philosophe avait commencé bien avant[10] et, parmi ses œuvres, certaines furent immédiatement célèbres. Très jeune, à 16 ans peut-être, il avait rédigé un petit *Traité de logique* plus ou moins imité des ouvrages d'Al-Fârâbî[11]. En 1168, notre auteur avait terminé son *Commentaire sur la Mishna*. Le *Mishné Tora* – le seul ouvrage composé en hébreu – fut terminé en 1180. Il comprend 14 livres (« yd » en chiffres hébreux) et on le surnomma *Ha-yad ha-hazaqa*, « La main forte ». À ces compositions de droit rabbinique s'ajoutèrent d'autres essais sur des sujets particuliers et une correspondance abondante avec les communautés juives ou avec des individus posant des questions de droit ou de morale[12]. Plus tardivement, il rédigea des livres de médecine à l'intention d'étudiants en médecine juifs et musulmans[13], et de patients de la noblesse musulmane.

Les ouvrages de droit rabbinique, destinés au grand public, contiennent nombre de passages philosophiques dont la teneur aristotélicienne courante est évidente. Le *Commentaire sur la Mishna*, terminé en 1168, inclut deux introductions philosophiques : celle au traité *Abbot* est (en *Huit chapitres*) un petit résumé de psychologie et de morale ; l'introduction au *Pereq Heleq* expose les treize principes de la foi et seul le treizième, la résurrection des morts, n'est pas fondé sur la raison philosophique. Le premier livre du *Mishné Tora* : le *Livre de la connaissance*, est un exposé des bases de la philosophie aristotélicienne médiévale[14].

Au début, les prises de position philosophiques du Maître furent généralement acceptées par le public sans réactions hostiles. La réputation qui entourait le décisionnaire et l'homme politique était immense. Contrairement aux autorités religieuses, qui s'opposaient à Maïmonide, la plus grande partie des juifs ne connaissait pas les idées philosophiques et n'en voyait pas les conséquences idéologiques. Cette célébrité précéda le seul livre qui se voulait ouvertement philosophique : le *Guide des égarés* – il vaudrait mieux traduire « des désorientés[15] ». Elle en fit, avant même sa parution, un livre mythique qui déchaîna les passions

10. Cf. la traduction française de Rémi Brague (1996). Nous pensons, avec beaucoup d'autres historiens, que H. A. Davidson (2005, pp. 313-322) a tort de l'exclure de la liste des ouvrages philosophiques de Maïmonide.

11. Cf. Brague (1996).

12. Les bibliographies abondent, cf. Riegler (2004). Pour une présentation générale, voir : Davidson (2005).

13. Cf. Langermann (2004) et Davidson (2005), pp. 427-483. Maïmonide était bien intégré dans le milieu des médecins à Fostat. On verra plus loin qu'un livre lui appartenant a servi à corriger le texte d'un livre d'Avicenne en caractères arabes.

14. Cf. deux articles de S. Pines (1985) et (1986).

15. Salomon Munk a donné à sa traduction française du *Dalâlat al-Ḥâ'irîn* le titre de *Guide des égarés*. Voir à ce sujet la note de S. Munk, reproduite dans le livre I, pp. 379-380. Le mot *égarés* traduit mal le sens du mot *ḥâ'irîn* qui connote un état de perplexité, de doute, celui qu'éprouve un voyageur à la croisée des chemins. Pour sa traduction anglaise (1963), S. Pines a choisi le mot : *perplexed*. Cependant, nous utiliserons ici le titre et la traduction française de S. Munk (en la rendant quelquefois plus littérale) car, ainsi que le remarque H. A. Davidson (1992, p. 198) : « La traduction de S. Munk est l'une des deux ou trois meilleures traductions qu'on ait jamais faites d'un texte philosophique médiéval arabe ou hébreu. » Ajoutons que les notes (malheureusement supprimées dans l'édition Verdier) sont d'une érudition remarquable ; elles m'ont beaucoup aidée et sont souvent citées dans mon travail.

des contemporains, en pays musulman comme en pays chrétien. Et c'est le *Guide* qui continue à occuper le centre de la scène de la vie des idées dans la communauté juive ; c'est lui encore qui est connu parmi les non-juifs.

Esquissant un tableau de la personnalité et de l'œuvre de Moïse b. Maïmon, Salomon Munk place au début l'établissement rationnel du corpus des lois religieuses du Talmud. En effet, nous avons vu que les efforts d'organisation des lois religieuses et leur fixation systématique occupèrent Maïmonide durant presque toute sa vie[16], mais c'est bien la philosophie qui fait de Maïmonide une personnalité « incontournable ». Et dans le *Dalâlat al-Ḥa'yrin* destiné à son élève Simon b. Juda, un apprenti philosophe, c'est bien en philosophe qu'il parle.

La philosophie grecque, traduite en arabe, avait des adeptes, relativement peu nombreux, dans la communauté juive depuis le Xe siècle[17], mais elle était considérée comme une « science extérieure ». Selon Salomon Munk, Maïmonide réconcilia le judaïsme et la philosophie :

« À la connaissance la plus approfondie de la vaste littérature religieuse des juifs, il joignit celle de toutes les sciences profanes alors accessibles dans le monde arabe. Il fut le premier à introduire un ordre systématique dans les masses informes et gigantesques des compilations talmudiques, à établir l'édifice religieux du judaïsme sur des bases fixes, et à énumérer les articles fondamentaux de la foi. Offrant ainsi le moyen d'embrasser l'ensemble du système religieux, il put, sinon réconcilier entièrement la philosophie et la religion, du moins opérer un rapprochement entre elles, et, en reconnaissant les droits de chacune, les rendre capables de se contrôler et de se soutenir mutuellement[18]. »

Le *Moré ha-nevukhim* (son titre hébreu) fut rédigé en arabe et intitulé *Dalâlat al-Ḥâ'yrîn.* Cette rédaction prit place à un moment très difficile de la vie de l'auteur : les critiques de ses prises de position dans le *Commentaire sur la Mishna* et le *Mishné Tora* avaient pris un tour particulièrement acerbe. Maïmonide y répondit par un pamphlet : *Traité sur la résurrection des morts*[19]. Les années de rédaction furent donc des années de polémique, nous le constaterons en examinant les brouillons autographes.

Dès 1192, le livre était lu en pays d'islam, et critiqué dans les milieux rabbanites de Bagdad. En 1201, il était connu par des musulmans. Le médecin arabe 'Abd al-Laṭîf, venant de Bagdad, rencontra le *Rayyis* Mûsâ ibn Maymûn (nom arabe de Maïmonide). Le savant Ibn Abî Uṣaybi'a nous a conservé le rapport sur Maïmonide que lui fit ensuite le médecin arabe :

« Il [Maïmonide] a composé un livre destiné aux juifs qu'il a appelé *Kitâb al-Dalâla* et il a maudit celui qui l'écrirait dans une écriture non hébraïque[20]. Je me suis rendu compte de ce qu'il en était, j'ai trouvé que c'était un mauvais

16. Cf. Davidson (2005), pp. 122-304.

17. Au sujet de l'histoire de la philosophie juive au Moyen Âge, on peut consulter mon livre (1988).

18. Cf. Munk (1857, 1955) p. 486.

19. Ed. Finkel (1938-1939) ainsi que la traduction anglaise par A. Halkin et la discussion de D. Hartman (1985), pp. 209-282.

20. Voir plus loin la discussion sur les caractères, hébreux et arabes, du texte du *Guide.*

livre qui corrompt les fondements des lois et des croyances [religieuses] par cela même grâce à quoi il croit les améliorer[21]. »

À l'appui de son opinion négative, 'Abd al-Laṭîf détaille trois points que nous discuterons plus loin :

- Maïmonide avait interdit qu'on écrivît le livre si ce n'est en caractères hébraïques, c'est-à-dire qu'il avait défendu qu'on l'écrive en caractères arabes.
- Le but du livre était d'améliorer les croyances des juifs.
- Le moyen employé – sous entendu, la philosophie – corrompt les fondements des lois et des croyances religieuses.

Il ne fait pas de doute que les deux derniers jugements étaient partagés par les dirigeants des milieux rabbanites d'Orient, lesquels connaissaient suffisamment les idées philosophiques pour en redouter l'influence. Les idées que Maïmonide a voulu imposer au peuple juif (unité et incorporalité de Dieu, négation des attributs divins, obligation d'une connaissance scientifique du monde et rejet des « fausses sciences » comme l'astrologie, la croyance à la magie et au pouvoir des « noms » de Dieu, etc.) ont été combattues de son temps, et, après sa mort, de violentes polémiques opposèrent en Europe maïmonidiens et anti-maïmonidiens[22].

De son vivant, la situation était bien différente : en Provence, en Espagne et en Italie[23], c'est avec impatience et enthousiasme que les juifs des milieux cultivés, avides des idées philosophiques, attendaient de pouvoir prendre connaissance du livre mais, comme les autres juifs d'Europe chrétienne, ils ne lisaient pas l'arabe. Le livre fit carrière sous son titre hébreu : *Moré ha-nevukhim.*

Il semble que le poète Juda al-Harizi rédigea une première traduction d'un style soigné et littéraire (nous n'en connaissons pas la date) ; mais cette traduction ne fut pas considérée comme suffisamment exacte[24]. À défaut de recevoir une traduction de l'auteur lui-même, on se tourna vers la famille des Tibbonides. Juda ibn Tibbon était un traducteur célèbre ; il était originaire de Grenade et avait élevé son fils Samuel dans la culture arabe. Certes, il n'était guère satisfait des résultats de cette éducation[25] mais il avait tort : Samuel ibn Tibbon se révéla le digne successeur de son père ; il fut convaincu de s'atteler à la tâche et

21. Cf. *Uyûn al-anbâ'fi tabaqât al-Aṭibbâ'*, éd. Beyrouth, 1965, p. 687. Cette traduction donnée dans mon article de 1987 (pp. 110-113) est de S. Pines. 'Abd al-Laṭîf avait peut-être lu le livre en caractères arabes mais il est plus probable qu'on lui en avait fait la lecture.

22. On trouvera un résumé des polémiques et la bibliographie de base dans mon livre (1988). Plus récemment, voir : Harvey (2000) et, surtout, le large tableau tracé par Kellner (2006, pp. 1-32) qui constate la persistance des idées combattues par Maïmonide dans le monde juif tout au long de l'histoire et encore de nos jours.

23. Contrairement à leurs coreligionnaires des pays d'islam, qui lisaient et écrivaient l'arabe et participaient à la culture ambiante, les juifs d'Occident étaient plongés dans un milieu chrétien où la philosophie et les sciences faisaient partie de la culture mais n'étaient accessibles qu'en latin, langue enseignée dans des écoles chrétiennes fermées aux juifs.

24. Le rapport entre les deux traductions a donné lieu à différentes interprétations ; voir, en dernier : Fraenkel (2007).

25. Cf. le testament moral publié en hébreu et traduit en anglais par I. Abrahams (1926, 1976), pp. 51-92. Juda reproche à Samuel, entre autres, de n'avoir pas appris à écrire correctement la calligraphie arabe, malgré les leçons dispendieuses qui lui avaient été données (p. 59).

sa traduction du livre vers l'hébreu fut terminée quelques mois avant la mort de l'auteur, en 1204. Cette traduction n'était pas très littéraire ; en revanche, elle s'efforçait à l'exactitude et fut maintes fois révisée. Malgré les critiques acerbes du philosophe Shem Tov ibn Falqéra[26], elle s'imposa[27] et relégua dans l'ombre celle du poète[28]. Jusqu'à la parution de l'édition du texte arabe entre 1846 et 1856, c'est le texte hébreu de Samuel ibn Tibbon qui fut le *Guide* de tous les lecteurs juifs en milieu occidental.

La traduction d'Al-Harizi servit de base à une (ou deux ?) traduction latine, qui fut faite, peut-être, dès les années 1220[29], et peut-être à la cour de l'empereur Frédéric II. En tout cas, dans les années 1230, Frédéric II, Michael Scot et Jacob Anatolio discutaient ensemble de l'interprétation du *Guide*[30]. Au XIIIe siècle, le livre continua à être étudié par des chrétiens en Italie[31], en Espagne[32], et à Paris où il a été souvent cité par Siger de Brabant (Rabbi Mosse) et par Thomas d'Aquin[33], comme il le fut, en Orient, parmi quelques musulmans[34] et un certain nombre de chrétiens[35]; mais l'intérêt baissa assez rapidement sans jamais cesser totalement.

Parmi les juifs, au contraire, le rôle central du livre s'est constamment maintenu. Au cours des siècles, on a écrit environ quatre-vingts commentaires[36] et il n'est pas de livre de pensée juive postérieur au *Guide* qui ne le cite pas ou qui n'y fasse pas allusion. Aujourd'hui encore, les études sur Maïmonide sont si nombreuses qu'il a été nécessaire de compiler une *Bibliographie des bibliographies*[37].

Le *Guide des égarés* est un ouvrage de maturité sinon de vieillesse ; en 1190, à l'époque où il terminait le livre, treize ou quatorze ans avant sa mort, Maïmonide avait 54 ans. Ce livre présentait-il une nouvelle réflexion sur les problèmes de la religion et de la philosophie ? Répétait-il, sous une autre forme, les idées qu'il avait exprimées auparavant ? Son but était-il vraiment de réconcilier la religion et la philosophie ? Le livre est-il un livre de philosophie ou un traité d'exégèse religieuse ?

26. Cf. Shiffman (1996, 1999).

27. Sur le rôle joué par Samuel ibn Tibbon dans la transmission et l'exégèse du *Guide*, cf. Fraenkel (2005).

28. Il n'en reste q'un seul manuscrit ! Cf. Bobichon (2008), pp. 154-160.

29. Cf. Freudenthal (1988), Hasseldorf (2002 et 2004), ainsi que, dans Rubio (2006), pp. 266-306.

30. Sirat (1989), pp. 171-172

31. Cf. Sermonetta (1969). En 1278, frère Jean de Turin, dominicain italien, était autorisé à léguer au couvent de Turin, par lui fondé, 70 volumes dont *Rabi Moises*, un renseignement aimablement fourni par Louis Jacques Bataillon. Cf. Bataillon (2005), pp. 123-124.

32. Dans le *Pugio fidei* de Raymond Martin (Espagne, Tunis), encore en cours de rédaction en 1278, on trouve 14 mentions du *Guide*; voir l'appendice B par Philippe Bobichon, p. 279-280.

33. Cf. Imbach (1995), pp. 48-64, qui donne un beau résumé de ces citations ; une référence que je dois à l'amabilité de Dragos Calma. Voir également : Rubio (2006).

34. Le premier commentaire philosophique suivi sur le *Guide* (les 25 propositions au début de la partie II) est dû à Abû Muḥammad ibn Abî Bakr al-Tabrîzî (Perse, XIIIe siècle), mais n'a été conservé qu'en hébreu. Cf. Steinschneider (1893, 1956) § 207, pp. 361-363.

35. Cf. Vajda (1960).

36. Davidson (2005) p. 403, n. 159.

37. Riegler (2006).

Ces questions et bien d'autres ont maintes fois été posées. En effet, le *Guide* est un livre où chaque mot compte. Dans son introduction, l'auteur affirme :

« Si tu veux comprendre tout ce que [ce traité] renferme, de manière à ce qu'il ne t'en échappe rien, il faut combiner ses chapitres les uns avec les autres, et en lisant un chapitre il ne faut pas seulement avoir pour but de comprendre l'ensemble de son sujet, mais aussi de saisir chaque parole qui s'y présente, quand même elle ne ferait pas partie du sujet [principal] du chapitre. Car dans ce traité il ne m'est jamais arrivé de parler comme par hasard, mais [tout a été dit] avec une grande exactitude et avec beaucoup de précision, et en ayant soin de n'y laisser manquer aucune explication d'aucune obscurité ; et si on y a dit [çà et là] quelque chose qui n'est pas à sa place, ce n'a été que pour expliquer quelque autre chose à sa véritable place[38]. »

Les ouvrages, imprimés et manuscrits, qui tentent de faire comprendre au lecteur « tout ce que le traité renferme » sont innombrables. Depuis la mort du Maître, en 1204, ne rien laisser échapper du sens du *Guide* a occupé un grand nombre d'érudits, mais leurs interprétations sont très contradictoires : selon leurs opinions personnelles, les commentateurs ont cru retrouver dans le livre les opinions philosophiques des philosophes arabes (Avicenne ou Averroès), leurs opinions philosophiques personnelles, les idées kabbalistiques auxquelles ils croyaient, ou encore ils ont interprété le livre dans un sens religieux conforme à la lettre de la Bible[39].

2. Édition critique et brouillons autographes

Cette colossale somme d'érudition a des pieds d'argile : puisque, dans le *Guide*, chaque mot est indispensable à la compréhension, on s'attendrait à ce que chaque mot de chaque manuscrit soit examiné et pris en compte. Il n'en est rien. Les très nombreuses études sur la pensée du second Moïse ne reposent sur aucune édition de ce genre. Et pourtant, ce travail philologique s'impose depuis le XIXe siècle pour tous les textes importants et les moyens modernes de reproduction le facilitent. Certes, comme on va le voir, il ne peut s'agir d'une édition basée sur un stemma car les conditions d'édition des textes juifs diffèrent profondément de celles dont les philologues latins ont l'habitude[40], mais ce pourrait être une édition qui utiliserait l'ensemble de la tradition manuscrite.

Les vœux appelant à l'élaboration d'éditions répondant aux critères de la science moderne n'ont certes pas manqué[41] ! Mais ils n'ont pas été suivis d'effet.

38. Trad. Munk, I, p. 23.

39. On en trouve un excellent tableau dans Ravitzky (1996) p. 246-303. Cf. également Kellner (2006).

40. L'ecdotique, l'art de publier les textes de manière critique, a donné lieu à de nombreuses publications mais la définition a changé. Son but idéal n'est plus de reconstituer, à l'aide de documents divergents, un texte ayant le plus de chance possible de se rapprocher du texte original, mais une « édition où tous les éléments accessibles sont pris en compte et évalués avant d'être, en connaissance de cause, négligés ou exploités ». Cf. Bourgain (1992), p. 16, et le fort intéressant guide de Huygens (1901). Pour les textes hébreux, cf. Sirat (1980).

41. Cf. Hirschfeld (1895), Yellin (1929), Goshen-Gottstein (1979), Sirat (1992), Kraemer (2006).

Commençons par la traduction hébraïque de Samuel ibn Tibbon[42], qui fut constamment utilisée dans les études juives jusqu'au XIXe siècle et l'est encore souvent de nos jours. Depuis l'édition princeps (avant 1480), elle a été maintes fois rééditée mais ces éditions traditionnelles sont très fautives, y compris la dernière, qui date pourtant de 2000[43]. Un manuscrit unique reste le seul témoin de la traduction d'Al-Harizi et il a été publié deux fois[44]. Seuls les quelques passages traduits par le philosophe du XIIIe siècle Shem Tov ibn Falqéra (qui désapprouvait la traduction hébraïque de Samuel ibn Tibbon) ont été publiés en tenant compte de l'ensemble de la tradition manuscrite[45]. La traduction latine n'a pas d'édition moderne.

Le texte arabe[46] a été édité par Salomon Munk (1846-1856) puis repris et corrigé par Issachar Joel (1931). L'édition Munk-Joel (« la version canonique » ou « le texte imprimé ») est solide, mais elle n'a pas utilisé tous les manuscrits et comprend encore un certain nombre de fautes[47]. Toutes les traductions modernes, et aussi les deux nouvelles éditions arabes, prennent pour base l'édition canonique[48]. Ce n'est pas que les chercheurs actuels, et beaucoup sont excellents, soient opposés à l'établissement d'un texte plus complet, qui donnerait les variantes existant dans les manuscrits et n'ayant pas été prises en compte dans l'édition, c'est que sa réalisation nécessiterait un travail considérable et nul ne s'en sent capable.

Un fait est plus étrange : les brouillons autographes du *Guide* (6 fragments : 7 feuillets recto-verso, soit 14 pages) n'ont pas été étudiés du point de vue philosophique et leur valeur de témoignage sur la genèse et l'évolution de la pensée de l'auteur n'a préoccupé aucun historien de la philosophie juive. Un folio autographe supplémentaire vient d'être signalé : il porte, sans variante, le poème en hébreu qui précède le *Guide*. La découverte de ces feuillets écrits de la main même de Maïmonide durant la préparation de l'édition du *Guide* a débuté avec l'étude de la geniza du Caire[49].

À partir de la fin du XIXe siècle, cette découverte a bouleversé nos connaissances sur l'histoire et la littérature juives orientales entre le Xe et le XIIIe siècle.

42. Il n'y a pas de liste des manuscrits existants. Les prémices d'une édition critique de la traduction de Samuel ibn Tibbon ont été publiées par M.H. Goshen-Gottstein (1979). Il conclut son étude par les mots : « These two samples may suffice to illustrate that the major text of medieval Hebrew philosophy has had a more chequered history than we would have thought possible » (p. 142). Deux études importantes pointent cependant vers une prise en compte des textes manuscrits de la traduction de Samuel ibn Tibbon : Langermann (1977) et Fraenkel (2007). L'excellence de ces deux publications laisse espérer que l'étude des textes va prendre un nouveau départ !

43. Elle a été faite par Ibn Shmouel et elle est vocalisée.

44. C'est le Paris, BNF, Hébreu 682. Il a été publié pour la première fois à Londres en 1851, puis à Varsovie, avec des notes de B. Sheyer et S. Munk, en 1894. Cf. Ph. Bobichon (2008) pp. 154-160.

45. Par Shiffman (2001). Voir également Shiffman (1996).

46. La liste des manuscrits a cependant été dressée. Cf. Sirat (1992) et Langermann (2000).

47. Comme nous le verrons plus loin, p. 54.

48. Les éditeurs ont, en principe, utilisé des manuscrits différents. En pratique, le texte, lorsqu'il a été collationné avec la version canonique, lui est conforme en tous points.

49. Le nom est généralement admis, mais il inclut bien plus que les fragments découverts dans la synagogue Ben Ezra, cf. Reif (2000).

À l'inverse des archives[50] dont le but est de conserver les écrits dans l'éventualité d'un usage futur, l'institution de la geniza vise, au contraire, à assurer un enterrement décent à des écrits dont on ne peut plus – ou ne veut plus – faire usage mais dont le statut est trop noble (ils sont en caractères hébraïques, lesquels, traditionnellement, viennent de la divinité[51]) pour être jetés avec les autres détritus. Ils étaient donc enterrés dans des cimetières, comme des corps humains. En attendant cet enterrement, ils étaient placés dans un local spécial des synagogues. Par une chance extraordinaire, le local destiné à la geniza dans la synagogue Ben Ezra (Fostat, Le Caire) était très grand. Inauguré en 1040, il ne fut dérangé qu'à la fin du XIXe siècle, lorsqu'on se rendit compte de la valeur scientifique et pécuniaire des « vieux papiers ». La grande majorité des 250 000 documents qui furent retrouvés ont transformé notre conception de la vie des juifs – et des non-juifs – dans l'aire méditerranéenne durant le Moyen Âge et plus particulièrement jusqu'au XIIIe siècle[52]. Ils sont maintenant dans des bibliothèques mais leur catalogage n'est pas terminé.

Les « vieux papiers » de la famille Maïmonide furent jetés à la geniza peut-être au XIVe siècle (on trouve des autographes de cinq ou six générations de la famille). On compte plus de soixante autographes de la main de Maïmonide : des brouillons de lettres et de plusieurs de ses ouvrages, y compris ceux qu'il n'a pas terminés[53], et, parmi eux, les brouillons du *Dalâlat al-Ḥâ'irîn*.

Les fragments 4 et 6 des brouillons du *Guide* ont été édités en 1903[54]. La publication a ensuite été progressive, au fur et à mesure des trouvailles : le fragment 2 en 1929-1930, le fragment 5 en 1985 et 2006[55]. C'est en 1999 que Joel L. Kraemer a, pour la première fois, mentionné l'existence du poème[56].

Le fragment 3 est publié ici pour la première fois, car c'est dans le catalogue de la Collection Mosseri (1990) que son existence a été signalée[57].

50. Contrairement au titre du livre de S.C. Reif: *A Jewish Archive from Old Cairo* (2000). Les juifs ne furent pas les seuls à donner aux livres saints une fin décente, cf. Sedan (1986).

51. Des dossiers mixtes, comprenant aussi des écrits en d'autres alphabets furent jetés à la geniza ; cf. Khan (1993a).

52. Le célèbre livre de S. D. Goitein : *A Mediterranean Society* (1967-1988) le prouve amplement.

53. On en trouvera une première liste dans une étude toujours indispensable : Sassoon (1956). Outre l'introduction et les notes, elle comporte d'excellentes reproductions et elle était jusqu'à présent (voir pp. 269-275 la note de M.-J. Sedeyn) la seule étude existante de l'écriture de Maïmonide. Cette publication a été reproduite en 1990, avec des *addenda* et des *corrigenda*, mais elle n'a pas été diffusée dans le commerce et je remercie vivement le Rav Sassoon de m'en avoir offert un exemplaire. Il faut y ajouter les listes données par S. Hopkins (1983 et 1994), les ajouts de M.A. Friedmann (1993) et Hopkins (2001).

54. On en trouvera la liste au début de l'édition des fragments, pp. 70-71.

55. En 2004, le troisième fragment du folio contenant le chapitre 30 de la partie II a été retrouvé à la Cambridge University Library par B. Outhwaite et il a été publié par Outhwaite et Niessen (2006).

56. Voir plus loin, p. 199, n. 12 et 13.

57. Durant plus de soixante ans, les fragments originaux de la Collection Mosseri (fragments 2 et 3, partie d'une collection d'environ 7000 fragments de geniza) ont été conservés dans des caisses (à Paris) et leur accès interdit aux chercheurs. Cependant, leur microfilmage a été autorisé en 1970 et un catalogue publié en 1990. Tous les étudiants de la geniza se sont réjouis lorsque la famille Mosseri a accepté de confier la collection à la Cambridge University Library, qui en a aussitôt

Les fragments ont été publiés dans divers périodiques[58], mais sans l'accompagnement d'une interprétation philosophique, de sorte que leur existence est bien connue des historiens mais ignorée de la très grande majorité des spécialistes de la philosophie maïmonidienne : on n'en trouve aucune mention dans l'immense littérature consacrée à la philosophie du Maître. Cette ignorance est d'autant plus étrange que trois fragments sont reproduits à la fin de l'édition de Munk-Joel (l'édition canonique !) aux pages 493-501.

Cette absence d'étude des brouillons autographes, alors que la littérature consacrée au maître incontesté de la pensée juive est immense, rappelle une autre forme de cécité idéologique que j'avais constatée lors de mes études sur les manuscrits bibliques. Le Pentateuque, la Loi de Moïse, est conservé sur deux genres différents de livres : écrite à la main sur un rouleau, cette Loi est lue à la synagogue durant l'office liturgique ; le même texte destiné à l'étude est écrit à la main ou imprimé sur un codex, le livre que nous utilisons encore de nos jours[59]. Ni la forme matérielle, ni le texte des rouleaux liturgiques n'ont jamais été étudiés. L'étude critique du texte de la Bible, qui commence avec Spinoza et continue à fleurir de nos jours, n'a jamais pris en compte le texte des rouleaux de la Loi, bien que certains soient aussi anciens que les codex qui servent de base à l'établissement du texte biblique. Plus étonnant encore, les rouleaux n'ont jamais été inventoriés, ni microfilmés ! Ces rouleaux sont considérés par les croyants comme faisant partie de la Loi de Moïse, laquelle est immuable et ne porte pas les traces de l'histoire[60]. Les spécialistes de la critique biblique, qui ne sont pas des juifs religieux et même, dans leur majorité, ne sont pas juifs, n'expriment pas cette opinion mais ils y conforment, de fait, leur conduite scientifique.

Je ne suis pas sûre que l'étude des rouleaux de la Tora apporterait des éléments remarquables et très nouveaux mais, du point de vue méthodologique, la négligence de ces témoins textuels reste incompréhensible. Admiration d'un côté, négligence des détails de l'autre. Ces deux caractères pourraient être la conséquence de l'idée juive « traditionnelle » que ni le texte de la Bible ni celui du *Guide* n'ont d'histoire. Ces textes sont considérés comme d'existence stable et durable car ils font partie des mythes.

En effet, dans l'esprit de bien des penseurs juifs, Maïmonide est le second Moïse, un prophète qui s'élève au-dessus des contingences, fussent-elles textuelles.

commencé la restauration. Nous remercions vivement nos excellents collègues B. Outhwaite et F. Niessen ; en effet, à la suite de leur édition de 2006, ils étaient prêts à publier le fragment 3, mais, apprenant que nous écrivions ce livre, ils nous ont, avec une grande courtoisie, laissé la primeur de l'édition du feuillet.

58. On en trouvera la liste dans la partie II de ce livre, p. 70-71.

59. Le rouleau est la forme de livre qui fut le plus couramment utilisée dans l'Antiquité. La Bible hébraïque destinée à l'étude est, depuis les VIIe-VIIIe siècles, copiée sur des codex, la forme de livre qui a été adoptée dans les civilisations occidentales entre le Ier et le IVe siècle de notre ère.

60. En effet, pour ces croyants, elle préexistait au monde. Chaque lettre qui la compose, chaque mot tel que nous le lisons aujourd'hui, dans l'alphabet carré contemporain, existaient de toute éternité.

Comme la Bible, le texte du *Guide* dans sa version canonique est considéré par les historiens de la philosophie maïmonidienne comme immuable[61], il n'a pas d'histoire[62], ou si peu qu'il ne leur paraît pas indispensable d'y consacrer un travail long, minutieux et ingrat. En revanche, les poèmes, les dithyrambes[63] sont légion, même de la part des critiques du philosophe, et on découvre chaque jour de nouveaux témoignages de l'admiration que l'on a portée et que l'on porte encore à Maïmonide.

COLETTE SIRAT

61. Dans le colophon d'une copie du *Guide* (BNF, Hébreu 683), le scribe applique au texte le verset de Josué 1 :8 : « Ce livre de la Tora ne doit point s'écarter de ta bouche... » Cf. Bobichon (2008), p. 166.

62. S. Hopkins se fait l'interprète de cette opinion lorsqu'il écrit (1987, p. 466) : « It will be seen that the variants are few and insignificant, a circumstance which emphasizes the fact that the manuscript (and printed) tradition of Maimonides' *Guide of the Perplexed* is in general a very faithful reflection of what the Sage of Fustat himself wrote. » On verra plus loin que ce jugement doit être largement nuancé.

63. Voir, par exemple, A. Marx (1935), pp. 389-406, lequel complète seulement un article précédent de M. Steinschneider (1885, 1886).

I

La rédaction du *Guide des égarés*

Colette Sirat

1. Les circonstances de la rédaction du livre

Maïmonide commença à rédiger le *Guide* lorsque son élève Joseph b. Juda ibn Shimon quitta Fostat pour Alep. Joseph b. Juda ibn Shimon (qu'il ne faut pas confondre avec son contemporain, lui aussi admirateur de Maïmonide, Joseph b. Juda ibn Aqnin[1]) était né à Ceuta, au Maroc. Converti de force à l'islam, il acquit cependant dans son pays natal, outre une solide instruction littéraire, scientifique et médicale en arabe, une connaissance approfondie de la langue hébraïque et de la tradition juive. Il semble que ce fut à cette époque qu'il composa son *Traité sur la création du monde*[2]. Passant par l'Espagne pour plus de sûreté, il se réfugia en Égypte (alors sous domination fatimide), où il pouvait, sans trop de risque, retourner au judaïsme. Il arriva à Alexandrie entre 1182 et 1184, et adressa à Maïmonide lettres et poèmes[3], avant de se rendre auprès de lui à Fostat. Il y fut reçu comme un fils et reprit ses études scientifiques sous la direction du Maître, comme on le lit dans la lettre qui figure au début de toutes les éditions du *Guide.*

Ce fut vers 1185 que Joseph b. Juda partit faire du commerce à Alep, et c'est à cette date que Maïmonide lui promit de rédiger le *Guide* : « ... ton absence m'engagea à composer ce traité que j'ai fait pour toi et pour tes semblables, quelque peu nombreux qu'ils soient. J'en ai fait des chapitres séparés, et tout ce qui en aura été mis par écrit te parviendra successivement là où tu seras » (*Guide*, I, pp. 5-6). Les semblables de Joseph sont les *perplexes,* ceux qui sont parfaits dans leur religion et leurs mœurs, qui ont étudié les sciences préparatoires (logique, mathématiques) et éprouvent doute et perplexité face au sens littéral de la Loi religieuse, écrite (la Bible) et orale (la tradition midrashique et talmudique). Faut-il abandonner la raison et rejeter ce qui paraît être les fondements de la loi divine ? Ils ne sont pas à proprement parler *égarés* – bien que le titre donné par S. Munk à sa traduction française du *Guide* soit utilisé ici –, ils sont désorientés, perplexes[4] et cherchent leur voie.

En 1191 ou au tout début de 1192, Joseph b. Juda s'installa à Bagdad et plusieurs éléments indiquent que les trois parties du *Guide* avaient déjà été diffusées en Égypte comme à Bagdad.

Le *Guide* fut donc rédigé entre 1185 et 1190-1191.

La rédaction finale et la publication prirent place à un moment où Maïmonide était engagé dans une controverse virulente avec les talmudistes[5]. Dès sa parution, le *Mishné Tora* avait été critiqué à propos de plusieurs points de droit rabbinique, mais le débat se centra bientôt autour de la résurrection des morts, qu'on accusait Maïmonide d'avoir niée. Certes, elle fait partie des « Treize articles de foi » qu'on lit dans son *Commentaire sur la Mishna*, mais elle n'est pas mentionnée dans le *Mishné Tora*. En 1189-1190, Maïmonide avait reçu à ce

1. Dont le *Commentaire sur le « Cantique des Cantiques »* a été publié par A.S. Halkin, en 1964.
2. Publié par J.-L. Magnes en 1904.
3. Cf. la deuxième des lettres publiées par D.H. Baneth (1946), pp. 6-9.
4. Cf. la n. 15 de l'introduction (p. 15).
5. On trouvera l'histoire racontée dans tous ses détails dans Stroumsa (2009), pp. 165-183.

sujet une lettre du Yémen[6], laquelle fut suivie de l'annonce, provenant de Damas, que Samuel b. Elie, le chef de la yeshiva talmudique, avait écrit un pamphlet contre lui à ce sujet[7]. Peu de temps après, Maïmonide reçut de Joseph b. Juda la réponse que celui-ci avait rédigée pour « réduire au silence[8] » les attaques du pamphlet en question et il rédigea sa propre réponse, le *Traité sur la résurrection des morts*[9] durant l'année juive 4952 (c'est-à-dire probablement en septembre 1191). Or, ce *Traité* cite le *Guide des égarés* : il y est fait mention des trois parties du livre et nous constaterons que ce texte permet de comprendre un grand nombre des caractères que nous verrons dans les brouillons du *Guide*.

C'est en 1192, probablement à la fin de l'année (c'est-à-dire en août ou septembre), que Maïmonide écrit à son disciple une lettre promettant de lui envoyer « six cahiers » de la partie I, pris à l'exemplaire de « quelqu'un d'autre », lettre dont nous avons déjà parlé et à laquelle nous allons revenir[10]. La correspondance avec les Sages de Lunel et Samuel ibn Tibbon confirme ces dates[11].

Les années suivantes, jusqu'à sa mort en décembre 1204, furent occupées par une intense activité médicale, la rédaction de traités de médecine[12] et les obligations juives communautaires. Durant le peu de temps libre qui lui restait, il continua à enseigner les sujets qui sont abordés dans le *Guide des égarés* et à répondre à la correspondance suscitée par les réactions au livre.

Dans son introduction, l'auteur énonce clairement les buts qu'il s'est fixés :

- Expliquer le sens de certains noms qui se présentent dans les livres prophétiques et dont le sens est multiple : ils peuvent être homonymes, métaphoriques ou équivoques. Or, la compréhension de la science de la Loi dans sa réalité, science qui est conforme aux sciences des philosophes, c'est-à-dire à la raison humaine, dépend de leur juste interprétation, laquelle n'est pas l'interprétation traditionnelle et même s'y oppose.

- Expliquer des allégories très obscures qu'on rencontre dans les livres prophétiques et les *Derashot* (*Aggadot*, *Midrashim*) de la tradition orale, lesquels doivent également être interprétés dans un sens ésotérique.

Cet éveil à la compréhension ne s'adresse qu'à ceux unissant à une religiosité parfaite la connaissance des divers sujets des sciences philosophiques, ce qui exclut la majorité des croyants. Même à ces lecteurs privilégiés, seuls les premiers éléments peuvent être donnés et ils doivent l'être de manière non explicite :

6. Soit 1500 de l'ère des Séleucides, une date donnée par Maïmonide dans son *Traité*, § 16, p. 11 de l'édition de J. Finkel.

7. Publié par Langermann (1992-1993 et 2001).

8. Stroumsa (1999).

9. Finkel (1938-1939), la traduction anglaise par A. Halkin (1985), pp. 211-245, est suivie des judicieuses remarques de D. Hartman, pp. 246-286.

10. Cf. D.H. Baneth, *Epistulae*, pp. 67-68.

11. La très bonne édition de Shailat (1995) donne les réponses de Maïmonide mais non les questions de ses correspondants ; on les trouvera dans Marx (1926) et Diezendruck (1936), pp. 352-353.

12. Ils furent écrits à la demande des princes ayyoubides et on en compte dix, tous rédigés entre 1190 et 1204.

« Ces éléments mêmes ne se trouvent pas, dans le présent traité, rangés par ordre et d'une manière suivie, mais, au contraire, disséminés et mêlés à d'autres sujets qu'on voulait expliquer ; car mon but est [de faire en sorte] que les vérités y soient entrevues, et qu'ensuite elles se dérobent, afin de ne pas être en opposition avec le but divin, auquel d'ailleurs il serait impossible de s'opposer, et qui a fait que les vérités qui ont particulièrement pour objet de faire comprendre Dieu fussent dérobées au commun des hommes[13]. »

Pour arriver à ces buts, l'auteur a choisi un plan et une rédaction très différents de ceux de ses ouvrages précédents. Certes, il s'adresse à des lecteurs qui ont la préparation indispensable à la compréhension du sujet, mais ces lecteurs doivent être prêts à faire un effort intellectuel difficile, car l'auteur les oblige à mettre en doute et à examiner d'une manière nouvelle des textes qu'on leur avait appris à prendre dans leur sens obvie, un sens contraire au sens « vrai », le sens philosophique exposé ici. Cependant, le texte du *Guide* ne doit pas non plus être pris dans son sens obvie : le sens philosophique se dissimule dans un ensemble de réflexions qui confondront le lecteur non initié et lui donneront l'impression qu'elles ne s'écartent pas vraiment des idées religieuses traditionnelles.

Les sujets traités (la physique et la métaphysique) sont de ceux qu'il avait enseignés auparavant dans ses ouvrages populaires[14] :

« Nous nous sommes borné à mentionner brièvement les bases de la Foi et les vérités générales d'une manière qui s'approche de l'exposition claire, comme nous l'avons fait dans notre grand ouvrage légal, le *Mishné Tora*[15]. » De fait, les chapitres « philosophiques » du *Guide* sont clairement écrits, mais ils ne suivent pas l'ordre d'exposition systématique qui caractérise le *Mishné Tora*, où philosophie et Tora se suivent sans être mises en rapport l'une avec l'autre. En effet, le but des ouvrages destinés à tous les fidèles était d'exposer clairement et de faire apprendre au vulgaire le minimum de croyances vraies (celles qui sont énumérées dans les « Treize articles de foi[16] ») qui font que la Loi juive est l'unique Loi divine[17].

Ici, les mêmes sujets sont examinés d'une manière fort différente : ils sont mis en relation avec la Loi politique donnée par Moïse, la Tora dont le sens littéral ne concorde pas avec eux, comme le savent bien les perplexes. Il faut résoudre cette discordance et ses raisons doivent être non pas admises par voie d'autorité, mais comprises, car il s'agit des « secrets de la Tora ».

Le plan et la structure du livre sont conformes aux buts que l'auteur se propose : tout en révélant les « secrets de la Tora » aux philosophes, il les dissimulera aux simples fidèles, incapables de comprendre les questions philosophiques.

13. Partie I, introduction, pp. 9-10 de la traduction de Munk.

14. Ces deux sujets avaient déjà été exposés dans le premier livre du *Mishné Tora*, le *Livre de la connaissance*, mais ils n'avaient pas été confrontés à la lettre du texte biblique.

15. Partie I, introduction, p. 16 de la traduction de Munk.

16. Dans le *Commentaire sur la Mishna* (introduction au *Pereq Heleq*), autre ouvrage destiné au grand public.

17. Dans la conclusion, nous essaierons d'expliquer pourquoi Maïmonide tenait à ce que les ignorants admettent un minimum de connaissances vraies à propos de Dieu.

Bien avant la rédaction du *Guide,* Maïmonide avait eu le désir d'expliquer les « sujets difficiles ». Dans son introduction au *Guide*, il rappelle que, dans son *Commentaire sur la Mishna*, c'est-à-dire avant 1168, il avait promis d'écrire un *Livre de la prophétie*[18] et un *Livre de l'harmonie* ; ce dernier était un livre dans lequel nous avions promis « d'expliquer les obscurités de toutes les *Derashot*, dont les paroles extérieures sont dans un grand désaccord avec la vérité et s'écartent du raisonnable et qui toutes sont des allégories[19] ».

Nous verrons plus loin que deux des brouillons autographes sont probablement des parties de ces livres qui ne sont pas arrivés à fruition. L'auteur avait renoncé à écrire ces livres car la méthode allégorique, qui en était la base, aurait seulement substitué une allégorie à une autre. Donner clairement le sens caché des allégories et des paraboles ne pouvait non plus être envisagé puisque la « vérité » ne convient pas au vulgaire. La rédaction du *Guide* évite ces deux inconvénients :

- Au lecteur ignorant, le livre apparaît comme un ouvrage désordonné écrit au fil de la plume, chapitre après chapitre.

- Pour les lecteurs auxquels le Maître s'adresse, c'est tout le contraire : l'exposition claire des vérités générales occupe un certain nombre de chapitres qui s'intercalent parmi des explications concernant les passages bibliques et talmudiques, et servent d'introductions ou de conclusions aux développements qui se succèdent dans un ordre logique. Le plan du livre a été, en effet, soigneusement mis au point par son auteur et chaque mot a son importance.

Mais ces lecteurs ne doivent pas recevoir passivement le texte : ils doivent faire preuve de connaissances préalables, d'une forte volonté de comprendre et d'une ténacité sans faille. Le livre ne pourra être véritablement compris que par ceux qui sauront « combiner les chapitres les uns avec les autres [...] mais aussi saisir chaque parole qui s'y présente dans la suite du discours ».

2. Le plan du livre : parties et chapitres

La partie, le *ǧuz'*[20], représente un groupe de sujets qui sont liés ensemble par nature ou bien groupés ensemble pour des motifs pédagogiques ou de prudence vis-à-vis du vulgaire. Dans sa lettre aux Sages de Marseille, Maïmonide mentionne les trois parties du livre. Dans une liste de livres de la geniza (XIIIe siècle), il est de même question de deux parties[21] du livre. Chaque partie est divisée en chapitres (*faṣl*, plur. *fuṣul*). La division en chapitres est notée par Maïmonide à

18. Dans le principe 7 de l'introduction au *Pereq Heleq,* Maïmonide déclare être en train d'écrire le *Livre sur la prophétie.* Cf. Rabinowitz (1972, p. 142) et Kasher (1995, p. 123).

19. Partie I, introduction, p. 15 de la traduction de Munk. En fait, il avait commencé à rédiger trois livres différents sur le sujet des allégories bibliques et talmudiques, et il les mentionne dans plusieurs passages de son *Commentaire sur la Mishna.* On trouvera dans l'article de H. Kasher (1995, pp. 120-127) une liste des passages où Maïmonide annonce ou signale la rédaction de ces ouvrages.

20. Cf. Humbert (1997).

21. Allony (2006), liste 99, ligne 102, p. 362.

la fin de son épître dédicatoire : « ton absence m'engagea à composer ce traité [...] J'en ai fait des chapitres séparés[22], et tout ce qui en aura été mis par écrit te parviendra successivement là où tu seras[23]. » De fait, dans plusieurs brouillons autographes, comme dans les exemplaires arabes anciens, chaque chapitre est introduit par le mot *faṣl* placé au milieu d'une ligne vierge.

Les livres destinés au grand public sont également subdivisés en chapitres. Par exemple, dans l'introduction du *Mishné Tora*, Maïmonide écrit : « J'ai voulu diviser cet ouvrage en règles, chaque règle à part selon son sujet. Chaque règle sera divisée en chapitres qui relèvent du même sujet. Et je diviserai chaque chapitre en petites règles afin qu'on les retienne dans le bon ordre[24]. »

De même, certains livres de médecine sont divisés en chapitres, par exemple *Les Chapitres de Moïse*[25] et le *Traité sur les causes des symptômes*[26].

Dans le *Guide,* cette architecture – des chapitres, regroupés en trois parties – montre bien que la matière sera subdivisée en unités logiques, unités que le lecteur formé aux disciplines scientifiques saura reconnaître et mettre en rapport les unes avec les autres, comme le montrent les « recommandations » de Maïmonide citées plus haut : « combiner les chapitres les uns avec les autres [...] Car dans ce traité il ne m'est jamais arrivé de parler comme par hasard, mais [tout a été dit] avec une grande exactitude et avec beaucoup de précision[27]. »

Cependant, le découpage en chapitres n'a pas été facile à réaliser et a donné lieu à des flottements, aussi bien durant la mise en forme du livre qu'après la toute première publication.

Dans la partie I, les chapitres sont de deux genres différents, mais tous ont un thème central qui est accompagné de notations reliées à ce thème :

- Certains de ces chapitres sont surtout d'exégèse et expliquent les sens qu'il faut attribuer à deux ou trois mots bibliques selon leur contexte et les substances auxquels ils s'appliquent. Les chapitres 2 et 3 puis 17 à 21 de la partie I, dont nous avons les brouillons autographes, sont de ce genre[28], comme l'est le chapitre 65[29].

- D'autres, plus nombreux dans la partie II, sont des exposés ou des remarques d'ordre philosophique qui précèdent ou suivent des chapitres d'exégèse. Souvent, ces chapitres sont illustrés d'exemples pris dans le texte biblique. Les chapitres 60 et 64 de la partie I, dont il reste des fragments autographes, sont de ce genre[30].

Dans les parties II et III, certains chapitres sont uniquement de philosophie, mais la plupart d'entre eux ne se séparent pas aussi nettement entre philosophie et exégèse.

22. Traduction de Munk, partie I, p. 6 ; Pines, p. 4, a traduit «*dispersed*».
23. Ed. Munk-Joel, p. 13, avant-dernière ligne.
24. *Mishné Tora* (1954), vol. I, fin de l'introduction. Cf. également l'introduction au *Livre des commandements* citée dans Jospe (1988), p. 395.
25. Sur l'œuvre médicale de Maïmonide, cf. Meyerhof (1941) et Langermann (2004).
26. Cf. l'édition de J.O. Leibowitz et S. Marcus (1974).
27. Traduction de Munk, partie I, p. 23.
28. Voir plus loin aux pp. 204-209 ; 217-240.
29. Voir plus loin aux pp. 244-251.
30. Voir plus loin aux pp. 231-243.

Le chapitre 30 de la partie II[31] est particulier : il est composé de courtes notations, midrashiques ou philosophiques, et veut donner les clefs de sujets que le lecteur doit comprendre de soi-même.

Les limites des chapitres se sont mises en place au cours de la rédaction. Les éléments pris de textes antérieurs ont dû être remodelés en fonction de la nouvelle œuvre.

Ainsi, dans le fragment 6, qui est probablement un reste du *Livre de la prophétie* et a été fortement remanié, le premier paragraphe est devenu, dans la version finale, le dernier paragraphe du chapitre 32 et la suite est le chapitre 33 de la partie II.

Dans un cas au moins, la délimitation des chapitres a changé après la rédaction finale. Les chapitres, introduits par le mot « chapitre », n'avaient pas été numérotés par l'auteur et, nous l'avons dit, ils ne le sont pas dans un certain nombre de copies anciennes en arabe. La numérotation a été ajoutée par Samuel ibn Tibbon, comme il le précise dans l'introduction à sa traduction :

« J'ai quelque peu innové dans ce livre parce qu'il m'a paru que cette innovation était utile. J'ai numéroté les chapitres dans chacune des parties et j'ai inscrit cette numérotation en tête de chaque chapitre. J'ai informé de cela le Grand Maître, auteur du livre. Je lui ai envoyé mes questions en précisant le numéro du chapitre sur lequel portait ma question afin de lui éviter le tracas de rechercher le passage et pour m'éviter de rédiger trop longuement la question. Il sera aussi plus facile aux lecteurs et aux étudiants qui voudront poser des questions sur tel ou tel passage à des amis proches ou lointains, de leur faire savoir sur quel chapitre porte la question[32]. »

La numérotation actuelle compte 76 chapitres pour la partie I, 48 pour la partie II et 54 pour la partie III, soit 178 chapitres en tout. Elle a été adoptée progressivement dans la plupart des copies manuscrites du texte arabe[33] et hébreu. L'imprimerie l'a imposée dès l'édition princeps de la traduction de Samuel ibn Tibbon (avant 1480) et on la retrouve dans toutes les éditions[34] et dans toutes les traductions[35]. Maïmonide n'avait pas compté le nombre des chapitres du *Guide* et pourtant leur nombre a donné naissance à un mythe :

31. Voir plus loin aux pp. 210-216.

32. Fin de l'introduction, p. 2 de l'édition du *Moré ha-nevukhim*, Vilna (1904), reprod. Jérusalem (1960). L'activité de Samuel ibn Tibbon ainsi que la part qu'il a prise dans la canonisation et la popularisation du *Guide* ont été mises en lumière par Ravitzky (1996), pp. 246-303 ; Langermann (1997) et dans le livre de Fraenkel (2007).

33. Cf. Sirat (2000).

34. Avec une seule exception : l'unique manuscrit de la traduction d'Al-Harizi, et son édition, comptent 49 chapitres dans la partie II, parce que les vingt-cinq propositions du début sont considérées comme un premier chapitre et le chapitre suivant est noté comme étant le deuxième. Cependant, dans l'introduction du traducteur où l'on trouve une liste des chapitres, le nombre initial des chapitres de la partie II, « 49 », a été corrigé en « 48 », et la liste qui suit est celle de Samuel ibn Tibbon (le scribe de ce manuscrit, copié en Italie en 1272, connaissait sans aucun doute cette traduction), de sorte que la numérotation du début ne correspond pas à la copie du texte. Sur ce manuscrit et son édition, cf. Bobichon (2008), pp. 151-160.

35. Cette numérotation fait désormais partie du texte et nous l'utiliserons aussi ici. Nous laissons de côté, pour le moment, les variations dans la numérotation des chapitres qui sont dues aux erreurs des scribes.

celui d'un sens symbolique que l'usage de la numérologie (*gematria,* où les nombres sont exprimés par des lettres) a rendu populaire dans la culture juive.

L'histoire mérite d'être contée : elle commence avec Abraham Abulafia (1240-après 1291) ; il affirme avoir reçu en tradition que les chapitres 26 et 27 de la partie I formaient un chapitre unique : grâce à cette correction, le nombre total des chapitres atteint le nombre 177, qui est égal à la somme de la valeur numérique de trois noms de Dieu et à celle des lettres des mots *gan 'eden,* « jardin du paradis[36] », lequel représente le plérome des intellects.

La réunion des chapitres 26 et 27 de la partie I est, en effet, mentionnée par plusieurs commentateurs médiévaux ; à première vue, elle est tout à fait plausible : le chapitre 26 traite de la corporéité divine qu'entraîne l'idée populaire que seuls les corps existent, et le chapitre 27 montre comment Onkelos, le paraphraste araméen, a traduit le texte en évitant les expressions corporelles. Cependant, le chapitre 26 est de philosophie et le chapitre 27 d'exégèse, c'est donc avec raison qu'ils ont été séparés.

Le découpage en deux chapitres pourrait être dû à Maïmonide lui-même ou à une copie ancienne dont la descendance manuscrite arriva entre les mains d'un prédécesseur d'Abulafia, dans celles de Samuel ibn Tibbon et dans celles d'autres philosophes du XIIIe siècle[37].

Cependant, Samuel ibn Tibbon n'a pas pris l'initiative de ce nouveau découpage ; il s'est contenté de corriger la numérotation des chapitres sur la base d'un manuscrit arabe différent de celui qui avait servi de base à sa traduction ; les deux éditions du *Glossaire* de Samuel ibn Tibbon portent témoignage du changement. D'ailleurs, il reste au moins un manuscrit arabe où les deux chapitres sont réunis et au moins deux exemplaires de la première traduction hébraïque où il en est de même[38]. De plus, dans une copie utilisée par Shem Tov ibn Falqéra, les deux chapitres étaient bien réunis car une des copies du commentaire, le *Guide du Guide* (*Moré ha-Moré*[39]), porte la numérotation ancienne qui a été corrigée ensuite pour qu'elle concorde avec la numérotation qui s'était imposée entre-temps.

Comme la numérotation était due à Samuel, c'est lui qui fut blâmé : un résumé des chapitres de la partie I du *Guide* (attribué par M. Bislisches à Shem Tov ibn Falqéra[40] mais qui se trouve être d'un auteur italien[41]) affirme que

36. R. Jospe (1988) a fait l'histoire de cette image mythique transmise par nombre de philosophes juifs médiévaux, alors qu'ils savaient parfaitement qu'elle ne correspondait pas à la réalité, puisque Maïmonide n'avait pas numéroté les chapitres et que, de toute façon, ce nombre a varié. La citation d'Abulafia se trouve p. 388 de l'article. Cf. également Idel (1991).

37. Je pencherais plutôt pour la première hypothèse, Silvia Di Donato pour la seconde, voir plus loin p. 77.

38. On trouvera toutes les citations dans l'article de Jospe (1988), lequel signale qu'un manuscrit arabe de Leyde (notre manuscrit « *waw* », voir plus loin sa description, p. 74) et deux manuscrits hébreux ont bien les deux chapitres groupés (*ibidem,* pp. 392-393 et n. 20 à 24). Toute l'histoire est reprise, avec force détails, dans Fraenkel (2007), pp. 92-94.

39. Paris, BNF, Hébreu 704, 705 et 706. Cf. Bobichon (2008), p. 281.

40. *Shlosha qadmoney mefareshey ha-moré* (1961), pp. 159-179. R. Jospe (1988, p. 67) met en doute cette attribution, qu'il admet cependant dans son article de 1988, p. 389.

41. Nuriel (1988) a identifié le manuscrit dont ce texte est tiré, c'est le manuscrit de Parme, 142 (IMM 13828).

Samuel ibn Tibbon avait tout d'abord traduit ce texte en un seul chapitre pour le séparer ensuite en deux. Une note donnant la même information se trouve dans un manuscrit où sont réunis divers commentaires de Samuel ibn Tibbon[42]. D'autres commentateurs – Nahmanide, Joseph ibn Caspi, Isaac Abrabanel – se font aussi l'écho de l'histoire de ces deux chapitres.

La numérotation en 178 chapitres s'était entre-temps imposée et elle se trouve dans presque tous les exemplaires arabes et hébreux du *Guide*. Mais le nombre de 177 chapitres s'est perpétué lui aussi : la *gematria* du *Jardin du paradis* a eu un grand succès ; on la trouve tout au long du Moyen Âge et encore de nos jours ! Encore une victoire du mythe !

Le chapitre s'ordonne donc autour d'un sujet particulier, présenté d'une certaine manière, sujet qui peut être présenté autrement dans un autre chapitre.

Dès le XIIIe siècle, on fit des tables des chapitres, donnant un résumé du contenu ; ainsi le texte dont il vient d'être question et qui a été attribué à Falqéra. De même, dans le manuscrit Paris, BNF Hébreu 214[43].

3. La structure du *Guide des égarés*

Tous les commentateurs médiévaux se sont posé des questions à propos de la structure du *Guide,* mais leur but principal était de repérer les chapitres où les différents sujets étaient traités. L'index thématique procuré par Salomon Munk à la fin de sa traduction française est, de ce point de vue, une réussite parfaite. Cet index va totalement à l'encontre des désirs que l'auteur exprime dans sa préface puisqu'il suffit au lecteur de suivre la piste tracée par l'index de Munk pour « combiner les chapitres les uns avec les autres » et étudier ensemble tous les thèmes abordés.

Cependant, Maïmonide ne s'était pas vraiment trompé : il ne suffit pas de combiner les chapitres les uns avec les autres pour atteindre la véritable intention de l'auteur, il faut aussi avoir étudié les sciences (celles qui composaient le corpus médiéval), chose bien rare à notre époque ! En conséquence, les opinions des lecteurs actuels restent aussi opposées les unes aux autres qu'elles l'étaient avant l'admirable index thématique de S. Munk !

La première étude systématique de l'agencement des chapitres dans les trois parties du livre est, semble-t-il, celle d'Isaac Abrabanel (1437-1509)[44]. Il déclare que se posent à ce sujet onze questions ou doutes auxquels il répond longuement.

Parmi les modernes, les études sur ce sujet sont peu nombreuses, et, à part celle de Leo Strauss, malheureusement la plus connue, elles reprennent la plupart des thèmes proposés par le commentateur médiéval.

42. Cf. Langermann (1997), p. 60.

43. Aux ff. 12-41v, on lit une sorte de résumé du *Guide* où les chapitres signalés comme traitant de philosophie ne sont pas donnés. Cf. Di Donato (2010), pp. 18-21.

44. *Ma'amar qatsar bebi'ur sod ha-moré* (1574, réimp. 1967), ff. 21v-26r.

Leo Strauss[45] distingue sept sections et trente-huit sous-sections. Les cinq premières sections relèvent des concepts (*views*), les deux dernières des actes (*actions*). Les conceptions se divisent en deux genres :

• A' regroupe les termes bibliques appliqués à Dieu et aux anges : I, 1 à III, 24, soit : 1) les termes bibliques appliqués à Dieu : I, 1 à 70 et les termes suggérant la multiplicité en Dieu : I, 50 à 70 ; 2) les démonstrations de l'existence, de l'unité et de l'incorporalité divines : I, 71 à II, 31 ; 3) la prophétie : II, 32 à 48 ; 4) le *Récit du char* : III, 1 à 7.

• A'' donne les conceptions qui concernent les êtres générés et périssables, et l'homme en particulier, et dans la section 5) traite de la providence : III, 8 à 24.

• Les actes : III, 25 à 54 se divisent en deux sections, soit : 6) les actions commandées par Dieu et faites par Dieu : III, 25 à 50 ; et 7) la perfection de l'homme et la providence divine : III, 51 à 54.

Cette analyse, compliquée et artificielle, ne tient pas compte des parties du livre et multiplie les retours de chapitre à chapitre. Il est vrai que, à la fin de son introduction, Maïmonide donne une liste des causes des contradictions entre les idées que l'on peut trouver dans un livre en général (et dans le sien en particulier), mais le désordre de la présentation des parties et des chapitres affirmé par Leo Strauss est aussi contraire que possible au caractère de Maïmonide, tel qu'il se révèle dans cette œuvre comme dans toutes les autres. Certes, les mystères de la Tora ne doivent pas être dévoilés à tous les lecteurs, mais le *Guide* a été rédigé afin de les voiler et de les dévoiler selon un plan soigneusement conçu, chapitre par chapitre et partie par partie. Or, le thème de ces parties se laisse voir assez clairement, comme le montrent les autres études sur le sujet.

La longue analyse de Simon Rawidowitz[46] est la plus complète et, comme celle d'Abrabanel, elle est fidèle au texte. Elle montre que les chapitres se succèdent dans un ordre logique et forment des groupes homogènes qui répondent à des questions clairement définies, qui se complètent ou renvoient de chapitre à chapitre. À la fin de son article, l'auteur explique le cheminement de la pensée maïmonidienne dans les trois parties de l'ouvrage et son explication est ici heureusement complétée par un article de Lawrence V. Berman[47].

Selon lui, les trois parties s'intègrent dans un plan triangulaire et dialectique. La partie I commence dans le monde des illusions et des ombres que l'homme contemple dans le monde matériel et illusoire où il se trouve. Nous voyons là l'état de perplexité de l'homme parfait dans sa religion et dans ses mœurs, et qui ne sait pas comment mettre en accord ses connaissances scientifiques et le texte biblique traditionnel. En effet, comme le remarque Abrabanel, on n'y trouve pas les trois grands principes de la religion vraie : l'existence de Dieu, son unicité, son incorporalité.

45. « "How to Begin to Study the *Guide of the Perplexed*", an Introductory Essay to the Translation into English by S. Pines » (1963).

46. 1975, repris 1985.

47. Berman (1977).

Les 49 premiers chapitres de cette partie I sont d'exégèse biblique et sont destinés à montrer que ces illusions sont provoquées par le sens littéral de la Bible ; elles peuvent être écartées si l'on entend ces expressions dans leur sens métaphorique. Ces chapitres sont considérés par Hannah Kasher[48] comme étant une première strate du livre. Elle relève les similarités entre les interprétations qu'y donne Maïmonide avec celles qu'on lit dans le *Commentaire sur la Mishna* et dans le *Mishné Tora*. En revanche, dans la suite du texte, on lit des interprétations différentes et même opposées aux premières[49]. Nous allons voir que l'hypothèse avancée par notre collègue est confirmée par le témoignage des autographes.

Les chapitres 50 à 70 traitent des attributs divins et de ce qu'il faut en nier pour repousser les erreurs bâties sur l'imagination et une compréhension fautive des textes. Les chapitres 71 à 76 donnent l'exemple de ce qu'il ne faut pas croire, car la théologie des Mutakalimun[50] est le résultat d'idées produites par l'imagination : leur conception de Dieu, de la création et de la prophétie ne correspond pas à la réalité du monde.

Les 25 propositions que l'on trouve au début de la deuxième partie présentent les arguments philosophiques qui partent de la réalité du monde physique et métaphysique, laquelle est la base solide de la démonstration de l'existence d'un Dieu unique et incorporel, qui est à l'origine de l'univers (quel que soit le mode de création). Elles amènent la discussion sur la création du monde et la prophétie.

La partie III montre Maïmonide redescendant vers le monde pratique et politique, muni des notions théorétiques acquises dans la partie II. C'est alors qu'il examine les conséquences d'une vraie conception de Dieu pour la conduite de la vie terrestre.

4. Le livre dans sa matérialité

Lorsqu'il parle des divisions de son livre, Maïmonide utilise aussi le mot « cahier ». Ainsi, dans une lettre à Joseph b. Juda ibn Shimon de Ceuta, pour lequel il a rédigé le *Guide*, comme on a vu plus haut, il écrit : « je t'ai déjà envoyé six cahiers du *Guide*[51] [...] ». Un jeune homme désirant suivre des

48. Kasher (1995).

49. Nous ne relèverons qu'un seul exemple : dans la strate A (lorsque Moïse rencontre Dieu, Exode 33 : 17-23), il fait une seule demande : « lui montrer Sa Gloire », c'est-à-dire lui révéler la réalité de son existence (*Huit chapitres,* chap. 7, *Mishné Tora*, et *Guide,* I, chap. 21, 37, 38), alors que, dans la strate B, il exprime deux demandes : « lui faire connaître Ses Voies » et « lui montrer Sa Gloire » (*Guide,* II, chap. 54, 64).

50. Les Geonim, présidents des yeshivot babyloniennes (et, parmi eux, Saadia Gaon), furent, aux Xe et XIe siècles, des tenants du Kalâm, une théologie musulmane apologétique qui prône l'usage de l'argumentation rationnelle pour démontrer et justifier les dogmes religieux. Au XIIe siècle, cette théologie était encore admise par nombre de rabbanites et elle resta longtemps en vogue parmi les karaïtes. Cf. mon livre (1988), pp. 29-79.

51. *Epistulae* (1946), p. 67. Cf. Davidson (2005), p. 330 et n. 93. On verra plus loin que les considérations codicologiques ne confirment pas son opinion.

leçons de Maïmonide lui écrit qu'il a déjà lu seize cahiers du *Guide*[52]. Une liste de livres de la geniza (XIIIe siècle) mentionne « deux cahiers du *Guide*[53] ». Le cahier est une unité de copie. Les scribes étaient payés selon le nombre de cahiers copiés.

Ces considérations matérielles doivent être prises en compte dans les études de la structure du livre : parlant des six cahiers qu'il adressait à Joseph, Maïmonide précise : « c'est le *tamâm* de la première partie ». Le mot arabe *tamâm* a été généralement compris comme signifiant « fin », une signification qu'il a également. Seul, à ma connaissance, Herbert Davidson comprend le mot comme signifiant « en son entier ». Maïmonide aurait alors adressé à Joseph toute la partie I du livre. Cette interprétation n'est guère acceptable. Est-il possible que cet envoi soit le premier ? Que Maïmonide n'ait commencé à adresser le livre à son élève bien-aimé qu'après l'avoir donné à d'autres, « puisqu'il a pris ces six cahiers à quelqu'un d'autre ». N'aurait-il pas alors parlé de la « partie I » et non de cahiers ?

L'hypothèse semble peu probable du point de vue psychologique. Elle ne l'est pas non plus du point de vue codicologique. Maïmonide a envoyé à Joseph une partie de l'ouvrage qu'il désigne par le nombre des cahiers, mais il est évident qu'il s'agissait aussi de l'unité textuelle que ces cahiers contenaient.

À l'époque de Maïmonide, en Égypte comme dans la majorité des pays du Moyen-Orient[54], les cahiers étaient des quinions, soit cinq bifeuillets, vingt pages de nos livres imprimés[55]. Les six cahiers de la partie I envoyés à Joseph comptaient donc cent vingt pages. Et les seize cahiers de l'élève potentiel en comptaient trois cent vingt.

La longueur du texte portée par le cahier différait cependant selon le genre de texte, comme variaient la matière du livre (parchemin pour la majorité des bibles, papier pour la plupart des autres textes), les mesures (souvent monumentales pour les bibles sur parchemin, plus petites et la plupart du temps du même format de papier pour les autres textes). Le nombre de lignes à la page et les caractères utilisés dépendent essentiellement du genre de textes et de l'usage qui devait en être fait. Plus le style était calligraphique, moins il y avait de texte : il fallait plus de temps pour exécuter la copie mais cette copie était plus lisible.

Bien évidemment, les copies faites par des scribes sur l'exemplaire personnel de Maïmonide, son « Livre », étaient quelque peu différentes de cet exemplaire. Cependant, le « Livre » et les brouillons préparatoires, qui sont dans une écriture cursive plus ou moins rapide, se conforment, eux aussi, au modèle du livre « courant » :

52. Cf. Kraemer (1990), p. 94, et les références aux publications antérieures.

53. Allony (2006), liste 91, ligne 3, p. 323.

54. Déroche (2000), pp. 71-109.

55. Les livres imprimés sont aussi des « cahiers », cousus puis reliés. Jusqu'à récemment, les feuilles de papier étaient rectangulaires et les pliages étaient pairs : on avait des livres in-4°, in-8°, etc. Au Moyen Âge, le pliage des cahiers était plus varié : on trouve des cahiers de 3, 4, 5, 6 bifeuillets. Sur la raison de la préférence pour les quinions en Orient et en Italie, voir Sirat (1998).

- Le papier, de fabrication artisanale mais produit en grandes quantités, était presque toujours d'un format régulier : le feuillet mesurait entre 22 cm et 25 cm de haut, et de 16 cm à 20 cm de large. On trouve ce format pour les brouillons comme pour les livres.

- Pour les brouillons, il n'y avait pas de réglure ; le nombre des lignes et leur longueur varient ; ainsi, dans les quatre pages du fragment 2, les feuillets ont 25, 26 et 28 lignes écrites ; leur longueur non plus n'est pas uniforme. Les livres destinés au public étaient réglés à l'aide d'une *mistara*[56], dont l'empreinte était mécanique et donc égale dans tout le volume.

- Les brouillons sont en écriture rapide et cursive, les livres à lire dans une graphie plus posée et les lettres sont séparées les unes des autres.

A. Comparons d'abord les brouillons du *Commentaire sur la Mishna* (il en reste un grand nombre[57]) et son « Livre » qui nous a heureusement été conservé presque en entier[58]. Les feuillets complets de brouillons ont de 31 à 40 lignes avec 15 à 25 mots par ligne. La concentration du texte est très grande : environ 500 mots à la page.

Les cinq volumes du *Commentaire sur la Mishna,* qui sont peut-être de la main de Maïmonide et, en tout cas, ont été son « Livre », pour un format de papier très comparable, ont 31 lignes à la page avec 10 à 13 mots à la ligne, ce qui fait environ 400 mots à la page, un fait que le lecteur peut vérifier dans l'illustration 1.

À Oxford, Bodleian Library, le MS Hunt 80[59] est une copie du *Commentaire sur la Mishna* et, au folio 165 recto, collationné sur le « Livre » du Maître comme il l'atteste de sa main. Ce manuscrit a pratiquement les dimensions du « Livre », avec 32 lignes à la page et toujours 10 à 13 mots à la ligne, soit une densité de texte très proche de celle du « Livre » de l'auteur.

B. Regardons maintenant les livres de nature théorique qui furent écrits à la même période, dans la même zone géographique ou dans une zone proche. Pour la période qui nous intéresse – l'Égypte dans la seconde moitié du XIIe siècle –, nous avons très peu de manuscrits datés[60] portant des textes de nature théorique. Les exemples datables sont nombreux dans la geniza[61] mais la fourchette de

56. Un cadre de bois dans lequel sont fixées des cordes. Cf. Beit-Arié (1981), p. 80 et planches 17 à 19.

57. La publication de S. Hopkins nous donne les photocopies du traité *Shabbat* (2001). Les détails qui suivent sont pris de cette belle étude.

58. Ils ont été reproduits en entier et ont suscité une abondante littérature. Cf. Sassoon (1960) et Hopkins (2001), pp. XI-XX. Ces cinq volumes sont divisés entre la Bodleian Library et la Bibliothèque Sassoon (n° 72 et 73 dans le catalogue Ohel David et, maintenant, Jérusalem, JNUL 40 5703, 1 et 2).

59. Oxford, Bodleian Library, MS Hunt 80, f. 165 recto. L'attestation a été souvent reproduite, par exemple dans Sassoon (1956), planche XXIV ; Sirat (1994), p. 58, et (2002), p. 283.

60. Pour l'ensemble du monde juif, seuls trente-deux manuscrits sont datés entre 1144 et 1200 (tome IV de la *Series hebraica* des *Monumenta Palaeographica Medii Aevi* des *Codices hebraicis litteris exarati quo tempore scripta fuerint exhibentes,* par M. Beit-Arié, C. Sirat, M. Glatzer *et alii*, Turnhout, 2006) ; neuf manuscrits ont été copiés sur le sol européen, les vingt-trois autres ont été produits au Moyen-Orient.

61. On en voit beaucoup à la Bibliothèque universitaire de Cambridge.

ואעפ שנעשית מצוה ברשות זו שהרי לא נתכוון למצוה לפי כך אם
נתכוון הגוי למילה מותר לישראל למולו אחרו׳ מאוסה היא .
הערלה שנתגנו בה הרשעים שנ׳ כי כל הגוים ערלים וגדולה היא מ׳
שלא נקרא אברהם אבינו שלם עד שמל שנ׳ התהלך לפני והיה תמים
ואתנה בריתי ביני ובינך וכל המפר בריתו של אברהם והניח ערלתו
או משכה אעפ שיש בידו מעשים טובים הרבה אין לו חלק לעולם הבא׳
בוא וראה כמה חמורה מילה שלא נתלה למשה רבינו עליה אפי׳
שעה אחת אעפ שהיה בדרך וכל מצות התורה נכרתו עליהן שלש
בריתות בלבד שנ׳ אלה דברי הברית וכו׳ מלבד הברית אשר כרת אתם
בחורב ושם הוא אומ׳ אתם נצבים וכו׳ לעברך בברית יי׳ אלהי׳ הרי שלש
בריתות ועל המילה נכרתו שלש עשרה בריתות עם אברהם אבינו
שנ׳ ואתנה בריתי ביני ובינך אני הנה בריתי אתך והקימותי את בריתי
ביני ובינך לברית עולם את בריתי תשמור את בריתי והיה לאות ברי׳
והיתה בריתי לברית עולם את בריתי הפר והקימותי את בריתי אתו
לברית עולם ואת בריתי אקים את יצחק׳ בריך רחמנא דס״ען

נגמר ספר שני בעזרת שדי׳

ומנין פרקים שבספר זה ששה וארבעים׳

הלכות קרית שמע׳ — ארבעה פרקים׳

הלכות תפלה — חמשה עשר פרקים׳

הלכות תפלין ומזוזה וספר תורה׳ — עשרה פרקים׳

הלכות ציצית — שלשה פרקים׳

הלכות ברכות׳ — אחד עשר פרקים

הלכות מילה׳ — שלשה פרקים

ברוך הנותן ליעף כח׳

הוגה מספרי אני משה ברבי מימון ז״ל

Illustration 1.

datation n'est pas assez fine (un siècle au moins) pour nous être ici de quelque secours.

Citons cependant une copie des *Devoirs des cœurs* de Bahya ibn Paquda, datée de 1190 et copiée en Iraq ou en Perse (Oxford, Bodleian Library, MS Poc. 96[62]). Elle a toujours les mesures courantes (25,3 x 17,4 cm) et a 26 lignes à la page, avec 10 à 14 mots à la ligne, soit de 260 à 322 mots à la page. Datée également de 1190 et exécutée à Bagdad, la copie d'un commentaire talmudique de Salomon b. Isaac (Rashi, Londres, British Library, Or. 73[63]) mesure 24,1 x 17 cm, elle a 26 lignes à la page et 9 à 12 mots à la ligne, soit de 216 à 312 mots à la page. Dans ces deux livres, la densité de texte est moindre que dans les livres du *Commentaire sur la Mishna*.

C. Dans les brouillons du *Guide*, la concentration du texte est nettement moindre que dans ceux du *Commentaire sur la Mishna*. Les six feuillets complets ont toujours des formats comparables. Parmi eux, cinq ont de 25 à 28 lignes à la page, un seul a 30 lignes. Le nombre de mots à la ligne va de 7 à 11. Le nombre des mots par page varie donc entre 200 et 300 mots, pratiquement deux fois moins que les brouillons du *Commentaire sur la Mishna*. La densité de texte que nous voyons dans l'édition imprimée de Munk-Joel est proche de celle que nous avons dans les brouillons. Il y a de 25 à 30 lignes à la page et le nombre de mots varie de 8 à 12, soit pour la page entre 240 et 312 mots. Les 106 lignes des 4 feuillets du fragment 2 occupent 104 lignes de l'édition. Les 44 lignes du fragment 4 occupent 103 lignes de l'édition.

Si l'on prend en compte toute notre documentation, on voit qu'il est pratiquement impossible que les 120 pages des six cahiers envoyés à Joseph aient porté tout le texte qu'on voit imprimé dans les 148 pages de la partie I (pp. 14 à 162) comme l'affirme Herbert Davidson[64]. Il aurait fallu au moins huit cahiers et, plus probablement, neuf (180 pages).

Zvi Baneth pensait que ces cahiers portaient les chapitres 72 à 76 de la partie I[65], mais la longueur de texte qu'on pouvait lire dans 120 pages dépassait largement celle des 41 pages de l'imprimé (pp. 121 à 162). Cette portion de texte tenait certainement dans deux ou trois cahiers.

Une troisième possibilité est plus probable : les six cahiers envoyés à Joseph portaient le texte correspondant aux 88 pages des chapitres 50 à 76 (pp. 74 à 162) de la partie I dans l'édition moderne. Cette partie du texte tenait dans six cahiers et elle inclut bien une introduction. Dans la lettre à Joseph citée plus haut et annonçant l'envoi des six cahiers, Maïmonide ajoute : « Je ne sais plus si je t'ai envoyé ou non l'introduction qui y est jointe. De sorte que je te l'envoie maintenant. »

En effet, c'est au chapitre 49 que se terminent les explications des mots hébreux bibliques[66]. Ces 49 chapitres forment un ensemble conceptuel ; ils traitent

62. Cf. *Codices,* IV, manuscrit 87.
63 Cf. *Codices,* IV, manuscrit 86.
64. (2005), p. 330, n. 93.
65. Cf. Baneth (1946), p. 37, milieu de la n. 1.
66. Partie I, p. 136 de la traduction de Munk.

du vocabulaire et de l'exégèse biblique et talmudique, exposent le sens littéral et le sens philosophique des mots courants comme « voir » (chap. 4), « mâle et femelle » (chap. 5), etc.

Les chapitres 50 à 76, fin de la partie I, forment un second ensemble structurel portant sur les attributs divins. Les chapitres 50 (démontrant la différence entre la croyance et la compréhension intellectuelle des attributs) et 51 (expliquant que l'essence divine ne peut admettre d'attribut positif) sont une sorte d'introduction générale à la question des attributs divins. Cette question occupe les chapitres 52 à 70, avant que soit lancée, aux chapitres 71-76, une attaque en règle contre les adeptes du Kalâm, lesquels affirment l'existence en Dieu d'attributs positifs.

Samuel b. Elie, le Gaon de Bagdad, ennemi de Maïmonide, était l'un des tenants du Kalâm[67] si fortement attaqué dans les derniers chapitres de la partie I. On comprend que, dans cette même lettre, le Maître mette en garde son élève :

« Tu en auras grand soin [de ces cahiers] et tu ne les égareras pas pour qu'il ne m'arrive aucun mal de la part des non-juifs, ni des impies d'Israël qui sont aussi nombreux[68] ! » On verra plus loin que, pour Maïmonide, le Gaon de Bagdad est, en effet, considéré comme « un impie d'Israël ».

Il n'est d'ailleurs pas impossible que le retard apporté à l'envoi à Joseph de la fin de la partie I du *Guide* ait été dû à la prudence que Maïmonide conservait vis-à-vis de Samuel Gaon, qui était puissant.

5. Écriture hébraïque et écriture arabe

Le *Guide des égarés* est en langue arabe. Parmi les juifs, l'usage de l'arabe comme langue littéraire écrite (arabe moyen) débute, en terre d'islam, au milieu du IXe siècle. Avant la conquête arabe, et souvent bien après, l'araméen, proche de l'hébreu, était parlé par les juifs comme par les autres habitants du Moyen-Orient[69] ; il était écrit en caractères hébraïques[70]. L'arabe remplaçait non pas l'hébreu mais l'araméen, et, tout naturellement, il fut, comme lui, écrit le plus souvent en caractères hébreux[71].

Comme ses coreligionnaires, Maïmonide écrivait en caractères hébreux. En effet, dès l'âge de cinq ou six ans, pratiquement tous les juifs (les garçons et quelques filles) apprenaient à lire et à écrire l'hébreu, à partir de la Bible[72]. Le niveau d'habileté de l'écriture allait, selon le niveau social et la profession, de l'aptitude à signer son nom jusqu'à la calligraphie.

67. Comme le montre sa *Lettre sur la résurrection des morts*, publiée par Langermann (2001).

68. Cela ne signifie pas que Maïmonide voulait interdire la lecture du livre à tous ses adversaires. Voir à ce sujet l'introduction à la partie III de notre étude.

69. Dans certaines localités du Moyen-Orient, l'araméen a été parlé jusqu'à nos jours.

70. Les textes traditionnels (*Talmudim* et *Midrashim*) sont principalement en araméen.

71. Cf. Blau (1968, 1981, 1988) et, du même auteur, mais plus accessible, la notice de l'*Encyclopédie de l'islam sub nom.* « judéo-arabe médiéval ».

72. Olzsowy-Shlanger (2003).

L'écriture hébraïque de Maïmonide nous est connue par de nombreux documents.

Dans les pays d'islam, les formes de l'écriture hébraïques ont été fortement influencées par l'esthétique de l'écriture arabe[73] et ses volutes. Mais chacune des régions avait une forme particulière qui se distinguait des autres. L'écriture hébraïque andalouse de Maïmonide diffère beaucoup de l'écriture des juifs d'Égypte[74].

Comme tout scripteur médiéval[75], le Rambam avait la maîtrise de trois genres d'écriture[76] :

- l'écriture carrée, monumentale, où chaque lettre est séparée des autres ; elle était préférée pour les textes qui devaient être lus par tous : les bibles, les titres, les signatures. On la voit dans la signature au bas de l'illustration 1 et dans le poème de l'illustration 20.

- l'écriture semi-cursive, plus rapide (appelée aussi rabbinique), qui était l'écriture livresque.

- l'écriture rapide, liée, cursive, celle des notes personnelles et des brouillons (illustrations 2, 5-19, 21-22).

De l'écriture carrée, monumentale, ont été conservées quatre signatures de Maïmonide (l'une d'entre elles est apposée sur un volume qui a été conservé en dehors de la geniza[78] : illustration 1 et le poème de l'illustration 20). Nous n'avons plus le rouleau de la Tora qu'il écrivit et dont il relate longuement la confection et l'exécution dans l'une de ses lettres[79].

De l'écriture livresque, nous avons probablement un exemplaire du *Commentaire sur la Mishna*. Ces volumes ont été, durant des siècles, le « modèle », l'*exemplar* conservé dans la famille, et portent des corrections et des notes de Maïmonide lui-même, de ses descendants et d'autres personnes encore. Ils sont considérés par de nombreux savants comme montrant l'écriture livresque (ou rabbinique ou cursive lente) du Maître[80] (texte de l'illustration 1).

Tous les autres autographes de Maïmonide sont dans une graphie cursive (plus ou moins rapide) très personnelle et facilement reconnaissable ; tous sont des brouillons[81].

Nous avons des brouillons autographes de presque tous les ouvrages qu'il a publiés ou qu'il n'a pas publiés. Du *Guide des égarés*, nous avons, pour le moment, sept feuillets autographes, dont la description vient plus loin, et aussi

73. Cf. Sirat (1976), pp. 10-13 ; Beit-Arié (2002), pp. 41-52 ; Sirat (2002), pp. 184-195 ; Beit-Arié (2002), pp. 41-52 ; Beit-Ariè-Engel (2002).

74. Abraham, le fils de Maïmonide, écrivait lui aussi une écriture de type andalou ; en revanche, l'écriture de type égyptien s'imposa dans la famille dès la troisième génération.

75. Cf. Sirat (1994), pp. 105-116, et (2002), pp. 170-184.

76. Cf. Sassoon (1956), pp. 19-21.

77. Les liaisons des lettres dans l'écriture personnelle et rapide de notre auteur sont très nombreuses ; elles sont illustrées dans Sassoon (1956), planches IV à IX.

78. Oxford, Bodleian Library, MS Hunt 81, f. 165r.

79. Blau, vol. 2, n° 268 (1960, pp. 510-515).

80. Voir plus haut, p. 38 et n. 58.

81. On lira, aux pp. 270-277, la note de M.-J. Sedeyn sur les diverses nuances dans l'écriture personnelle du Maître et leur interprétation.

Illustration 2.

le brouillon du poème en hébreu qui précède l'épître dédicatoire. On le voit dans l'illustration 20 et nous allons y revenir.

Écrire et lire sont des activités très différentes. Écrire met en jeu le corps tout entier et consiste à intégrer, en une activité qui devient « naturelle », un ensemble de comportements moteurs. L'écriture, comme la nage ou monter à bicyclette, s'enseigne aux enfants de 6 à 12 ans[82]. La lecture, en revanche, ne mobilise que les yeux et peut être enseignée à tous les âges de la vie. Pour des locuteurs de la langue arabe médiévale (arabe moyen un peu moins littéraire, mais cependant très proche de la langue écrite), qu'ils soient musulmans, juifs ou chrétiens, la lecture de livres en caractères arabes n'était généralement pas d'une difficulté très grande[83].

Écrire en caractères arabes, avec toutes les règles de convenance adéquates, était une nécessité pour tous les habitants des pays d'islam, quelle que soit leur religion, lorsqu'ils étaient professionnels du droit, des sciences, de la médecine, et donc susceptibles d'être proches du pouvoir politique musulman[84]. Comme l'écriture hébraïque, l'écriture arabe était enseignée aux enfants juifs de bonne famille entre 6 et 12 ans. Dans la geniza, on trouve un certain nombre d'exercices d'écriture arabe, bien qu'ils soient moins nombreux que les exercices d'écriture hébraïque[85]. Au Yémen, où la communauté juive ne s'est jamais approchée du pouvoir, l'arabe a été écrit seulement en caractères hébreux.

L'apprentissage de la calligraphie arabe était une affaire d'importance car il mettait en jeu la réussite sociale. Juda ibn Tibbon, contemporain de Maïmonide, lui aussi originaire d'Andalousie (mais qui vivait en Provence), le rappelle à son fils Samuel :

« Cela fait aujourd'hui plus de sept ans que tu as commencé à étudier l'écriture arabe et [si tu n'as pas bien réussi] ce n'est pas faute de t'avoir tancé à ce sujet. Mais tu ne m'as jamais écouté. Tu sais pourtant que les grands de notre peuple n'ont acquis les honneurs et les hautes distinctions que grâce à l'écriture arabe [...] Pour l'écriture hébraïque, tu n'as pas fait non plus les efforts nécessaires[86] [...]. »

L'écriture arabe vient avant l'écriture hébraïque car c'était un apprentissage plus difficile et qui caractérisait une personne de bonne famille. En principe, écrire l'arabe en caractères hébreux aurait dû être le fait de ceux qui n'avaient pas appris à écrire en caractères arabes avec un maître privé et avaient appris à lire et à écrire seulement l'hébreu. Mais les choses ne sont pas si simples. Sauf dans la communauté juive karaïte, où l'utilisation de l'alphabet arabe a été,

82. Cf. Sirat (2005), pp. 57-157.

83. Les manuscrits arabes écrits en caractères arabes par des juifs ou des musulmans et qui furent lus et utilisés par des juifs ne sont pas facilement identifiables ; il faut que le possesseur juif ait laissé dans le livre une marque de possession spécifiquement juive, or la plupart des juifs en pays d'islam avaient aussi un nom arabe ! Cf. cependant les deux études de Van Koningsveld (1992) et (1991).

84. Et, bien sûr, les secrétaires et les scribes. Cf. Goitein, II (1971), pp. 228-261.

85. Dans mon livre sur l'écriture (2006), p. 150, fig. 9.20, on voit un exercice d'écriture tiré de la geniza, hébreu à gauche, arabe à droite.

86. Cf. Abrahams (1954), pp. 59-60.

à certains moments, prépondérante au point que l'on écrivit la Bible hébraïque en caractères arabes[87], les juifs rabbanites avaient le plus souvent une préférence pour l'alphabet hébreu, même pour transcrire l'arabe[88].

On peut penser que, dans les ouvrages du genre religieux, où étaient constamment cités des textes bibliques ou talmudiques, écrire l'arabe en caractères hébreux présentait l'avantage de ne pas changer de calame et d'alphabet à chaque ligne[89]. Les brouillons des ouvrages religieux de Maïmonide sont donc, tout naturellement, en caractères hébreux.

Les livres de médecine[90] de Maïmonide sont basés sur des textes en caractères arabes. Un exemplaire en arabe du *Canon* d'Avicenne, copié au Caire (trois des sept volumes portent les dates de 1196, 1200 et 1201), a été collationné sur un exemplaire appartenant à Abû 'Imrân Mûsâ, notre Maïmonide[91]. Lorsqu'ils étaient présentés à des princes musulmans, les ouvrages médicaux de notre auteur étaient, bien évidemment, en caractères arabes. Dans les bibliothèques, les copies de ces ouvrages sont classées dans les fonds de manuscrits arabes[92] mais les brouillons autographes qui étaient, eux aussi, en caractères arabes n'ont pas été conservés. On verra que les scribes qui ont transcrit ces livres en caractères arabes pouvaient faire partie de sa famille comme l'étaient ceux qui transcrivaient ses livres en caractères hébreux.

Les seuls autographes de livres de médecine qui ont été conservés sont ceux des *Épitomés* de Galien. Or ce livre a un statut différent des autres car il n'a pas été écrit pour un public musulman. Maïmonide avait résumé vingt et un livres de Galien[93] dans un but pédagogique[94] (comme il le dit dans son introduction), et ni lui-même, ni les autres médecins contemporains n'avaient ces abrégés en grande estime[95]. On suppose qu'ils n'ont pas été vraiment publiés mais qu'ils ont circulé parmi les étudiants juifs. Cela explique qu'ils soient, comme les ouvrages de droit rabbinique ou le *Guide,* en caractères hébreux.

Sur l'un de ces autographes, on lit dans la marge un mot en caractères arabes probablement de la main de l'auteur[96]. Les seuls autres témoins de l'écriture arabe du Maître sont quelques mots dans une graphie très cursive (ils se

87. Cf. Hoerning (1889) ; Kahn (1990) et (1993b).

88. De nombreux textes philosophiques, scientifiques et médicaux en arabe ont été conservés dans des manuscrits en caractères hébreux ; cf. Langermann (1996b).

89. Comme le fait le scribe du fragment Cambridge University Library TS. NS. 306.252. Voir illustration 5, p. 62.

90. On trouve une liste des dix traités médicaux dans Meyerhof (1941). Seul le premier a été écrit pour des étudiants.

91. Cf. Endress (2006), p. 189. Les manuscrits sont à la BNF (Arabe 2885 à 2891) et la note se trouve dans le ms 2885, copié en 1196, au fol. 229v. Tous mes remerciements à Marc Geoffroy qui m'a signalé cette référence.

92. Cf. la liste des dix manuscrits des *Aphorismes médicaux* donnée par G. Bos (2005), pp. XIX-XXI et (2007) XXIII-XXV, parmi lesquels le manuscrit Gotha arabe 1937, cité plus loin, p. 48.

93. Cf. Stern (1966), pp. 11-29, et Hopkins (1994), pp. 126-131.

94. Il est très probable que ses élèves étaient juifs plutôt que musulmans ou chrétiens.

95. Ils n'ont été conservés qu'en partie et n'ont été traduits ni en hébreu, ni en latin.

96. À la hauteur de la ligne 16 du verso, voir Hopkins (1994), p. 132.

trouvent au verso d'une lettre et donnent le nom du messager qui devait la délivrer : *fî yaday Ibrâhîm al-Dar'î*[97]). (Illustration 3.)

Les conventions graphiques en usage dans l'écriture arabe venaient d'elles-mêmes à sa main : ainsi, dans le fragment 2 (partie I, chap. 17), à la ligne 14, Maïmonide avait, par distraction, biffé le verbe *naga'*, qui devait bien être là ; voulant signaler sa bévue, il a écrit, en lettres arabes minuscules : *nuskha*[98]. De même, dans le fragment 11 (partie II, chap. 30), ligne 13 du recto, l'auteur a utilisé le même mot arabe pour indiquer qu'il avait biffé des mots par erreur[99].

L'utilisation par Maïmonide de l'écriture hébraïque dans ses autographes n'est donc pas due à l'impotence. Elle n'est pas due non plus à l'idéologie. Certes, la plupart des juifs croyaient à la divinité de la langue et de l'alphabet hébreu, une croyance dont se délectent encore les tenants de la Kabbale[100]. Bien des philosophes médiévaux y étaient opposés et considéraient[101], comme nous le faisons, que l'écriture et la langue sont des conventions humaines. Maïmonide était de ceux-là et il n'a pas manqué de le faire savoir, au grand dam des traditionalistes[102]. L'explication des caractères hébreux dans les autographes est toute simple : Maïmonide utilisait plus souvent l'écriture hébraïque que l'écriture arabe parce que la majorité des juifs auxquels il s'adressait lisaient plus facilement l'écriture hébraïque que l'écriture arabe.

6. Les procédés de rédaction et la constante révision du texte

Dans tous ses ouvrages, Maïmonide utilisait les mêmes procédés de rédaction et nous les verrons aussi dans les brouillons autographes du *Guide*. Ils ont souvent été décrits[103]. Ainsi, Simha Assaf nous parle des autographes du *Mishné Tora*[104] :

« Les feuillets qui sont devant nous nous introduisent dans le cabinet de travail de Maïmonide et révèlent la manière et la méthode qu'il avait d'écrire et de barrer, de changer et de corriger – corrections de style ou de contenu –, d'ajouter entre les lignes ou dans les marges des feuillets [...] Certaines corrections ont été faites au courant de la plume, avant d'avoir terminé la phrase qu'il était en train d'écrire, d'autres ont été faites lorsqu'il est passé une seconde fois sur ce qu'il avait écrit, certaines ont été faites lors de l'étude avec des élèves, d'autres encore à la suite de questions qui lui avaient été posées sur ce qu'il avait écrit. »

97. Reproduit dans Sassoon (1956), planche XXI. Cf. Kraemer (1988).

98. Signalé par Yellin (1930), p. 96.

99. Ce qu'a remarqué S. Di Donato, voir plus loin, p. 170.

100. La littérature sur ce sujet est extensive ; elle prend sa source dans le *Livre de la création* et ses multiples commentaires.

101. Cf. Sirat (1981) où l'on trouvera la bibliographie de base.

102. Cf. Kellner (2006), pp. 155-178.

103. Par exemple par J. Qafih (1963, p. 16).

104. Dans son compte rendu (1941-42, pp. 152-153) de la publication du manuscrit de la Bodleian Library MS heb. d. 32 (cat. Neubauer 2794) par S.H. Atlas (1940).

Illustration 3.

Dans sa réponse à une question posée par les Sages de Lunel[105], Maïmonide lui-même parle, à propos d'une question de droit, d'une première rédaction qu'il n'avait pas publiée, puis d'une seconde qu'il avait vérifiée avec soin avant de la donner à copier. Cette méthode de rédaction est confirmée par son neveu : un manuscrit arabe (Gotha, ms. ar. 1937) des *Aphorismes* porte le colophon suivant : « J'ai copié cet ouvrage d'un exemplaire écrit de la main de Abul-l-Ma'ani [il faut lire Abu-l-Ma'ali] Yûsuf ibn 'Abdallâh, fils de la sœur de notre auteur ; j'y ai trouvé la déclaration suivante : J'ai transcrit le vingt-cinquième chapitre seulement après la mort de mon oncle, sans qu'il l'eût rédigé comme il le faisait d'ordinaire pour les autres. Il avait, en effet, l'habitude de mettre en ordre et de corriger ses notes de sa propre main ; ensuite, je les mettais proprement au net en sa présence[106]. »

Le neveu de Maïmonide parle ici d'un texte simple : des extraits médicaux. Pour les autres textes, qu'ils fussent de droit, d'exégèse ou de philosophie, le processus était plus long et plus complexe. Un premier brouillon était rédigé par l'auteur et il y portait des corrections. Un second brouillon reprenait le texte corrigé et l'auteur y apportait des corrections supplémentaires. Il se peut qu'il y ait eu un troisième brouillon avant que l'auteur soit satisfait et considère que le texte était prêt à la publication.

Tous les textes n'aboutirent pas à la publication, ainsi « Le Livre de la prophétie » et « Le Livre de l'harmonie » dont Maïmonide parle dans son introduction au *Guide,* et il reste seulement des brouillons de ses « Commentaires sur le Talmud de Jérusalem[107] ».

L'exemplaire mis au propre par le neveu de Maïmonide, ou un autre secrétaire, était ce qu'il appelait son « Livre ». C'était le texte de référence, celui sur lequel étaient corrigées les copies ultérieures. Généralement, les copies étaient faites par des élèves du Maître ou par des scribes loués. Quelquefois, ils étaient de la main de personnes de la famille – le beau-père de l'auteur, son neveu – ou d'amis importants – « le juge parfait » – comme les cahiers qui furent adressés à Joseph ; l'importance du scribe leur conférait une valeur supplémentaire.

Les scribes pouvaient faire peu de fautes ou en faire beaucoup, de sorte qu'une ou deux collations étaient indispensables si l'on voulait une copie correcte. Dans la tradition arabe, la rédaction des textes et leur collation étaient, le plus souvent, orales et on notait les détails pertinents à la fin du livre[108]. C'est ainsi, comme nous venons de le voir, qu'une copie d'Avicenne porte la marque de la collation faite sur une copie appartenant à Maïmonide.

Parmi les œuvres de Maïmonide, nous avons encore un exemplaire du *Mishné Tora* portant l'inscription : « Collationné sur mon livre, moi Moïse fils du Rav Maïmon – que son souvenir soit une bénédiction[109] ! » D'autres exemplaires sont signalés par plusieurs savants médiévaux[110]. (Illustration 1, p. 39.)

105. Blau, vol. 2 (1970), n° 345, p. 618.
106. Kaufmann (1883), la traduction donnée ici a été revue et précisée par S. Pines.
107. Voir les planches XXVII à XXXI dans Sassoon (1990).
108. Cf. Pedersen (1984), pp. 20-36.
109. Au sujet de ce manuscrit et de sa reproduction, voir, plus haut, n. 58 et 59.
110. Cf. Assaf (1941-1942), p. 151.

7. Les brouillons du *Guide* et le stade de la publication

Dans les brouillons autographes, nous distinguons au moins cinq étapes de rédaction :

- Étape 1 : c'est un premier jet ou un texte déjà rédigé et repris d'un ouvrage antérieur ; nous le nommerons proto-proto-brouillon.
- Étape 2 : une première correction du texte précédent, que nous appellerons proto-brouillon.
- Étape 3 : une deuxième correction, que nous appellerons brouillon.
- Étape 4 : la dernière correction avant la mise au propre. De cette correction, nous n'avons pas de témoin autographe. Elle se dessine en creux, par la comparaison entre l'étape 3 et l'étape 5 dont proviennent les copies.
- Étape 5 : la copie destinée à la publication, peut-être faite par l'auteur, mais plus vraisemblablement une copie de la main d'un scribe : le « Livre ».

Les brouillons autographes sont des témoins des étapes 1, 2 et 3.

• **Étape 1.** Dans les fragments 5 et 6, on distingue tout ou partie de textes de proto-proto-brouillons : des éléments repris de travaux antérieurs. L'un des éléments qui nous permettent de les identifier, c'est que l'on n'y voit pas le mot *fasl* que l'auteur écrit systématiquement sur une ligne vierge en début de chapitre.

Cet élément nous manque pour le fragment 5 (partie II, chap. 30) car ce que nous avons est seulement un fragment de chapitre. Ce chapitre diffère essentiellement de tous les autres chapitres du *Guide*, car il consiste uniquement en de nombreuses notes brèves (dix-huit) concernant toutes des points de *Aggada* talmudiques, ce que l'auteur appelle des *Derashot*. Cependant, dans l'autographe, l'ordre de ces notes diffère tellement de celui que nous lisons dans le texte canonique qu'on doit supposer qu'il s'agit d'un passage du *Livre des Derashot*, qui n'avait pas encore été mis en forme pour le *Guide*.

Dans le fragment 6 (partie II, chap. 32-33), l'identification est visible à l'œil nu. L'autographe se décompose en deux parties et le texte canonique en quatre parties.

La partie 1 de l'autographe est constituée par les 25 lignes du recto et les 9 premières du verso. Elle était bien, à l'origine, une unité de texte, car des arabesques précèdent et suivent cette explication de la scène du mont Sinaï. Cependant, ce n'était pas encore un chapitre car, contrairement aux autres autographes, le mot *fasl* n'est écrit ni au début du texte, ni à ce qui est actuellement le début du chapitre 33.

La première partie (étape 1) de ce fragment 6 est un proto-proto-brouillon presque certainement tiré du *Livre de la prophétie*. Dans l'imprimé arabe, ce proto-proto-brouillon est découpé en deux morceaux :

- la plus grande partie du passage (le recto et les 5 premières lettres de la ligne 4 du verso) en constitue la partie 1[111] ;

111. Ce passage correspond, avec des variantes, à la p. 255 du texte arabe imprimé, ligne 27 jusqu'à la p. 256, ligne 2 (fin du chapitre 32). Le chapitre 33 commence à la ligne 4 de la p. 256 et se termine au premier mot de la ligne 26. Dans la traduction française de Munk, les trois dernières lignes de la p. 267 et les deux premières de la p. 268 sont la fin du chapitre 32, qui se termine p. 270, ligne 3.

- la fin du proto-proto-brouillon (les 2 dernières lettres de la ligne 4 du verso jusqu'à la fin de la ligne 9) est devenue la partie 4 de l'imprimé ; elle est rejetée à la fin du chapitre 33 et en devient la conclusion[112].

• Dans ce même autographe, **l'étape 2** (le proto-brouillon) se détache bien de l'étape 1 (le proto-proto-brouillon) : à la cinquième ligne du verso, un signe graphique indique qu'il faut insérer ici le très long ajout de dix-neuf lignes horizontales complétées par deux lignes à la verticale et la ligne écrite tête-bêche en haut du verso. Dans l'imprimé arabe, ce passage est la partie 2 du chapitre 33[113].

Dans le texte canonique, la jointure entre la partie 1 et la partie 2 a été faite en quelques mots, à la dernière ligne de la page 256 : « Mais, quoi qu'ils aient pu dire à cet égard [...] » (p. 270, ligne 3 de la traduction de Munk). C'est lors de cette étape 2 qu'ont été barrés trois fragments de phrases, aux lignes 12, 13 et 14, que des leçons différentes ont été écrites au-dessus des mots biffés aux lignes 12 et 13, et qu'apparaît la « Voix créée ».

Le texte que nous avons dans l'autographe est encore assez loin du texte imprimé. Il y manque encore tout le texte de la partie 3 du texte canonique. Il a fallu encore deux étapes au moins (une étape 3 de brouillon et une étape 4 de correction supplémentaire) avant que le texte soit prêt pour la copie dans le « Livre » et la livraison au public. En effet, dans le texte définitif, l'auteur a renvoyé les premières lignes du recto à la fin du chapitre 32, et délimité le chapitre 33. Il a aussi supprimé la dernière phrase du proto-proto-brouillon pour insérer un long ajout et a fait nombre d'autres corrections.

Les fragments 3 et 4 sont aussi des témoins de l'étape 2, des proto-brouillons. Ils présentent, par rapport au texte imprimé et aux copies du *Guide,* des différences notables sur le plan littéral, comme sur le plan doctrinal. On y trouve des corrections faites au fil de la plume : corrections de logique, corrections d'orthographe, corrections de style, quelquefois immédiatement corrigées en les biffant et en écrivant le passage adéquat au-dessus de la ligne, ou dans la marge. À la relecture, l'auteur s'est quelquefois aperçu qu'il avait biffé à tort et l'a indiqué par un signe ou un mot au-dessus de la ligne.

• Les brouillons sont le résultat de **l'étape 3** ; ils ne diffèrent de la version canonique que par quelques leçons, et, vraisemblablement, ils n'ont eu besoin que d'une correction supplémentaire (l'étape 4) avant d'être confiés au scribe en vue de la publication.

Ce sont les fragments 1 (partie I, chap. 2 et 3) et 2 (partie I, seconde moitié du chap. 17, chap. 18, 19, 20 et début du chap. 21). On y voit des corrections faites au fil de la plume : corrections de logique, corrections d'orthographe, corrections de style. L'auteur s'est aperçu de ces fautes en les écrivant et il les a immédiatement corrigées ; soit en les biffant et en écrivant le passage adéquat

112. Dans le texte arabe imprimé, on la lit p. 258, fin de la ligne 1 à la ligne 4, et dans la traduction de Munk, p. 274, lignes 3 à 9.

113. Dans le texte arabe imprimé, ce passage correspond à la seconde moitié de la dernière ligne de la p. 256 et va presque jusqu'à la fin de la ligne 18 de la p. 257. Dans la traduction de Munk, il va de la ligne 3 de la p. 270 au tout début de la ligne 1 de la p. 273.

au-dessus de la ligne, ou bien il a écrit le nouveau passage dans la marge. Là aussi, à la relecture, l'auteur s'est quelquefois aperçu qu'il avait biffé à tort et l'a indiqué par une lettre au-dessus de la ligne[114].

Cependant, les brouillons ne sont certainement pas une première rédaction : nous y voyons les traces des étapes antérieures. Ils ont pu être repris d'un ouvrage précédent, lui aussi découpé en chapitres. David Yellin avait déjà remarqué que, dans le fragment 2, deux passages barrés indiquaient une copie plus qu'une rédaction : dans le chapitre 18 (au fol. 1v, ligne 8), deux mots avaient été oubliés : ils ont été rajoutés au-dessus de la ligne, mais le mot *maqâm* qui se trouvait écrit deux fois a dû être barré. Dans le même chapitre (au fol. 2r du fragment 2, à la ligne 1), deux mots et le début d'un troisième ont été barrés et récrits au début de la ligne 2, ce qui indiquerait plutôt une faute de copiste ; le copiste étant, dans cette occasion, l'auteur lui-même[115].

Deux autres détails confirment l'impression que ces brouillons sont la copie d'une rédaction antérieure :

1. Toujours dans le chapitre 18 (fragment 2, fol. 1v, ligne 6), l'autographe dit : « [Dieu] ainsi qu'il est démontré n'est pas corps. » Dans la version canonique, nous lisons : « [Dieu] n'est pas corps, ainsi qu'il te sera démontré dans ce traité[116]. »

2. Dans ce même chapitre (fol. 1v, ligne 21), nous lisons dans l'autographe : « dans un chapitre, j'expliquerai [...] », alors que la version canonique écrit : « dans l'un des chapitres de ce traité, j'expliquerai [...] ».

Ces brouillons font partie des premiers chapitres du livre I. Or, comme nous l'avons dit, Hannah Kasher[117] considère que les 49 premiers chapitres du livre I formaient ce qu'elle appelle « une première strate (A) ». On y lit des interprétations de versets bibliques qui correspondent à celles qu'on trouve dans les ouvrages antérieurs au *Guide* ; en effet, dans ces chapitres, il s'agit essentiellement de vocabulaire biblique, un sujet que Maïmonide méditait depuis sa jeunesse.

• Mais, entre le brouillon que nous avons ici et le texte donné à copier (texte que nous identifions avec l'ouvrage imprimé), une autre révision, **l'étape 4**, est encore intervenue.

Certaines des corrections de l'étape 4 sont seulement des compléments à la réactualisation du texte, réactualisaton dont on voit déjà une partie dans les brouillons : ainsi, dans le fragment 2, folio 1v, ligne 21, « dans un chapitre, j'expliquerai » ; alors que, dans le texte imprimé à la fin du chapitre I, 18, nous lisons : « dans un chapitre de ce traité ».

Hannah Kasher, qui n'a travaillé que sur le texte imprimé, avait bien noté que les premiers chapitres ont été « édités » par Maïmonide et que, en particulier, il y annonce le traitement de certaines des idées abordées dans les chapitres à venir.

114. C'est la lettre *nûn*, abrégeant le mot *nuskha* (copie). Voir plus haut n. 98 et 99.
115. Yellin (1930), pp. 97 et 99.
116. Page 70 de la traduction de Munk, ligne 5 du bas.
117. Dans un article de 1995.

D'autres corrections qui ont été apportées au texte durant l'étape 4 sont, en revanche, d'un grand intérêt philosophique, comme nous le verrons dans la troisième partie de notre étude.

Durant ces cinq étapes, le texte a été remodelé afin de convenir aux buts que l'auteur se proposait dans la publication du *Guide*. Nous voyons ce texte prendre forme sous nos yeux, de la main même de son auteur. Les étapes successives nous permettront de voir :

1. si les opinions exprimées dans les ouvrages plus anciens sont toujours celles de l'auteur ou si elles sont différentes, et, si ce sont les mêmes, quel était le but de Maïmonide en les présentant différemment ;
2. nous verrons aussi quelles sont les idées que Maïmonide ajoute à celles qu'il a exprimées dans ses œuvres précédentes.

8. Les révisions et les corrections du *Guide* après sa publication

La publication du « Livre » n'arrêtait pas le processus de correction. Nous en avons un excellent exemple avec les cinq volumes du *Commentaire sur la Mishna.* Se basant sur les études du Rav Joseph Qafih, Simon Hopkins décrit ce qu'il appelle quatre éditions, dont la dernière n'a pas été publiée. On y trouve des corrections de la main de l'auteur, d'autres de celle de son fils Abraham, d'autres encore de la main de David Naguid II, descendant de Maïmonide à la cinquième génération, et d'autres personnages encore[118]... Mais il remarque, avec raison, que le mot « éditions » ne convient pas à la réalité des faits. Le « Livre » était continuellement corrigé et mis à jour par l'auteur, non pas de façon systématique mais au fur et à mesure de ses réflexions ou des remarques faites par des étudiants ou des correspondants. Elles n'étaient pas toujours portées immédiatement, quelquefois le moment ne s'y prêtait pas : nous allons voir tout de suite que le Maître étudiait avec ses élèves le jour du shabbat, or on n'écrit pas le shabbat.

Il arrivait aussi que le livre soit dans d'autres mains. En effet, le « Livre » « publié » était à la disposition des scribes qui le copiaient, cahier par cahier. Or, lorsque le « Livre » était entre les mains d'un scribe, l'auteur y avait plus difficilement accès, même si la copie ou la collation se faisait dans sa propre maison. Il pouvait difficilement interrompre le travail des scribes à chaque fois qu'il avait une idée nouvelle.

On voit bien ce processus grâce à l'abondante documentation conservée sur le *Commentaire sur la Mishna* : pour le traité *Shabbat* de la *Mishna*, les brouillons du *Commentaire* sont nombreux et très différents. « L'examen de tous les témoignages de la transmission du texte montre que Maïmonide n'a jamais mis le point final à son *Commentaire*, il a constamment repensé à ce qu'il avait écrit, il a ajouté et retranché, corrigé et modifié le texte, barré et amplifié des passages, jusqu'à la fin de sa vie[119]. » Certaines corrections ont été

118. Voir Sassoon (1990), pp. 34-39.
119. Hopkins (2000) p. XXI.

entrées sur des brouillons, avec l'intention de les reporter ensuite sur le « Livre ». Mais cette intention n'a pas toujours été réalisée, et certaines traductions en hébreu du *Commentaire sur la Mishna* sont plus proches des brouillons que du texte révisé. En effet, le traducteur a quelquefois utilisé des leçons déjà présentes dans les brouillons, leçons qui n'étaient pas encore entrées dans l'exemplaire officiel de l'auteur.

On peut s'imaginer l'encombrement que pouvait créer toute cette activité des copistes autour des « Livres » du Maître, car plusieurs « Livres » étaient copiés simultanément. Une lettre mentionne des messagers envoyés avec de l'argent pour acheter trois copies du *Mishné Tora*, l'une pour Alep, une autre pour Bagdad et la troisième pour le Yémen[120]. On reproduisait aussi les autres ouvrages de Maïmonide : le *Commentaire sur la Mishna*, le *Guide des égarés*, les ouvrages de médecine... Les « Livres » passaient des mains d'un scribe à celui d'un autre scribe, cahier par cahier. On comprend mieux pourquoi Maïmonide a dû prendre « à quelqu'un d'autre » les six cahiers envoyés à Joseph.

Nous n'avons pas le « Livre » du *Guide*, et on pourrait penser que le petit nombre d'années qui restaient à l'auteur avant sa mort ainsi que les nombreuses obligations qui l'empêchaient de s'adonner à la philosophie ont restreint :

1. les possibilités de modification du texte par son auteur,
2. la correction des fautes faites par les copistes.

Cet argument est valable en partie, mais en partie seulement.

Nombre d'indices montrent, en effet, que le « Livre » du *Guide*, comme les autres livres de Maïmonide, a été corrigé par l'auteur après sa mise au point (vers 1190-1192), et cela au fur et à mesure des réflexions provoquées par les questions nées de son enseignement ou qui lui ont été posées par écrit[121].

En effet, malgré toutes ses obligations, Maïmonide a continué à enseigner. Répondant à l'élève potentiel, qui avait lu seize cahiers du *Guide*, le Maître lui propose :

« Si tu viens dans la salle d'étude tous les samedis, tu recevras sûrement de moi quelque peu de ce que tu espères. Peut-être Dieu me donnera-t-il un peu de temps libre afin que nous puissions étudier et enseigner. »

Dans une lettre à Samuel ibn Tibbon, Maïmonide disait aussi qu'il ne pourrait le voir que le shabbat après l'office religieux, car, ce jour-là, il discutait les problèmes des gens de la communauté et étudiait avec eux jusqu'à midi et plus tard dans la journée avant les prières du soir[122]. Mais, contrairement à l'invitation qu'il proposait à l'élève anonyme, Maïmonide se refusait à inviter son illustre traducteur à lui rendre visite[123].

Cependant, il continuait à lire des livres de philosophie ou s'efforçait de le faire[124]. Il écrit à Joseph b. Juda :

120. *Responsa Lipsiae* (1859), p. 44, mentionné dans Sassoon (1955.1990), p. 18 et n. 1 et 2.

121. Cf. Hopkins (2001), pp. XX-XXII.

122. Shailat (1995), pp. 553-554. Cf. Kraemer (1990), p. 97 et n. 73.

123. Cette fin de non-recevoir a été longuement discutée et ses motifs ont donné lieu à des hypothèses qui ne sont pas très flatteuses pour Samuel ! Cf., en dernier, Fraenkel (2005) pp. 61-65.

124. Cf. S. Harvey (1996).

« Je ne trouve pas une heure pour voir quelque sujet religieux et je n'en lis que le jour du shabbat. Quant aux autres sciences, je ne trouve pas le temps d'en voir quelque chose et je souffre beaucoup de cette circonstance. J'ai reçu dans ce dernier temps tout ce qu'ibn Rushd [Averroès] a composé sur les ouvrages d'Aristote, excepté le livre *du sens et du sensible*, et j'ai vu qu'il a rencontré le vrai avec une grande justesse ; mais, jusqu'à présent, je n'ai pas trouvé de loisir pour étudier tous ses écrits[125]. » Selon S. Pines, effectivement, il n'y a pas d'influence directe des commentaires d'Averroès sur Aristote dans le *Guide*[126]. En revanche, comme l'a montré Sarah Stroumsa, il avait probablement lu les autres œuvres d'Averroès[127].

Ensuite, toute une correspondance à propos du *Guide* a été échangée entre Maïmonide et ses lecteurs du Sud de la France. Les lettres n'ont pas été conservées dans leur état original mais ont donné lieu à des regroupements, à des abréviations et à des traductions dont les leçons varient. La reconstitution de la séquence de ces missives a donc suscité de nombreuses hypothèses[128].

Ce qui est admis par tous est l'authenticité des réponses faites aux questions de Samuel ibn Tibbon concernant la partie I et le début de la partie II du *Guide*. Elles se trouvent dans la lettre à Samuel dont nous venons de mentionner un passage[129]. Avec cette lettre, Maïmonide envoyait en Provence une autre copie de la partie III, meilleure que celle qui s'y trouvait déjà.

9. Les fautes des scribes

Certaines copies du *Guide* étaient bien mauvaises. On comprend l'insistance de Samuel et le détail des précautions qu'il demande de prendre pour la correction des volumes du *Guide* qu'il renvoyait à son auteur :

« J'envoie les trois livres que nous avons ici et qui ont servi de base à ma traduction. Je vous prie de donner l'ordre à quelques-uns de vos élèves de les collationner très soigneusement une ou deux fois, jusqu'à ce qu'ils soient sûrs qu'il n'y reste aucune faute ; et de contresigner la copie lorsque vous aurez vérifié que la correction a été bien faite [...] Je ne serai tranquille et en repos que lorsque je saurai que le livre a été bien corrigé, car il est très difficile d'être sûr de soi lorsqu'on a utilisé un livre où les fautes sont tellement nombreuses. Même si l'étudiant était savant, il laisserait passer bien des erreurs, combien plus [pour moi] qui n'ai pas respiré le parfum de la science ! Comme vous le verrez, dans la partie III, j'ai suggéré quelques corrections à la seconde copie qui m'est parvenue. Elle est beaucoup moins fautive que la première car la première copie,

125. Trad. Munk (1842), p. 31.

126. Introduction à sa traduction (1963), p. CVIII. Cette assertion est peut-être vraie en ce qui concerne les commentaires sur Aristote.

127. Voir, à ce sujet, Stroumsa (2009), en particulier les pages 66 à 70.

128. Cf. Stern (1951) et la longue analyse de Fraenkel (2005), pp. 60-80, où l'on trouvera toutes les références antérieures.

129. Cf. ci-dessus, n. 110.

comme je vous l'ai écrit, m'a donné l'impression qu'elle avait été transcrite sur un exemplaire en caractères arabes ou était la copie d'un exemplaire transcrit en caractères arabes [...].

« Quelques-unes des corrections que je suggère sont signalées à l'encre dans les marges [littéralement : à l'extérieur]. Pour d'autres, je me suis contenté de tracer au-dessus de la ligne fautive un trait sur la feuille avec mon ongle. Notre Maître nous ferait grâce s'il donnait l'ordre aux correcteurs de ne rien gratter de tout ce qu'ils trouveront dans les livres, pas même une seule lettre, mais qu'ils notent les corrections dans les marges, sans rien gratter. Qu'ils marquent clairement tous les endroits [corrigés] afin que nous n'ayons aucun doute sur les corrections qu'ils ont faites. »

Samuel n'est pas le seul à se plaindre de la mauvaise qualité des manuscrits du *Guide* sur lesquels il travaillait : Juda al-Harizi, l'autre traducteur vers l'hébreu, écrit dans son introduction :

« Juda b. Salomon al-Harizi (qu'il repose en Éden !) dit : je voudrais m'excuser de la mauvaise qualité de ma traduction, je témoigne que le livre duquel j'ai traduit était plein de fautes comme ont pu le constater tous ceux qui m'ont vu traduire. Cela, ajouté à mon incompétence, aurait dû m'empêcher de faire cette traduction car les fautes étaient si nombreuses qu'une traduction aurait eu peu d'utilité, mais Maître Bonafous, le médecin fidèle, la noble personne qui réunit en elle toutes les perfections, a fait pression sur moi et a mis tant de passion à me convaincre que j'ai finalement accepté. J'ai donc traduit de mon mieux. À chaque fois que je jugeais nécessaire d'ajouter ou de supprimer quelque chose, je m'en suis expliqué et je l'ai noté explicitement en mettant un trait dans le texte et en écrivant dans la marge le mot arabe ; cela afin que le lecteur de ma traduction excuse mon erreur et comprenne tout le mal que je me suis donné, même si le résultat obtenu est mince. Celui qui corrigera après moi trouvera grâce aux yeux de Dieu et des hommes[130]. »

Voici trois exemples de fautes commises par les scribes.

1. Parmi la série des réponses aux questions de Samuel ibn Tibbon, l'une concerne la fin de l'introduction à la première partie. L'auteur y détaille les sept causes de la contradiction ou de l'opposition qu'on trouve dans un livre ou dans un écrit quelconque. La cinquième cause est pédagogique : dans l'enseignement, on commence par le plus facile et on trouve cette cause de contradiction dans les écrits des philosophes. La sixième est le résultat de prémisses dont l'auteur n'a pas vu qu'elles étaient contradictoires, « ne se manifestant qu'après plusieurs prémisses. Plus il faudra de prémisses pour la manifester et plus elle sera cachée [...]. C'est là ce qui arrive même à de savants auteurs [...] un tel homme ne saurait être compté au nombre de ceux dont les paroles méritent de l'attention », conclut Maïmonide. La septième cause est « la nécessité du discours quand il s'agit de choses très obscures dont les détails

130. Cette introduction est donnée par J.T. Robinson (2008, p. 255, n. 30) d'après le manuscrit de Berlin 1057/1058. Elle est différente de celle que l'on lit dans Paris, BNF Hébreu 682. Cf. Bobichon (2008), pp. 154-160. Dans sa bibliographie, p. 160, Ph. Bobichon note que l'introduction se trouve dans deux autres manuscrits, mais il faudrait en faire la collation.

doivent être en partie dérobés et en partie révélés ». « Les divergences qui peuvent exister dans le présent traité émanent de la cinquième et de la septième cause[131]. »

Ces mots ont servi de clefs à l'interprétation du *Guide* depuis Samuel ibn Tibbon jusqu'à nos jours, et pourtant l'exemplaire de Samuel portait « la cinquième et la sixième cause », une erreur que soupçonnait déjà Samuel et que Maïmonide confirme[132].

L'exemplaire de Samuel n'était pas le seul à porter ici une leçon inacceptable. Un exemplaire ou plusieurs, parvenus au Yémen, portaient aussi cette leçon : elle fut corrigée à un moment quelconque mais la leçon qui s'imposa et qu'on trouve dans nombre de manuscrits n'est pas plus acceptable. Le Rav Joseph Qafih nous dit que dans tous les manuscrits qu'il a utilisés pour son édition, on lit : « la cinquième, la sixième et la septième cause[133] ». Il en est de même dans un certain nombre d'autres manuscrits (par exemple, le plus ancien manuscrit yéménite daté de 1380[134]).

On peut facilement reconstruire le processus qui a mené à ces erreurs. Maïmonide écrivait les chiffres en lettres hébraïques ; on le voit, par exemple, dans son *Commentaire sur la Mishna*[135]. Dans son « Livre », les chiffres qui numérotaient les causes de contradiction n'étaient donc pas donnés en toutes lettres mais avec des lettres hébraïques : *hé* pour 5 ; *waw* pour 6 ; *zain* pour 7. Or, les formes graphiques des lettres *waw* et *zain* sont très proches l'une de l'autre ; la confusion entre elles est facile.

L'erreur était peut-être dans le « Livre » ou dans une copie ; elle fut répercutée dans la première copie reçue par Samuel, qui la détecta aussitôt et la corrigea. Dans nombre de copies yéménites postérieures, elle fut aussi corrigée ; mais, dans un ou plusieurs manuscrits, la correction était si peu claire que le scribe yéménite dont la copie est à l'origine de la famille de manuscrits dont nous parlons s'est trompé et a cru à un ajout[136].

2. Un autre exemple de faute de copiste se trouvait dans les premiers exemplaires arrivés en Provence : dans le chapitre 51 de la partie I, nous lisons :

« Ainsi nous trouvons qu'Aristote établit le fait du mouvement, parce qu'on l'avait nié et démontre la non-existence des atomes (*juz'*) parce qu'on en avait affirmé l'existence[137]. » Dans l'exemplaire qui servit de modèle à la traduction

131. Traduction Munk, p. 31.

132. Cf. Shailat (1995) p. 533. Le texte est en arabe et correspond à l'édition Munk-Joel, p. 13, ligne 14.

133. Cf. Qafih (1977), p. 15, n. 28 et le manuscrit *hé* ayant servi à notre collation, voir p. 75.

134. C'est aussi ce qu'on lit dans le manuscrit yéménite le plus ancien ; daté de 1380, c'est le manuscrit *dalet* de notre collation, voir pp. 74-75.

135. Ed. Hopkins (2001), fragment 7r, lignes 18 « chapitre 21 » et 32 « chapitre 22 », cf. p. 80.

136. Que cette leçon, absurde à nos yeux, ait pu se transmettre si longtemps au Yémen s'explique par deux caractères spécifiques : 1. Averroès, qui fonde notre compréhension de Maïmonide, fut inconnu là-bas et l'exégèse maïmonidienne prit pour base Avicenne et les autres philosophes musulmans, lesquels sont beaucoup plus proches de la religion que ne l'était Averroès. 2. À partir du XIIIe siècle, les savants yéménites médiévaux restèrent relativement isolés du reste du monde juif, cf. Goitein (1973) et Langermann (1992).

137. Munk-Joel, p. 76, ligne 4 ; partie I, p. 183 dans la traduction de Munk.

d'Al-Harizi le mot *juz'* était écrit *jinn*, « démon », entraînant le contresens : « Aristote a démontré la non-existence des démons », contresens qu'on trouve encore dans l'édition de cette traduction[138]. Le premier exemplaire sur lequel travailla Samuel ibn Tibbon portait la même faute et entraîna le même contresens, mais il fut corrigé par le traducteur dans sa seconde traduction hébraïque[139].

3. C'est une autre faute de scribe que relève Samuel ibn Tibbon dans l'une de ses notes, qui concerne le chapitre 24 de la partie II[140]. Tous les traducteurs modernes ont gardé le texte fautif et cette faute a fait couler des flots d'encre. En effet, dans le *Livre de la connaissance*, le premier livre du *Mishné Tora*[141] et trois passages du *Guide*[142], Maïmonide affirme que :

« Dieu est le moteur de la sphère supérieure, par le mouvement de laquelle se meut tout ce qui est mû au-dedans d'elle, mais Dieu est séparé d'elle et n'est point une faculté dans elle[143]. »

C'est parce que Dieu est le moteur de la sphère céleste que :

« Les preuves de l'existence de Dieu, de son unité et de son incorporalité, il faut les obtenir uniquement par l'hypothèse de l'éternité [du monde], et ce n'est qu'ainsi que la démonstration sera parfaite, n'importe que le monde soit éternel ou qu'il soit créé[144]. »

Dans ce chapitre, en revanche, on lit :

« [...] il nous est impossible d'avoir les éléments [nécessaires] pour raisonner sur le ciel [...] et même la preuve générale qu'on peut en tirer [en disant] qu'il nous prouve [l'existence] de son moteur, est une chose à la connaissance de laquelle les intelligences humaines ne sauraient arriver[145]. »

Dans sa note 4, Salomon Munk remarque que, si tous les manuscrits arabes et la traduction d'Al-Harizi s'accordent sur cette leçon, Ibn Tibbon ajoute trois mots qui modifient essentiellement le sens de cette phrase, qui se traduirait alors :

« La preuve générale qu'on peut en tirer, c'est qu'il nous prouve l'existence de son moteur, *mais le reste de ce qui le concerne* [c'est-à-dire le ciel] est une chose à la connaissance de laquelle les intelligences humaines ne sauraient arriver... »

Dans un long article concernant l'interprétation du chapitre 24[146], Joel Kraemer signale la note de Munk et traduit une partie[147] d'une des gloses autographes de Maïmonide dans son « Livre » du *Commentaire sur la Mishna*. On la voit dans l'illustration 4, page suivante. En voici une traduction littérale :

138. (1953), à la ligne 1 de la p. 183.

139. Cf. Langermann (1997), pp. 54-57, et Fraenkel (2007), pp. 89-92.

140. Fraenkel (2007), p. 339.

141. Le livre I du *Mishné Tora*. Cf. la traduction française de Zaoui (1961), p. 31.

142. Partie I, chapitre 71, pp. 349-351 de la traduction de Munk ; partie II, chapitre 2, pp. 47-48 de la traduction de Munk ; partie II, chapitre 18, p. 144 de la traduction de Munk.

143. Partie I, chapitre 71, pp. 349-351 de la traduction de Munk.

144. Partie I, chapitre 70, pp. 325-326 de la traduction de Munk.

145. Partie II, chapitre 24, pp. 194-195 de la traduction de Munk.

146. Kraemer (2006), lequel donne une bibliographie des articles sur la controverse et donne aussi la référence à l'édition de la *Mishna* avec le *Commentaire* de Maïmonide (1965), vol. 2, p. 212, par J. Qafih, lequel transcrit en entier la note arabe et en donne une traduction en hébreu.

147. À la page 366 de son article de 2006, sans mentionner le *Guide*.

Illustration 4.

« Sache que c'est un grand principe de la Loi de Moïse notre Maître que le monde est venu à l'existence, que Dieu l'a établi et créé après le vide pur. La raison pour laquelle tu m'as vu tourner et retourner au sujet de l'éternité du monde selon la doctrine des philosophes, c'est afin que soit absolue la démonstration de l'existence de Dieu, comme je l'ai expliqué et clairement montré dans le *Guide*[148]. »

מעונה אלהי קדם. ואעלם אן קאעדה׳ שריעה׳
משה רבינו אלכברי הי כון אלעאלם מחדת׳
כונה אללה וכ׳לקה בעד אלעדם אלמחץ׳ והד׳א
אלד׳י תראני נחום תומה מן מעני קדמה
עלי ראי אלפלאספה הו לאטלאק אלברהאן עלי
וג׳ודה תעלי כמא בינת ואוצ׳חת פי אלדלאלה.

C'est donc l'auteur lui-même qui a résolu le problème : il a écrit cette note vers la fin de sa vie, alors qu'il était malade : on le voit bien par le tremblement de sa main. Il a aussi hésité après « l'éternité du monde » et a écrit un mot qu'il a tout de suite barré à grands traits obliques avant de continuer. Solomon David Sassoon décrit cette graphie[149], rappelant que, dans une lettre à Jonathan de Lunel, Maïmonide se plaignait « de se sentir incapable d'écrire [de sa main] même une courte lettre ». Dans sa vieillesse, il n'avait pas changé d'avis sur la preuve de l'existence de Dieu par le premier moteur, ni sur la démonstration apodictique que lui apporte l'hypothèse de l'éternité du monde. Il renvoie à l'explication qu'il a donnée, pensant probablement au *Mishné Tora*, et, explicitement, au *Guide*. Samuel ibn Tibbon a eu raison de corriger ce passage, il ne marque pas un doute éprouvé par l'auteur mais une faute de scribe.

Rappelons aussi les chapitres 26 et 27 de la partie I que nous avons évoqués plus haut. Le premier exemplaire traduit par Samuel réunissait les deux chapitres ; le second les séparait.

De même, dans le cours de la comparaison entre les autographes et la version reçue, Silvia Di Donato a bien vu que certains détails diffèrent, ainsi l'ordre de citation de versets dans le chapitre 20 de la partie I : l'autographe cite successivement I Rois 14 : 7 puis I Rois 16 : 2. L'ordre est inverse dans toute la tradition collationnée sauf dans la traduction de Samuel ibn Tibbon. Modèles différents ou erreur de Samuel[150] ?

Dans son *Glossaire des termes inusuels qu'on trouve dans le « Guide des égarés »*[151], Samuel raconte comment il a corrigé sa traduction première après qu'elle se fut largement répandue et il demandait à ses lecteurs de prendre en

148. Introduction au *Pereq Heleq* (*Sanhédrin*, traité *Neziqin*), Oxford, Bodleian Library, Poc. 295 (Cat. Neubauer 404), vol. II, p. 301 de la reproduction par Sassoon (1956), reproduit dans l'illustration 4.

149. (1956, 1990), p. 33. Une référence que Kraemer donne également.

150. Cf. les remarques textuelles de Silvia Di Donato sur le fragment 2, fol. 2r, ligne 19, p.125.

151. On le trouve à la fin de l'édition du *Moré ha-nevukhim,* Vilna (1904, 1960).

compte les corrections apportées dans ce glossaire[152]. Ces corrections n'ont pas été les dernières et, selon Tzvi Langermann, la correction de la traduction du *Guide* occupa Samuel jusqu'à la fin de sa vie[153].

10. Du « Livre » aux copies du *Guide* : caractères arabes et caractères hébreux

Rappelons le passage de la lettre que Samuel ibn Tibbon écrivit au printemps 1205. Maïmonide était mort quelques mois auparavant, en décembre 1204, mais la nouvelle n'était pas encore parvenue en Provence[154]. Il avait terminé la traduction des trois parties du *Guide,* posait des questions sur la partie III et écrivait à propos du premier exemplaire qu'il avait reçu :

« Comme vous le verrez, dans la partie III, j'ai suggéré quelques corrections à la seconde copie qui m'est parvenue. Elle est beaucoup moins fautive que la première car la première copie, comme je vous l'ai écrit, m'a donné l'impression qu'elle avait été transcrite sur un exemplaire en caractères arabes ou était la copie d'un exemplaire transcrit en caractères arabes [...] .»

Il est clair qu'au XIIIe siècle existaient des copies en caractères arabes et des copies en caractères hébreux. Les copies en caractères arabes furent lues par des musulmans, des chrétiens et des juifs. Les copies en caractères hébreux n'étaient lues que par les juifs.

Que des musulmans se soient intéressés à la pensée philosophique et théologique de Maïmonide[155], nous le savons par ʻAbd al-Laṭîf, bien que son ton incite à penser qu'il n'a jeté au texte qu'un coup d'œil rapide.

Il est cependant remarquable que le premier commentaire sur le *Guide*[156] soit celui d'un philosophe musulman d'origine perse : Abû Muḥammad ibn Abî Bakr al-Tabrîzî, lequel explique les vingt-cinq propositions du début de la seconde partie du livre[157]. On le sait, la langue et l'écriture arabes dépassaient largement les limites de la religion musulmane : du même siècle datent un abrégé et des extraits du *Guide* dans trois manuscrits arabes chrétiens[158].

G. Vajda, cherchant à appuyer ou à réfuter l'hypothèse d'un archétype en caractères arabes qui aurait servi à la traduction de Samuel ibn Tibbon vers l'hébreu, a dressé une liste, qui n'est pas – dit-il – exhaustive, des altérations supposant un texte en caractères hébraïques et un texte en caractères arabes.

152. La traduction de Samuel n'est pas toujours conforme à celle que l'auteur lui avait proposée ! Voir à ce sujet : Baneth (1952).

153. Cf. Langermann (1997).

154. J'ai traduit ici (en supprimant les nombreux termes de politesse dithyrambique) l'édition d'Amsterdam reproduite dans Diezendruck (1936), pp. 352-353.

155. Comme le remarque Atay (1986, p. 73).

156. À moins de considérer l'*Explication des mots difficiles du « Guide »* de Samuel ibn Tibbon comme un commentaire.

157. Nous en avons deux traductions hébraïques. Cf. Sirat (1990, pp. 208 et 432.)

158. Déjà signalés mais non utilisés par S. Munk (1842, p. 27, n. 1) et longuement décrits par G. Vajda (1960). Ce sont les manuscrits Arabe 178, 179 et 205 de la BNF à Paris.

Celles qui supposent un texte en caractères arabes sont plus nombreuses. En effet, il suffisait qu'une ou deux copies aient été transcrites en caractères arabes pour qu'elles servent de modèle à d'autres copies, en caractères arabes ou en caractères hébreux.

C'est ce que suggère la suite de la lettre de Samuel ibn Tibbon : « [...] la première copie, comme je vous l'ai écrit, m'a donné l'impression qu'elle avait été transcrite sur un exemplaire en caractères arabes ou était la copie d'un exemplaire transcrit en caractères arabes [...]. »

De fait, une liste des livres vendus à la mort du médecin juif Abû el'izz (XIIIe siècle[159]) mentionne un *Guide* en « arabe », c'est-à-dire « en écriture arabe ». Une liste de livres appartenant à des juifs, dressée à Jaca (province de Huesca, en Aragon) en 1415, mentionne que « Maître Abram Abenaçaya possède *el more in arabigo*[160] ».

Enfin, le fragment de Cambridge qu'on voit dans l'illustration 5[161] (page suivante) a été écrit pour un juif : en effet, le texte est en caractères arabes mais les citations bibliques sont en hébreu, caractères hébreux. Les corrections en caractères hébreux, ajoutées après coup, montrent soit que le correcteur n'écrivait pas l'écriture arabe, soit que le livre d'après lequel il apportait les corrections était en caractères hébreux, ou encore les deux possibilités.

Rappelons la copie en caractères arabes qui date du XVe siècle : elle est de la main d'un savant musulman yéménite, particulièrement large d'esprit[162]. Ce savant était aussi très érudit et le volume qu'il a copié est une source abondante de textes philosophiques arabes musulmans. C'est sur ce manuscrit, conservé à Istanbul[163], que H. Atay a basé son édition. On peut citer également, pour mémoire, un manuscrit transcrit en caractères arabes par Saadia ha-Lévi, originaire du Maroc, pour l'érudit chrétien Grolius en 1644-1645[164].

D'après nos listes de copies en arabe (caractères hébreux), nous avons quarante-huit manuscrits complets ou d'étendue importante et quarante-quatre fragments d'un ou plusieurs folios[165].

Les copies de la traduction en hébreu de Samuel ibn Tibbon sont beaucoup plus nombreuses. Il est clair que le public du *Guide* se trouvait surtout en Europe chrétienne. On compte environ cent cinquante copies complètes, et les fragments sont innombrables. Ces copies proviennent de tous les pays d'Europe

159. Cf. Allony (2006), liste 63, ligne 19, p. 239.

160. Cf. Gutwirth et Motis Doloder (1996), p. 37.

161. Cambridge, University Library, Taylor Schechter Genizah Collection, T.-S. NS 306. 252, reproduit dans l'illustration 5. Nabil Elsakhawi a copié le fragment et nous pensions l'éditer, mais nous y avons renoncé car le texte présente peu de variantes significatives.

162. Cf. Rosenthal (1955) et Langermann (1992), p. 284. Le copiste, An-Nihmi, cite de nombreux ouvrages juifs en arabe, et probablement lisait-il les caractères hébreux car, dans une note marginale, quelques mots arabes sont écrits en caractères hébreux (Rosenthal, p. 15). Sur la page de titre de son manuscrit, il déclare n'avoir pas hésité à citer les paroles des hérétiques « car lire des opinions contraires et différentes peut être utile » (*ibid.* p. 16).

163. Les citations bibliques ont été traduites en arabe et transcrites en caractères arabes par l'éditeur du *Guide*. Cf. Atay (1986), p. 73.

164. Oxford, Bibliothèque bodléienne, ms. Marsh 186, Cat. 1240.

165. Cf. Sirat (1992, 2000) et Langermann (2000).

Illustration 5.

mais surtout de Provence, d'Espagne et d'Italie, de Byzance[166] puis de l'Empire ottoman. Un assez grand nombre d'entre elles ont été décorées, il semble qu'une seule porte des enluminures[167].

11. Les éditions du texte en arabe

L'édition faite par Salomon Munk entre 1856 et 1866 accompagnait la traduction française. Toutes deux étaient, à l'époque, une œuvre admirable et elles le sont encore de nos jours.

L'édition utilise divers manuscrits dont la liste n'est pas donnée et dont les variantes ne sont pas séparées les unes des autres :

« Quant aux variantes des différents manuscrits, je me suis borné à indiquer, dans les notes qui accompagnent la traduction, toutes celles qui peuvent offrir quelque intérêt pour la critique du texte, ou pour l'interprétation de certains passages ; j'ai accueilli dans mon édition la leçon qui me paraissait la meilleure, et mon choix a été guidé par un examen consciencieux, tant du texte original que des versions hébraïques[168]. »

À l'occasion, l'éditeur corrige les « fautes ». En effet, nous dit-il :

« J'ai cru devoir introduire, pour ce qui concerne les formes grammaticales et notamment les désinences, une orthographe plus régulière, en évitant les irrégularités et les inconséquences que présentent la plupart des manuscrits des juifs arabes et souvent même ceux des musulmans. »

Toutefois, des « additions, des corrections et des variantes » se trouvent aux pages 468 à 480 du tome III de la traduction.

Les notes de la traduction française restent un outil indispensable pour tous les étudiants[169]. Elles n'ont pas été remplacées. La « Table des matières contenues dans les trois parties du *Guide* et dans les notes qui accompagnent la traduction » est toujours le meilleur index des sujets traités dans le livre. Cependant, l'édition ne répond plus à toutes nos questions. L'édition révisée par Issachar Joel en 1929 (Munk-Joel) apporte nombre de corrections ; on en trouve la liste aux pages 7 et 8 de l'introduction de Joel, lequel donne aussi aux pages 475-490 des listes de variantes, celles proposées par Hartwig Hirschfeld en 1895 ainsi que d'autres, tirées de divers manuscrits regroupés par leur lieu de conservation (Leyde, Oxford, etc.), et d'autres encore tirées des traductions hébraïques médiévales. Aux pages 493-501, on lit le texte des fragments autographes connus en 1929. Ici, nous avons appelé cette édition « canonique » et, de fait, elle est la base de toutes les traductions modernes, en hébreu et dans d'autres langues[170].

Les copies yéménites sont la base d'une autre édition arabe (1972) sur laquelle le savant Rav Joseph Qafih a donné une traduction hébraïque

166. Nous n'en avons pas de liste, il ne s'agit que d'estimation.
167. Cf. Narkiss (1969), p. 37 et planche 18.
168. Introduction, pp. V-VI.
169. Il est très regrettable que l'édition Verdier ne les donne pas !
170. On en trouvera une liste dans la bibliographie.

annotée[171]. Dans son introduction, il déclare avoir examiné sept manuscrits yéménites mais, comme leurs leçons étaient pratiquement identiques, il n'en a gardé que trois pour la collation avec l'édition Munk-Joel. Certes, ajoute-t-il, les différences entre les manuscrits yéménites et l'édition sont nombreuses mais, selon lui, elles ne changent pas grand-chose à l'essentiel du texte. Quelques-unes sont cependant très importantes et il donne pour exemple l'interprétation d'un verset de Job dans le chapitre III, 23. Il passe sous silence la variante dont nous avons parlé plus haut (les causes de la contradiction dans le *Guide*) et probablement quelques autres[172] bien qu'une au moins, de son propre aveu, soit fondamentale[173]. Heureusement, la traduction hébraïque fondée sur cette édition donne quelquefois des notes complémentaires.

L'édition qui suit se voulait, au départ, une sorte de prémice à une édition « critique » que nous appelions de nos vœux. Nous partions de l'hypothèse que l'histoire de la tradition textuelle risquait de coïncider avec les divisions géographico-culturelles. L'hypothèse s'est désagrégée au fur et à mesure que nous avancions dans nos travaux, et cela pour deux raisons.

1. Notre choix de manuscrits[174] a été limité. En effet, nous voulions prendre les copies si possible les plus anciennes et qui provenaient de zones géographiques différentes : Orient, Yémen, Occident. De plus, ces copies devaient inclure tous les chapitres dont nous avions les brouillons autographes, c'est-à-dire des manuscrits des parties I et II. Ce choix s'est donc trouvé bien proche de celui qui avait été fait par les savants qui nous ont précédés : à part les deux manuscrits yéménites, nos manuscrits sont ceux qui étaient à la base de l'édition Munk-Joel.

2. Pour que l'hypothèse géographico-culturelle ait quelque chance d'être intéressante, il aurait fallu qu'un archétype (ou deux, ou même trois !) soit à la source de l'une des lignées de transmission du texte.

Or, au fur et à mesure de l'avancement de notre étude, cette possibilité s'est effondrée : les circonstances qui ont présidé à la diffusion du *Guide* ont montré que le « Livre » de Maïmonide était un texte mouvant. Il s'inscrit dans la longue série des textes comparables, en arabe, hébreu et latin, qui ont été décrits par les savants qui ont participé au volume *Écriture et réécriture des textes philosophiques médiévaux*[175]. Une édition qui donnerait toutes les variantes de tous les manuscrits conservés serait, en revanche, d'une très grande utilité.

171. Republiée en 1977 et toujours disponible.

172. Pour les retrouver, il faudrait collationner tout le texte avec l'édition Munk-Joel. Je me suis bornée à relever les variantes que le Rav Joseph Qafih signale lui-même.

173. Par exemple, au début de l'introduction, au lieu de « le but de ce traité tout entier et de tout ce qui est de la même espèce est la science de la Loi dans sa réalité » (Munk, p. 7), on a « *n'est pas* la science de la Loi ». Cf. la lettre de défense de Maïmonide et de l'allégorisation de la Tora (datant de la fin du XVe siècle) publiée par Qafih (1951), p. 45 ; dans sa note 21, Qafih déclare que cette variante se trouve dans les manuscrits yéménites anciens.

174. Aux pp. 72-75.

175. Ce beau volume, édité par J. Hamesse et O. Weijers, m'a été offert en 2006. C'est un vrai plaisir de pouvoir remercier ici les nombreux amis qui ont participé à la rédaction de ce volume. Le tout récent livre de R. Glasner (2009) sur les commentaires d'Averroès sur la *Physique* d'Aristote ajoute encore (pp. 28-40) un bel exemple à cette série.

Nous ne l'avons pas mais, en son absence, le texte « canonique », lorsqu'il concorde avec tous les témoins manuscrits, peut être considéré comme celui que l'auteur voulait présenter au public ; il est, en quelque sorte, son discours officiel. Et l'étude génétique de la pensée de Maïmonide s'est révélée féconde. Les brouillons, et surtout les proto-proto-brouillons et les proto-brouillons, révèlent les idées qui furent celles de l'auteur à un certain moment de sa réflexion, idées qu'il a ensuite changées, corrigées, édulcorées ou durcies, afin qu'elles répondent au but qu'il s'était fixé et au(x) public(s) au(x)quel(s) il destinait le livre. À un moment donné, la main de Maïmonide est devant nos yeux et *pense*. Après l'édition de ces feuillets et leur comparaison avec les autres témoins textuels, nous essaierons de découvrir quelques-unes des pensées secrètes que l'auteur avait décidé de ne pas livrer au public et que le sort a laissées entre nos mains.

II

L’édition des autographes

Silvia Di Donato

1. Les sources

1. Les autographes

Les recherches conduites sur les trésors de la genizah du Caire, source extrêmement riche de témoignages textuels et historiques du moyen-âge juif, ont jusqu'à présent porté à notre connaissance six autographes (sept feuillets en neuf fragments : cinq feuillets séparés, un feuillet composé de trois fragments et un bifeuillet recto-verso) du *Guide des égarés*. La valeur de ce témoignage direct de l'activité de l'un des savants les plus éminents du judaïsme médiéval est évidente en soi, de même que la fascination que suscitent ces autographes, comme toute découverte archéologique très ancienne et rare.

Cinq d'entre eux ont fait l'objet de publication dès leur découverte ; l'un d'entre eux est publié ici pour la première fois.

Les érudits qui ont publié ces fragments autographes ont établi une comparaison avec le texte reçu de l'ouvrage, afin de relever d'éventuelles différences. Ils sont parvenus à des conclusions diverses : certains ont considéré que les variantes étaient peu nombreuses et peu significatives (cf. Hopkins, 1985, p. 713; *Id.*, 1987, p. 466), d'autres ont constaté que l'état du texte contenu dans les autographes ne correspond pas à celui des éditions (cf. Hirschfeld, 1903). Le terme de référence de ces comparaisons a été d'abord l'édition de Munk, puis celle de Munk-Joel, épisodiquement accompagnées par les éditions du Rav Qafih et de H. Atay (en caractères arabes). Parfois, un petit nombre de manuscrits a également servi de repère; ainsi, D. Yellin a mis en relation le texte du fragment qu'il a publié avec celui des traductions hébraïques de Samuel ibn Tibbon et de Juda al-Harizi (cf. D. Yellin, 1929-1930). Toutefois, à l'exception de quelques considérations à propos des particularités de l'orthographe utilisée par Maïmonide, l'étude des interventions dans les autographes et la comparaison avec le reste de la tradition textuelle n'ont jamais étés systématiques, et le répertoire des variantes n'a pas été interprété. Ce n'est que dans la récente publication de B. Outhwaite et F. Niessen (frag. n. 6) que les cas de dissemblance sont aussi placés dans leur contexte et analysés synthétiquement.

On a déjà évoqué, à propos de la méthode de travail de Maïmonide, l'habitude de l'auteur de corriger et d'intégrer constamment des corrections à ses ouvrages qui étaient, en même temps, donnés à copier, intégralement ou en partie. Il est donc évident que tout détail concernant l'état du texte tel qu'il se trouve dans les autographes représente une trace extraordinairement intéressante pour l'étude de la genèse de l'ouvrage et des interventions rédactionnelles successives dont il a fait l'objet. Parmi les éléments révélateurs, on compte les ratures, les corrections et les ajouts contenus dans les autographes, ainsi que les différences recensées grâce à la comparaison entre ces derniers et les témoins qui nous sont parvenus.

Afin de parvenir à une définition organique de leur apport à l'analyse et la compréhension du texte du *Guide*, bien qu'ils en représentent un échantillon modeste, l'étude de ces originaux doit être menée de façon systématique et sur l'ensemble des documents. Dans le cadre de cette enquête, plusieurs domaines de recherche sont mis en œuvre. Premièrement, l'analyse codicologique et paléographique des originaux, mis en rapport les uns avec les autres, nous permet de remarquer des affinités ou des différences, afin d'éclairer les relations qui les relient et de relever les indices matériels utiles pour les situer dans le contexte rédactionnel. Quant au contenu, toute observation et toute remarque dérivent ensuite des données provenant d'un déchiffrement aussi exacte que possible du texte des autographes. Les premières publications remontant au début du XXe siècle, les outils techniques actuels nous aident grandement dans la lecture de passages effacés ou difficilement déchiffrables. Cela nous a conduit à reprendre les travaux précédents et saisir à nouveau le texte des documents sur support digital, ce qui a permis de compléter, ou parfois de corriger, les publications antérieures. Enfin, la comparaison minutieuse du texte ainsi établi avec celui que la tradition manuscrite nous a transmis constitue l'ensemble des données que l'analyse textuelle sert à classifier et expliquer. Cette démarche est aussi le point de départ pour toute tentative d'analyse doctrinale.

Ci-dessous, nous présentons les fragments selon un ordre, conservé aussi dans l'édition, qui suit celui des chapitres auxquels ils renvoient dans l'ouvrage de Maïmonide, sans tenir compte de la chronologie de leur publication.

1) New York, Jewish Theological Seminary, Adler Collection, ENA 31985.

Guide, I, 2-3.

Ce fragment a été découvert dans les années 1940 par M. Lutzki et publié par la suite par S. Hopkins.

S. HOPKINS, «An unpublished autograph fragment of Maimonide's *Guide of the Perplexed*», *Bulletin of the School of Oriental and African Studies* 50, 1987, pp. 465-469.

2) Cairo, Mosseri Collection, VIII, 35 (aujourd'hui conservé à la Cambridge University Library, sous la même cote).

Guide, I, 17-21.

Cette longue portion de texte, comprenant un bifeuillet recto-verso, a été découverte par B. Chapira et ensuite publiée par D. Yellin.

D. YELLIN, «Deux pages de l'autographe de Maïmonide», *Tarbiz* 1, 1929-1930, pp. 93-106 (en hébreu).

Le texte de l'autographe est reproduit dans l'édition de Munk-Joel, pp. 493-497.

3) Cairo, Mosseri Collection, VIII, 24.1 (aujourd'hui conservé à la Cambridge University Library, sous la même cote).

Guide, I, 60.

Catalogue de la Collection Jack Mosseri, édité par le Institute of Microfilmed Hebrew Manuscripts, The Jewish National and University Library, Jérusalem 1990, p. 212.

Cet autographe est publié ici pour la première fois.

4) Cambridge, Cambridge University Library. Taylor Schechter Genizah Collection, T-S 10 Ka 4, leaf 1.

Guide, I, 64-65.

H. HIRSCHFELD, «The Arabic portion of the Cairo Genizah at Cambridge. Two autograph fragments of Maimonide's *Dalâlat al-Hâ'irîn*», *Jewish Quarterly Review* 15, 1903, pp. 677-681.

Le texte de l'autographe est reproduit dans l'édition de Munk-Joel, pp. 497-499.

5) Trois fragments, aujourd'hui conservés dans deux bibliothèques différentes, sont les parties d'un seul et même feuillet qui contient une portion du texte du *Guide*, II, 30.

a) Manchester, John Rylands University Library. Gaster Collection, B 2597 et B 4094.

Ces fragments ont été découverts par S. Hopkins en 1982 et publiés par la suite.

S. HOPKINS, «Two new maimonidean autographs», *Bulletin of John Rylands University Library of Manchester* 67, 1985, pp. 710-735.

b) Cambridge, Cambridge University Library. Taylor Schechter Genizah Collection, Or. 1081.2.44.

B. OUTHWAITE et F. NIESSEN, «A newly Discovered Autograph Fragment of Maimonides' *Guide for the Perplexed* from the Cairo Genizah», *Journal of Jewish Studies* 57^2, 2006, pp. 287-297.

6) Cambridge, Cambridge University Library. Taylor Schechter Genizah Collection, T-S 10 Ka 4, leaf 2.

Guide, II, 32-33.

H. HIRSCHFELD, «The Arabic portion of the Cairo Genizah at Cambridge. Two autograph fragments of Maimonide's *Dalâlat al-Hâ'irîn*», *Jewish Quarterly Review* 15, 1903, pp. 677-681.

Le texte de l'autographe est reproduit dans l'édition de Munk-Joel, pp. 499-501.

2. Les manuscrits et les éditions de référence

La tradition textuelle conservée du texte arabe en caractères hébreux du *Guide* (selon la liste donnée par C. Sirat [1], complétée par celle de Y.T. Langermann [2]) se monte à environ 90 témoins : ils sont pour la plupart incomplets et 43 d'entre eux ne sont que des fragments de un ou quelques feuillets. Pour notre analyse, nous avons voulu sélectionner, parmi ces manuscrits, un échantillon significatif et représentatif, quoique très partiel, de la tradition textuelle. Ont donc été choisis sept exemplaires, selon trois critères fondamentaux : qu'ils conservent entièrement le texte, qu'ils soient datés ou datables et qu'ils forment un panorama le plus large possible des différentes aires géoculturelles où ils furent copiés. Ainsi, deux manuscrits sont d'origine séfarade, deux d'origine yéménite et trois d'origine orientale [3]. Les sept manuscrits choisis sont donc complets et cinq parmi eux contiennent une indication de date.

Dans l'ensemble de la tradition textuelle du *Guide*, neuf témoins sont datés ; parmi eux, quatre sont partiels (dont un compte un seul feuillet, portant le colophon ; ms. n. 32 de la liste Langerman, 2000). Comme ils ne donnent pas les portions du texte conservé dans les autographes, ils n'ont pas été pris en compte. Les cinq autres manuscrits conservent l'ensemble du texte : le ms. n. 21 (liste Sirat, 1991), daté 1275 ; le ms. n. 3 (liste Langerman, 2000), daté 1380 ; le ms. n. 1 (liste Sirat, 1991), daté 1509 ; le ms. n. 20 (liste Sirat, 1991) contient un colophon, qui n'est pas de la main du scribe, mais peut-être du destinataire, portant la date du 1474 ; enfin, l'indication de date contenue dans le ms. n. 42 (liste Sirat, 1991) est peu vraisemblable (voir ci-dessous).

Voici une description sommaire des manuscrits. Ils ont été numérotés en lettres hébraïques (de א à ז), ces lettres les identifiant dans l'apparat critique qui accompagne notre édition des autographes :

1. [א]

Oxford, Bodleian Library, Poc. 345 (Cat. Neubauer 1236; IMM m. 22050 ; Comité de paléographie C 171 ; no. 20, p. 23 dans la liste Sirat, 1991).

Écriture semi-cursive de type oriental.

Les feuillets 1r-8v contiennent la liste des chapitres selon Juda al-Harîzî ; les ff. 8v-11r la liste des péricopes bibliques citées dans le *Guide*. Le texte

1. C. Sirat, « Une liste de manuscrits préliminaire à une nouvelle édition du *Dalâlat al-Ḥâirîn* », *AHDLMA* (1991), pp. 9-29 ; repris dans *Maimonidean Studies* 4, 2000, pp. 109-133.

2. Y. T. Langermann, *Supplementary List of Manuscripts and Fragments of* Dalâlat al-Ḥâ'irîn, *Maimonidean Studies* 4, 2000, pp. 31-37.

3. Rappelons que ce travail a pris sa source dans le cadre des séminaires de paléographie hébraïque de l'EPHE (Sorbonne), afin de familiariser les étudiants à l'examen des manuscrits hébreux et à la lecture des textes en judéo-arabe. Les critères de choix répondent aussi aux exigences de ce travail pratique.

occupe les ff. 12v-200r et il est suivi d'un colophon, au f. 200v : Sa'adia b. David d'Aden a copié le manuscrit pour Abraham b. Obadia ha-Lévi, surnommé Ibn Rassi, en 1474. La date semble bien correspondre aux caractères codicologiques et paléographiques du manuscrit, mais le colophon n'est pas de la main du scribe : il pourrait être de la main du destinataire.

Le mot *faṣl* est en grands caractères et la numérotation des chapitres, dans la marge, pourrait être de la main du scribe.

(frag. n. 1, ff. 19 r-v ; frag. n. 2, ff. 28v-30r ; frag. n. 4, ff. 52 r-v ; frag. n. 5, ff. 56v-57r ; frag. n. 6, ff. 116v-117r ; frag. n. 7, ff. 118v-119v).

2. [ב]

Oxford, Bodleian Library, Hunt 162 (Cat. Neubauer 1237; IMM 22051 ; Comité de paléographie C 172 ; no. 21, p. 23 dans la liste Sirat, 1991).

Écriture semi-cursive de type oriental.

Le texte occupe les ff. 1r-200r. D'après le colophon (f. 200r), le manuscrit est de la main de Joseph b. Eli ben Aaron ha-Cohen, qui a terminé la copie pour son usage personnel à Erbil, dans le Nord de l'Iraq, en 1275.

Le mot *faṣl* est en caractères à peine plus grands que le reste du texte ; il n'y a pas de numérotation des chapitres [4].

(frag. n. 1, ff. 7v-8r ; frag. n. 2, ff. 12r-13v ; frag. n. 3, ff. 40 r-v; frag. n. 4, ff. 44r-45v ; frag. n. 5, ff. 103v-104r ; frag. n. 6, ff. 106v-107r).

3. [ג]

Oxford, Bodleian Library, Poc. 234 (Cat. Neubauer 1239; IMM 22053 ; n. 23, p. 23 dans la liste Sirat, 1991)

Écriture semi-cursive de type oriental.

Le texte occupe les ff. 11v-244r et il ne manque que 5 lignes à la fin. L'écriture est irrégulière et il se peut que plusieurs mains aient participé à la copie.

Le manuscrit pourrait être du XVe siècle (au f. 2r, une marque de possession contient la date 1592).

Le mot *faṣl* est en caractères carrés ; la numérotation des chapitres fait partie du texte.

(frag. n. 1, ff. 18 r-v ; frag. n. 2, ff. 23r-24v ; frag. n. 3, ff. 38 r-v; frag. n. 4, ff. 56r-57v ; frag. n. 5, ff. 137 r-v ; frag. n. 6, ff. 140r-141v).

4. [ד]

London, British Library, IOM 3679 (Cat. Langermann, 1995; IMM 49322 ; n. 3 dans la liste Langermann, 2000).

Écriture semi-cursive de type yéménite.

Le manuscrit compte 191 feuillets (il a été récemment folioté au crayon sans prendre en compte les deux feuillets blancs au début). D'après le

4. Les trois poèmes qui se trouvent au f. 1r ont été publiés dans M. STEINSCHNEIDER, *Moré bi-meqom ha-moré*, n. 22, 20 et 18.

colophon (f. 190r), le manuscrit a été copié par Shalom b. Ezra 'Anasî en l'an 1791 des Séleucides [1380] [5].

Le mot *faṣl* est en grands caractères carrés ; la numérotation des chapitres, qui se trouve dans la marge, pourrait être contemporaine à la copie.

(frag. n. 1, ff. 7r-8r ; frag. n. 2, ff. 11v-13r ; frag. n. 3, ff. 36v-37r ; frag. n. 4, ff. 39v-40r ; frag. n. 5, ff. 96v-97r ; frag. n. 6, ff. 100v-101r).

5. [ה]

New York, Jewish Theological Seminary, Micr. 2257 (IMM 28510; Comité de paléographie D 101 ; n. 1, p. 19 dans la liste Sirat, 1991)

Écriture semi-cursive de type yéménite.

Le manuscrit compte 197 feuillets, soigneusement calligraphiés et décorés à l'encre rouge par Zacharie b. Shalom ha-Lévi en 1509, d'après le colophon (f. 197v).

Le mot *faṣl* est en grands caractères carrés, de même que la numérotation des chapitres, dans la marge, de la main du scribe.

(frag. n. 1, ff. 7v-8r ; frag. n. 2, ff. 12r-13v ; frag. n. 3, ff. 40v-41r ; frag. n. 4, ff. 44 r-v ; frag. n. 5, ff. 104v-105v ; frag. n. 6, ff. 109 r-v).

6. [ו]

Leyden, Universiteits Bibliotheek, Cod. 18 (Cat. Steinschneider, pp. 380-382 ; IMM 20913 ; Comité de paléographie Z F 2 ; n. 42, p. 27 dans la liste Sirat, 1991).

Écriture semi-cursive de type marocain.

Le manuscrit est paginé de 1 à 343 ; le *colophon* se trouve à la p. 343 et dit que la copie a été faite par Joseph b. Gabbay à Ifrane (Maroc, peut-être en 1452) [6].

Le mot *faṣl* est en grands caractères carrés, de même que la numérotation des chapitres, qui fait partie du texte.

(frag. n. 1, f. 9v ; frag. n. 2, ff. 22v-23v ; frag. n. 3, ff. 73 r-v; frag. n. 4, ff. 79 r-v ; frag. n. 5, ff. 188v-189r ; frag. n. 6, ff. 193 r-v).

7. [ז]

Leyden, Universiteits Bibliotheek, Cod. 221 (Cat. Steinschneider, p. 382 ; IMM 20914 ; n. 43, p. 27 dans la liste Sirat, 1991).

Écriture semi-cursive de type probablement espagnol. Le manuscrit est sans doute de deux mains différentes.

Le texte occupe les ff. 1-419; il ne manque que le feuillet de titre au début.

5. Une description longue de ce manuscrit se trouve dans Y. TZVI LANGERMANN, « The India Office Manuscript of Maimonides' *Guide:* the earliest complete copy in the Judeo-Arabic original », *British Library Journal* 21^1, 1995, pp. 66-70.

6. La date de 1271 donnée par Steinschneider dans son catalogue est impossible car le papier porte des filigranes dont la série commence en 1341 et va jusqu'à 1496. Il se pourrait que la date soit 1452.

Le manuscrit pourrait remonter au XIVe siècle.

Le mot *faṣl* est en grands caractères un peu plus carrés que le texte ; la numérotation des chapitres, dans la marge, a été ajoutée par une main postérieure.

(frag. n. 1, pp. 18-19 ; frag. n. 2, pp. 30-33 ; frag. n. 3, pp. 99-100 ; frag. n. 4, pp. 107-108 ; frag. n. 5, pp. 238-239 ; frag. n. 6, pp. 243-244).

Les autres sources qui ont servi de référence pour l'analyse textuelle sont les éditions suivantes :

- S. MUNK, *Dalâlat al-Hâyrîn*, Paris, 1846-1856, réédition avec notes et additions par I. Joel, Jérusalem, 1929 [M dans l'apparat] ;
- J. QAFIH, *Moré ha-nebukim. Maqor we-targum*, 3. vol., Jérusalem 1972 ;
- H. ATAY, *Dalâlat al-Ḥâ'yrîn. Ta'alîf al-ḥakîm al-faylasûf Mûsa ibn Maymûn al-Qurtubî al-Andalûsî 1135-1205*, Üniversitesi Ilâhiyat Yayinlari, Maktaba al-thaqâfa al-dîniyya, Ankara 1974 [A dans l'apparat].

En ce qui concerne la tradition indirecte, nous avons collationné aussi les traductions hébraïques suivantes :

- *Moré ha-nevukhim*, traduction de Samuel b. Juda ibn Tibbon avec les commentaires d'Efodi, Shem Tov b. Joseph Ibn Shem Tov, Asher b. Abraham Crescas et Isaac b. Juda Abrabanel, Vilna 1904 (réimpr. Jérusalem 1960) [T] ;
- *Moré ha-nevukhim*, traduction de Juda b. Salomon al-Harizi, (éd.) L. Schlossberg, 1e partie, Londres 1851, 2e et 3e parties, Vienne 1876-1879 ; reproduit avec notes de B. Sheyer et de S. Munk, Tel Aviv 1953 [H] ;
- SHEM TOV BEN JOSEPH IBN FALAQUERA, *Moré ha-Moré*, édition critique, introduction et commentaire par Y. Shiffman, Jérusalem 2001 [F].

Les passages cités dans ce commentaire du *Guide* représentent une troisième traduction hébraïque médiévale, partielle, du texte. L'auteur, en effet, puisait à sa source directement en arabe, et traduisait le texte en hébreu [7].

3. Les manuscrits : mise en page et mise en texte

Parmi les caractères formels des manuscrits – comme la mise en page et la mise en texte –, des éléments importants à considérer, pour leurs enjeux philologiques et historiques, sont la subdivision du texte en chapitres et leur éventuelle numérotation. C'est la raison pour laquelle nous avons relevé, dans la brève description qui précède, la présence dans les manuscrits du mot arabe pour «chapitre» et de la numérotation.

7. À propos de la traduction hébraïque d'Ibn Falqéra et des passages où il affirme explicitement traduire directement de l'arabe, tout en connaissant les traductions d'Ibn Tibbon et Al-Harizi, voir Y. Schiffman, « The differences between the translations of Maimonides' *Guide of the perplexed* by Falaquera, Ibn Tibbon and al-Harizi, and their textual and philosophical implications », *Journal of Semitic Studies* 44[1], 1999, pp. 47-61 : 48.

La question de l'organisation et de la structure du *Guide* a déjà été évoquée, et nous avons observé que Maïmonide a lui-même conçu la division de son «Livre» en parties (*ǧuz' pl. aǧzâ'*) et chapitres (*faṣl* pl. *fuṣul*). Les autographes confirment cette donnée. Mais cette subdivision a sûrement subi des changements au cours de l'élaboration du texte, et on voit que l'autographe n. 6 en est un témoignage : la comparaison avec le texte reçu fait immédiatement apparaître que le texte a été amplement remanié, et la division en chapitres, modifiée. En effet, le fragment correspond, selon la rédaction et la numérotation actuelles, à la fin du chapitre 32 et au début du chapitre 33 de la deuxième partie, alors que l'autographe ne présente aucune césure ni solution de continuité (voir ci-dessous, p. 182-183).

En ce qui concerne les sept manuscrits de référence, il faut distinguer, à ce propos, deux niveaux d'examen : d'un côté, la subdivision même du texte en chapitres et, de l'autre, leur numérotation par des chiffres. Tous les manuscrits sont divisés en sections, unités textuelles identifiées par le mot *faṣl*. Dans trois manuscrits, elles ne sont pas numérotées, ou ne l'étaient pas à l'origine [8]. Il s'agit du témoin le plus ancien qui nous est parvenu (ms. « ב » de notre liste) et de deux autres manuscrits, où la numérotation n'est pas de la main du scribe, mais a été ajoutée après la copie (ce sont les mss. « ד » – le deuxième manuscrit le plus ancien –, et « ז » de notre liste).

Les deux témoins correspondant aux sigles « ג » et « ו » méritent d'être signalés car ils présentent des irrégularités et leur numérotation, bien qu'elle soit, semble-t-il, intégrée dans le texte, ne paraît pas conforme à celle des autres manuscrits, ni évidemment à celle de l'édition de Munk-Joel.

Les anomalies relevées dans le manuscrit « ג » sont mécaniques et sont explicables de la manière suivante :

- La numérotation de la première partie est décalée d'un chapitre en raison d'une erreur, car le chapitre 42 est compté deux fois (ff. 44v et 45v). Un élément de confusion vient ensuite du fait que, à partir du f. 75r, les quatre derniers chapitres, qui devraient être numérotés 72, 73, 74 et 75 (soit 73, 74, 75 et 76 dans la traduction d'Ibn Tibbon et l'édition de Munk), ne sont pas numérotés.
- Dans la deuxième partie, l'introduction (f. 90v) compte pour le premier chapitre, comme dans la traduction d'al-Harîzî, ce qui procure un décalage. Toutefois, la numérotation redevient par la suite conforme à celle de Ibn Tibbon parce que si le chapitre au f. 138v est numéroté ל"ב (32, et donc 31 dans Ibn Tibbon), comme on s'y attend, le chapitre suivant (f. 139r) n'est pas numéroté et au f. 140r, la numérotation reprend avec le chapitre ל"ג (33, qui correspond exactement à Ibn Tibbon).

Le cas du manuscrit « ו » est plus intéressant : le livre I compte 75 chapitres au lieu des 76 que compte la traduction d'Ibn Tibbon. Cela est dû au fait que les chapitres 26 et 27 (selon la numérotation d'Ibn Tibbon) sont copiés

8. Nous rappelons que la numérotation des chapitres est l'œuvre du traducteur Samuel ibn Tibbon (voir ci-dessus, p. 32-33) et qu'elle s'est généralisée avec l'imprimerie.

sans solution de continuité et forment une seule et même section. Cet même découpage se vérifie dans la traduction hébraïque d'Al-Harizi. Un autre témoignage de cette subdivision nous est fourni par une remarque dans un commentaire sur le *Guide* imprimé sous le nom de Shem Tov ibn Falaquera[9]. L'auteur observe : « Chapitre 27. Lorsque R. Samuel traduisit ce traité, il réunit ces deux chapitres (26 et 27) en un seul. Ensuite, il les corrigea et les sépara ». La note se réfère à la traduction hébraïque de Samuel ibn Tibbon et nous dit que ces deux chapitres se trouvaient réunis dans le manuscrit arabe, ou plus probablement dans l'un des manuscrits (le premier ?), qui a servi de modèle pour sa traduction. Nous pouvons ainsi constater qu'une partie de la tradition textuelle, comprenant le modèle arabe de la traduction d'Al-Harîzî, l'un des manuscrits employés par Samuel ibn Tibbon et le modèle auquel remonte notre manuscrit « ו », ne contenait pas de césure à cet endroit et que ce changement s'est produit très tôt, au début de la transmission de l'ouvrage.

Les raisons de cette variation sont peu claires : hormis la subdivision en chapitres, aucune différence textuelle ne sépare les manuscrits les uns des autres. En première hypothèse, on peut évoquer une cause mécanique, un accident de copie survenu dans l'une des branches de la tradition. Un copiste aurait simplement pu laisser un espace blanc à la place du mot *faṣl* (chapitre), sans le remplir par la suite ou en écrivant le numéro dans la marge : dans les copies ultérieures, ce saut n'aurait plus laissé de trace et les deux chapitres se seraient fondus en un seul. Une autre explication possible nous orienterait vers le tout début de la chaîne de transmission du texte et vers la maison de l'auteur. Les autographes montrent clairement que Maïmonide écrivait le mot *faṣl* de manière très visible, en le mettant en évidence par le grand module des caractères. Il semble difficile qu'un copiste ait pu omettre de le transcrire, mais l'auteur lui-même aurait pu faire modifier son « Livre », soit en introduisant une séparation entre les chapitres, soit en les rassemblant en une seule section. Ce serait alors une intervention de l'auteur qui serait à l'origine de la correction apportée par Samuel ibn Tibbon à sa traduction, dont parle la note transcrite plus haut.

Les deux hypothèses ont une portée très différente dans le cadre de l'histoire du texte. Toutes deux conduisent à la constatation d'un clivage entre deux groupes (familles) de manuscrits, mais dans le second cas de figure, nous aurions également un témoignage de la constante relecture et amélioration du texte par Maïmonide, et du fait que certaines traces des modifications de l'auteur, apportées au cours de la copie de son « Livre », se sont conservées dans certains des témoins manuscrits qui nous sont parvenus. Cependant, dans le cas particulier des chapitres 26 et 27 du Livre I, les indices à notre disposition ne nous permettent pas de trancher en faveur de l'une ou l'autre hypothèse.

9. Éd. Bisliches, p. 165. Selon R. Jospe (1988), p. 67, il est peu probable que l'ouvrage soit réellement attribuable à cet auteur (voir ci-dessus, p. 33, n. 41).

2. L'édition

1. Approche philologique et étude des autographes

L'étude des fragments autographes du *Guide* se relie, par le nom et la présentation que nous avons utilisés, au domaine de l'analyse textuelle, dont les procédés ont également servi à notre travail. Elle nous a fourni les instruments et une base méthodologique solides pour l'examen des documents et pour l'interprétation des résultats de notre étude : de la recension du matériel à la collation et à l'annotation des éléments remarqués. Toutefois, il est nécessaire de souligner que, malgré la démarche méthodologique, le but de notre édition s'écarte de l'ecdotique proprement dite. En effet, nous ne visons pas l'établissement du texte du *Guide*, ni la reconstitution de l'archétype, ou des archétypes, de la tradition textuelle (qui sont la finalité première de l'analyse critique), mais nous nous concentrons sur une partie des sources, en essayant d'établir comment elles s'insèrent dans l'histoire du texte et quelle contribution elles peuvent lui apporter.

Le statut des fragments autographes de l'auteur, du point de vue historique (la rédaction du *Guide*) et philologique (l'étude du texte), impose quelques réflexions. Ces fragments autographes ont une importance documentaire extrême; ils doivent être considérés comme des témoins, et sont des témoins incontournables qui conservent tout à fait le texte original, entendu comme l'intention de l'auteur. Cependant, il s'agit de brouillons, des « feuilles de travail de l'auteur », sur lesquels Maïmonide a travaillé afin de perfectionner son texte à travers des corrections et des modifications. Il ne s'agit pas d'un texte fixé et stable, d'un modèle approuvé par l'auteur et donné à copier une fois le travail de rédaction achevé. Par définition, ils nous présentent cette rédaction à un certain stade de sa mise en forme et il n'est pas possible de savoir, dès le début de l'étude, si l'on a à faire à la dernière formulation des passages qu'ils conservent.

Outre leur originalité, la particularité des autographes, parmi les témoins du texte qui nous sont parvenus, est leur placement dans la chaîne de la transmission du texte, leur position stemmatique, à savoir qu'ils sont antérieurs à l'archétype (ou aux archétypes) auquel (auxquels) remonte le reste de la tradition. C'est-à-dire que, si l'on définit ce dernier comme la copie à laquelle la tradition manuscrite peut vraisemblablement être reconduite, la situation des autographes dans l'arbre généalogique (le *stemma codicum*) qui représente l'histoire de la tradition du texte s'en éloigne, en amont, par un nombre de modifications et de remaniements qu'on ne peut (et on ne pourra pas dans tous les cas) établir avec certitude. Ce placement est contraire à celui des autres témoins conservés, qui suivent chronologiquement et par définition le « Livre » de l'auteur.

Étant donné cette situation et cette qualification spécifique, l'on peut se demander si les autographes peuvent servir à l'analyse philologique de la tradition et du texte. Comment les traiter? Ils font partie, on l'a dit, des témoins, mais en réalité ils ne peuvent pas être employés comme terme de comparaison pour l'établissement du texte au même titre que les autres, puisqu'ils ne partagent pas la même nature de « témoins subséquents » à l'archétype et pourraient contenir un texte profondément différent de celui que l'étude critique de la tradition conservée se propose d'établir. Par conséquent, ils peuvent concourir à une analyse critique proprement dite d'une façon indirecte seulement, en tant que possible repère (*a posteriori*) permettant de corroborer une conjecture ou de résoudre une difficulté de lecture [10].

En conséquence, ces originaux acquièrent une valeur philologique non pas dans le cadre d'une ecdotique à proprement parler, mais en vue d'une recherche dans un champ autonome, bien que lié et contribuant à l'analyse philologique : l'étude de la genèse du texte, des étapes de sa rédaction et de son évolution. À travers les différences, les ajouts, les omissions (présumés volontaires) que l'on constate entre les deux termes de cette analyse – le texte des autographes (précédant l'archétype), d'un côté, et la version (ou les versions) diffusée(s), de l'autre –, on relève des indices pour expliquer la démarche rédactionnelle et, dans les cas les plus intéressants, intellectuelle de l'auteur. La contribution des autographes à l'étude du texte passe ainsi par l'examen, cas par cas, de l'état de la rédaction conservée dans les fragments par rapport à celle qui est attestée dans les autres témoins : les manuscrits et les témoignages indirects. La collation des sources permet d'interpréter les raisons des interventions successives de Maïmonide dans son texte, de s'interroger à propos de leur chronologie et d'évaluer leur portée. Mais parmi les buts (ou les conséquences) de cette comparaison figure aussi celui de découvrir si une partie de la tradition (un manuscrit ou, dans un cas encore plus heureux, une famille de manuscrits) conserve certaines leçons qui la rapprochent clairement du texte d'un autographe. Cette éventualité serait particulièrement intéressante du point de vue de l'étude philologique, puisqu'elle signifierait que différents stades de rédaction du texte seraient attestés dans la tradition manuscrite conservée. Nous aurions ainsi le cas de deux traditions textuelles de l'ouvrage, l'une antérieure à l'autre, partiellement indépendantes, sauf contaminations au cours de la transmission.

2. Quelques considérations croisées et quelques conclusions

Les brouillons sont tous écrits sur du papier de type oriental, dont l'état de conservation varie d'un fragment à l'autre, même si, en général, ils sont assez abîmés : des déchirures parfois très étendues, des brûlures (?) et des taches noires déparent les documents, et compliquent l'étude. La seule exception est

10. Par exemple, une leçon problématique se présente dans le fragment n. 3, f. 1 recto (I, 60) : la première ligne du texte conservé dans l'autographe a probablement été modifiée, mais la tradition textuelle n'est pas univoque. L'analyse du changement apporté et, par conséquent, la comparaison avec la formulation de l'autographe permettent d'avancer une hypothèse de reconstruction intéressante (voir ci-dessous, p. 133 , 167 et 138).

représentée par les fragments n. 4 (I, 64-65) et n. 6 (II, 32-33), préservés pratiquement intacts dans leur format original. Sur la base de ces fragments mieux conservés, et en mettant en rapport entre elles les mesures des autres autographes, nous avons pu reconstruire les dimensions des feuilles employées par Maïmonide et voir qu'elles mesurent (ou mesuraient), en moyenne, 23,5 cm de hauteur sur 15 cm de largeur. Il s'agit de feuillets indépendants, écrits au recto et au verso, à l'exception d'un bifeuillet, comprenant les chapitres I, 17-21 (frag. n. 2), qui était le bifeuillet intérieur d'un cahier puisque le texte suit.

Quant à l'encre, elle va du brun au brun très sombre tirant sur le noir. L'encre des corrections et des changements est la même que celle du texte, sauf dans les fragments n. 2 (I, 17-21) et n. 6 (II, 32-33), où l'on remarque des modifications et des ajouts importants qui ont été apportés avec une encre de couleur différente. La couleur de l'encre ne nous donne, en elle-même, aucune information éloquente, mais l'observation des changements est un indice, cas par cas, de la chronologie des modifications relevées dans les documents. Cette observation empirique peut nous aider à savoir si une correction ou un ajout remonte à un moment de révision non contemporain de la rédaction, entendue au sens large de mise en acte d'une intention cohérente du point de vue textuel et temporel. Le cas du frag. n. 6 est particulièrement significatif car les phases rédactionnelles qui l'ont affecté (au moins trois) ont pu être établies grâce aux interventions qu'il contient (voir ci-dessous, p. 182-183). Dans d'autres cas, les plus nombreux, ce sont des éléments liés au contexte, à la compréhension de l'organisation du discours et au genre d'intervention qui permettent d'en expliquer l'histoire : si elle a été faite au fil de la plume, pour des raisons formelles, par souci de précision, de clarté ou de cohérence.

Les éléments internes du texte sont les seuls qui guident l'analyse dans les cas de différence entre la version conservée dans les autographes et celle attestée par la tradition postérieure, c'est-à-dire lorsqu'il s'agit d'avancer des hypothèses à propos des étapes de révision qui ne sont pas documentées par ailleurs.

Sans rentrer dans les détails des cas particuliers, qui seront pris en compte dans l'édition de chaque fragment, les observations faites au cours de l'analyse nous permettent de formuler quelques considérations générales au sujet de l'état du texte des autographes par rapport aux sources collationnées, tout en gardant à l'esprit que l'échantillon d'originaux à la base de notre enquête reste très modeste et partiel. Notre étude a montré que les fragments ne sont pas le « Livre » de l'auteur, la version définitive donnée à copier, mais dans tous les cas nous avons constaté des différences (ajouts, reformulations, omissions), indiquant des étapes de révision ultérieures, entre le texte des autographes et la version reçue. Cette dernière se présente, en effet, comme homogène et univoque, et ses leçons concordent, exception faite pour quelques variantes facilement explicables et non significatives du point de vue de la lettre du texte.

Tout en préservant la valeur générale de cette considération, selon laquelle l'ensemble de la tradition textuelle conserverait un texte attestant la recension finale de l'ouvrage, il faut prêter attention à quelques données qui semblent indiquer, sinon des états de rédaction différents, au moins des interventions d'auteur tardives, qui n'ont pas été reçues par l'ensemble de la tradition, mais par une partie seulement. Nous avons déjà analysé l'exemple des chapitres 26-27 de la partie I, bien qu'ils ne fassent pas partie des passages du texte compris dans les autographes et que ces-derniers ne puissent donc pas fournir des éclaircissements sur leur genèse (voir ci-dessus, p. 77). Les autres exemples auxquels il convient de réserver quelques considérations se trouvent dans les fragments n. 2 (I, 17-21 : f. 1v, ll. 9-10 et f. 2r, l. 19) et n. 5 (II, 30 : f. 1r, l. 10). Dans les deux premiers cas, la leçon de l'autographe est confirmée seulement par la traduction hébraïque d'Ibn Tibbon : il s'agit d'un passage qui se présente remanié dans le reste de la tradition textuelle (voir *infra* p. 120) et de deux citations bibliques, dont l'ordre est inversé, dans les manuscrits et les éditions, par rapport au fragment et à cette traduction (voir *infra* p. 125). Cela pourrait indiquer que ces changements ont été apportés par l'auteur après la copie du manuscrit dont dépend la version d'Ibn Tibbon, de sorte que cette dernière n'en a pas été affectée. Le reste de la tradition, en revanche, découlerait de manuscrits où ces modifications ont été prises en compte. Dans le troisième cas, la citation de Genèse 5 : 2 (« Il les créa mâle et femelle »), présente dans l'autographe et dans l'ensemble des manuscrits consultés, est modifiée dans la traduction d'Ibn Tibbon et dans l'édition de Munk-Joel, où le verset cité, à vrai dire presque identique dans la formulation hébraïque, est celui de Genèse 1 : 27 (« Mâle et femelle furent créés »). Cette dernière leçon, quoique minoritaire, est plus cohérente avec le contexte, qui traite du récit de la création dans les premiers chapitres du livre de la Genèse. Une intervention du traducteur attentif n'est pas à exclure, mais il nous semble aussi tout à fait possible que Maïmonide lui-même, s'étant aperçu de l'incohérence, ait harmonisé le texte. Cette correction serait parvenue seulement à une partie de la tradition, et notamment au traducteur, sans être généralement accueillie (au moins pour la partie de la tradition que nous avons considérée).

Un autre cas intéressant concerne une citation biblique qui se trouve au f. 2r, l. 25 du fragment n. 2 (I, 20 ; voir infra, p. 126) : « Et lui avait accordé une royauté glorieuse » (2Sam. 5 : 12). Seuls trois manuscrits confirment l'autographe et conservent cette citation, alors que le reste de la tradition atteste une citation différente (« Et son royaume sera élevé », Num. 24 : 7), mais très proche. Une faute de lecture a très probablement provoqué la confusion entre l'originel כי* (de וכי נשא « et lui avait accordé ») et ת* (de ותנשא « et sera élevé »). L'autographe permet alors d'appuyer une explication philologique de la variante et d'établir la leçon originelle. En conséquence, on aurait là l'indice décisif d'un clivage entre un groupe de témoins, contenant cette erreur significative remontant probablement au début de la chaîne de transmission, et les autres. La traduction d'Al-Harîzî atteste les deux citations, mais cela ne contredit pas ce que nous venons d'observer car il se peut que le modèle du traducteur ait appartenu à une famille de témoins où la leçon divergente, inscrite dans la marge ou au-dessus de la ligne, a été intégrée au texte.

3. Les critères de l'édition

Le texte des autographes a été transcrit en essayant de garder la forme sous laquelle il est lisible dans les documents, du point de vue de la mise en texte et également du point de vue de l'orthographe. Cependant, pour des raisons techniques, nous avons omis de reproduire les signes diacritiques employés par Maïmonide, d'ailleurs de façon non systématique [11], pour différencier et identifier certaines lettres arabes.

Pour le reste, l'orthographe de l'auteur a été reproduite telle qu'elle se trouve dans les autographes, sans aucune intervention de notre part visant à l'harmonisation du texte [12]. Lorsqu'on a constaté des lacunes matérielles ou des mots illisibles, le texte a été retranscrit d'après l'édition arabe en caractères hébraïques de Munk-Joel, pour éviter de brusques interruptions qui auraient perturbé la lecture ainsi que la compréhension du passage. Cette intervention éditoriale a été signalée par des crochets carrés qui délimitent la portion de texte insérée.

Lorsque le fragment manuscrit est difficilement déchiffrable, mais qu'il a été possible de formuler une conjecture valide et d'estimer, sur la base d'évidences solides, que le texte de l'autographe devait être différent de celui de l'édition, la conjecture a été signalée par un astérisque.

Les entrées de l'apparat critique sont de deux genres principaux : celles qui concernent seulement le texte des autographes, et celles qui portent sur le rapport entre ce dernier et les sources choisies comme référence.

En premier lieu, donc, sont incluses dans l'apparat toutes les remarques qui décrivent les accidents constatés dans les originaux. Nous avons essayé d'établir un équilibre entre notre désir de reproduire l'état du texte tel qu'il se présente dans les autographes et la possibilité de le faire en pratique. Les interventions de l'auteur sont signalées de façon traditionnelle dans l'apparat, mais pour qu'elles soient aussi immédiatement distinguables d'un point de vue visuel, elles ont été reproduites graphiquement (comme, par exemple, les ratures ou certaines suscriptions). Dans certains cas, toutefois, et en particulier pour des ajouts marginaux ou des corrections internes, cela n'a pas été possible et la description de ces accidents se trouve seulement en apparat. En ce qui concerne les ajouts longs et les additions, marginales ou supra-linéaires, qui occupent une ou plusieurs lignes, ils ont été reportés à la fin de la page où ils se trouvent, afin de ne pas altérer la succession des lignes de l'édition et leur numérotation dans l'édition par rapport aux autographes.

Le second type de remarques contenues dans l'apparat est constitué de toutes les variantes relevées dans les manuscrits collationnés, dans les éditions et dans la tradition indirecte (représentée, nous le rappelons, par les traductions

11. Voir plus loin les notes de Marie-Jeanne Sedeyn consacrées aux caractéristiques de l'orthographe de Maïmonide. Cf. aussi D. Yellin, 1929-1930.

12. Dans un seul cas nous avons été amenés à intervenir dans le texte pour amender une faute certaine. Dans le premier fragment recto, ligne 12 (I, 2-3), nous avons inséré entre crochets pointus une lettre qui manque dans un mot hébreu faisant partie de la citation d'un verset biblique.

hébraïques complètes et les parties du texte qui sont traduites dans l'ouvrage d'Ibn Falqéra) par rapport au texte des autographes. Dans les cas où la leçon des traductions est indifférente par rapport au texte arabe (par exemple, les conjonctions و « wa » et ف « fa », qui sont toujours ו « we » en hébreu, ou certaines formes verbales), elle ne figure pas dans l'apparat critique.

Il faut préciser à nouveau que ces variantes ne se qualifient pas comme des leçons non acceptées, alternatives à celles qui ont été accueillies dans l'édition, puisque le but de la collation n'est pas l'établissement d'un texte critique, qui soit commun aux fragments et au reste de la tradition. Le texte de référence est fixe – celui des autographes – et c'est par rapport à celui-ci que toutes les différences ont été relevées.

Les différences purement orthographiques, qui relèvent des critères de translittération de l'arabe en caractères hébreux (comme, par exemple, le redoublement des consonnes surmontées, en arabe, par la *shadda*, l'écriture ou l'omission des voyelles longues, etc.), entre les manuscrits et les autographes, ont été exclues de l'apparat. Il en est de même pour les abréviations des formules courantes ou des citations bibliques. Liées aux milieux géographiques et aux habitudes des scribes, et bien qu'elles soient intéressantes du point de vue de l'étude de l'usage et de la prononciation du judéo-arabe, elles n'affectent nullement le texte et ne peuvent pas être considérées comme des variantes. Nous estimons utile, cependant, de recenser ces éléments et de signaler dans quels manuscrits ils ont été observés.

- La façon de transcrire les lettres : par exemple צ pour ط dans les mss. « א » et « ד », alors que la même lettre arabe correspond à ט dans les mss. « ב », « ג », « ה », « ו » et « ז » (comme dans les autographes) .
- La manière de signaler les voyelles longues, et en particulier le *alif* : on lit, par exemple, דאלך pour ذلك dans les manuscrits « א », « ד », « ה ».
- L'alternance de א et י pour transcrire la *alif maqsûra*, bien que le fait soit rare et que l'on ne puisse véritablement observer une constance, dans les mss. dans les mss. « א », « ב », « ג », « ה », « ז » (par exemple אכרא pour אכרי ; אעלי pour אעלא).
- Par analogie au cas précédent, la transcription du démonstratif هذا par הדי au lieu de הדא (en particulier dans les mss. « א » et « ה »).
- L'habitude graphique de reproduire le *tashdîd* par le redoublement de la lettre (en particulier pour le redoublement du *yod*, י) dans les manuscrits « ג », « ד », « ה » et « ז » ; l'empli du signe diacritique même pour aider la prononciation.
- L'abréviation de mots ; ce qui concerne couramment les verbes *qâla* (« dire ») et *kâna* (« être ») leur conjugaison et leurs dérivés , les chiffres et les versets bibliques en hébreu, qui sont souvent cités en abrégé aussi dans les autographes.

Pour les mêmes raisons de méthode et de finalités, les interventions des copistes ou des lecteurs dans les manuscrits, ainsi que les corrections de tout genre et les additions marginales, n'ont pas été signalées dans l'apparat.

avons choisi de ne pas mentionner dans l'apparat les variantes relevées dans les manuscrits lorsque le texte, dans la transcription des fragments, a été saisi entre crochets carrés. On a déjà fait remarquer que l'insertion des crochets signifie qu'une difficulté matérielle (lacune ou illisibilité) empêche de déchiffrer le brouillon, et que le texte a été repris d'après l'édition de Munk-Joel. Étant donné que c'est le texte des autographes qui constitue la référence pour notre collation et pour les remarques qui en résultent, la multiplication des notes critiques portant sur une lecture différente, qui de plus deviendrait ainsi arbitrairement la leçon préférée, n'aurait apporté aucun élément significatif pour l'analyse, aurait été incohérente par rapport au but de l'édition et nous a paru méthodologiquement inopportune.

L'interprétation de l'apparat critique est donnée dans l'analyse textuelle qui accompagne l'édition de chaque fragment. Ce dernier est décrit d'abord du point de vue matériel et son contenu est ensuite placé dans son contexte. Les interventions de l'auteur, leur quantité et leur qualité, sont présentées de manière générale et l'état rédactionnel est constaté à travers l'interprétation des changements qui distinguent le texte de l'autographe des témoins postérieurs. La traduction française permet de suivre l'argumentation de Maïmonide. Elle est basée sur celle de Salomon Munk, et dans les cas où le texte des autographes diffère du texte reçu, la traduction est faite directement de l'arabe. Toutes les interventions relevées dans les fragments et tous les écarts textuels y sont signalés et inscrits en gras, pour que le lecteur puisse facilement les distinguer. Dans l'analyse textuelle qui suit la traduction, ils sont repris un par un, comparés avec le texte reçu et expliqués dans le détail.

Reproduction
des feuillets autographes,
édition des fragments,
traduction française
et commentaire textuel

Illustration 6.

Illustration 7.

1) New York, Jewish Theological Seminary, Adler Collection, ENA 31985

Guide, I, 2-3

f. 1 *recto*

[... ומא תערי ענה ופי אי חאלה צאר] ול[דל]ך
[קיל והייתם כאלהים יודעי טוב ורע[1] ולם י]קל יודעי
[שקר ואמת או משיגי שקר ואמת ולי]ס פי אלאש[יא] אלעקליה
[טוב ורע בתה ב]ל שק[ר] ואמת ואתאמל קולה ותפקחנה
[עי]ני [שניהם ויד]עו כי ערמ'[2] לם יקל ותפקחנה עיני
[שני]ה[ם ויראו] לאן אלד̇י ראי קבל הו אלד[י] ראי בעד לם
[תכ]ן תם גשא[וה] עלי אלבצר אנגלת בל צארת לה חאלה
אכרי יסתקבח בהא מא לם יכן יסתקבחה מן קבל ואעלם
אן הדה אלכלמה אעני פקח לא תקע בוגה אלא עלי מעני
כשף בצירה לא ~~רויה [ב]צר~~ רויה חאסה חדתת ויפקח
אלהים את עיניה[3] אז תפקח[נ]ה עיני עורים ~~אז'[4] וגירהא~~ פקוח
אזנים ולא ישמע[5] מתל קולה אשר ע{י}נים להם לראות ולא ר[או][6]
ואמא [ק]ולה ען אדם משנה פניו ותשלחהו[7] פאן תאויל[ה]
ושרחה [למא] גיר א[ת]גאהה טרד לאן פנים אסם מש[תק מן]
פנה ל[אן אל]אנסאן בוגהה יקצד ללשי אלדי יריד קצ[דה]
פיקול למא גיר את[גאהה וקצ]ד ~~אל~~ נחו אלשי אלדי ~~לם י[כן]~~
~~אלקצד בה אן~~ כאן אל[אמר תקדם אליה באן לא יקצד]ה טרד מן גן ע[דן]

---

[1]בראשית ג ,ה | [2]בראשית ג, ז | [3]בראשית כא, יט | [4]ישעיה לה, ה | [5]ישעיה מב, ב | [6]יחזקאל יב, ב | [7]איוב יד, כ

---

3 ואמת[1]] יקול **א ב ה ז** יקאל **ו** | אלאשיא אלעקליה] אלצרורי **A F H T M** **א ב ד ה ו ז** אלצרורה **ג** **4** ואתאמל] ותאמל **A M** **א ב ג ד ה ו** **5** ערמ'] עירומים **ב ו** *add.* הם **H T M** **א ב ג ד ה ו ז** | לם] ולם **ז** | יקל] יקול **ב ה ז** **6** ראי[1]...ראי[2]] ראו קבל הו אלדי ראו **ב ג** | בעד] *add.* אן **ו** **7** תכן] תכון **ד ז** *add.* להם **ד** | תם] *om.* **ו** | אנגלת] *a. corr.* אנגלאת *p. corr.* אנגלת **8** יכן] יכון **ד ז** **9** הדה] הדא **ז** לא] לם **ב** | מעני] מעאני **ב** **10** חאסה] *om.* **ו** חאסיא **ז** **13** ותשלחהו] ותשלחיהו **ד** **15** ללשי] לאלשי **ה** | אלדי] אלתי **ז** **16** וקצד] *praem.* קד **ז** קצד **ז**

f. 1 *verso*

מ[ ]
[ ]
בל י[לי]ן נמשל [ ]
[פצל]
יטן אן מעני תמונה ~~תבונה~~ ו[תבנית] פי [אל]ע[בראניה ואחד וליס כדלך]
ודׄלך אן תבנית הו אסם משתק מן בנ[ה ומענאה בניה אלשי]
והיאתה אעני שכלה מתל אלתרביע ואלתדויר [ואלתתלית וגירהא]
קאל את תבנית המשכן ואת תבנית כל כליו[8] ו[קאל כתבני]תׄם א[שר]
אתה מראה בהר[9] וקאל תבנית כל צפור כנף[10] ו[כו'] תבנית ידי[11] ת[בנית]
האולם[12] כל הדׄא שכל ולדׄלך לם תוקע אלעבראניה הדׄה אל[לפצה]
עלי אלאלאה ~~גמלה~~ בוגׄה אמא תמונה ~~פאנהא תקע עלי~~
פאנה אסם יקאל עלי תלת מעאן בתשכיך ודׄלך אנה יקאל עלי צורה
אלשי אלמדרכה באלחואס כׄארג אלדהן אעני שכלה ותכטיטה
והו קולה ועשיתם פסל תמונת כל[13] ויקאל עלי אלצורה אלכׄיאליה
אלמוגודה פי אלכׄיאל מן ~~אלשי~~ שכץ בעד גיבתה ען אלחוא[ס] והו קולה
בשעפים מחזיונות לילה וכו[14] ואכׄר אלקול יע[מד] ול[א] אכיר מראהו
[תמ]ונה [לנ]גד עיני[15] יעני כׄיאל בחדא [עי]ני [פי אלנו]ם ויקאל

[8]שמות כה, ט | [9]שמות כה, מ | [10]דברים ד, יז | [11]יחזקאל ח, ג | [12]דברי הימים א כח, יא | [13]דברים ד, כה
[14]יאוב ד, יג | [15]יאוב ד, טז

5 יטן] *praem.* קד ד | מעני] *om.* א | ותבנית] *s. l.* | אלעבראניה] *praem.* אללגה **M T H A** א ב ג ד ה ו ז | **6** הו] *om.* ד **7** שכלה] שכל ג | מתל] מן ב | וגירהא] וגירהא מן אלאשכאל **M T H A** א ב ג ד ה ו ז **8** וקאל] *om.* **H** ב ג ד ה וראה ועשה ו **9** בהר...וקאל] *om.* ב ג ד ה | וקאל] *om.* **M H A** א ו ז | תבנית¹...צפור] תבנית כל כליו (*Ex.* 25, 9) ב ג | כנף] *praem.* כל ז | כנף...וכו'] *om.* **M** א ב ג ד ה | וכו'] *om.* **A** ו ז **10** האולם] *om.* ג | כל...שכל] *om.* **H** | אלעבראניה] *a. corr.* הד *corr. p.* אלעבראניה *praem.* אללגה **T H** ה ז | הדׄה] הדא ז | אללפצה] אלאלפאץ פי אוצאף תתעלק **M T H A** א ב ג ד ה ו ז **11** עלי¹] ב **M A** א ב ג ד ה ו ז **12** פאנה] פהו ז | יקאל¹] יקע ד ה ו | תלת] תלתה **M** א ו ז תלאתה **A** ג תלאת ד | מעאן] מעאני **M** א ב ג ד ה ו ז | בתשכיך] בתשבה ג | עלי²] *s. l.* **14** כל] וכו' **A** א *add.* כי לא ראיתם כל תמונה **H A** א ב ג ד ז *add.* סמל כי לא ראיתם כל תמונה ה *add.* כו' (וכו' **M**) כי לא ראיתם כל תמונה **T M** ו (דברים ד, טו) | ויקאל] ויקע ב ג **15** אלכׄיאל] כיאל ג | מן] פי ד ה ו | אלחואס] חואס ג | והו] פהו ז **16** בשעפים] בסעפים **T** ג ז | וכו] *om.* **H** ב ג ו ז כו' ד ה | יעמד] יעמוד א ג ו ז **17**] *praem.* אין ג |] אין תמונה יי' ב | כׄיאל] כיאלא **M A** א ב ג ד ה ו ז ויקאל] ויקול ג

[עלי] אלצורה אלחקיקיה אלמד[ר]כה באלעקל ו[בחסב] הדא אלמעני
[אל]תאלת יקאל פיה תעאלי תמו[נה קאל ותמו]נת י׳י יביט[16] מענאה
[ושר]חה וחקיקה אללה יד[רך] [פצ]ל

[16] במדבר יב, ח

18 אלצורה אלחקיקיה] אלמעני אלחקיקי **M T H A** **א ב ג ד ה ו ז** | אלמדרכה] אלמדרך **M T H** **א ב ג ד ה ו ז** **19** יקאל] קאל **א ב ד ה** | קאל] *om.* **א** וקאל **ג**

1) New York, Jewish Theological Seminary, Adler Collection, ENA 31985

Guide, I, 2-3

S. Hopkins, « An unpublished autograph fragment of Maïmonide's *Guide of the Perplexed* », *Bulletin of the School of Oriental and African Studies* 50, 1987, pp. 465-469.

Munk-Joel : p. 17, ll. 1-14 ; pp. 17, l. 24 à p. 18, l. 12.
Ibn Tibbon : I, f. 16v, l. 2 à I, f. 17v, l. 2 ; I, f. 18r, l. 1 à I, f. 19r, l. 3.
Al-Harîzî : p. 54, l. 10 à p. 55, l. 14.
Atay : p. 26, l. 11 à p. 17, l. 6 ; p. 27, l. 16 à p. 28, l. 14.

Le chapitre 2 de la première partie est longuement discuté dans le deuxième chapitre du *Moré ha-Moré* (pp. 123-126) d'Ibn Falqéra. Cependant, seul le texte correspondant aux huit premières lignes du fragment est traduit dans cet ouvrage (p. 124, ll. 24-28).

Dimensions : 79-143 x 152 mm ; 17 lignes écrites au recto; 19 lignes écrites au verso (les trois lignes en partie visibles dans le coin supérieur droit sont écrites dans des caractères de plus petit module et l'écriture est beaucoup plus dense).

L'autographe est un fragment très abîmé et déchiré, qui conserve le bas d'un feuillet. Les nombreux trous ont été restaurés.

Le fragment conserve un peu plus du dernier tiers du deuxième chapitre de la partie I et tout le troisième chapitre.

Selon S. Hopkins, il manquerait environ 6 mots entre la fin du recto et le début de la partie clairement lisible du verso du fragment[1]. Notre évaluation est différente. D'après l'édition en caractères hébreux de Munk-Joel, on constate que la lacune consiste en 96 mots sur 9 lignes. Le rapport entre la proportion de ces éléments (mots et lignes) dans l'édition et la portion de texte contenue dans l'autographe laisse supposer une lacune d'à peu près 9 lignes, ce qui donnerait une feuille de ± 22-25 lignes.

Au verso du fragment, dans le coin supérieur droit, on peut distinguer les débuts de trois lignes écrites, précédant un espace blanc qui aurait pu contenir le mot *faṣl* (« chapitre »). Leur lecture est extrêmement ardue en raison de la portion de papier exiguë et de l'éclaircissement de l'encre, de sorte que l'on ne peut pas être certain de la lecture suggérée (cf. *infra*). De toute manière, il est possible d'observer un changement d'encre (dû au changement de calame ?)

1. S. Hopkins, *cit.*, p. 466 : « According to the printed editions there are missing between the end of the recto and the beginning of the verso approximately 70 words, i.e. ± 6 lines of manuscript text. This gives us a reconstructed full page of ± 25 lines ».

entre les traits visibles de la première de ces trois lignes et les deux autres, dont l'écriture est aussi plus dense et le module des caractères, plus petit. D'après ces éléments paléographiques on pourrait penser à un ajout.

Le fragment présente très peu de corrections (trois ratures au recto et quatre ratures au verso). Quant aux différences entre son texte et celui conservé par la tradition, on constate que plusieurs passages ont été modifiés. Dans la plupart des cas, ces changements sont d'ordre formel, ils visent la précision et la cohérence, mais ne sont pas décisifs quant au sens du texte ou à sa portée théorique. Seule la modification d'un terme au début de l'autographe a des implications intéressantes d'un point de vue doctrinal (voir plus loin, p. 92).

Le deuxième chapitre se place dans le contexte de l'explication des termes amphibologiques qui renvoient à l'image de Dieu, à sa figure, à sa vision. En particulier, il s'inscrit dans la continuité de l'explication des mots צלם (« image ») et דמות (« ressemblance ») qui occupe le premier chapitre. Ce dernier se structure autour du verset de la Genèse 3 : 26 : « Faisons un homme à notre image selon notre ressemblance », qui est repris dans le deuxième chapitre (Munk-Joel, p. 39, l. 2) et constitue le renvoi thématique et le lien argumentatif du raisonnement de l'auteur. Sollicitée par une «objection remarquable» au sujet du verset de Genèse 3 : 5 : « Et vous serez comme des *Élohim* connaissant le bien et le mal », la réponse de Maïmonide se construit à partir de la référence préliminaire à l'affirmation biblique que l'homme est fait à l'image de Dieu. L'arrière-plan du verset cité étant le récit du péché d'Adam et son expulsion du paradis, l'auteur en donne une interprétation fondée sur deux éléments principaux. En premier lieu, la définition de la perfection de l'homme, à la fois originaire et finale, c'est-à-dire la « raison que Dieu a fait émaner » sur lui et ses notions intelligibles, qu'il possédait à l'origine parfaitement et complètement. Le second point, lié au premier, est la distinction entre le domaine du nécessaire, de la raison, des choses intelligibles (selon la classification aristotélicienne), et celui des opinions probables. L'homme acquiert ces dernières à cause de sa désobéissance, et il est puni par la privation de la compréhension purement intellectuelle qu'il possédait auparavant et qui constituait sa perfection.

Traduction française

(Salomon Munk, partie I, pp. 41, l. 10 à 44, l. 5)

f. 1 RECTO

[…] « c'est pourquoi il a été dit : *Et vous serez comme des Elohîm connaissant le bien et le mal* (Gen. 3 : 5), et on n'a pas dit : connaissant le faux et le vrai, ou : comprenant le faux et le vrai ; tandis que dans le (domaine des) **choses intelligibles** il n'y a pas du tout de bien ni de mal, mais du faux et du vrai. – Considère aussi ces paroles : *Et les yeux de tous les deux s'ouvrirent et ils* *reconnurent qu'ils étaient nus* (*ibid.* 3 : 6). On ne dit pas : Et les yeux de tous les deux s'ouvrirent et ils virent ; car ce que (l'homme) avait vu auparavant, il le voyait aussi après. Ce n'est pas qu'il y ait eu sur l'œil un voile qui (ensuite) ait été enlevé ; mais il lui survint un autre état dans lequel il trouvait laid ce qu'il n'avait pas trouvé laid auparavant. Sache que ce mot, je veux dire פקח, ne s'emploie absolument que dans le sens de : ouvrir la vue (et ne se dit) pas de la renaissance ~~**de la vue, de la faculté de voir**~~ de la vue ; par exemple : *Et Dieu lui ouvrit les yeux* (Gen. 21 : 19) ; *Alors les yeux des aveugles seront ouverts* ~~***et les oreilles, etcetera***~~ (Es. 35 : 5) ; *Les oreilles ouvertes ils n'entendent pas* (*ibid.* 42 : 20), ce qui ressemble à ces mots : *Ce qui ont des yeux pour voir et ne voient pas* (Ez. 12 : 2).

Quant à ce qui est dit d'Adam : *Quand il changea de face tu le renvoyas* (Job 14 : 20), il faut l'interpréter et commenter ainsi : "lorsqu'il changea de direction il fut expulsé" ; car פנים (face, visage) est un nom dérivé de פנה (se tourner), parce que l'homme se dirige avec son visage vers la chose qu'il veut attendre. On dit donc : Quand il eut changé de direction et qu'il se fut dirigé ~~**vers**~~ **vers** la chose vers laquelle ~~**le fait de se diriger vers elle n'était pas**~~ il lui avait été défendu précédemment de se diriger, il fut expulsé du paradis. [...]

f. 1 VERSO

[Chapitre]
On s'imagine que le sens de *temounah* (תמונה) ~~**et de *tekhouna**~~ **et de** *tavnit* (תבנית) en hébreu est le même; mais il n'en est pas ainsi. ***Tavnit*** est un nom dérivé de בנה (bâtir) et signifie **la bâtisse** d'une chose et sa structure, je veux dire sa figure, comme par exemple la figure carrée, circulaire, triangulaire, etcetera. On dit, par exemple : *La figure du tabernacle et la figure de tous ses ustensiles* (Ex. 25 : 9), et on dit encore : *Selon leur figure qui t'a été montrée sur la montagne* (*ibid.* v. 40) ; *La figure de tout oiseau* (Deut. 4 : 17) ; *La figure d'une main* (Ez. 8 : 3) ; *La figure du portique* (1Chron. 28 : 11). Tout cela est une figure (visible) ; c'est pourquoi **l'hébreu** n'emploie ~~**pas du tout**~~ aucunement ***cette expression [ces expressions] à propos de Dieu**.

Quant à *temounah*, ~~***s'applique à***~~ c'est un nom qui se dit par amphibologie dans trois sens divers. Il se dit premièrement de la forme d'un objet perçue par les sens en-dehors de l'esprit, je veux dire de sa figure et de ses linéaments, et c'est là le sens des mots : [...] *et que vous ferez* ***une idole, image d'un être quelconque*** (Deut. 4 : 25). On le dit de la figure imaginaire qu'~~**une chose**~~ **un objet** individuel, après s'être dérobé aux sens, laisse dans l'imagination, comme dans ce passage : *Dans les pensées (nées) de visions nocturnes*, etc. (Job 4 : 13 et *ss.*), qui finit par ces mots : *il s'arrêta et je ne reconnaissais pas son visage* ; il y avait une figure devant mes yeux, c'est-à-dire il y avait un fantôme devant mes yeux dans le sommeil. On le dit (enfin) de **la forme véritable** (d'une chose) perçue par l'intelligence, et c'est dans ce troisième sens qu'on dit *temounah* en parlant de Dieu ; par exemple : *Et il contemple la figure* *de l'Eterne*l (Nomb. 12 : 8), ce qui doit être expliqué dans ce sens : Et il comprend Dieu dans sa réalité.

[Chapi]tre » [...]

Analyse textuelle

f. 1 RECTO

l. 3

אלאשיא אלעקליה (« les choses intelligibles ») > אלצרורי (« le nécessaire »)

Dans l'ensemble de la tradition on lit, à la place, אלצרורי (« le nécessaire »). L'expression est le parallèle antinomique des « opinions probables » dont il est question quelques lignes plus haut. Jusqu'à maintenant, l'opposition se faisait entre les « choses intelligibles » et les « opinions probables », alors qu'ici Maïmonide va plus loin dans l'argument et identifie le domaine de l'intelligence avec celui du nécessaire (voir le commentaire de C. Sirat, p. 204-210 :208).

l. 4

ואתאמל (« considère »)

À propos de l'utilisation de cette forme – avec « alif » prostatique – pour l'impératif de la Ve forme verbale, voir la grammaire de J. BLAU, *A Grammar of Medieval Judaeo-Arabic*, The Magnes Press, Jerusalem 1995[3], p. 77.

l. 7

a. corr. אנגלאת *p. corr.* אנגלת (« qui ait été enlevé »)

l. 10

~~רויה בצר~~ (« ~~de la vue, de la faculté de voir~~ »)

Correction qui montre une hésitation de l'auteur au cours de la rédaction. Il a d'abord écrit רויה, a ensuite corrigé en בצר, qu'il a barré à son tour en optant à nouveau pour רויה. La présence du mot בצירה (« vue »), qui précède (« ouvrir la vue »), peut expliquer cette indécision : l'emploi du terme בצר aurait pu engendrer une confusion sémantique à cause de l'identité entre sa racine et celle de בצירה, alors que l'auteur est en train de présenter deux cas opposés.

l. 11

~~אז' וגיראה~~ (« ~~*et les oreilles et cetera*~~ », Es. 35 : 5)

S. Hopkins n'avait pas déchiffré correctement la première partie de ce qui a été barré, et avait conjecturé בש. On doit lire : אז' (ואזני*).

Il semble probable que Maïmonide a d'abord voulu se référer au verset entier d'Es. 35 : 5, qui contient la référence aux yeux et aux oreilles (עיני עורים ואזני « Les yeux des aveugles et les oreilles ») – d'où l'abréviation אז' –, suivi de l'expression « וגירהא » pour « et cetera ». Il a ensuite estimé opportun de le supprimer et de réserver une citation particulière à la mention des oreilles (פקוח אזנים ולא ישמע, Es. 42 : 20 : « Les oreilles ouvertes ils n'entendent pas »).

l. 13
ולה[ק]
S. Hopkins avait lu לה[קו].

l. 14
א[ת]גאהה
S. Hopkins avait vu [את]גאהה, mais le « alef » est bien distinguable dans l'autographe; d'autre part, on peut voit les deux points qui surmontent le « tav », bien que la lettre manque à cause d'un trou (restauré) dans le papier.

l. 16
~~אל~~ נחו
Les deux premières lettres, barrées, peuvent très bien correspondre au début de la préposition אל (إلى, « vers »), dont le sens est plus vague et général que נחו (نحو « vers ») laquelle souligne l'aspect de « se tourner, se diriger *vers* ».

ll. 16-17
~~לם יכן אלקצד בה אן~~ (« ~~le fait de se diriger vers elle n'était pas~~ »)
Maïmonide a barré et reformulé la phrase. La correction a des finalités stylistiques.

f. 1 VERSO

l. 5
~~תכונה~~* (« plan, disposition » ; cf. Ez. 43 : 10) *corr. s. l.* תבנית (« forme, figure »)
La même correction est faite à la fin de la ligne 6 (voir ci-dessous). Pour l'explication du choix de *tavnit*, voir aussi plus loin, p. 222-24.

אלעבראניה (« l'hébreu ») > אללגה אלעברניה (« la langue hébraïque »)
Toute la tradition textuelle collationnée atteste le changement. La variante n'est pas significative, mais le fait qu'elle se trouve dans l'ensemble de la tradition et que cette même modification revienne aussi ailleurs (voir plus loin, p. 153), peut indiquer que l'ajout est l'œuvre de Maïmonide lui-même.

l. 6
תבנית (« *tavnit* »)
La fin du mot a été repassée et montre une correction, parallèle à la rature et à la correction supra-linéaire du même terme à la ligne 5.

l. 7
[וגירהא] (« *et cetera* ») > וגירהא מן אלאשכאל (littéralement : « *et cetera*, parmi les figures »).

Le texte saisi est une conjecture – le fragment étant déchiré à cet endroit –, justifiée du fait que l'espace sur la ligne n'est pas suffisant pour accueillir les trois mots, à moins de supposer une graphie très dense ou que l'un d'entre eux soit écrit dans la marge.

l. 10
אלעבראניה (« l'hébreu »)

Ce mot a été tracé en repassant et corrigeant des lettres écrites précédemment. On peut proposer la reconstruction suivante : Maïmonide avait probablement commencé à écrire הדה* (هذه « cette », dont on voit les deux premières lettres) et a écrit au-dessus אלעבראניה.

ll. 10-11
הדה אללפצה* עלי אלאלאה (ou אללפצאת* ; « ces expressions, paroles, à propos de Dieu ») > הדה אלאלפאץ פי אוצאף תתעלק באלאלאה (« ces expressions dans des descriptions qui se rapportent à Dieu »)

S. Hopkins avait lu différemment le premier terme : אללגה (« langue, expression »).

Le passage a été remanié, et dans toute la tradition on trouve la formulation plus complète, qui précise la phrase.

Il est probable que le terme conjecturé, malheureusement illisible dans l'autographe, soit le même que celui qui se trouve dans le texte reçu.

l. 11
~~גמלה~~ *corr.* בוגה (« aucunement »)

Par cette correction au fil de la plume, Maïmonide remplace un adverbe par un autre, de sens similaire.

l. 11
~~פאנהא תקט עלי~~ פאנה אסם יקאל עלי (« ~~s'applique à~~ est un nom qui se dit de »)

Une autre rature et correction au fil de la plume, d'ordre formel et stylistique.

l.12
ודלך (« et cela »)

Il y a une correction dans l'autographe : והד* (« *et ce ») > ודלך (« et cela »)

l. 13
אלדהן (« esprit, raison »)

Ce terme n'est pas spécifiquement philosophique et renvoie simplement à l'âme, pas à une faculté précise. Il marque la différence entre les sens (perception sensible) et ce qui se trouve à l'intérieur de l'homme.

l. 14

ועשיתם פסל תמונת כל (« *et que vous ferez une idole, image d'un être quelconque* », Deut. 4 : 25).

À la suite de cette citation, toute la tradition contient un verset ajouté, probablement par l'auteur voulant souligner d'avantage l'opposition entre un objet matériel et Dieu, par rapport à l'autographe : « Car vous n'avez vu aucune figure » (Deut. 4 : 15). À propos de cet ajout, voir aussi plus loin, p. 225.

l. 15

מן אל~~שי~~[שכץ] (« de ~~la chose~~ l'objet individuel »)

Maïmonide modifie sa formulation qui, au début, était parallèle à celle employée quelques lignes auparavant : « ... il se dit de la forme d'un objet [אלשי] ... ». En effet, l'imaginative traite les images des choses, objets individuels et non les genres ni les espèces des choses.

l. 16

יע[מד]

Un trou restauré empêche la lecture des deux dernières lettres, alors que, dans l'édition précédente, on avait lu le mot complet : יעמד.

l. 17

[עי]ני

Le papier est troué et restauré. S. Hopkins avait lu l'ensemble du mot : עיני.

כיאל

La forme כיאלא, relevée dans toute la tradition arabe, est celle de l'accusatif classique.

l. 18

אלצורה אלחקיקיה (« la forme véritable ») > אלמעני אלחקיקי (« l'idée véritable »)

Toute la tradition témoigne que l'expression attestée dans l'autographe a été modifiée. La nouvelle formulation écarte l'ambiguïté du mot « forme » (צורה) en le remplaçant avec מעני (معنى, « idée, notion »). Ce dernier est complètement abstrait, alors que le premier aurait pu, dans ce contexte qui traite de figure et d'image, évoquer la corporéité.

l. 19

[אל]תאלת

S. Hopkins avait lu : [אלת]אלת.

Illustration 8.

Illustration 9.

Illustration 10.

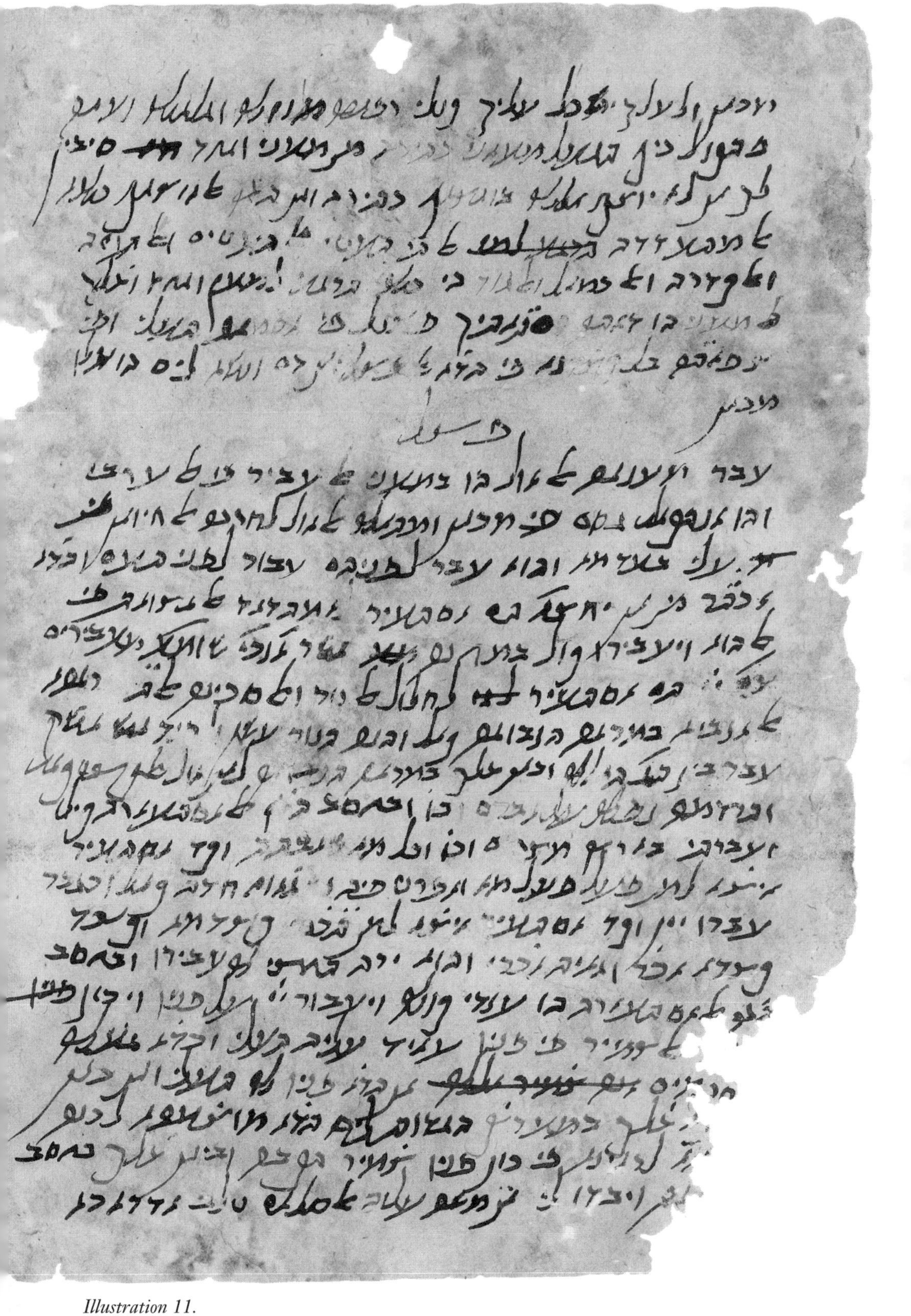

Illustration 11.

2) Cairo, Mosseri Collection, VIII, 35 (actuellement conservé à la Cambridge University Library, sous la même cote)
Guide, I 17-21

f. 1 *recto*

אן מבאדי אלמוגודאת ~~תלתה~~ אלכאינה אלפאסדה תלתה אלמאדה ואלצורה ואלעדם אלמכצוץ אלדי הו מקארן ללמאדה אבדא ולולא מקארנה אלעדם להא למא חצלת להא צורה ובהדה אלגהה צאר אלעדם מן אלמבאדי וענד חצול אלצורה יבטל דלך אלעדם אעני עדם תלך אלצורה אלחאצלה ויקארנהא עדם אכר ~~ואנמא סמי אל~~ הכדא אבדא כמא תבין פי אלעלם אלטביעי פאדא כאן אוליך אללדין לא מפסדה עליהם פי אלתביין כאנוא יסתעירון אלאסמא ויאכדון אלשבה פי אלתעלים פכם באלחרי ילזמנא נחן מעשר אלמתשרעין אן לא נצרח בשי יעזב עלי אלגׄמהור פהמה או תכ̇יל להם חקיקת אלאמר כ̇לאף אלחק אלמראד בנא פאעלם דלך

פצל

פי אשתראך קרב ~~ונגע~~ ונגש הדֹה אלתלתה אסמא

1 תלתה] תלאת ה תלאתה ז 2 ואלצורה] ואלצור ג 3 ללמאדה] אלמאדה ב | להא] לחומר T 4 צורה] אלצורה ד 7 הכדא] והכדא A M א (והאכדא) ב ג ו 8 אללדין] אלדין M אלדי א ה ו | כאנוא] כאנו ב ג ד ה | אלאסמא] אסמא ג 9 ויאכדון] ויאכדו ה | פי] *om.* ג | באלחרי] באלאחרי A M א ב ג ד ה 10 מעשר] מעאשר ה 11 תכ̇יל] يخيل A | להם] להום ז | חקיקת] חקיקה M א ב ג ד ז | אלחק] אלאמר A H T M א ב ג ד ה ו ז 12 בנא] ~~בלא שך~~ ה בה A ו ז | דלך] הדא איצא A H T M א ב ג ד ה ו ז 14 פי אשתראך] *om.* A H T M א ב ג ד ה ו ז | ונגע] *add. s. l.* نسخه | הדֹה] הדא ז | אלתלתה] אלתלאתה ג ו ז אלתלת ה | אסמא] אלאסמא א ה *add.* משתרכה ד ה

אעני ~~נגיעה~~ קריבה ונגיעה ונגישה קד תכון למעני אלדנו ואלקרב פי אלמכאן וקד תכון למעני אתצאל אלעלם באלמעלום פכאנה שב[ה ב]קרב ג̇סם מן ג̇סם אמא מעני קריבה אלאול פה[ו] אלקרב פי אלמכאן כאשר קרב אל המחנה[1] ופרעה הקריב[2] ואלנגיעה מענאהא אלאול דנו ג̇סם בג̇סם ותגע לרגליו[3] ויגע על פי[4] ומעני נגישה אלאול אקדאם שכץ עלי שכץ וחרכתה אליה ויגש אילו [יהודה][5] ומעני הד̇ה אלתלתה אסמא אלתאני הו אתצאל [עלם] ודנו אדראך לא דנו מכאן קאל מן אלנגיעה פ[י מעני] אתצאל אלעלם כי נגע אל השמים משפטה[6] וק[יל מן] ~~אלקריבה אלנגישה~~ אלקריבה והדבר אשר יקשה מכם

f. 1 *verso*

תקריבון אלי ושמעתיו[7] כאנה יקולון תעלמוני בה פקד
אסתעמל פי אעלאם במעלום וקיל מן אלנגישה ויגש אברהם
ויאמר[8] והו כאן פי חאל אלוחי ואלסבאת כמא סיבין יען כי נגש העם הזה בפיו
ובשפתיו כבדו[ני ?][9] פכל

---

[1]שמות לב, יט | [2]שמות יד, י | [3]שמות ד, כה | [4]ישעיה ו, ז | [5]בראשית מד, יח | [6]ירמיה נא, ט
[7]דברים א, יז | [8]בראשית יח, כג | [9]ישעיה כט, יג

---

15 ונגיעה ונגישה] *inverso ordine* ו | קד] وقد A **17** שבה] ישבה ב שבהה ד ה **18** פהו] והו M א ב ג ד ה ו ז | פי אלמכאן] באלמכאן א **18–19** כאשר...הקריב] *inverso ordine* H **19** הקריב] *add.* וישאו בני ישראל את עיניהם (שמות יד, י) ז | מענאהא] *a. corr.* ע *post. corr.* מענאהא **20** נגישה] אלנגישה ה **22** ומעני] *a. corr.* ואע *post. corr.* ומעי הד̇ה] הדא ז | אלתלתה] אלתלת ב ג ה אלתלאתה ז | אסמא] *add.* אמא ג אלאסמא ה אלתאני] ואלב' ב | עלם] אלעלם ו **23** לא] לם ב | מן] פי ד ען ה **23–24** אלנגיעה...מן] *homeot.* ג **24** אתצאל] אתצל ד | וקיל] וקאל ד | מן] ען ה

1 ושמעתיו] *om.* A H T M א ב ג ה ו | יקולון] יקול A T M א ד ה ו ז קל ב קאל ג **2** מן] ען ה פי ו | אלנגישה] נגישה א ג **3** ואלסבאת] אלאסבאב ב ג *add.* אלנבוי A H T M א ב ג (אלנבויה) ד ה ז | יען] *praem.* מן T | יען...כבדוני] *s. l. et in marg.*

לשון קריבה ~~או נגיעה~~ או נגישה תג̇דהא ג̇את פי כתב אלנבוה אמא מן אללה לג̇סם או מן שכ̇ץ אנסאן ללה פהי כלהא מן הד̇א אלמעני אלאכ̇יר לאן אללה כמא ס'תברהן ליס בג̇סם פליס הו יקרב ולא ידנו מן שי ולא שי מן אלאשיא יקרב מנה או ידנו בה תעלי אד̇ בארתפאע אל~~מכאן~~ גסם ירתפע אלמכאן ויבטל כל קרב ודנו או אתצאל או תמאם או ת̇תאלי ~~פקד תבין לך אלקולה~~ ומא אראך תשך פי קולה קרוב י"י לכל קוראיו[10] קרבת אלהים יחפצון[11] קרבת אלהים לי טוב[12] אן הדה כלהא קרב עלם אעני אדראך עלמי לא [...] קרב מכאן וכד̇לך קולה אלהים קרוב[ים אליו][13] קרב אתה ושמע[14] ~~ומשה נגש אל הערפ~~'[15] ונגש משה לבדו אלי"י והם לא יגשו[16] אלא א[ן תריד] אן תגע[ל] מא קיל פי משה ונגש אנה יקרב מן אלמוצע [מ]ן אלג[ב]ל אלד̇י חל פיה אלנור פלך ד̇לך לכן תמסך באלאצל אן לא [פר]ק בין כון אלשכץ פי מרכז אלארץ̇ ~~לו אמכן ד̇לך או~~ או פי אעלי אלפלך אלתא[סע] ל[ו] אמכן ד̇לך פאנה לם יבעד מן אללה הנאך ולא קרב מנה [הנאך] ב[ל אלק]רב מנה [תעאלי] באדראכה ואלבעד

[10]תהלים קמה, יח | [11]ישעיה נח, ב | [12]תהלים עג, כח | [13]דברים ד,ז | [14]דברים ה, כג | [15]שמות כ, יח | [16]שמות כד, ב

4 נגיעה] כבדוני A H M א ב ג ז *om.* T א ד ה ו | כתב] כתוב ז | אלנבוה] אלנבווה ד ה 5 אמא...ללה] בין אללה תעאלי (*om.* ו) ובין מכלוק מן אלמכלוקאת (מכלוקאתה ב ג ה) T M A H א ב ג ד ה ו ז | מן[3]] פי ב ג 6 אלאכיר] אלאכר ה | אללה] *add.* תעאלי A H T M תעלי ו | כמא...בג̇סם] ליס הו ג̇סמא כמא סיתברהן לך פי הד̇ה (הדא ז) אלמקאלה A H T M א ב ג ד ה ו ז | פליס] *a. corr.* *פלהו *post. corr.* פלא | ולא ב | הו] *add.* תעאלי H T M A א ב ג ד ה ז תעלי ו 7 יקרב[1]] *prem.* לא ד | יקרב[1]...ידנו[1]] *inverso ordine* A H T M א ב ג ד ה ו ז 8 גסם] אלג̇סמאניה A M א ב ו ז (אלגסמאנייה) ג ד ה | גסם...אלמכאן[2]] *s. l.* | ודנו] *add.* או בעד A H T M א ב ג ד ה ו ז | אתצאל] *add.* או אנפצאל A H T M א ב ג ד ה ז אנפעאל ו 9 תמאם] תמאסס ה 10 פי קולה] ולא (או א ה) ילבס עליך קולה (קול ג) A H M א ב ג ד ה ו ז 11 הדה] הדא ז | לא] *s. l.* 12 קולה] קול ג | אלהים] *om.* T M H א ב ג ד ה ו ז 13 אליי...יגשו] .ויגש מש' אלי [*sic*] ב ויגש אליהו ג (מלכים א יח, ג) 14 קיל] *om.* ב קאל ו | ונגש] *om.* ב 15 חל] יחל ה | אלנור] *add.* אעני כבוד י"י A T M א ב ג ד ה ו ז כבוד האל H 17 לו] ולו ב ג 18 הנאך[1]] הנא A M א ב ג ד ה ו ז

ענה ~~בם~~ למן גֹהלה ויתפאצל אלקרב ואלבעד מן הדֹה אלגֹהה
תפאצֹלא כתירא גֹדא וסאבין פי פצל כיף הו אלתפאצל
פי אלאדראך אמא קולה גע בהרים ויעשנו[17] יעני בה אוצל
[אמרך להא] מתלא כמא קאל וגע אל עצמו[18] יעני אחל אפ[תך
[בה ? ...] *~~סאבין פאפהמה פצל~~ וכדֹלך אלנגיעה
[ומא יתצ]רף מנאה תעתברהא פי כל מכאן בהסבה פתארה
[יראד ב]הא דנו גֹסם בגֹסם ותארה אתצאל עלם ואדראך

f. 2 *recto*

אמר מא פכאן מדרך אלאמר ~~קד קרב מ~~ אלדֹי לם יכן ידרכה
קבל קד קרב מן אמר כאן בעיד ענה פאפהם [הדֹא]

פצל

מלא הדֹא אסם משתרך ~~יסתע' יקע~~ יסתעמלה
אהל אללגה פי גֹסם יחל פי גֹסם פימלאה ותמלא כדה[19]
מלא העומר לאחד[20] וה[דֹא] כתיר ויסתעמל פי מעני
~~כמאל שי~~ אנקצי זמאן מא ותמאמה ~~ויפ~~ וימלאו לו ארבעים יום[21] וימלאו
ימיה[22] ויסתעמל פי מעני אלכמאל פי אלפצילה ואלגאיה

---

[17]תהלים קמה, ה | [18]איוב ב, ה | [19]בראשית כה, טז | [20]שמות טז, לב וגם לג | [21]בראשית נ, ג
[22]בראשית כה, כד

---

19 ענה] מנה ד ה **20** פצל] *add.* מן פצול הדה אלמקאלה A H T M א ב ג ד ו ז *add.* מן הדה אלמקאלה ה | הו] יך' ה **21** קולה] קול ג ז | גע] יגע ב ג | יעני] פיעני ה | בה] *om.* א **22** להא] אליהא ד ה בהא ו ז | מתלא] עלי גהה אלמתל A H T M א ב ג ד ה ו ז | כמא קאל] כקו' ב כקול ג **23** אלנגיעה] אלנגש' ב **24** בהסבה] בחסבהא ו

1 פכאן] פכאמה ו | מדרך] ידרך ו | אלאמר] דבר T | יכן] יכון א ד ז **2** מן אמר] ען שי ב ג אמר] שי א ב ג ד ה ו ז | בעיד] בעידא A M ו | הדֹא] דלך ג *om.* ז **4** אסם] אלאסם ו **5** פי[2]] ופי ב | פימלאה] וימלאה ז | כדה] *add.* ותעל ד ה **6** מלא] מלוא ד | לאחד] *om.* H ו | והדֹא כתיר] וכתיר ו **7** אנקצי] אנקצא M א ד ה ו | מא] *add.* מקדר A H T M א ב ג ד ה ו ז ותמאמה] *om.* H **7–8** וימלאו[1]...ימיה] וימלאו ימיה וימלאו לו ארבעים יום (*inverso ordine*) A H T M א ב ג ד ה ו ז **8** ימיה] *add.* ללדת T

פיהא מלא ברכת י'י[23] ~~ואלברכה ליסת גֿסם~~ מלא אותו חכמת לב[24] וימלא את החכמה ואת התבונה ואת הדעת[25] ומן הדא אלמעני קיל מלא ~~בה~~ כל הארץ כבודו[26] מענאה גמיע אלארץ תשהד בכמאלה אי תדל עליה ~~ומן הד~~ וכדלך קולה וכבוד י'י מלא את המשכן[27] וכל לשון מליאה תגֿדהא מנסובה ללה פהי מן הדֿא אלמעני לא אן תם גֿסם ימלא מכאן ~~פאפהמה~~ אלא אן תריד אן תגעל כבוד י'י מלא את המשכן אלנור אלמכלוק אלדֿי יסמי כבוד פי כל מוצע [והו אלדֿי מלא את המשכן פלא ציר פי דלך] (?)

פצל

רם הדֿא אסם משתרך למעני ארתפאע אלמכאן ומעני ארתפאע אלמנזלה אעני ללגֿלאלה ואלכראמה ואלעזה קאל ותרם התבה מעל הארץ[28] והדֿא מן אלמעני אלאול וקאל הרימותי בחור מעם[29] יען אשר הרימותיך מתוך העם[30] אשר הרימותיך מתוך העפר[31] מן אלמעני אלתאני וכל לפטֿ הרמה גֿא פי אללה הו מן הדֿא אלמעני אלתאני וירם כבוד י'י[32] רומה על השמים אלהים[33] ~~כה אמר רם ונשא~~[34] וכדלך נשא יכון במעני רפעה אלמכאן ובמעני רפעה

---

[23]דברים לג, כג | [24]שמות לה, לה | [25]מלכים א ז, יד | [26]ישעיה ו, ג | [27]שמות מ,לד | [28]בראשית ז, יז | [29]תהלים פט, כ | [30]מלכים א יד, ז | [31]מלכים א טז, ב | [32]יחזקאל י, ד | [33]תהלים נז, ו [34]ישעיה נז, טו

---

9 מלא[1]] ומלא **T H א ב ג ד ה ו ז** | אותו] אותם (אתם **ב ו**) **M T א ב ג ד ה ו ז** **10** את החכמה] חכמ' **ב** | ואת הדעת] *om.* **H ד ז** **11** קיל] *om.* **ב ו** | מענאה] ומענאה **ג** **12** אי] אד **ד** **13** מליאה] מלאה **ב ג ו** | ללה] *add.* תעלי **ו** לאללה תעאלי **ז** **14** מכאן] מכאנא **M A** | אן[3]] *om.* **א ו** | י'י...המשכן[1]] *om.* **M T H A א ב ג ד ה ו ז** | י'י...מוצע] *in marg.* **14** יסמי] יסמא **ב** | אלדֿי[2]] *add.* קל **ב** קאל **ג** **16** רם] *praem.* רם ונשא **ו** | הדֿא] הו **M T H א ב ג ד ה ו ז** | ומעני] ולמעני **ה** **17** ללגֿלאלה] אלגֿלאלה **M T H A א ב ג ד ה ו ז** **18** התבה] *om.* **ו ז** | והדֿא] והו **ו** **19** יען אשר] *om.* **H** | מתוך העם] מתוך (מן **ד ה ז**) העפר **M H א ב ג ד ה ו ז** | מתוך[1]...הרימותיך[2]] *om.* **ד ו** (*homeot.* ?) | מתוך[1]...העפר] *marg.* | *s. l. et in* אשר[2]] *praem.* יען **M** יען **T** *om.* **H ז** **19** מן] *praem.* והו **ו** **20** לפטֿ] לפצה **ד ז** | גֿא] גאת **ז** | אללה] *add.* תע' **ד ה** | הו] הי **ז** **20–21** וירם...ייי] *om.* **M T H A א ב ג ד ה ו ז** **21** השמים] שמים **ה** | אלהים] *om.* **H**

אלמנזלה ופור אלחט וישאו את שברם[35] מן אלמעני אלאול [ומתלה] כתיר פי מעני אלחמל ואלנקלאן לאנה רפעה פי אלמוצֹע [ומן אלמעני] אלתאני וכי נשא מלכותו[36] וינטלם וינשאם[37] ומדוע תתנשאו [על קהל] י'י[38] פכל לשון נשיאה גֹאה פי אללה הו מן הדֹא אלמעני [אלאכיר הנשא] שופט הארץ[39] כה אמר רם ונשא[40] רפעה וגלאלה ועזה לא [עלו]

f. 2 *verso*

מכאן ולעלך ישכל עליך קולי רפעה מנזלה וגלאלה ועזה פתקול כיף תגֹעל מעאני כתירה מן מעני ואחד ~~מו~~ סיבין לך אן לא יוצף אללה בואצאף [*sic*] כתירה ואן הדֹה אלאוצאף כלהא אלמתעדדה ~~תרגע למו~~ אלתי תעטי אלתעטים ואלעזה ואלקדרה ואלכמאל ואלגוֹד הי כלהא תרגע למען [*sic*] ואחד ודֹלך אלמעני הו דאתה וסתאתיך פצול פי אסמאה תעלי ופי

[35]בראשית מב, כו | [36]שמואל ב ה, יב | [37]ישעיה סג, ט | [38]במדבר ה, טז, ג | [39]תהלים צד, ב
[40]ישעיה נז, טו

23 שברם] *add.* על חמוריהם **M T H** א ו ז | ומתלה] ומתל הדי ה **24** ומן] ופי ו **25** וכי נשא] ותתנשא ג ותנשא **M T A** ד ה ז (במדבר כד, ז) | נשא] *add.* ותנשא **H** | וינשאם] *add.* כל ימי עולם ז **25–26** על...י'י] *om.* **M T H A** א ב ג ד ו **26** נשיאה] *add.* עלו ב | גֹאה] גאת ד ז | פי...הו] מנסובה ללה (לה א ה ז אללה ד) תע' (תעלי ו תעאלי **M** ז) הי **M T H A** א ב ג ד ה ו ז **27** כה] *praem.* כי **H** ד ה | וגלאלה] *praem.* ומנזלה ב ג *praem.* מנזלה ה **T** גלאלה ד

27–1,0 לא...ועזה] *homeot.* ו **1** ולעלך] ולעל **M A** א ב ג ד ה | ישכל] *a. corr.* ית *p. corr.* ישכל **2** פתקול] ותקול א | כיף] וכיף ז | סיבין] וסיבין ה **3** לא...אללה] תעאלי (תעלי ו) ענד אלמדרכין אלכאמלין לא יוצף באוצאף **M T H A** א ב ג ד ה ו ז **4** תעטי] תדל עלי **M T H A** א ב ג ד ה ו ז | אלתעטים] תעצים ב ג **5** ואלגוֹד] אלוגוד ד | הי] וגירהא **M T H A** א ב ג ד ה ו ז | למען] למעני **M A** א ב ג ד ה ו ז | ודֹלך] דלך ב **6** דאתה] *add.* לא שי כֹארג ען (ענה ו) אלדֹאת **M T H A** א ב ג ד ה ו ז | וסתאתיך] וסיאתיך ה | אסמאה] אלאסמא **M T H A** א ב ג ד ה ו ז | תעלי] *om.* **M T H A** א ב ג ד ה ז **6–7** ופי...קדמנא] ואלצפאת ואנמא אלקצד **M A** א ב ג ד ה ו ז

צפאתה בל קדמנא פי הד̇א אלפצל אן רם ונשא ליס הו עלו מכאן

פצל

עבר מענאה אלאול הו במעני אלעבור פי אלערבי והו אנתקאל גסם פי מכאן ומתאלה אלאול לחרכה אלחיואן ~~פי~~ ~~מ~~ עלי בעד מא והוא עבר לפניהם[41] עבור לפני העם[42] והד̇א אכתר מן אן יחצא' תם אסתעיר לאמתדאד אלאצואת פי אלהוא ויעבירו קול במחנה[43] ~~מע~~ אשר אנכי שומע מעבירים עם י'י[44] תם אסתעיר ~~לגא~~ לחלול אלנור ואלסכינה אלת̇[י י]ראהא אלאנביא במראה הנבואה קאל והנה תנור עשן ולפיד אש אשר עבר בין הג' האללה[45] [*sic*] וכאן דלך במראה הנבואה לאן אול אלקצה קאל ותרדמה נפלה על אברם וכו'[46] ובחסב הד̇ה אלאסתעארה קיל ועברתי בארץ מצרים וכו'[47] וכל מא שאבהה וקד אסתעיר איצ̇א למן פעל פעל מא ואפרט פיה ותגאוז חדה קאל וכגבר עברו יין[48] וקד אסתעיר איצ̇א למן תכ̇ט[י] קצד מא וקצד קצדא אכ̇ר וגאיה אכרי והוא ירה החצי להעבירו[49] ובחסב הד̇ה אלאסתעארה הו ענדי קולה ויעבור י'י על פניו[50] ויכון ~~פניו~~ [...] אלצמיר פי פניו עאיד עליה תעלי וכד̇א געלה [אל]חכמים ~~אנה צ̇מיר אללה~~ אן הד̇א פניו לה תעלי ואן כאן

[41]בראשית לג, ג | [42]שמות יז, ה | [43]שמות לו, ו | [44]שמואל א ב, כד | [45]בראשית טו, יז
[46]בראשית שם, יב | [47]שמות יב, יב | [48]ירמיה כג, ט | [49]שמואל א כ, לו | [50]שמות לד, ו

7 פי הד̇א] בהדא ו **7–8** הו...מכאן] מענאה ומפהומה עלו (עלי ב) מכאן בל עלו מנזלה T M A H א ב ג ד ה ו ז **11** גסם] אלגסם ו | פי¹] מן ה **12** בעד] באד [*sic*] ב | מא] *add.* מסתקים A H T M א ב ג ד ה ו ז | העם] *add.* הזה ג | והד̇א] והדי ה **13** אכתר...יחצא'] כתיר A H T M א ב ג ד ה ו ז | אלאצואת] אלצות ה **14** שומע] שמע ה **15** ואלסכינה] ואלשכינה ז **16** אשר] אש' ב **17** בין...האללה] *om.* א ג | האללה] *om.* א | וכאן] וכן א הנבואה] נבואה ו | קאל] *om.* ו **18** אברם] אברהם ו | וכו'] *om.* H ב ג ה ז | הד̇ה] הדא ז קיל] קאל ד **19** וכו'] *om.* H M א ב ג ד ה ו ז **20** פעל²] פעלא A M *om.* א **21** קצד] קצדא A M ו **22** קצדא] קצד א ז | והוא] והו ד **23** הד̇ה] הדא ז | קולה] קול ב ג ז | ויעבור] ויעבר H M א ב ד ו | פניו¹] *add.* ויקרא ז **24** עאיד] עאידא A M וכד̇א] והכדא ד וכדלך ו | געלה] געלוה ה **25** אלחכמים] *add.* ז"ל ג ה | פניו] *om.* א

[דכרו]א דלך במערץ הגדות ליס הדֿא מוצעהא לכנה
[תקויה מ]א לראינא פי כון פניו צֿמיר הקבה וביאן דלך בחסב
[מא אר]אה ויבדו לי אן משה עליה אלסלאם טלב אדראכא

26 דכרוא] דברו ג ה | הגדות] אלהגדות ה **27** לראינא] לראיאנא ז *om.* א | פי כון] פיכון M A T א ב ד ה (פיך') ו ז פכון ג **28** אן] *om.* ג | עליה אלסלאם] רבינו ע"ה ז |] אדראך ב ג ו

2) Cairo, Mosseri Collection, VIII, 35 (actuellement conservé à la Cambridge University Library, sous la même cote)

***Guide*, I 17-21**

D. YELLIN, « Deux pages de l'autographe de Maïmonide », *Tarbiz* 1 (en hébreu), 1929-1930, pp. 93-106.

MUNK-JOEL : pp. 29, l. 6 à 33, l. 1.
IBN TIBBON : I, f. 34r, l. 5 à f. 37v, l. 5.
AL-HARÎZÎ : pp. 83, l. 14 à 92, l. 7.
ATAY : pp. 45, l. 7 à 51, l. 1.
Ces chapitres n'ont pas été cités par Shem Tov ibn Falqéra dans le *Moré ha-Moré*.

Dimensions : 229 x 307 mm ; (ff. 1r-v) 25 lignes écrites ; (f. 2r) 26 lignes écrites ; (f. 2v) 28 lignes écrites.

Ce fragment est le plus long parmi les brouillons retrouvés : il s'agit d'un bifeuillet entier qui était le bifeuillet central d'un cahier. On a donc la chance d'avoir ici une assez longue partie de texte suivi provenant de la partie I : les deux derniers tiers du chapitre 17 jusqu'au début du chapitre 21. Le bifeuillet est, dans l'ensemble, assez bien conservé, bien que les marges soient un peu abîmées et portent quelques trous ; en outre, une déchirure symétrique dans les coins inférieurs droit et gauche du bifeuillet ouvert indique qu'il était replié au milieu. Le texte est lacunaire du fait de cette déchirure (chap. 18, 20 et 21) et de l'un des trous décrits.

Le texte écrit présente quelques corrections, des ratures assez nombreuses et quatre ajouts supra-linéaires et marginaux (chap. 18, 19 et 20), dont deux correspondent à des mots rayés. L'encre de ces deux dernières interventions (f. 1v, l. 8, et f. 2r, l. 14) est visiblement différente de celle utilisée pour écrire le reste de l'autographe (texte et autres corrections). Cela suggère déjà une distinction dans la chronologie des modifications : les unes sont contemporaines de la rédaction[1] et les autres ont été apportées lors d'une relecture postérieure – une révision du texte –, même s'il est impossible de déterminer le laps de temps séparant les deux phases d'écriture[2]. L'intervention au f. 2r est particulièrement intéressante car elle correspond à une addition qui modifie la portée du texte de la fin du chapitre 19, évoquant la possibilité d'identifier la

1. Cette expression doit évidemment s'entendre au sens large, se référant à la progression de la rédaction, qui connaît des pauses, des relectures, des réflexions, des changements d'avis.

2. Ce fragment est le seul, parmi les sept, où l'on remarque cette différence d'encre pour des corrections intertextuelles. Dans le fragment n. 6 (II, 32-33), le changement d'encre concerne un long développement ajouté.

gloire de Dieu avec la lumière créée (voir plus loin, l'explication détaillée, p. 125).

La fin du chapitre 18 a également été remaniée par l'auteur, qui a barré la formule de clôture pour ajouter une remarque requise par les enjeux des citations par lesquelles se terminait le chapitre (voir ci-dessous). Mais une particularité importante caractérise cet ajout. En effet, il s'enchaîne au texte : il n'occupe pas l'espace entre les lignes, n'est pas inscrit dans les marges, mais constitue la suite de l'argument, remplissant le bas du feuillet et les deux premières lignes du feuillet suivant. Sur ce dernier, le chapitre 19, introduit par le mot *faṣl* isolé au milieu d'une ligne, en est la continuation. Ces éléments, à côté du fait que ce fragment, à la différence des autres, était le bifeuillet central d'un cahier, sont éclairants. Ils montrent que notre brouillon est la copie mieux organisée et revue de brouillons précédents – et représente donc une phase de rédaction assez avancée –, et que Maïmonide, en copiant ses notes, a trouvé la fin du chapitre 18 non-satisfaisante. Il l'a donc aussitôt modifiée et a continué la copie du chapitre suivant (la correction au f. 1verso, l.4 rentre aussi dans ce cadre ; vois ci-dessous, p. 118).

On constate des différences assez nombreuses entre le texte de l'autographe et celui des témoins postérieurs. En général, toutefois, il ne s'agit pas de reformulations étendues, ni radicales. Outre quelques changements stylistiques, on observe un souci de cohérence et de précision, et la volonté d'éviter, en particulier, toute référence qui puisse être entendue comme anthropomorphique au sujet de Dieu – une démarche qui sous-tend grand nombre des corrections contenues dans l'autographe (voir par exemple au f. 1v, l. 13).

Avec le chapitre 17, Maïmonide ouvre une sorte de parenthèse dans l'explication des termes homonymes qui occupe la première partie du *Guide*, tirant son sujet de l'argument abordé dans le chapitre précédent. En effet, en expliquant le sens figuré du mot צור (« montagne, rocher »), qui désigne le principe de toute chose, l'auteur indiquait que c'est en rapport à ce dernier sens que ce nom est attribué à Dieu : il est le principe de « tout ce qui est hors de lui ». Cette définition relevant du domaine de la physique offre à Maïmonide l'occasion d'un développement explicatif à propos de la nécessité, déjà soulignée ailleurs, d'éviter de « dire clairement des choses dont l'intelligence est difficile pour le vulgaire, ou (à l'égard desquelles) il se figure la vérité dans le sens contraire à celui de la chose que nous avons en vue » (I, 17). Cette attitude est opportune non seulement pour la science métaphysique, mais aussi pour la physique, visée ici; l'enseignement des « principes des choses » a aussi été transmis par le moyen d'expressions obscures et d'explications énigmatiques. Le chapitre 17 est consacré à cet argument.

Les chapitres suivants, dont le texte est conservé dans l'autographe, reviennent à l'explication de mots homonymes.

Traduction française

(Salomon Munk, partie I, pp. 68, l. 8 à 76, l. 15)

f. 1 RECTO

« [...] Tu sais que les principes des êtres **~~sont au nombre de trois~~** qui naissent et périssent sont au nombre de trois : la matière, la forme et la privation particulière, qui est toujours jointe à la matière ; car, si cette dernière n'était pas accompagnée de la privation, il ne lui surviendrait pas de forme, et de cette manière la privation fait partie des principes. Lorsque la forme arrive, cette privation (particulière), je veux dire la privation de cette forme survenue, cesse, et il se joint (à la matière) une autre privation **~~et est nommé~~**, et ainsi de suite, comme cela est expliqué dans la physique[3]. Si donc ceux-là, qui n'avaient rien à perdre en s'expliquant clairement, se sont servis, dans l'enseignement, de noms pris au figuré et ont employé des images, à plus forte raison faut-il que nous autres, hommes de la religion, nous évitions de dire clairement des choses dont l'intelligence est difficile pour le vulgaire, ou (à l'égard desquelles) il se figure la réalité de la chose d'une façon contraire **à la vérité** que nous avons en vue. Il faut **savoir** cela.

Chapitre [18]

Sur l'homonymie de *qarab*, ***~~naga'~~*** et *nagash*. – Ces trois mots, je veux dire ***~~negi'ah~~*** (toucher) ***qribah*** (s'approcher) **et *negi'ah*** (toucher) et *negishah* (aborder) ont tantôt le sens d'*aborder* (toucher), s'approcher dans l'espace, tantôt ils expriment la réunion de la science avec la chose sue, (réunion) que l'on compare en quelque sorte à un corps s'approchant d'un autre corps. – Quant au sens primitif de *qarab*, qui est celui du rapprochement dans l'espace (en voici des exemples) : *lorsqu'il s'approcha du camp* (Ex. 32 : 19) ; *Et Pharaon s'approcha* (*ibid.* 14 : 10). *Naga'* **exprime** primitivement la mise en contact d'un corps avec un autre ; par exemple : *Elle en toucha ses pieds* (*ibid.* 4 : 25) ; *Il en toucha ma bouche* (Es. 6 : 7). Le sens primitif de *nagash* est s'avancer vers une personne, se mouvoir vers elle ; par exemple : [*Et Juda*] *s'avança vers lui* (Gen. 44 : 18). – Le deuxième **sens** de ces trois mots exprime une union [par la science], un rapprochement par la perception, et non pas un rapprochement local. On a employé *naga'* [dans le sens de] l'union par la science en disant : *Car son jugement a touché jusqu'**au ciel*** (Jer. 51 : 9). On a dit en employant ***~~qribah, negishah~~*** ***qribah*** : *Et la cause qui sera trop difficile pour vous,*

f. 1 VERSO

*vous la présenterez à moi et **je l'écouterai*** (Deut. 1 : 17), c'est-à-dire vous me la

3. Cf. Aristote, *Physique*, livre I, chap. 6-8.

ferez savoir ; on a donc employé (ce verbe) dans le sens de : faire savoir ce qui doit être su. On a dit, en employant *nagash* : *Et Abraham s'avança et dit* (Gen. 18 : 23) ; car celui-ci était alors dans un état de vision et d'**assoupissement**, comme on l'expliquera. (Ailleurs il est dit) : ***Puisque ce peuple, en m'abordant, m'a honoré de sa bouche et de ses lèvres*** (Es. 29 : 13).

Toutes les fois qu'on rencontre dans les livres prophétiques l'expression de *qarab* ~~**ou de** ***naga'***~~ ou de *nagash* (s'appliquant à un rapport) **de Dieu avec un corps ou d'un individu avec Dieu**, c'est toujours dans ce dernier sens ; car Dieu, ainsi **qu'on le démontrera, n'est pas un corps** et (par conséquent) il ne **se rapproche de rien ni n'aborde rien**, et aucune chose ne s'approche de lui ni l'aborde ; car, en écartant ~~**l'espace**~~ la corporéité, on écarte l'espace, et il ne peut être question de rapprochement, d'**accès**, ou de **réunion**, ou de contact ou de succession. ~~**Il est clair pour toi que les passages**~~ Je ne pense pas que tu aies un doute sur ces **passages** : *L'Eternel est près de tous ceux qui l'invoquent* (Ps. 145 : 18), *Ils désirent s'approches de Dieu* Es. 58 : 2) ; *M'approcher de Dieu, c'est mon bonheur* (Ps. 73 : 28) ; car dans tous ces passages il s'agit d'un rapprochement par la science, je veux dire d'une perception scientifique, **et non** d'un rapprochement local. Il en est de même dans ces passages : ***Dieu*** *près de lui* (Deut. 4 : 7) ; *Approche-toi et écoute* (*ibid.* 5 : 23) ; ~~***Et Moïse s'approcha de la brume***~~ (Ex. 20 : 18) ; *Et Moïse s'avancera seul vers l'Eternel, mais eux ne s'avanceront pas* (Ex. 24 : 2). Cependant, **si tu veux entendre** par le mot ונגש, *s'avancera*, appliqué à Moïse, qu'il pouvait s'approcher de cet endroit de la montagne où il descendait **la lumière**, tu en es libre ; seulement il faut t'en tenir à ce principe que, n'importe que l'individu soit dans le centre de la terre – ~~**si cela était possible**~~ –, ou au sommet de la neuvième sphère, - si cela était possible -, il n'est pas ici plus éloigné de Dieu, et là il n'en est pas plus rapproché ; mais on est près de Dieu en le percevant, et celui qui l'ignore est loin de lui. Il y a à cet égard dans le rapprochement et dans l'éloignement une grande variété de gradations, **dans un chapitre** j'expliquerai quelle est cette supériorité relative dans la perception (de la divinité). – Quant à ces paroles : *Touche les montagnes, qu'elles fument* (Ps. 144 : 5), on veut dire par là : Fais-leur parvenir ton ordre (ce qui, à son tour, doit s'entendre) **comme exemple** ; de même les mots : *Et touche sa personne* (Job 2 : 5) signifient : Fais descendre ton fléau sur lui. *~~**J'expliquerai Il faut bien comprendre cela**~~. ~~**Chapitre**~~ C'est ainsi que, dans chaque passage, tu dois considérer le verbe נגע (toucher), ainsi que ses formes dérivées, conformément à l'ensemble : on exprime par ce verbe tantôt le contact d'un corps avec un autre, tantôt l'union par la science et la perception

f. 2 RECTO

de quelque chose; car celui qui perçoit la chose ~~**s'approche, pour ainsi dire, de**~~ qu'il n'avait pas perçue auparavant s'approche, pour ainsi dire, d'une **chose** qui était loin de lui. Il faut bien comprendre cela.

Chapitre [19]

Malé (מלא). – C'est un mot homonyme que les gens de la langue (hébraïque) ~~**empl utilisent**~~ **emploient** (en parlant) d'un corps entrant dans un autre corps, de manière à le *remplir*, par exemple : *El elle remplit sa cruche* (Gen. 24 : 16) ; *Un plein Omer* (Ex. 16 : 32 et 33) ; et cela est fréquent. On l'emploie aussi dans le sens ~~**d'achèvement d'une chose**~~ (perfection) **de fin d'un temps et de son accomplissement**; (par exemple) : ***Et lorsque ses quarante jours furent accomplis*** (Gen. 50 : 3); ***Et quand ses jours furent accomplis*** (*ibid.* 25 : 24). On l'emploie ensuite pour désigner la *perfection* et le plus haut degré dans le mérite; par exemple : *Et rempli de la bénédiction de l'Éternel* (Deut. 33 : 23) ~~**et la bénédiction n'est pas un corps**~~ ; *Il les a remplis de sagesse de cœur* (Ex. 35 : 35); *Et il était rempli de sagesse, d'intelligence et de connaissance* (1 Rois, 7 : 14). – C'est dans ce sens qu'il a été dit : *Toute la terre témoigne de sa perfection* (Es. 6 : 3), c'est-à-dire elle le montre (partout). **Et parmi** Il en est de même des mots *Et la gloire de l'Éternel remplit la demeure* (Ex. 40 : 34). Toutes les fois que tu trouve le verbe מלא, *remplir*, attribué à Dieu, c'est dans ce même sens, et on ne veut point dire qu'il y ait là un corps remplissant un espace. ~~**Il faut bien comprendre cela**~~. Cependant, si tu veux admettre que ***la gloire de l'Eternel remplit la demeure*** signifie la lumière crée, qui partout est appelée gloire, [*et que c'est elle qui remplissait la demeure, il n'y a pas de mal à cela].

Chapitre [20]

Ram (רם) est un homonyme pour désigner l'élévation du lieu, ainsi que l'élévation du rang, je veux dire la majesté, la noblesse et la puissance; on lit, par exemple : *Et l'arche s'éleva* **de dessus la terre** (Gen. 7 : 17), ce qui est du premier sens; dans le deuxième sens, on lit, par exemple : *J'ai élevé l'élu d'entre le peuple* (Ps. 89 : 20); ***Puisque je t'avais élevé du milieu du peuple*** (1 Rois 14 : 7); ***Alors je t'avais tiré de la poussière*** (*ibid.* 16 : 2). Toutes les fois que le verbe *ram* s'applique à Dieu, il est pris dans ce deuxième sens ; par exemple : ***Et la Gloire de l'Eternel d'éleva*** (Ez. 10 : 4) ; *Élève-toi sur le ciel, ô Dieu* (Ps. 57 : 6) ; ~~*Ainsi a dit celui qui est haut et élevé*~~ (Es. 57 : 15).

De même *nasa'* (נשא) a le sens d'élévation de lieu et celui d'élévation de rang et d'agrandissement en dignité; on lit, par exemple, dans le premier sens : *Et ils portèrent leur blé sur leurs ânes* (Gen. 42 : 26), et il y a beaucoup d'autres passages (où le verbe est pris) dans le sens de *porter* et de *transporter*, parce qu'il y a là une *élévation* locale.

Dans le deuxième sens on lit : ***Et lui avait accordé une royauté glorieuse*** (2 Sam. 5 : 12) ; *Et il les a portés et les a élevés* (Es. 63 : 9) ; *Et pourquoi donc vous érigez-vous* ***en chefs de l'assemblée du Seigneur*** ? (Nomb. 16 : 3). – Toutes les fois que le verbe *nasa'* se trouve **à propos de Dieu**, il est pris dans ce dernier sens; par exemple : *Élève-toi, ô juge de la terre* (Ps. 94 : 2)! *Ainsi a dit celui qui est haut et élevé* (Es. 57 : 15), (où il s'agit) d'élévation, de majesté et de puissance, et non de hauteur

f. 2 VERSO

locale. Peut-être trouveras-tu une difficulté dans ce que je dis : élévation de rang, de **majesté** et de puissance ; comment, me diras-tu, peux-tu rattacher plusieurs idées à un seul et même sens ? Mais on t'expliquera (plus loin) que Dieu, le **Très-Haut** ne saurait être qualifié par des attributs, et que tous ces nombreux attributs **reviennent à** qui **confèrent** la glorification, la puissance, le pouvoir, la perfection, la bonté, etc., reviennent tous à une seule chose, et cette chose c'est **son essence** (divine). Tu auras plus loin des chapitres **sur ses noms et ses attributs, mais nous avons anticipé dans le** présent chapitre que les mots *ram* et *nisa'* (appliqués à Dieu) **ne sont pas un lieu**.

Chapitre [21]

'Abar signifie primitivement la même chose que le verbe *'abara* en arabe, et se dit d'un corps qui se *transporte* dans l'espace. Il désigne d'abord le mouvement de l'animal **~~dans un~~ à une certaine distance** ; par exemple : *Et il passa devant eux* (Gen. 33 : 3) ; *Passe devant le peuple* (Ex. 17 : 5) ; et cela est **tellement fréquent qu'il ne peut être compté**. Ensuite on l'a employé au figuré pour (exprimer) la propagation des sons dans l'air ; par exemple : *Ils publièrent dans le camp* (Ex. 36 : 6) ; ***~~cou~~ (Le bruit) que j'entends courir sur vous parmi le peuple du Seigneur*** (1 Sam. 2 : 24). On l'a encore employé pour (désigner) l'arrivée de la lumière et de la majesté divine que les prophètes voyaient dans une vision prophétique ; par exemple : *Et voici un four fumant, et une flamme de feu qui passa entre ces morceaux* (Gen. 15 : 17), ce qui eu lieu dans une vision prophétique ; car on dit au commencement du récit (v, 12) : *Et un profond sommeil tomba sur Abram,* etc. C'est conformément à cette métaphore qu'il faut entendre ces mots : *Et je passerai pour le pays d'Égypte* (Ex. 12 : 12), et tout autre passage analogue. On l'emploie aussi quelquefois (en parlant) de quelqu'un qui, en faisant une action quelconque, l'exagère et dépasse la limite (convenable); par exemple : *Et comme un homme qu'a surmonté le vin* (Jérém. 23 : 9). Parfois aussi on l'emploie (en parlant) de quelqu'un qui passe devant un but (qu'il avait en vue), et se dirige vers un autre but et un autre terme; par exemple : *Et il tira la flèche pour la faire passer au-delà* (1Sam. 20 : 36). C'est conformément à ce sens figuré qu'il faut, selon moi, entendre ces paroles : *Et l'Éternel passa devant sa face* (Ex. 34 : 6), **~~sa face~~** le pronom, dans "sa face", se rapportant à Dieu – qu'il soit exalté –. C'est là aussi ce qu'ont admis les docteurs **~~qui est le pronom de 'Dieu'~~** , savoir que פניו (sa face) se rapporte à Dieu. Quoiqu'ils disent cela dans un ensemble de *Aggadot* (ou explications allégoriques) qui ne seraient pas ici à leur place, il y a là cependant quelque chose qui corrobore notre opinion. Ainsi, le pronom dans פניו se rapportant à Dieu, l'explication (du passage en question) est, à ce qu'il me semble, celle-ci : que Moïse avait demandé une certaine perception » [...]

Analyse textuelle

f. 1 RECTO

l. 1

מבאדי אלמוגודאת ~~תלתה~~ אלכאינה אלפאסדה תלתה (« les principes des êtres ~~sont en nombre de trois~~ qui naissent et périssent sont en nombre de trois »)

Maïmonide corrige évidemment au fil de la plume : la réécriture suit la rature sans aucune solution de continuité.

l. 6

ויקארנהא עדם אכר ~~ואנמא סמי אל~~ (« il se joint une autre privation ~~et est nommée~~ »)

La correction semble peu significative ; elle est, d'ailleurs, trop modeste pour en proposer une interprétation.

l. 11

תכ̇יל להם חקיקת אלאמר כלאף אלחק אלמראד בנא (« il se figure la réalité de la chose d'une façon contraire à la vérité que nous avons en vue »)

1) Toute la tradition atteste une autre leçon : תכ̇יל להם חקיקת אלאמר כלאף אלאמר אלמראד בנא (« il se figure la réalité de la chose d'une façon contraire à la chose que nous avons en vue »).

Cette correction a sûrement été faite par l'auteur, dans une étape de relecture ultérieure à celle représentée par le fragment. L'emploi de אמר (*amr* « la chose ») à la place de חק (*ḥaqq* « vérité ») change la connotation du passage : la réalité de la chose ne peut pas être comprise de manière contraire à ce qu'elle est, à celle que l'on a en vue, mais elle peut être conçue comme se référant à une chose autre que celle que l'on a en vue.

2) Voir la note contenue dans la traduction de Munk, n. 4, p. 69, où l'éditeur justifie son choix de la leçon אלמראד בנא, qui est d'ailleurs conforme à celle de l'autographe, au lieu de אלמראד בה, attestée dans les deux manuscrits de Leyde (nos manuscrits « ו » et « ז »). Cette dernière leçon se trouve aussi dans l'édition en caractères arabes d'Atay.

l. 12

פאעלם דלך (« il faut savoir cela ») > פאעלם הדא איצא (« il faut aussi savoir cela »)

Changement stylistique attesté dans toute la tradition.

l. 14

פי אשתראך קרב ונגע ונגש הדה (« sur l'homonymie de *qarab, naga' et nagash* ») > קרב ונגע ונגש(« *qarab, naga' et nagash* »)

Le début du chapitre 18 est différent dans toute la tradition.

On peut avancer une hypothèse pour expliquer ce changement. Au début de son introduction (cf. Munk-Joel, p. 6), Maïmonide a dit que parmi les mots dont il veut expliquer le sens, certains sont homonymes, d'autres métaphoriques et d'autres amphibologiques. Or, si par homonymie il faut entendre qu'un même nom désigne deux choses différentes, comme le suggère l'auteur, dans le cas de *qarab*, *naga'* et *nagash* cette catégorie sémantique ne s'applique pas, car ces trois verbes ont un sens premier qui renvoie au rapprochement dans l'espace et un deuxième sens qui désigne un rapprochement dans la science. Mais leur signification est univoque et ne porte pas sur des objets différents. Le cas de figure relèverait alors plutôt de la métaphore. Et cela contrairement à d'autres termes qui expriment deux ou plusieurs choses distinctes, comme, par exemple, le mot *malé*, dont il est question dans le chapitre 19, qui veut dire « remplir », mais « on l'emploie aussi dans le sens de fin et d'accomplissement d'un temps déterminé ; [...] on l'emploie ensuite pour désigner la perfection et le plus haut degré dans le mérite » (voir Munk-Joel, p. 72).

קרב ~~ונגע~~ ונגש (« *qarab*, ~~*naga'*~~ *et nagash* »)
L'auteur a écrit, au-dessus de la ligne, en caractères arabes : نسخه (« à restituer ») pour signaler qu'il fallait écrire (copier) ce qu'il avait barré auparavant.

l. 15
~~נגיעה~~
Maïmonide n'avait pas respecté l'ordre selon lequel il avait mentionné les verbes à la ligne précédente : il a donc barré ce terme, pour le réécrire après קריבה.

l. 19
מענאהא (litt. « leur sens »)
Une correction concerne la première lettre du mot : la lettre « ע » a été transformée en « מ ».

l. 22
ומעני (« et le sens »)
Il est clair qu'il y a une correction dans l'autographe, qui concerne le début du mot : ואע* (peut-être : « et je veux dire » ?) > ומעני.

l. 24
אל השמים (« au ciel »)
Une correction concerne la préposition et le début du mot, mais il ne nous a pas été possible de déchiffrer les lettres remplacées.

l. 25
~~אלקריבה אלנגישה~~ (« ~~*qribah, negishah*~~ »)
Cette rature peut correspondre à une hésitation de Maïmonide quant à l'ordre selon lequel énumérer les mots et les exemples qui les illustrent.

f. 1 VERSO

l. 1
תקריבון אלי ושמעתיו (« <*et la cause qui sera trop difficile pour vous*>, *vous la présenterez à moi et Je l'écouterai* »)

Seuls deux manuscrits (« ד » et « ז »), parmi les sept qui ont été consultés, et les éditions conservent, comme le fragment, la citation de la fin du verset (« *et Je l'écouterai* »). Cependant, s'agissant d'une citation, cette donnée peut ne pas être retenue comme significative pour la genèse du texte et les phases de sa transmission car chaque copiste, comme on peut le constater à plusieurs reprises dans l'apparat critique, aurait pu compléter la citation du verset.

Étant donné la référence anthropomorphique manifeste, l'auteur a probablement été amené à couper la fin du verset, inutile dans l'idée qu'il développe, et source de difficultés conceptuelles.

l. 3
ואלסבאת (« assoupissement ») > ואלסבאת אלנבוי (« assoupissement prophétique »).

Un seul manuscrit, le ms. « ו », confirme la leçon de l'autographe.

יען כי נגש העם הזה בפיו ובשפתיו כבדו[ני?] (« *Puisque ce peuple, en m'abordant, m'a honoré de sa bouche et de ses lèvres* », Es. 29 : 13)

Cet ajout est écrit au-dessus de la ligne et en remontant à la verticale dans la marge. La fin du dernier mot (« *m'a honoré* ») est très difficilement lisible : contrairement à l'édition précédente, il nous semble devoir être lu כבדו' (peut-être surmonté d'un signe d'abréviation) et non pas כבדוני. Cependant, en raison de la difficulté de lecture et du fait qu'il s'agit d'une citation biblique, nous avons signalé entre parenthèses, avec un point d'interrogation, la leçon reçue.

l. 4
~~או נגיעה~~ (« ou de *naga'* »)

D'après l'autographe, l'auteur a d'abord écrit les trois mots (קריבה או נגיעה או נגישה) et il a ensuite barré או נגיעה : Maïmonide rassemble les exemples relatifs au premier et au troisième terme, pris dans leur deuxième sens, et réserve un argument à part à la signification du verbe *naga'* (cf. *infra*, p. 113 et 122 ; analyse doctrinale aux p. 226-227), et aux exemples relatifs, à la fin du chapitre. Étant donné cette organisation de l'argument, il nous semble plausible que la rature précède la correction et n'en est pas la conséquence.

La raison de ce choix peut être comprise si l'on considère les versets bibliques cités à propos de *naga'*. Leur isolement et le fait qu'ils commencent un nouveau paragraphe (cf. f. 1v, l. 21 : « Quant à ces paroles ») nous alertent, comme par anticipation, sur leur caractère particulier. En effet, ils sont des exemples du fait que le verbe *naga'*, contrairement aux deux autres, est aussi un terme homonyme car il évoque ici un objet, mais désigne quelque chose d'autre.

l. 5

בין אללה תעאלי ובין מכלוק מן > אמא מן אללה לגסם או מן שכץ אנסאן ללה אלמכלוקאת

1) « < Toutes les fois qu'on rencontre dans les livres prophétiques l'expression de *qarab* ou de *nagash* [s'appliquant à un rapport] > de Dieu avec un corps ou d'un individu avec Dieu ».

2) « < Toutes les fois qu'on rencontre dans les livres prophétiques l'expression de *qarab* ou de *nagash* [s'appliquant à un rapport] > entre Dieu et une créature quelconque ».

Maïmonide a modifié le texte, choisissant une formule plus neutre et générale, attestée dans toute la tradition, qui écarte des difficultés théologiques. Dans le texte de l'autographe, en effet, les implications anthropomorphiques sont manifestes dans l'affirmation des deux possibilités : que Dieu s'approche d'un corps ou qu'un individu s'approche de Dieu (voir plus loin, où il est clairement affirmé qu'en écartant la corporéité de Dieu, on écarte l'espace et qu'il ne peut être question de rapprochement).

l. 6

כמא [ס]תברהן ליס בגסם (« < Dieu >, ainsi qu'il est [sera] démontré, n'est pas un corps ») > ליס הו גסמא כמא סיתברהן לך פי הדה אלמקאלה (« < Dieu > n'est pas un corps, ainsi qu'il te sera démontré dans ce traité »).

La reformulation est attestée dans l'ensemble de la tradition ; elle est d'ordre formel.

Dans l'autographe, une première formulation avec le verbe au passé est modifiée par l'ajout du préfixe de l'inaccompli, 3e personne du singulier.

כמא (« Comme »)

La lecture de D. Yellin (כמה) doit être corrigée en כמא.

ll. 6-7

פלא הו (« Il ne se »)

Il y a une correction difficilement déchiffrable dans l'autographe. Contrairement a ce qu'indique D. Yellin, il nous semble que Maïmonide a d'abord écrit פלהו* et a ensuite corrigé en פלא.

פלא הו יקרב ולא ידנו (« Il ne se rapproche de rien ni n'aborde rien ») > פלא הו תעאלי ידנו ולא יקרב (« Lui, le Très-Haut, n'aborde rien, ni ne se rapproche de rien »).

Toute la tradition atteste la deuxième version, modifiée, où la succession des verbes est inversée, probablement pour la priorité logique de l'un sur l'autre.

l. 8

~~אלמכאן~~ גסם ירתפע אלמכאן (« < en écartant > ~~l'espace~~ la corporéité, on écarte l'espace »).

La reformulation, confirmée par l'ensemble de la tradition, ajoute un passage qui précise les étapes du raisonnement : c'est en écartant la corporéité qu'on écarte la notion d'espace et qu'on nie la possibilité qu'il y ait un rapprochement.

L'encre dans laquelle a été apporté ce changement, fait au-dessus de la ligne, diffère de celle du reste de l'autographe : en général, elle est d'un brun très sombre, tirant sur le gris, alors qu'ici le brun est plus clair et tirant sur le rouge. La correction n'a donc pas été faite au fil de la plume, mais lors d'une relecture de l'auteur.

ll. 8-9

ודנו או אתצאל או תמאם (« d'accès ou de réunion ou de contact ») > ודנו או בעד או אתצאל או אנפצאל או תמאם (« d'accès, ou d'éloignement, ou de réunion, ou de séparation, ou de contact »).

Dans la deuxième formulation, attestée dans toute la tradition, Maïmonide a ajouté les contraires des actions exprimées par les termes mentionnés dans l'autographe.

l. 9

~~פקד תבין לך אלקולה~~ (« ~~il est clair pour toi que les passages~~ »)

Cette première rédaction cède la place à une réécriture, plus soignée et prudente, qui suit immédiatement : ומא אראך תשך פי קולה (« Je ne pense pas que tu aies un doute sur ces passages »).

ll. 9-10

ומא אראך תשך פי קולה (« Je ne pense pas que tu aies un doute sur ces passages ») > ומא אראך תשך ולא ילבס עליך קולה (« Je ne pense pas que tu aies un doute < à cet égard >, et il n'y aura rien d'obscur pour toi dans ces passages »).

Le texte de la traduction d'Ibn Tibbon suit l'autographe, contrairement au reste de la tradition, qui atteste la version remaniée.

l. 11

Cf. Munk-Joel, p. 30 ll. 12-13 : אדראך עלמי לא קרב מכאן.

Le bout de la ligne pose un problème de déchiffrement. Un trou et l'encre très écaillée empêchent de lire clairement, mais les deux derniers mots ont sans doute été barrés et remplacés par la négation לא, écrite au dessus de la ligne, où on voit la hampe du « lamed » et le bout supérieur du « aleph ».

l. 12

אלהים (« Dieu »)

La mention de Dieu, au début de la citation (« *Dieu près de lui* », Deut. 4 : 7), est omise dans toute la tradition. Cela implique un changement du sens du passage : le sujet – Dieu – n'étant pas explicitement mentionné, l'orientation de l'action du verbe est inversée. Dans un cas (texte de l'autographe), c'est Dieu qui est « proche de, près de avec les difficultés théologiques qui en découlent, liées à la notion d'espace ; dans l'autre (texte reçu), en raison du contexte et par similitude avec les autres versets cités, ce serait Moïse qui serait proche de Dieu.

l. 13
~~ומשה נגש אל הערף'~~ (« ~~*Et Moïse s'approcha de la brume*~~ » ; Ex. 20 : 18)
Maïmonide a barré cette citation, où Moïse approche du nuage, lieu de la manifestation divine, éliminant ainsi la référence à l'espace physique en relation avec Dieu.

La lecture du dernier mot de la citation (הערפל) est très ardue, mais il semble que le mot soit écrit en abrégé.

l. 14
אן תריד אן תגעל (« si tu veux entendre »).
Cette portion de texte est en grande partie effacée et la photographie numérique ne permet pas de la déchiffrer avec certitude. Faute de pouvoir recourir aux rayons ultraviolets, il nous semble toutefois que les traits reconnaissables du deuxième verbe se rapprochent plus de la lecture תגעל, attestée dans toute la tradition, que de la lecture תאול conjecturée par D. Yellin.

l. 15
[מ]ן אלג[ב]ל (« de la montagne »)
Nous avons pu lire, alors que D. Yellin n'avait pu déchiffrer aucune lettre.

אלנור (« la lumière »)
À la suite de ce mot, toute la tradition conserve un ajout, qui précise la signification de « la lumière » dans le contexte : אעני כבוד י״י (« Je veux dire la *gloire de l'Éternel* »), la gloire étant la manifestation réelle, manifeste, de Dieu.

l. 16
[פר]ק
Contrairement à ce qu'a vu D. Yellin, les deux premières lettres sont effacées dans l'autographe et leur restitution reste donc une conjecture.

~~לו אמכן דלך או~~ (« si cela était possible »)
Cette correction est probablement d'ordre stylistique, pour éviter d'écrire deux fois la même formule, qui, en effet, revient ensuite.

l. 17
אלתא[סע] ל[ו] (« la neuvième, si < cela était possible > »)
D. Yellin avait lu אלת[אסע] לו.

l. 18

ב[ל אלק]רב מנה [תעאלי] באדראכה ואלבעד

Notre lecture est plus complète que celle de l'édition précédente : ב[ל אלק]רב מנה [תעאלי] באדרא[כה ואל]בעד.

l. 19

ואלבעד

L'édition précédente ne lisait que ואל[בעד].

l. 20

פי פצל (« dans un chapitre ») > פי פצל מן פצול הדה אלמקאלה (« dans l'un des chapitres de ce traité »)

Modification formelle. Maïmonide a ajouté la formule usuelle qui exprime le partitif, laquelle est conservée dans toute la tradition.

אלתפאצל (« variété »)

La lecture de D. Yellin était partielle : אלתפא[צל].

l. 22

[אמרך להא] מתלא (« < fais-leur parvenir ton ordre >, comme exemple ») > עלי גהה אלמתל (« < Fais-leur parvenir ton ordre >, de façon symbolique »)

Toute la tradition conserve une formulation modifiée.

אפ[תך]

Nous avons pu lire un peu plus que D. Yellin : א[פתך].

l. 23

[ה*]דא ~~בין פאפהמה פצל~~ (« ... *~~expliqué. Il faut bien comprendre cela Chapitre~~ »).

Le feuillet est déchiré et le début de la ligne a été perdu. Cependant, il semble possible de déchiffrer le verbe בין* et de proposer une lecture partiellement différente de celle de D. Yellin, qui avait suggéré כמא תבין (« comme il est manifeste ») : les deux verbes barrés correspondraient à deux essais de rédaction.

Cette formule de clôture a été barrée par Maïmonide, qui a ainsi changé la fin du chapitre : il a ajouté un commentaire final qui reconduit le verbe *naga'*, dont les exemples ont une teneur différente des autres (cf. *supra*, p. 113 et 118), au contexte général du chapitre : le rapprochement local opposé au rapprochement par la science, ce qui lui permet aussi de boucler son argument.

f. 2 RECTO

l. 1

פכאן מדרך אלאמר ~~קד קרב מ~~ אלדׄי לם יכן ידרכה קבל קד קרב (« celui qui perçoit la chose ~~s'approche, pour ainsi dire, de~~ qu'il n'avait pas perçue auparavant, s'approche < pour ainsi dire > »)

Le changement, fait au fil de la plume, est de nature stylistique et précise le raisonnement par les phases, les étapes de la perception.

l. 2

אמר (« chose, question ») > שי (« chose, objet »)

Toute la tradition atteste ce changement qui substitue au terme אמר (« chose, question »), employé dans tout le passage, un mot synonyme, mais plus concret, peut-être en raison des implications sémantiques du rapprochement matériel exprimé par le verbe.

l. 4

~~יסתע'יקע~~ (« utiliser » ; « employer »)

Hésitation de Maïmonide, qui a barré le premier verbe avant de l'avoir complété, en a écrit un second, l'a barré à son tour, et finalement est revenu sur le premier. Il s'agit d'un choix formel car le sens des deux verbes est très proche et ils sont utilisés indifféremment, dans des contextes analogues (cf. par exemple, fragment 1 : chap. 2, l. 9).

l. 7

~~כמאל שי~~ אנקצי זמאן מא (« ~~d'achèvement d'une chose~~ de fin d'un temps »).

1) La correction, faite au-dessus de la ligne, remplace « l'achèvement d'une chose » (כמאל שי), dans le sens de sa « perfection », par la « fin d'un temps » (אנקצי זמאן). Cela répond probablement à une nécessité de cohérence avec les versets choisis pour expliquer le premier sens du mot *male'*, dans lesquels il évoque le temps, et, par conséquence, à une recherche de précision terminologique. L'achèvement, la « perfection » (כמאל), dans le sens de haut degré dans le mérite, rappelle, en effet, le deuxième sens de l'homonymie de *male'*, dont il est question à la ligne suivante du brouillon.

2) Toute la tradition, en outre, atteste un ajout ultérieur par rapport au texte de l'autographe, qui précise davantage l'expression : אנקצי זמאן מא מקדר (« la fin d'un temps déterminé »).

~~ויפ~~

D. Yellin avait déchiffré différemment : ~~וימ~~. Toutefois, la correction est modeste, et il est impossible de deviner l'intention de l'auteur.

ll. 7-8

וימלאו לו ארבעים יום וימלאו ימיה (« *Et lorsque ses quarante jours furent accomplis* », Gen. 50 : 3 ; *Et quand ses jours furent accomplis* », Gen. 25 : 24)

Dans toute la tradition, l'ordre des deux versets cités est inversé; peut-être parce que, dans le texte biblique, le second apparaît en premier.

l. 9

~~ואלברכה ליסת ג̇סם~~ (« et la bénédiction n'est pas un corps »)

L'auteur élimine cette précision qui lui a peut-être parue redondante et inutile. Ce concept est d'ailleurs expliqué à la fin du chapitre, où il est dit que dans ces exemples, et toutes les fois que le verbe « remplir » est attribué à Dieu, on ne veut pas dire qu'il y ait un corps remplissant un espace.

מלא (« rempli »)

Deuxième occurrence. D. Yellin avait lu וימלא, alors que dans l'autographe il est clairement écrit מלא. L'éditeur précédent a probablement confondu le trait au bout de la rature qui précède avec la lettre « ו ».

l. 11

~~בה~~

Nous avons déchiffré différemment de D. Yellin, qui avait lu מ.

l. 12

~~ומן הד~~ (« ~~et *parmi~~ »)

Correction trop modeste pour pouvoir interpréter l'intention de l'auteur.

l. 14

~~פאפהמ[ה]~~ (« ~~il faut bien comprendre cela~~ »).

Maïmonide a barré la formule de clôture du chapitre pour ajouter une portion de texte inscrite au-dessus de la ligne et en remontant à la verticale dans la marge (sur deux lignes). La dernière partie de l'ajout n'est pas lisible dans l'autographe, la marge étant déchirée à cet endroit. Pour permettre au lecteur de suivre l'argument, dans notre édition nous avons ainsi reporté, entre crochets, le texte de l'édition de Munk-Joel (qui apparaît aussi dans la traduction précédée par *). Toutefois, il est évident que cette version n'est pas la même que celle qui devait se trouver dans l'autographe, où le texte était plus court (l'espace de cinq mots environ). On ne peut lire que quelques lettres des deux derniers mots : [...]אלד [*עלי] (?).

L'encre de l'addition, brune, est différente de celle employée dans le reste du texte, qui est beaucoup plus foncée. Il s'agit sans doute d'une modification faite lors d'une phase de révision postérieure.

L'ajout contient la référence à l'identification entre la *gloire* de l'Éternel et la *lumière*, qui est la manifestation créée de Dieu. Dans l'autographe, Maïmonide écrit tout le verset de Ex. 40 : 34 (« *La gloire de l'Eternel remplit la demeure* »), qu'il a cité quelques lignes auparavant, sur lequel porte la remarque, alors que toute la tradition atteste une leçon modifiée et abrégée à la seule mention de la « *gloire de d'Eternel* ».

l. 17

ללגלאלה (« la majesté ») > אלגלאלה (« la majesté »), sans préposition, dans toute la tradition.

l. 18

ותרם התבה מעל הארץ (« *Et l'arche s'éleva de dessus la terre* »)

Voir la citation de Gen. 7 : 17 : וישאו את התבה ותרם מעל הארץ (« *Soulevèrent l'arche, qui se trouva au-dessus de la terre* »). Le verset, tel qu'il est écrit par Maïmonide dans l'autographe, ne correspond pas à la tradition massorétique. Cependant, seuls les manuscrits « ו » et « ז », et la traduction d'al-Harîzî corrigent en éliminant le deuxième terme (ותרם מעל הארץ).

La fin du deuxième et le troisième terme de la citation ont été réécrits sur quelque chose de précédent, qui toutefois n'est pas lisible.

התבה

Contrairement à l'édition de D. Yellin, il a été possible de lire entièrement le mot.

l. 19

יען אשר הרימותיך מתוך העם אשר הרימותיך מתוך העפר (« *Je t'avais élevé du milieu du peuple* », 1Rois 14 : 7 ; « *Alors que je t'avais tiré de la poussière* », 1Rois 16 : 2)

Maïmonide n'avait d'abord écrit que le début de ces deux versets (יען אשר הרימותיך), qui est le même pour les deux. Il les a ensuite écrits in extenso, au-dessus de la ligne, probablement pour plus de clarté : le premier verset a été complété et le second ajouté, sans répéter le verbe initial.

L'ordre de la citation des deux versets est inversé dans toute la tradition, sauf dans la traduction d'Ibn Tibbon, qui confirme l'ordre de l'autographe. Serait-ce une modification tardive de l'auteur qui ne serait pas parvenue au traducteur vers l'hébreu ? Ou bien les autres témoins dérivent-ils d'un manuscrit où l'ordre des citations a été inversé par le copiste ?

Les mss. « ד » et « ו » ne conservent qu'une seule citation : la deuxième, selon l'autographe, ou la première, selon les autres sources considérées. Ce cas est difficile à expliquer. Il pourrait s'agir d'une omission par homéotéleute, ce qui laisserait alors supposer que ces deux manuscrits dérivent d'un modèle où l'ordre des versets confirmait celui de l'autographe. Cependant, le ms. « ד » conserve une leçon (מן העפר au lieu de מתוך העפר) commune aux mss. « ה » et « ז », où le verset contenant cette expression est cité en premier. Cela exclut l'homéotéleute, à moins de penser à une contamination ou à un autre accident au cours de la transmission, dont l'étude ne rentre pas dans le cadre de notre analyse.

ll. 20-21

וירם כבוד יי׳ (« *Et la gloire de l'Eternel s'éleva* », Ez. 10 : 4)

Cette citation n'est pas attestée dans les sources que nous avons collationnées. La mention de la gloire de Dieu, manifestation physique de sa présence (cf. la fin du chap. 19), a probablement été à l'origine de l'élimination du verset par Maïmonide. En effet, les implications locales de la qualification de la gloire auraient nécessité des explications et auraient été peu cohérentes avec le but de l'argument, qui est de montrer que le verbe « élever », attribué à Dieu, doit être entendu dans le sens d'élévation de rang et de majesté.

l. 21
אללהים
Une lettre « lamed » est à enlever ; *lapsus calami* de l'auteur (?).

~~כה אמר רם ונשא~~ (« ~~*Ainsi a dit celui qui est haut et élevé*~~ », Es. 57 : 15)
Dans ce verset sont mentionnés, en une seule fois, les deux verbes sur lesquels porte le chapitre. Il nous semble fort probable que Maïmonide l'a barré en considérant plus approprié de les citer à la fin des arguments réservés à chacun des deux, après en avoir expliqué les homonymies. En effet, la citation est reprise au terme de l'argument consacré à *nasa'*, à la fin du feuillet, et sert de clôture à l'ensemble du développement explicatif basé sur les citations.

l. 25
וכי נשא מלכותו (« *Et lui avait accordé une royauté glorieuse* », 2Sam. 5 : 12)
Trois manuscrits, les mss. « א », « ב » et « ו » confirment l'autographe et conservent cette citation. Le reste de la tradition atteste une variante très significative puisqu'elle conserve une citation différente (ותנשא מלכותו, « *Et son royaume sera élevé* », Nomb. 24 : 7). Les deux versets sont très semblables et il est possible que l'origine de la leçon ותנשא ait été une faute de lecture d'un copiste, due à la confusion graphique entre כי* et ת*. La reconstruction serait alors : וכי נשא > ותנשא*.

La traduction d'Al-Harîzî atteste les deux variantes : la leçon וכי נשא de l'autographe suivie du verbe ותנשא. Elle peut se fonder sur un manuscrit où la lecture divergente de celle de l'autographe avait été notée (peut-être dans la marge) par collation et a été intégrée au texte par la suite.

ll. 25-26
ומדוע תתנשאו על קהל י״י (« *Et pourquoi donc vous érigez-vous en chefs de l'assemblée du Seigneur*? », Nomb. 16 : 3)
Seuls les manuscrits « ה » et « ז » confirment le texte du fragment, tandis que dans le reste de la tradition, la citation s'interrompt après le verbe. Il faut rappeler que ce genre de variantes, si elles ne sont pas corroborées par d'autres leçons plus importantes, n'est pas significatif car les copistes ont l'habitude de tronquer ou étendre les citations bibliques.

l. 26
פי אללה הו (« à propos de Dieu ») > מנסובה ללה תעלי הי (« appliqué à Dieu – qu'Il soit exalté – »)
Toute la tradition atteste le remaniement, probablement dû à des raisons stylistiques.

f. 2 VERSO

l. 1
ישכל : *a. corr.* ית *p. corr.* ישכל

מנזלה (« majesté ») : *a. corr.* גלאלה*/אלנזלה* *p. corr.* מנזלה
Ce mot a clairement été écrit sur quelque chose d'autre, très difficile à déchiffrer. Nous avons gardé deux conjectures, dont la seconde est celle de D. Yellin.

La phrase où se trouve ce terme (« élévation de rang, de majesté et de puissance ») est parallèle, sauf pour le mot en question, à celle qui précède (« d'élévation, de majesté et de puissance »), et il se pourrait que l'auteur ait d'abord repris, par erreur, l'ordre des mots de cette phrase et que le mot corrigé soit donc, à l'origine, « majesté ».

l. 2
~~מז~~?
Ce début de mot barré semble très proche du deuxième terme barré à la ligne 4 (למז, cf. ci-dessous), où il est plausible que Maïmonide ait voulu tracer le début de למעני*. Il en serait de même ici ; la deuxième lettre serait alors inachevée et il s'agirait du premier trait de la lettre « 'ayn » (contrairement à l'hypothèse de D. Yellin, qui avait lu ~~מה~~).

l. 3
לא יוצף אללה בוצאף [באוצאף*] (« Dieu ne saurait être qualifié par des attributs »)
Toute la tradition conserve une formulation remaniée, qui évoque la perfection de la perception des hommes comprenant que Dieu ne peut être qualifié par des attributs positifs : אללה תעאלי ענד אלמדרכין אלכאמלין לא יוצף באוצאף (« Dieu – le Très-Haut – pour les hommes parfaits qui saisissent <son être> ne saurait être qualifié par des attributs »).

l. 4
~~תרגע למז~~ (« ~~reviennent à un *sens~~ »)
L'auteur a barré la locution qu'il était en train d'écrire (le verbe de la phrase) pour introduire une incise où il énumère des qualités indiquées par les attributs divins (« qui indiquent la glorification, la puissance, le pouvoir, la perfection, la bonté »). Cette même séquence est reprise deux lignes après, où on lit תרגע למען (« reviennent à une seule chose ») : cela nous amène à penser que le deuxième terme barré aurait dû être למען* et que sa dernière lettre est inachevée, s'agissant du trait de début du « 'ayn » (cf. *supra*).

l. 4
תעטי (« qui donnent, confèrent ») > תדל עלי (« qui indiquent »)
Ce changement de verbe est confirmé dans toute la tradition. Maïmonide a remplacé un verbe trop spécifique – qui impliquait, involontairement, une

qualification de l'objet logique de la phrase (Dieu) par les attributs – par un verbe plus général, qui décrit simplement les qualités indiquées par les attributs, sans avoir de conséquences sur l'objet qualifié (Dieu).

l. 6

דאתה (« son essence <divine > ») > דאתה לא שי כארג ען אלדאת (« son essence < divine >, et non pas quelque chose qui serait hors de cette essence »)

Toute la tradition atteste ce qui est, vraisemblablement, un ajout de l'auteur.

פי אסמאה תעלי ופי צפאתה בל קדמנא פי (« à propos de ses noms – qu'Il soit exalté – et de ses attributs, mais nous avons anticipé dans < ce chapitre > ») > ואלצפאתה ואנמא אלקצד (« à propos des noms et des attributs ; le but < de ce chapitre > »)

Le passage a été remanié quant au style, et le mot qui pouvait laisser entendre que Dieu a des attributs (« ses attributs », dans la rédaction de l'autographe) a été supprimé.

ll. 7-8

ליס הו עלו מכאן (« < les noms *ram* et *nisa'* >, appliqués à Dieu, ne sont pas un lieu ») > ליס מענאה ומפהומה עלו מכאן בל עלו מנזלה (« < Les noms *ram* et *nisa'* >, appliqués à Dieu, ne doivent pas être entendu dans le sens d'une [élévation] locale, mais de rang »).

Ce changement est en partie d'ordre formel, mais il souligne à nouveau et rappelle explicitement le principe de ce chapitre.

ll. 11-12

~~פי מ~~

Maïmonide avait probablement l'intention d'écrire פי מכאן* (« dans un lieu, un espace »), pour spécifier le mouvement local, mais il a préféré עלי בעד מא (« à une certaine distance »).

l. 12

עלי בעד מא > עלי בעד מא מסתקים (« à une certaine distance directe »)

Toute la tradition conserve un qualificatif se référant à la « distance » qui en précise le caractère. Il permet une distinction entre les mouvements terrestres (en ligne droite) et célestes (circulaires) : et on comprend qu'on applique le verbe עבר uniquement au mouvement linéaire.

l. 13

אכתר מן אן יחצא' (« tellement fréquent qu'il ne peut être compté ») > כתיר (« fréquent »)

Quoique la formule de l'autographe ne soit pas inusuelle dans le *Guide*, la leçon qu'on trouve dans toute la tradition (כתיר « fréquent, nombreux ») rend le texte moins lourd.

ll. 14-15

~~מע~~ אשר אנכי שומע מעבירים עם י״י (« < *Le bruit* > *que j'entends courir sur vous parmi le peuple du Seigneur* », 1Sam. 2 : 24)

Il se peut que Maïmonide ait d’abord voulu citer la deuxième partie du verset seulement (מעבירים, commençant justement avec מע, les deux lettres barrées) et qu’il ait ensuite considéré opportun d’en écrire aussi le début, précisant ainsi immédiatement qu’il s’agit d’un son. Les exemples, en effet, portent sur la propagation des sons dans l’air.

l. 15

~~לגא~~

Nous proposons une lecture différente de celle de D. Yellin, qui a plutôt vu ~~לאו~~.

Maïmonide a probablement hésité sur le choix du verbe le plus adéquat pour décrire quelque chose qui se produit dans la faculté imaginative. Le verbe employé (לחלול, « arrivée, descente ») est un terme technique : l’auteur utilise le même verbe lorsqu’il parle de la forme qui « vient » dans la matière.

l. 21

תכט[י] et non תכטי comme l’a écrit D. Yellin, car si le « tet » est en partie visible, le « yod » reste une conjecture (l’encre s’est effacée).

l. 23-24

ויכון ~~פניו~~ [...] אלצמיר (« et ~~“sa face” est~~ … le pronom »)

Dans l’explication du verset « *Et l’Éternel passa devant sa face* » (Ex. 34 : 6), la première formulation a peut-être été considérée peu soignée : « et “sa face” est » suivi de quelque chose d’autre, qui était probablement barré à son tour (l’autographe est déchiré à cet endroit et le texte est perdu). L’auteur a ensuite préféré préciser son argument et dire que c’est « le pronom, dans “sa face” » qui se rapporte à Dieu (voir aussi, l’analyse de C. Sirat, p. 229-230).

l. 25

געלה אלחכמים ~~אנה צמיר אללה~~ אן הדא פניו לה (« les docteurs ont admis ~~qu’il est le pronom de “Dieu”~~ que “sa face” se rapporte à Dieu »)

Changement formel, car la même expression se trouve à la ligne au-dessus.

Illustration 12.

Illustration 13.

3) Cairo, Mosseri Collection, VIII, 24.1 (aujourd'hui conservé à la Cambridge University Library, sous la même cote)

Guide, I 60

f. 1 *recto*

לאן אלמעני אלמוצוע גיר אלמעני אלמחמול וסיתבין לך

[פי פ]צול הדה אלמקאלה אלברהאן עלי אמתנאע אלתרכיב

[פיה תעאלי ב]ל אלבסאטה אלמחצה ולסת אקול אן מוגב

[צפאת] ללה מקצר ען אדראך אללה תעלי ~~כ̇לאף~~ או

[ ] ~~תצורה~~ אדרכה עלי כ̇לאף מא הו עליה

[בל אקול נפי] וגוד אלאה בוגה ונפי וגודה מן אעתקאדה

[והו לא ישער וביא]ן דלך אן אלמקצר ען אדראך אמר

[מא הו אלדי ידרך ב]עצה ויג̇הל בעץ מת̇ל מן ידרך

[מן מעני אלאנסאן ?]ב ~~אלחיואניה~~ לואזם אלחיואניה

[ולא ידרך לואזם אלנתק ?]~~לך~~ ואללה תעלי לא ת̇כתיר

[פי חקיקה וגודה פיפהם מנה שי] ויג̇הל שיא אכ̇ר וכד̇לך

[אלמשרך לאמר מא] הו אלד̇י תצור חקיקה דאת

[מא עלי מא הי עלי]ה ואוגב [מת]ל תלך אלחקיקה

[לד̇את אכרי והדה אל]צפאת ולו עלי טנה מן טנהא לא

אלמעני[1]] מעני M T H א ב ג ד ה ו ז | אלמוצוע] *praem.* פי ב *praem.* פי כל ג | אלמעני[2]] מעני M T A ב ה ו ז *om.* H | אלמחמול] *add.* עליה M A T H א ב ג ד ה ו ז | פצול] *praem.* בעץ ז אלבראהאן] בלבראהאן ב (באלבראהאן) ג | אלמחצה] *add.* פי אלגאיה אלקצוי M (בתכלית האחרונה) T (בקצוי התכלית) H A א ב ג ד ה ו ז | ולסת] ולא M A א ב ג ד ה ו ז | ללה] אללה ג לאללה ז *add.* תעאלי M (יתברך) T (יתברך) H (תע' א ב ג ד ה) F A א ב ג ד ה (תעלי) ו ז | אדראך] *a. corr.* אדראכה *p. corr.* אדראך | אדראך...תעלי] אדראכה M (בהשגתו) T (מהשיגו) H F A א ב ג ד ה ו ז 4–5 כלאף...תצורה] או משרך או M (או משתף או) T (או משתף או) H F A א ב ג ד ה ו ז | אלאה] אלאלאה M A א ב ג ד ה ו ז *add.* יתברך H F | בוגה...וגודה] *om.* M T H F A א ב ג ד ה ו ז | והו לא] לא הו ד | אמר] *praem.* חקיקה M (אמתת) T (אמתת) H A א ב ג ד ה ו ז | בעצה] בעצהא M A א ב ג ד ה ו ז | בעץ] בעצהא M A א ב ג ד ה ו ז | לואזם] לזום ג | ויגהל] *add.* מנה ב ג | שיא] שי M א ב ג ד ה ו ז | אלמשרך] אלמדרך ג ו | דאת] *a. corr.* ד.ה ? *p. corr.* דאת | מתל] מתאל [*sic*] ג ולו...לא] עלי ראי מן יטנהא ליסת M (לפי דעת מי שיחשבם) T (לדעת מי שיחשב אותם) H A א ב ג ד ה ו ז

[הי דאת אלא]לה גמלה אד כל מא נערפה ונדרכה
[ ] פי אלנוע כמא אעני וכדלך אלדי
[ידרך אלשי עלי] כלאף מא הו עליה לא בד צרורה אן ידרך
[מנה שיא מא]עלי מא הו עליה מתל מן יתכיל אלשמס דאירה
[ ]אנה קד תצור כונהא גסם ותצור מעני אלאסתדארה פיהא
[ ] עלי מה הו עליה ~~ותדל נטר~~ אמא מן תצור אן אלדוק
כמיה פלא אקול אנה תצור אלשי עלי [כלאף] מא הו עליה בל
אקול גהל וגוד אלדוק ולא יעלם הדה אלאסמיה עלי

f. 1 *verso*

מא תקע והדא נטר דקיק גדא פאפהמה ואעלם אן אלמק[צר]
ען אדראך אללה ואלבעיד ען מערפתה פהו אלדי לם [יתבין]
לה סלב מעני קד תברהן לגירה סלבה ען אלל[ה פכ]ל [מן]
קלת סואלבה כאן אקטר אדראך כמא בינא [אול [הדא אלפצל]] א[מא אלדי יוגב]
לה צפה פלם יעלם שי גיר מגרד אלאסם ואלש[י אלדי]
תכיל אן יקע עליה הדא אלאסם הו מעני [גיר מוגוד]
פהו מכ̇תרע כאדב פכאנה אוקע ה[ד]א אל[אסם עלי מעני]

15 אלאלה] *add.* וחקיקתה א ב ג ד ה ז | גמלה] *om.* A H T M א ב ג ד ה ו ז **15–16** אד...אעני] בל מעאני זאידה עלי אלדאת M (אבל ענינים נוספים על העצם) T (אבל ענינים נוספים על העצם) A H א ב ג ד ה ו ז **16** וכדלך] *add.* איצא M (עוד) A T א ב ג ד ה ו ז **17** אלשי...ידרך[2]] *homeot.* ג **18–20** מתל...עליה] *om.* A T M א ב ג ד ה ו ז והמשל על זה כי מי שהשיג המר בהפך מה שהוא עליו ו דן בו שהוא מתוק כבר השיג ממנו האיכות והשיג ממנו קצתו על פי מה שהוא עליו H **20** אמא] ואמא A M ו | תצור] יתצור A M **21** כלאף] *add. s. l.* *om.* ז | הו] הי ב **22** אקול] *add.* אנה A M ו | ולא] ולם A M ג ד ה ו | הדה] הדא ז

1 מא] מאדא A M א ג ד ו ז *add.* הי ה | נטר] אלנצר ז | ואעלם] ובחסב הדא אלביאן תעלם A M (ולפי זה הביאור תדע) T (וכפי זה הבאור תדע) H א ב ג ד ה ו ז **2** אללה] אלאלאה M (האלוה) A T א ד ה ו ז | פהו] הו M א ב ג ד ה ו ז | יתבין] יצח ב ג **3** מעני] *add.* מן אלמעאני אלתי M (מן הענינים אשר) T (מן הענינים אשר) A H א ב ג ד ה ו ז | סלבה] סלבהא M (שלילתם) A T א ב ג ד ה ו ז | ען אללה] ענה M (ממנו) T (ממנו) A H א ב ג ד ה ו ז **4** אדראך] אדראכא A M א ו | בינא] *add.* פי A M א ב ג ו ז | אול...אלפצל] *add. s. l.* | אמא] ואמא ו **5** פלם] פלא A M א ב ג ד ה ו ז | שי] שיא A M א ב ג ד ו ז | ואלשי] אמא אלשי M (אבל הדבר) A H א ב ג ד ה ו ז **6** אן] אנה A M א ב ג ד ה ו ז | יקע] וקע ו | עליה...אלאסם] הדא אלאסם עליה ב | הו] פהו A M א ג ד ה ו ז **7** פהו] בל M (אלא) T A H א ב ג ד ה ו ז | הדא אלאסם] הדה אלאסמיה א ב ג ד ה ז | מעני] *om.* א ב ג ה ז

מעדום אד ליס פי אלוגוד שיא הו כ[דא ומתאל דלך אן יכון]
אנסאן סמע באסם אלפיל ועלם אנה חיו[אן] ולם יר[ת] [ ]
אלשי אלדי תוקע עליה הדא אלא[סם]
או אלצא[ל]
[ ]
פי אעמא[ק] אל[ב]ח[ר] [גסמה שפאף ולה]
וגה ער[י]ץ מ[תל וגה אלאנסאן וצורתה ושכלה ויתכלם מתל אלאנסאן ותארה]
יטיר פי אלהו[א] ותארה יסבח [ ]
כאלסמך פאני לא אקול אן הדא [תצור אלפיל עלי כלאף]
מא הו עליה ולא אקול אנה קצר פי אדראך [אלפיל בל אקול]
אן הדא אלשי אלדי תכילה בהד[ה אלצפה מכתרע כאדב]
וליס פי אלוגוד שי הכדא בל [הדא שי מעדום]
אוקע ע[ליה אסם] שי [מוגוד מתל ענקא מגרב ופרס]
אנסאן ונחו דלך [מן אלצור אלכיאליה אלתי אוקע עליהא]
[אסם] שי [מן אל]מו[גודאת אמא אסם ואחד] או [אסם מרכב]

---

8 שיא] שי ד ה ז | הו] *om.* ב ג | כדא] האכדא א הכדא ב ג ד ה **9** אנסאן] אלאנסאן ב ג | ועלם] *om.* ד ה | ועלם...חיואן] *s. l.* **9–10** ולם...אלאסם] *om.* A T M א ב ג ד ה ו ז **10–12** ...] וטלב אן יערף בשכלה (שכלה ג) וחקיקתה פקאל לה אלצאל (אלצלאל ז) או אלמצל הו חיואן דו רגל ואחדה ותלתה (ותלת ב ג ה) אגנחה מקים M (ובקש לדעת צורתו ואמתתו ואמר לו הטועה או המטעה הוא בעלי חיים בעל רגל אחד ושלש כנפים עומד) T (ובקש לדעת תבניתו ואמתו ואמר לו הטועה או המטעה: דע כי הוא דבר חי בעל רגל אחת ושלש כנפים והוא שוכן) A H א ב ג ד ה ו ז **14** וגה[2]] שכל ז | ושכלה] *add.* וטכטיטה א ב ג ד ה ז | מתל אלאנסאן] כאלאנסאן ו | ותארה] ותאר ג **17** אקול[1]] *om.* A H T M א ב ג ד ה ו ז | קצר] מקצר A M א ב ג ד ה ו ז **18** בהדה] בהדא ז **20** מתל] מתאל ב ג | ענקא] ענקה ב ג ו

3) Cairo, Mosseri Collection, VIII, 24.1 (actuellement conservé à la Cambridge University Library, sous la même cote).

***Guide*, I 60**

Cet autographe est publié ici pour la première fois.

MUNK-JOEL : pp. 99, l. 7 – 100, l. 8.
IBN TIBBON : I, f. 90v, l. 8 à 91r, l. 16.
AL-HARÎZÎ : pp. 235, l. 7 - 238, l. 1.
ATAY : pp. 147, l. 12 - 148, l. 20.
Une courte portion du texte compris dans l'autographe (f. 1r, ll. 3-7) est traduite par Ibn Falqéra dans le *Moré ha-Moré* (p. 159, ll. 7-10).

Dimensions : 227 mm x (66) – 149 mm ; 22 lignes écrites tant au recto qu'au verso.

Le papier est noirci et taché. Une déchirure, qui a provoqué la perte d'une large partie de texte – en particulier des lignes du milieu –, dépare l'autographe dans toute sa hauteur. L'emplacement et la direction de la déchirure montrent qu'elle s'est fort probablement produite lorsque le feuillet était plié en deux : au milieu, on peut distinguer le sillon horizontal de la pliure.

Le texte de l'autographe ne présente pas beaucoup d'interventions, sous forme de corrections, ratures ou d'ajouts. On observe : cinq ratures et un ajout au-dessus de la ligne, au recto ; et une seule rature et deux brefs ajouts supralinéaires, au verso. Toutes ces modifications ont été faites au fil de la plume. Les dissemblances entre le texte de l'autographe et la version diffusée concernent des passages assez étendus et sont très significatives. En effet, bien que la portée doctrinale de cette portion ne comporte pas de subtilités complexes et malgré l'état fragmentaire du texte de l'autographe, ces reformulations profondes témoignent que ce fragment nous conserve un état du texte très primitif.

Des difficultés philologiques liées à la tradition textuelle demeurent. On en trouve un exemple aux ll. 18-20 du recto, dans un passage profondément modifié : la traduction d'al-Harîzî conserve une leçon indépendante qui semble se rapprocher, par certains aspects, de l'argument contenu dans l'autographe (voir *infra*, p. 140-141 et l'analyse à p. 241).

Le brouillon conserve un peu moins de la deuxième moitié du chap. 60, qui s'insère dans le groupe de chapitres (chap. 50-70) traitant des attributs divins. Au début du chapitre, l'auteur exprime sa finalité : « Dans ce chapitre, je veux te donner des exemples par lesquels tu pourras mieux concevoir combien il est nécessaire de donner à Dieu de nombreux attributs négatifs, et par lesquels aussi tu éviteras de plus en plus d'admettre à son égard des attributs affirmatifs ».

Traduction française

(Salomon Munk, partie I, pp. 263, l. 2 - 266, l. 2)

f. 1 RECTO

[...] « Puisque **la notion subjectée** est une autre que **la notion prédiquée**. Dans quelques chapitres de ce traité on te démontrera clairement que la composition est impossible [dans Dieu – qu'il soit exalté –], mais qu'il est la simplicité **pure**.

Je ne dirai pas, du reste, que celui qui prête à Dieu [des attributs affirmatifs] **saisisse Dieu imparfaitement,** ~~**contrairement**~~ [ou lui associe < d'autre êtres > ou ?] ~~**se le représente**~~ le saisisse – qu'il soit exalté – contrairement à ce qu'il est; mais je dirai plutôt que, [sans s'en apercevoir,] il élimine l'existence de Dieu **tout court ou qu'il élimine son existence de sa croyance**. Je m'explique : celui qui saisit imparfaitement **une chose**, [c'est celui qui en saisit] une partie et en ignore une autre, comme, par exemple, celui qui saisit, [dans l'idée d'homme, ce] ~~**animale**~~ qui se rattache à la nature animale, [sans saisir ce qui se rattache à la raison] ; or, à propos de Dieu il n'y a pas de multiplicité [dans sa réalité, de manière qu'on puisse en comprendre telle chose] et en ignorer telle autre. De même, [celui qui associe à une chose (une autre chose)], c'est celui qui, tout en se représentant la réalité d'une certaine **essence** [selon ce qu'elle est], attribue une réalité semblable [à une autre essence; or, les attributs en question], **si selon l'opinion de ceux qui les ont admis, ne [...] Dieu du tout, mais tout ce que nous connaissons et percevons [...] selon le genre, comme je [... ?]. De même**, celui qui [saisit une chose] contrairement à ce qu'elle est doit nécessairement saisir [quelque chose de ce] qu'elle est **comme quelqu'un qui imagine le soleil rond [...] il se figure qu'il est un corps et il se figure, à son égard, l'idée de circularité telle qu'elle est.** ~~**et montre examine**~~ Mais si quelqu'un se figurait que le goût fût une quantité, je ne dirais pas qu'il se figure la chose contrairement à ce qu'elle est, mais je dirais qu'il ignore jusqu'à l'existence du goût et qu'il ne sait pas à quoi

f. 1 VERSO

s'applique ce nom. Ce sont là des considérations très subtiles, qu'il faut bien comprendre.

Sache que celui qui saisit Dieu imparfaitement, et est loin de le connaître, est celui qui ne reconnaît pas la non-existence (dans Dieu) **d'une notion** que d'autres ont démontré devoir être **niée** de **Dieu** ; de sorte qu'à mesure que quelqu'un admet moins de négations, il le saisit moins parfaitement, comme nous l'avons exposé au **commencement** [de ce chapitre]. Quant à celui qui prête à Dieu un attribut affirmatif, il ne sait (de lui) rien que le simple nom, mais l'**objet** auquel, dans son imagination, ce nom s'applique, est une notion qui n'existe pas ; c'est plutôt une invention et un mensonge, et c'est comme s'il appliquait ce nom à un non-être, car il n'y a dans l'être rien de pareil. [Il est comme] quelqu'un qui, ayant entendu le nom de l'éléphant **et ayant su que c'est un animal, et il ne *connaît pas la chose à laquelle s'applique ce nom** [...] ou trompé [...] dans les profondeurs de la mer [il a le corps transparent] et une face large [de la même forme et de la même figure que la face humaine, il parle comme l'homme] et tantôt vole dans l'air tantôt nage [...] comme un poisson [...]. Certes, je ne dirais pas que cet homme [se figure l'éléphant contrairement] à ce qu'il est en réalité, **et je ne dirais pas** qu'il a de l'éléphant une connaissance imparfaite; [mais je dirais] que la chose qu'il s'imagine être de cette [façon est une invention et un mensonge], qu'il n'existe rien de semblable, [et qu'au contraire, c'est un non-être] auquel on a appliqué le nom d'un [être, comme le griffon, le cheval]-homme, et d'autres [figures imaginaires auxquelles on applique le nom de quelque être réel, soit un nom simple ou un nom composé]. ».

Analyse textuelle

f. 1 RECTO

l. 1
לאן (« puisque »)
La première lettre de cette conjonction pourrait aussi être lue comme un « waw », l'autographe étant difficilement déchiffrable. Cependant, la leçon choisie nous semble la plus plausible.

אלמעני אלמוצוע גיר אלמעני אלמחמול (« la notion subjectée est une autre que la notion prédiquée »)

1) La formulation de ce passage est problématique dans la tradition textuelle, qui n'est pas univoque. En effet, pour la première partie de l'expression (אלמעני אלמוצוע), toutes les sources comparées attestent une leçon – en état construit – différente de celle de l'autographe : מעני אלמוצוע (« la notion du sujet »). La deuxième partie, en revanche, montre des dissemblances : les traductions, les éditions et certains manuscrits attestent à nouveau l'état construit, gardant le parallélisme avec ce qui précède (מעני אלמחמול עליה, « la notion de l'attribut »), alors que d'autres manuscrits conservent une version conforme à l'autographe (אלמעני אלמחמול, « la notion prédiquée »). Il se pourrait que le passage ait été modifié par l'auteur et qu'une erreur de copiste ait engendré, dans une partie de la tradition textuelle, une leçon qui reproduit celle de l'autographe (voir aussi p. 238 et *sqq*)

2) À la fin du passage, toute la tradition atteste, au lieu de אלמחמול (« prédiquée »), אלמחמול עליה (« qui lui est prédiquée »).

l. 3
אלמחצה (« pure ») > אלמחצה פי אלגאיה אלקצוי (« pure, au dernier degré »)
L'ensemble de la tradition atteste une précision.

ולסת אקול (« je ne dirai pas ») > ולא אקול (« je ne dirai pas »)

L'auteur (ou le copiste ?) a probablement changé la formulation de l'autographe pour une forme moins forte.

l. 4

ללה (« à Dieu ») > ללה תעאלי (« à Dieu – qu'il soit exalté – »)

L'eulogie suivant le nom de Dieu se trouve dans tous les témoins comparés.

ען אדראך אללה תעלי (« dans la perception de Dieu – qu'il soit exalté – ») > ען אדראכה (« dans sa perception »)

1) Dans l'autographe, une correction est bien visible : Maïmonide avait d'abord écrit אדראכה (« sa perception ») et a ensuite repassé la fin du mot pour corriger en : אדראך (« perception »).

2) Toute la tradition atteste le passage raccourci.

l. 4

תעלי ~~כלאף~~ (« qu'il soit exalté – contrairement »)

Ce bout de ligne nécessite d'une explication ; nous avons, en effet, reproduit ce qui est lisible dans l'autographe, quoi que le texte pose des difficultés. À notre avis, la bénédiction qui suit la mention du nom de Dieu (תעלי) et la préposition עלי qui introduit l'expression adverbiale כלאף (« contrairement à ce qu'il est »), se fondent, dans l'écriture de Maïmonide. Étant donné leur proximité graphique et phonétique, il a peut-être écrit l'eulogie et il l'a lue aussi comme préposition régissant כלאף.

ll. 4-5

כלאף [...] תצורה (« contrairement à [...] sa représentation »)

Il est malheureusement difficile d'interpréter ce passage – la déchirure du feuillet ne nous permet de lire que le premier et le dernier mot barrés. Le début semble suggérer qu'il s'agit d'une anticipation de l'option mentionnée à la ligne suivante (« qu'il le saisisse contrairement à ce qu'il est ») ; et la fin semble être une correction qui aurait remplacé le mot תצורה (« sa représentation ») par le verbe אדרכה (« qu'il le saisisse <contrairement à ce qu'il est> »). On pourrait alors admettre que le papier manquant comportait la troisième option, contenue dans toute la tradition, affirmant que celui qui prête à Dieu des attributs affirmatifs « lui associe < d'autre êtres> » (או משרך), outre qu'il 1) le saisit imparfaitement et 2) e saisit contrairement à ce qu'il est.

l. 6

נפי וגוד אלאה בוגה ונפי מן אעתקאדה (« qu'il élimine l'existence de Dieu tout court et qu'il l'élimine de sa croyance ») > נפי וגוד אלאה מן אעתקאדה (« qu'il élimine l'existence de Dieu de sa croyance »)

Toute la tradition atteste le passage modifié : le changement, probablement de la main de l'auteur, évite une redondance.

l. 7
אמר (« une chose ») > חקיקה אמר (« la réalité d'une chose »)
Précision attestée dans l'ensemble de la tradition.

l. 8
בעצה (une partie < de la chose > ») > בעצהא (une partie < de la réalité > »)
Dans toute la tradition, le pronom suffixe est accordé avec חקיקה (« réalité ») – il est donc féminin, alors que, dans l'autographe, il se réfère à un mot masculin (אמר, « chose »).

בעץ (« une partie ») > בעצאה (« une partie d'elle »)
Pour l'usage du cas génitif au lieu de l'accusatif indéterminé, voir Blau, pp. 150-152. Correction attestée dans toute la tradition.

l. 9
~~אלחיואניה~~ לואזם אלחיואניה (« < nature > animale ce qui se rattache à la < nature > animale »)
Le début de la ligne étant déchiré, il est impossible de comprendre l'intention de l'auteur et d'interpréter la correction. Cependant, il se pourrait que Maïmonide ait remplacé une première locution, non satisfaisante, contenant peut-être un synonyme (ou presque synonyme), par לואזם אלחיואניה (« ce qui se rattache à la < nature > animale »).

l. 11
שיא (« une chose » ; acc.) > שי (« une chose » ; nom.)
Voir ci-dessus et Blau, pp 150-152.

l. 12
דאת (« essence »)
Une correction est clairement visible dans l'autographe, quoiqu'il soit difficile de la déchiffrer.

ll. 14-16
ולו עלי טנה מן טנהא לא [...] אלאלה גמלה אד כל מא נערפה ונדרכה [...] פי אלגוע כמא אעני (« et si selon l'opinion de ceux qui les ont admis ils ne […] Dieu du tout, mais tout ce que nous connaissons et percevons […] selon l'espèce, comme je [?] ») > עלי ראי מן יטנהא ליסת הי דאת אלאלאה בל מעאני זאידה עלי אלדאת (« selon l'opinion de ceux qui les admettent, ne sont pas l'essence de Dieu, mais des idées ajoutées à l'essence »)

1) Les lignes 14-16 de l'autographe contenaient une version du texte largement différente de celle qui nous est parvenue. Cette dernière est plus concise et essentielle.

Le fragment est si endommagé par la déchirure que la reconstruction de sa lettre est malheureusement très lacunaire et difficile.

2) À propos de ce passage, nous signalons aussi une variante commune à

tous les manuscrits examinés sauf le ms. « ו » : la mention de Dieu (הי דאת אלאלאה, « l'essence de Dieu ») est suivie par וחקיקתה (« et sa véritable réalité »).

l. 18-20

מתל מן יתכיל אלשמס דאירה [ ]אנה קד תצור כונהא גסם ותצור מעני אלאסתדארה פיהא [...] עלי מה הו עליה (« Comme par exemple quelqu'un qu'imagine le soleil rond [...] il se figure qu'il est un corps et il se figure, à son égard, l'idée de circularité telle qu'elle est »)

1) Cet exemple, concernant la compréhension d'une chose contrairement à ce qu'elle est, ne figure pas dans la tradition collationnée. Il se pourrait que Maïmonide l'ait considéré comme un exemple insuffisamment intelligible et l'ait supprimé.

Cependant, une autre explication pourrait être avancée. La suite du texte, introduite par la conjonction אמא (« quant à, pour ce qui concerne »), présente un autre cas, une alternative (concernant quelqu'un qui se figure le goût comme une quantité), sans que, dans le texte reçu, il y ait un premier terme (de deux) déjà mentionné. Dans l'autographe, en revanche, deux exemples contraires servent à expliquer l'expression « saisir une chose imparfaitement ». L'omission pourrait alors être un accident de copie, et en particulier un homéotéleute, vue la répétition de la locution עלי מה הו עליה (« selon ce qu'elle est »), et non pas une modification voulue par Maïmonide.

2) La traduction hébraïque de Al-Harîzî contient une version indépendante, s'articulant en deux parties autour d'un seul exemple concernant le goût, l'amer et le doux. Le texte est tout à fait cohérent avec la suite de l'argument, qui traite, on l'a vu, du goût : והמשל על זה כי מי שהשיג המר בהפך מה שהוא עליו ודן בו שהוא מתוק כבר השיג ממנו האיכות והשיג ממנו קצתו על פי מה שהוא עליו (« l'exemple à ce propos est celui de quelqu'un qui saisit l'amer contrairement à ce qu'il est et considère qu'il est doux, il saisit la qualité et il en saisit une partie selon ce qu'elle est »). Il est impossible d'établir l'origine de la version d'al-Harîzî : le texte pourrait être une intervention du traducteur visant à compléter l'argument, qui dans son modèle arabe (comme dans le texte reçu) restait en suspend, mais pourrait aussi être une réélaboration des exemples employés par Maïmonide (concernant le soleil et le goût), et donc effectivement lus par le traducteur, afin de les rendre plus facilement intelligibles. Cela voudrait dire, alors, que le modèle de la traduction d'al-Harîzî conservait un texte conforme à l'autographe.

f. 1 VERSO

l. 1

ואעלם (« et sache ») > ובחסב הדא אלביאן תעלם (« et par cette explication tu sauras »)

Modification formelle, attestée dans toute la tradition.

l. 3
מעני (« une notion ») > מעני מן אלמעאני אלתי (« certaines notions »)
Le changement, d'ordre formel, est confirmé par l'ensemble de la tradition.

l. 4
אול [הדא אל פצל] (« au commencement de ce chapitre »)
Cette précision est ajoutée au-dessus de la ligne ; l'encre est la même que dans le reste du texte.

l. 5
ואלשי (« mais la chose ») > אמא אלשי (« quant à la chose »)
Changement formel attesté dans toute la tradition (le texte des traductions hébraïques n'est pas significatif).

l. 6
אן (« que ») > אנה (« que »)
Toute la tradition contient la conjonction suivie du pronom suffixe ; plus approprié.

הדא אלאסם (« ce nom »)
Une large partie de la tradition (sauf le ms. « ו » et les éditions) atteste, à la place, הדה אלאסמיה (« ce nom »).

l. 9
ועלם אנה חיואן (« et ayant su qu'il est un animal »)
Maïmonide a ajouté cette phrase au-dessus de la ligne ; l'encre est la même que dans le reste du texte.

ll. 10-16
ולם יר[...] \ אלשי אלדי תוקע עליה הדא אלאסם [...] \ או אלצאל [...] \ [...] \ [...] \ פי אעמאק אלבחר [גסמה שפאף ולה] \ וגה ער[י]ץ מ[תל וגה אלאנסאן וצורתה ושכלה ויתכלם מתל אלאנסאן ותארה] \ יטיר פי אלהו[א] ותארה יסבח [...] \ כאלסמך
(« et il ne *connait pas la chose à laquelle s'applique ce con […] ou trompé […] dans les profondeurs de la mer [il a le corps transparent] et une lace large [de la même forme et de la même figure que la face humaine, il parle comme l'homme] et tantôt vole dans l'air tantôt nage […] comme un poisson »).

Cet exemple, qui occupe les sept lignes centrales de l'autographe (les plus touchées par le manque de texte), est très lacunaire et en grande partie illisible. La formulation de l'autographe présentait probablement des différences par rapport au texte reçu et était plus longue (aux lignes 13 et 15, par exemple) ; malheureusement, le texte est perdu et il est impossible de le comparer avec la tradition postérieure. Toutefois, on constate que l'argument est le même.

Voici le texte reçu :
וטלב אן יערף בשכלה וחקיקתה פקאל לה אלצאל או אלמצל הו חיואן דו רגל ואחדה ותלתה אגנחה מקים פי אעמאק אלבחר גסמה שפאף ולה וגה עריץ מתל וגה אלאנסאן

וצורתה ושכלה ויתכלם מתל אלאנסאן ותארה יטיר פי אלהוא ותארה יסבח כאלסמך (« désirerait en connaître la figure et la véritable nature, et à qui un autre, trompé ou trompeur, dirait : “C’est un animal avec un seul pied et trois ailes, demeurant dans les profondeurs de la mer ; il a le corps transparent, et une face large de la même forme et de la même figure que la face humaine ; il parle comme l’homme, et tantôt vole dans l’air et tantôt nage comme un poisson” »).

Seule la première partie est clairement différente. Il est possible que Maïmonide, dans un premier temps, veuille dire que cet homme, ayant entendu le nom de l’éléphant, « n’[*avait pas notion] de ce à quoi s’applique ce nom ». Dans un second temps, il a peut-être éliminé cette phrase en lui substituant la formule, qu’elle sous-entend et que l’on trouve dans toute la tradition : « désirerait en connaître la figure et la véritable nature ».

l. 12
Le début de la ligne, qui est complètement illisible, est barré.

l. 17
ולא אקול (« et je ne dirais pas ») > ולא (« ni »)
Toute la tradition évite la répétition du verbe.

קצר (« était imparfait ») > מקצר (litt. « est imparfait »)

Illustration 14.

Illustration 15.

4) Cambridge, Cambridge University Library. Taylor Schechter Genizah Collection, T-S 10 Ka 4[1], leaf 1

Guide, I 64-65

f. 1 *recto*

פצל

אעלם אן שם י'י קד יראד בה מראת מגר[ד] אלאסמיה
מתל קולה: לא תשא את שם י'י אלה' לשו'[1] ונוקב שם י'י[2]
והדא אכתר מן אן יחצי וקד יראד בה דאתה תעלי
וחקיקתה מתל ואמרו לי מה שמו[3] וקד יראד בה
~~אראד~~ אמרה תעלי חתי יכון קולנא שם י'י כאנא
קלנא דבר י'י או מאמר י'י כמא קאל כי שמי
בקרבו[4] מענאה דברי בקרבו או מאמרי בקרבו
אלמעני אנה אלה לאראדתי ומשיתי וסיבין
אלכלאם פי אשתראך מלאך וכדלך כבוד י'י
קד יראד בה אלנור אלמכלוק אלדי יחלה אללה
פי מאכן ללתעטים עלי גהה אלמעגז וישכן
כבוד י'י על הר סיני[5] וכבוד י'י מלא את המשכן[6] וקד
יראד בה דאתה תעלי וחקיקתה כמא קאל הראני נא
את כבודך[7] ואלגואב כי לא יראני האדם וחי[8] דל אן כבוד
הנא דאתה וקולה כבודך תעטים מתל מא בינא פי קולה

---

[1]שמות כ, ז. | [2]ויקרא כד, יו. | [3]שמות ג, יג. | [4]שמות כג, כא. | [5]שמות כד, יו. | [6]שמות מ, לד. | [7]שמות לג, יח. | [8]שמות לג, כ.

---

2 ייי] *add.* יתברך שמו ב *add.* צבאות יתב' שמו ג **3** מתל קולה] באמרו T | קולה] *add.* תעאלי ז ייי[1]] *om.* ד | ייי[1]] *add.* יתברך שמו ב *add.* צבאות יתב' שמו ג | ונוקב] ונקב ב ג | ייי[2]] *add.* מות יומת ב ג ז | ייי[2]] *add.* יתברך שמו ב *add.* צבאות יתב' שמו ג **6** חתי] *rep.* ו | ייי] *om.* ז | ייי] *add.* יתברך שמו ב *add.* צבאות יתב' שמו ג **7** קלנא] קולנא ו | ייי[1]] *add.* יתברך שמו ב *add.* צבאות יתב' שמו ג ייי[2]] *add.* יתברך שמו ב *add.* צבאות יתב' שמו ג **9** אלמעני] למעני ג | וסיבין] וסאביין A H T M א ב ג ו ז **10** מלאך] ملك A | ייי] *add.* יתברך שמו ב *add.* צבאות יתב' שמו ג **11** קד...אלמכלוק] רצוני לומר הכבוד הנברא H | אלנור] אלוגוד ג | יחלה] יחל ז | אללה] *add.* תע' ב ג **12** ללתעטים] לאלתעצים ד ה | אלמעגז] אלמעגה א אלמעני ד | וישכן] ישכון ב ג ו ז **13** ייי[1]] *add.* יתברך שמו ב *add.* צבאות יתב' שמו ג | סיני] *add.* ויכסהו וכו' M (וגמ' ו) ו *add.* ויכסהו T | ייי[2]] *add.* יתברך שמו ב *add.* צבאות יתב' שמו ג **14** הראני] הראיני א ד ו ז **15** כבודך] כבודיך ב ג ד ז | ואלגואב] וגא אלגואב A H T M א ב ג ד ה ו *add.* ז פי דלך ב ג | כי] בכי ז | כבוד] אלכבוד אלמקול A H T M א ג ד (אלכבוד אלמקול עליה) ה (אלמקוול) ו ז אלכבוד אלמכלוק ב **16** הנא] *add.* הו ב ג ז | כבודך] כבדיך ד ב

ואמרו לי מה שמו[9] וקד יראד בכבוד תעטים אלנאס כלהם ללה בל ~~גמיע~~ כל מא סואה תעלי יעטמה ~~מן~~ ~~לה לסאן נאטק עטֿם בלסאנה ומן לם יפתקר ללסאן~~ ~~לידל עלי מא פי אדראכה פי~~ לאן תעטימה אלחקיקי הו אדראך עטמתה פכל מן אדרך עטמתה וכמאלה פקד עטמה עלי קדר אדראכה ואלאנסאן כאצה

f. 1 *verso*

יעטם באלאקאויל לידל עלי מא אדרך בעקלה ויעלן בה לגירה ומא לא אדראך לה מתל אלגמאדאת פכאנהא תעטם איצא בכונהא תדל בטביעתהא עלי קדרה מוגדהא וחכמתה פיכון דלך דאעיא לתעטים אלמעתבר להא נטק ~~או לם~~ בלסאן או לם ינטק V ובחסב תסמיה הדא אלמעני כבוד קיל מלוא כל הארץ כבודו[10] ~~מסא~~ מסאוי לקולה ותהלתו מלאה הארץ[11] פאפהם הדא אלאשתראך איצא

פצל

מא אראך בעד וצולך להדה אלדרגה ותחקיקך אנה תעלי מוגוד לא בוגוד וואחד לא בוחדה תחתאג אן יבין לך נפי צפה אלכלאם ענה ולא סימא באגמאע אמתנא אן ~~כלא~~ אלתורה מכלוקה אלקצד בדלך אן כלאמה אלמנסוב אליה מכלוק ואנמא נסב אליה לכון דלך אלקול אלדי סמעה

---

[9]שמות ג, יג. [10]ישעיה ו, ג. | [11]חבקוק ג, ג.

---

18 כלהם] *om.* ג כלהום ז | ללה] לאללה תעאלי ז | בל...כל] בכל ו | יעטמה] יעצמונה ה

1 באלאקאויל] באלאקואל ב **2** ומא] ומן ה T **3** בכונהא] לכונה ו | בטביעתהא] בטביעתא ג | קדרה] קדרת ג | מוגדהא] מוגודהא ב **4** לתעטים] לאלתעצים ה | אלמעתבר] ענד אלמעתבא ה | להא] לה ג **5** בלסאן] בלסאנה **A H T M** א ב ג ד ה ו ז | ינטק] *add.* אן (או ב ג ד ה ו ז) כאן מן (מא ו) לא (לם ד) יגוז עליה אלכלאם **T M** (אם הוא מי שאין ראוי עליו הדבור) **H** (אם יהיה ממי שלא יתכן לו הדבור) **A** א ב ג ד ה ו ז **6** קיל] קאל ה **7** הארץ] *add.* אד אלתסביח יתסמי כבוד קד (וקד א ז) קיל (קאל ג) "תנו לי'י אלהיכם (*om.* ב אלהינו ה) כבוד" (ירמיהו יג, יו) וקיל (*om.* ד) "ובהיכלו (*om.* ב) כולו אומר כבוד" (תהלים כט, ט) וגא מנה כתיר **T M** (כי השבח יקרא כבוד כבר נאמר "תנו לה' אלהיכם כבוד" ונאמר "ובהיכלו כולו אומר כבוד" ובא ממנו הרבה) **H** (כי התהלה נקראת כבוד כמו שבארנו וכמו שאמרו "תנו לה' אלהיכם כבוד" וכמו שאמרו "ובהיכלו כולו אומר כבוד" וכאלו רבות) **A** א ב ג ד ה ו ז | פאפהם] פאעתבר אסם ב ג | איצא] *om.* ז *add.* פי כבוד ותאולה פי כל מוצע בחסבה פתתכלץ (פתתכל ב) מן שבה (שבהה ב ג) עצימה (עצים ז) **T M** (בכבוד ופרשהו בכל מקום כפי ענינו ותמלט מספיקות גדולות) **H** (בענין הכבוד ודעאותו בכל מקום כפי המקום ההוא ותמלט מספקות רבות) **A** א ב ג ד ה ו ז **9** להדה] להדא ז | ותחקיקך] ותחקקך ו **10** לא[1]] ולא ז | וואחד] ואחד ג | לא[2]] ולא ז **11** באגמאע] באגתמאע ג | אמתנא] מלתנא ה **13** ואנמא] وان **A** | לכון] ליכון ב ג

משה כלקה אללה ~~וליס הו כלאם~~ כמא ~~אן~~ כלק כל מא כלקה
ואבתדעה ~~ומא הדא~~ וסיאתי פי אלנבוה כלאם כתיר
ואנמא אלקצד הנא אן וצפה באלכלאם מתל וצפה באלאפעאל
כלהא אלשביהה באפעאלנא פארשדת אלאדהאן אלי אן תם
עלם אלאהי יצל ללנביין באן אללה כלמהם ואן הדה אלמעאני
אלתי יוצלון אלינא כלאם אללה הי כמא סיבין וקד תקדם לנא
תביין דלך ואנמא מקצוד הדא אלפצל אן אלדבור
ואלאמירה לפט משתרך יקע עלי אלנטק באללסאן
מתל קולה משה ידבר[12] ויאמר פרעה[13] ויקע עלי

V וקד אתסעת אלעבראניה פי דלך חתי יטלק[ון עלי הדא אלמעני] ל[שון] אמירה ויקאל ען מא לא נטק לה אנה סבח וקאל כמא קיל כל עצמותי תאמרנה י׳י מי [כמוך[14] עבר ען כונהא] תוגב דלך כאנהא אלדי תקולה

---

22 [12]שמות יט, יט. | [13]שמות ה, ה. **2** [14]תהלים לה, י.

---

14 כלקה אללה] *inverso ordine* **T M** (השם בראו) **H** (השם בראהו) **A** **א ב ג ד ה ו ז** *add.* ואבתדעה **T M** (וחדשו) **H** (וחדשו) **A** **א ב ג ד ה ו ז** | כלקה²] כלק **ב ג ה ו** **16** הנא] הו ז **17** אלי] עלי ג **18** עלם] *om.* ג | אלאהי] אלאה ג מן אלאה ד | יצל] ידרכה **T M** (ישיגוהו) **H** (ישיגוהו) **A** **א ב ג ד ה ו ז** | ללנביין] אלנביין **א ב ג ד ה ו ז** אלנביון **T M** (הנביאים) **H** (הנביאים) **A** | כלמהם] כלמהום ז ואן] וקאל להם (להום ז) חתי נעלם אן **T M** (ואמר להם כדי שנדע ש) **H** (ואמר להם עד שנדע ש) **A** **א ב ג ד ה ו ז** **19** אלינא] לנא **M** ו אליהא ב | כלאם...הי] מן קבל אללה הי לא מן מגרד פכרתהם (פכרהם ה פהמהם ופכרתהם ו פכרתהום ז) ורויתהם (ורויתהום ז) **T A M** (מאת ה' הם לא ממחשבותם וזממם לבד) **H** (מאת הבורא הם לא מפשוטי מישבותיהם וריוניהם) **A** **א ב ג ד ה ו ז** **20** תביין דלך] דכר הדא (הדי ה) אלמעני **T A M** (זכרון זה הענין) **H** (זכר הענין הזה) **א ב ג ד ה ו ז** | ואנמא] ואמא ז אלדבור] אלדיבור **ב ג ו** **21** לפט] *add.* ואחד ד ה | יקע] וקע **A M** ו **22** קולה] *om.* ו | ידבר] *add.* והאלהים יעננו בקול ה **1–3** וקד...תקולה] *add. in marg.* **1** אלעבראניה] *praem.* אללגה **T M** (הלשון) **H** (לשון) **A** **א ב ג ד ה ו ז** | יטלקון] אטלקו ה | ויקאל] ויקול **ב ו** **1–2** ען מא] עמא **A M** **א ב ג ד ה ז** **2** נטק] אדראך **T M** (השגה) **H** (השגה) **A** **א ב ג ד ה ו ז** | כמא] כדא כמא **T** (כך כמו) **א ב ג ד ה ז** | כמא קיל] *om.* **A M** ו | קיל] קאל ה | ייי] *add.* יתברך שמו ב *add.* צבאות יתב' שמו ג **3** דלך] הדא אלאעתקאד **T M** (זאת האמונה) **H** (זאת האמונה) **A** **א ב ג ד ה ו ז** | אלדי] אלתי **ב ג** *om.* ז | תקולה] קאלתה (קאלת ב) אד ומן אגלהא עלם (ומן אגלה אעלם ג) הדא איצא **T M** (אמרוה אחר אשר בעבורם נודע זה גם כן) **H** (אמרו אותה כי בעבורם נודע האמונה) **A** **א ב ג ד ה ו ז**

4) Cambridge, Cambridge University Library. Taylor Schechter Genizah Collection, T-S 10 Ka 4[1], leaf 1.

Guide, I 64-65

H. HIRSCHFELD, « The Arabic portion of the Cairo Genizah at Cambridge. Two autograph fragments of Maimonide's *Dalālat al-ḫā'irīn* », *Jewish Quarterly Review* 15, 1903, pp. 677-681.

MUNK-JOEL : pp. 107 à 109, l. 6.
IBN TIBBON : f. 96r, l 9 à f. 97r, l. 5.
AL-HARÎZÎ : pp. 253 à 256, l. 16.
ATAY : pp. 160, l. 6 à 162, l. 12.
Ibn Falqéra n'a pas traduit ces chapitres dans le *Moré ha-Moré*.

Dimensions : 231 x 154 mm (160 mm si l'on comprend aussi la restauration) ; 22 lignes écrites au recto et 22 (plus 2 dans la marge) au verso.

La feuille est conservée dans ses dimensions originelles. Les marges, légèrement endommagées par des déchirures, ont été restaurées par des bandes de papier : la marge supérieure (une petite déchirure est encore visible) et la marge interne (sur toute sa longueur). Dans la marge extérieure (celle de gauche au recto et de droite au verso), une déchirure plus étendue touche aussi une partie du texte écrit à la verticale et en compromet la lecture. Un sillon horizontal, au milieu de la feuille, indique qu'elle était pliée en deux dans le sens de la largeur ; la déchirure en question correspond donc à un coin supérieur du feuillet plié.

Les traces d'interventions de la part de l'auteur sont rares ; ce sont des corrections faites au fil de la plume, lors de la rédaction du brouillon. Au recto, un mot et deux lignes ont été barrés, et cinq autres ratures sont visibles au verso. Dans l'ensemble, elles sont peu significatives et il s'agit en général de modifications formelles (voir ci-dessous). Les deux lignes ajoutées à la verticale dans la marge de droite du verso sont l'intervention la plus importante. Le signe graphique qui renvoie à cet ajout se trouve à la cinquième ligne du texte[1].

Dans le chapitre 64, le texte de l'autographe est, pour les deux tiers, tout à fait conforme à celui qui a été reçu par la tradition (mis à part deux modestes changements formels). Par contre, la fin du chapitre (les deux derniers énoncés) a été largement remaniée (début du verso). En particulier, l'ajout marginal inscrit dans l'autographe a été modifié pour des raisons de précision et de cohérence de l'argument, et pour en améliorer la forme. La fin du chapitre a été complétée : l'auteur précise le lien entre les versets cités, insère d'autres citations bibliques et exhorte le lecteur, de manière plus incisive, à interpréter

1. Nous rappelons que, pour des raisons typographiques, les lignes ajoutées à la verticale se trouvent, dans l'édition, à la fin du texte.

« selon ce qui convient » les passages contenant le mot *kabod*, « gloire » (voir *infra*, p. 153-157 et 244-248). Les dissemblances relevées au début du chapitre 65 sont également la conséquence d'une une phase de relecture postérieure à celle qui est représentée par notre brouillon.

Traduction française

(Salomon Munk, partie I, pp. 286-291, l. 13)

f. 1 RECTO

Chapitre [64]
Sache que par *shem* ou Nom de l'*Eternel* on désigne souvent (dans l'Écriture) le simple nom, comme par exemple, dans ces mots : *Tu ne proféreras pas le Nom de l'Eternel, ton Dieu, en vain* (Ex. 20 : 6) ; *Et celui qui aura prononcé le Nom de l'Eternel* (Lev. 24 : 16). Les exemples en sont innombrables. Quelques fois on désigne par là l'essence de Dieu et son véritable être, par exemple : *S'ils me disent : Quel est son nom* ? (Ex. 3 : 13), d'autres fois on désigne par là **~~la volonté~~ l'ordre** de Dieu, de sorte que, si nous disons Nom de l'Éternel, c'est comme si nous disions parole ou ordre de l'Éternel ; ainsi, par exemple, les mots : *Car mon nom est dans lui* (*Ibid.* 23 : 21) signifient : ma parole ou mon ordre est dans lui, ce qui veut dire qu'il (le messager) est l'instrument de ma volonté et de mon désir. J'expliquerai ces paroles en parlant de l'homonymie du mot *malakh* (מלאך).

De même, par *kabod*, ou *gloire* de l'Éternel, on désigne quelquefois la lumière créée que Dieu fait d'une manière miraculeuse descendre d'un lieu pour le glorifier ; par exemple : *Et la gloire de l'Eternel demeura sur la montagne de Sinai, et le nuage la couvrit*, etc. (*Ibid.* 24 : 16) ; *Et la gloire de l'Eternel remplissait la demeure* (*Ibid.* 40 : 34). – D'autres fois on désigne par là l'essence de Dieu et son véritable être ; par exemple : *Fais-moi donc voir ta gloire* (*Ibid.* 33 : 18), à quoi il fut répondu : … *Car l'homme ne peut me vois et vivre* (v. 20), ce qui indique que **gloire ici** est son essence. S'il a dit *ta gloire*, c'était par respecte (pour la divinité), conformément à ce que nous avons exposé au sujet de ces mots : *S'ils me disent : Quel est son nom* ? (Ex. 3 : 13) – Enfin on désigne quelquefois par *kabod* la glorification dont Dieu est l'objet de la part de tous les hommes : En effet, **~~l'ensemble~~** tout ce qui est en dehors de lui – qu'il soit exalté – le glorifie. **~~Celui qui possède une langue éloquente le glorifie par sa langue et celui qui est dépourvu de langue indique ce qui est dans sa perception dans~~** En effet, sa véritable glorification consiste à comprendre sa grandeur, et quiconque comprend sa grandeur et sa perfection le glorifie selon la mesure de sa compréhension. L'homme en particulier

f. 1 VERSO

le glorifie par des paroles, pour indiquer ce qu'il a compris par son intelligence et pour le faire connaître aux autres, mais (les êtres) qui n'ont pas de perception, comme les êtres inanimés, le glorifient aussi, en quelque sorte, en indiquant par leur nature la puissance et la sagesse de celui qui les a produits, et par là celui qui les contemple est amené à le glorifier, soit par l'élocution ~~**ou pas**~~ de **la** langue, soit même sans élocution, si c'est un être auquel la parole n'est point accordée. **V**

V L'hébreu s'est donné de la latitude à cet égard, de sorte qu'on applique à l'idée en question le verbe אמר (dire) et qu'on dit même de **ce qui n'a pas d'élocution** qu'il loue (Dieu) ; on a dit, par exemple: *Tous mes os disent : Eternel, qui est semblable à toi* ? (Ps. 35 : 10), ce qui signifie **qu'ils rendent cela** (la louange) **nécessaire**, comme s'ils **le prononçaient**.

C'est dans ce sens (de glorification) attribué au mot *kabod* (gloire) qu'on a dit : *Toute la terre est remplie de sa gloire* (Es. 6 : 3), ce qui est semblable à ces mots : ***Et la terre fut remplie de sa louange*** (Habacuc 3 : 3). **Il faut te pénétrer aussi de cette homonymie**.

Chapitre [65]

Je ne pense pas qu'après être arrivé à ce point et avoir reconnu que Dieu existe, mais non par l'existence et qu'il est un, mais non par l'unité, tu aies encore besoin qu'on t'expose (la nécessité) d'écarter de Dieu l'attribut de la parole ; surtout lorsque notre nation admet d'un commun accord que ~~**la par**~~ la Loi est une chose créée, ce qui veut dire que la parole attribuée à Dieu est une chose créée, et que, si elle a été attribuée à Dieu, ce n'est que parce que le discours entendu par Moïse, c'était Dieu **qui l'avait créé** ~~**et elle n'est pas la parole**~~ comme ~~**que**~~ tout ce qu'il a créé et mené à l'existence. ~~**Et qu'est-ce que**~~ Il sera parlé plus amplement du prophétisme ; ici on a seulement pour but (de montrer) que, si l'on attribue à Dieu la parole, c'est comme quand on lui attribue, en général, des actions semblables aux nôtres. Ainsi donc, les esprits des gents sont amenés à (reconnaître) qu'il y a une connaissance divine **qui vient aux** prophètes en conséquence du fait que Dieu leur **avait parlé**, de sorte que nous sussions que ces choses qu'ils nous rapportaient **étaient la parole de Dieu**, ainsi qu'il sera exposé (ailleurs). Nous avons déjà **mentionné** ce sujet précédemment.

Ce chapitre a uniquement pour but (de montrer) que les verbes *dibber* (דבר, parler) et *amar* (אמר, dire) sont des homonymes. Ils s'appliquent d'abord au langage proprement dit ; par exemple : *Moïse parlait* (Ex. 19 : 19) ; *Et Pharaon dit* (*Ibid.* 5 : 5). Ensuite ils s'appliquent [...]

Analyse textuelle

f. 1 RECTO

l. 2
מגר[ד]
La dernière lettre n'est pas du tout visible dans l'autographe.

l. 3
לשו'
La citation est en abrégé, alors que H. Hirschfeld avait écrit לשוא en entier.

l. 4
יחצי
H. Hirschfeld avait lu יח[צא].

l. 6
~~אראד~~ אמרה (« ~~volonté~~ son ordre »)
H. Hirschfeld n'avait pas pu lire le mot barré.

l. 8
בקרבו
H. Hirschfeld avait lu בקרב.

l. 15
ואלגואב (« et la réponse ») > וגא אלגואב (« et il fut répondu » ; littéralement « et il vint la réponse »).
Le changement est d'ordre stylistique, fait de la part de l'auteur.

ll. 15-16
כבוד הנא (« gloire, ici ») > אלכבוד אלמקול הנא (« la gloire dont on parle ici »)
Un nouveau changement formel de l'auteur.

l. 16
קולה
H. Hirschfeld avait lu à la place קול.

l. 18
~~גמיע~~ כל (« ~~l'ensemble de~~ tout »)
Les deux adjectifs ne sont pas exactement synonymes, le premier évoquant l'idée d'union d'un groupe et le second exprimant l'universalité de la totalité.

ll. 18-20
~~מן לה לסאן נאטק עטֹם בלסאנה ומן לם יפתקר ללסאן לידל עלי מא פי אדראכה פי~~

(« celui qui possède une langue éloquente le glorifie par sa langue et celui qui est dépourvu de langue indique ce qui est dans sa perception dans … »).

H. Hirschfeld n'a pas transcrit le premier pronom (מן), qui se trouve à la fin de la ligne 18.

Maïmonide vient d'affirmer que tout ce qui est en dehors de Dieu le glorifie, et le texte barré est le début de l'explication de cette assertion et de ses conséquences. Toutefois, l'argument est peu clair car il évoque et mélange deux éléments, sans expliciter le rapport entre eux et avec la glorification de Dieu : la locution (la glorification par la parole) et la perception. Le passage reformulé est moins concis et plus linéaire : l'auteur établit d'abord ce que c'est que la glorification (*ta'azîm*) de Dieu en expliquant qu'elle passe par la « perception », l'appréhension de Sa grandeur (*'azima*). De cette manière, il est possible de faire référence à la glorification par la parole, une spécificité de l'homme, qui est doué d'intellect et de capacité d'expression. En parallèle, le cas des êtres qui n'ont pas de perception (« tout ce qui est en dehors de lui le glorifie ») est évoqué et expliqué.

f. 1 VERSO

l. 3
בטביעתהא
H. Hirschfeld avait lu בטביעתה

קדרה
H. Hirschfeld écrit קדרת.

ll. 4-5
נטק ~~או לם~~ בלסאן או לם ינטק (« par l'élocution ~~ou pas~~ de la langue »)

1) Il se peut que Maïmonide ait voulu préciser la référence à l'expression à travers le langage, sous-entendu dans la première formulation, sans doute pour écarter la possibilité de considérer le mot נטק (« parole, expression ») selon sa deuxième acception (« intelligence »), les êtres intelligents doués de perception (et de vie), mais non pas de parole, étant les sphères célestes.

2) Il faut en outre remarquer que, dans toute la tradition, un ajout suit cette affirmation et la complète, en explicitant le contexte sémantique : אן כאן מן לא יגוז עליה אלכלאם (« si c'est un être auquel la parole n'est pas accordée »).

בלסאן (« par la langue ») > בלסאנה (« par sa langue »)
Toute la tradition atteste une modification, d'ordre stylistique.

[ajout] l. 1
אלעבראניה (« l'hébreu ») > אללגה אלעברניה (« la langue hébraïque »)

Toute la tradition atteste la deuxième formulation, modification que l'on trouve identique dans les autres occurrences de la même expression dans l'autographe.

[ajout] ll. 1-2

מא לא נטק לה (« ce qui n'a pas d'élocution, d'intelligence ») > מא לא אדראך לה (« ce qui n'a pas de perception »)

La modification est attestée dans l'ensemble de la tradition.

Tout le passage est parcouru par deux niveaux d'opposition. En premier lieu, entre les êtres qui ont une perception (la glorification de Dieu n'étant que la perception de sa grandeur) et ceux qui ne l'ont pas (« comme les êtres inanimés »). Deuxièmement, entre les êtres doués de parole et ceux auxquels la parole n'est pas accordée. Maïmonide vient de dire que les êtres inanimés témoignent, eux aussi, par leur existence et leur nature, de la puissance et de la sagesse de Dieu, et le glorifient en amenant celui qui les contemple à le glorifier. Le passage dont il est question ici, à l'intérieur de l'ajout marginal, s'insère dans ce contexte.

Le mot *nutq* (« élocution » ; « intelligence ») peut engendrer une confusion car il est employé aussi dans la phrase précédente dans son premier sens (« élocution »), selon lequel on peut l'entendre également ici. Mais il ne s'agit pas de revenir sur le fait que les êtres dépourvus de parole disent la gloire de Dieu, selon la version de l'autographe. Ce concept, d'autre part, a déjà été mentionné deux lignes auparavant (« ... soit même sans parler, si c'est un être auquel la parole n'est pas accordée »)[2].

En revanche, il est question, ici, de compléter l'argument en expliquant comment on peut dire que même les êtres inanimés, qui n'ont pas de perception, « disent » en quelque sorte la gloire de Dieu comme s'ils parlaient, car ils font naître dans ceux qui les voient la perception de la puissance et de la grandeur de Dieu. Et cela est illustré par la citation biblique.

Étant donné que l'on est dans le cadre de l'opposition entre êtres doués de perception et êtres dépourvus de perception, le remplacement du mot *nutq* – lequel devrait être considéré dans la deuxième acception – par *idrâk* (« perception ») donne de la cohérence au développement et écarte la confusion engendrée par la leçon de l'autographe.

[ajout] l. 2

תוגב דלך (« rendent cela nécessaire ») > תוגב הדא אלאעתקאד (« rendent cette conviction nécessaire »).

La reformulation, confirmée par l'ensemble de la tradition, précise le sens de la phrase, qui est ainsi plus claire et compréhensible.

[ajout] l. 3

כאנהא אלדי תקולה (« comme s'ils le prononçaient »)

2. Ce même concept est évoqué ailleurs dans le Guide. Au début du chap. 5 de la partie II, Maïmonide dit, à propos des sphères, qu'elles sont « vivantes » et « rationnelles » (c'est-à-dire douées d'appréhension, de perception). En recourant aux citations de Ps. 19 :2 (*Les cieux racontent la gloire de Dieu, et le firmament proclame l'œuvre de ses mains*) et de Ps. 19 :4 (*Point de discours, point de paroles, leur voix ne se fait pas entendre*), il ajoute qu'elles prient Dieu d'une façon différente du langage qui s'exprime par la parole et la langue.

כאנהא אלדי קאלתה אד ומן אגלהא עלם הדא איצא > (« comme s'ils la [= cette conviction] prononçaient, car c'est par eux aussi que cela se sait »).

Une modification stylistique, du même genre que la précédente.

ll. 6-7

ותהלתו מלאה הארץ (« *Et la terre fut remplie de sa louange* », Habacuc 3 : 3).

Toute la tradition atteste, de suite, une reformulation qui concerne la fin du chapitre : Maïmonide y a ajouté l'explication de ce dernier verset. Il est lié au concept de glorification de Dieu, désigné par le mot *kabod,* dont il est question dans le raisonnement de l'auteur. Pourtant, il introduit aussi une nouvelle homonymie qui, dans l'autographe, est restée en suspend. En effet, le mot « louange », contenu dans le verset, renvoie par homonymie à la « gloire » divine (les deux versets cités dans l'autographe sont les suivants : « *Toute la terre est remplie de sa gloire* <Es. 6 : 3>, ce qui est semblable à ces mots : *Et la terre fut remplie de sa louange* <Habacuc 3 : 3> »).

Des citations bibliques supplémentaires viennent donc renforcer l'explication. Voici l'ajout qui suit la citation de Habacuc :

ותהלתו מלאה הארץ אד אלתסביח יתסמי כבוד קד קיל "תנו לה' אלהיכם כבוד" (ירמיהו יג, יו) וקיל "ובהיכלו כולו אומר כבוד" (תהלים כט, ט) וגא מנה כתיר

(« … car la louange est appelée *kabod* [gloire], ainsi qu'il a été dit : *Donnez la gloire à l'Eternel, votre Dieu* [Jérém. 13 : 16] ; *Et dans son temple tout dit : gloire* <Ps. 29 : 9> ! Il y en a des nombreux exemples »).

פאפהם הדא אלאשתראך איצא (« Il faut te pénétrer aussi de cette homonymie »).

La reformulation concerne également cette formule finale, que Maïmonide rend moins concise en ajoutant :

פי כבוד ותאולה פי כל מוצע בחסבה פתתכלץ מן שבה עצימה (« < Il faut te pénétrer aussi de cette homonymie > du mot *kabod* (gloire) et l'interpréter dans chaque passage selon ce qui convient, et tu échapperas par là à de grandes difficultés »).

l. 11

~~כלא~~

Ce mot barré, à la fin de la ligne, est sûrement le début de כלאם* (*kalâm*, « parole »), remplacé par « Torah », au début de la ligne suivante. Le mot *kalâm* revient plus loin. Maïmonide expose le concept en deux étapes, dont l'une est la conséquence de l'autre : en affirmant d'abord que « la Loi est une chose crée » et ensuite que « la parole attribuée à Dieu est une chose créée ».

l. 14

כלקה אללה (« Dieu l'avait créé ») > אללה כלקה ואבתדעה (« Dieu l'avait créé et produit »).

Toute la tradition atteste la reformulation, qui est parallèle à la formule employée à la ligne suivante (« comme tous ce qu'il a créé et produit »).

~~וליס הו כלאם~~ (« ~~mais elle n'est pas la parole~~ »)

L'auteur était probablement en train d'écrire : « mais elle n'est pas la parole de Dieu », ce qui aurait été à la fois redondant (il a commencé le chapitre en affirmant qu'il faut « écarter de Dieu l'attribut de la parole ») et inutile, car la phrase exprime une conclusion sans donner les moyens de la comprendre. La suite de l'argument contient une explication claire et suivie.

כמא
H. Hirschfeld n'avait pas réussi à lire ce mot.

l. 7
~~ומא הדא~~ (« et qu'est-ce que »)

ll. 10-11
יצל ללנביין (« < une connaissance divine > qui vient aux prophètes ») > ידרכה אלנביין (« < une connaissance divine > que les prophètes perçoivent, appréhendent »).

Le changement du verbe implique un changement de perspective : dans la première version, on met en lumière que la prophétie, évoquée dans ce passage, est une émanation de Dieu qui communique la science divine. Dans la seconde version, en revanche, qui est attestée dans toute la tradition, le point de vue est celui des prophètes, qui perçoivent, comprennent la science divine par le biais de la « parole » de Dieu. Cette dernière fait partie de ses actions, par lesquelles il manifeste et révèle sa volonté.

באן אללה כלמהם ואן הדה אלמעאני אלתי יוצלון אלינא כלאם אללה הי
(« < une connaissance divine qui vient aux prophètes > en conséquence du fait que Dieu leur avait parlé, et que ces choses qu'ils nous rapportaient étaient la parole de Dieu »).

Toute la tradition atteste une version largement remaniée de ce passage :
באן אללה כלמהם וקאל להם חתי נעלם אן הדה אלמעאני אלתי יוצלון אלינא מן קבל אללה הי לא מן מגרד פכרתהם ורויתהם
(« < une connaissance divine que les prophètes perçoivent > en conséquence du fait que Dieu leur avait parlé et leur avait dit [telle chose], afin que nous sussions que ces choses qu'ils nous rapportaient de la part de Dieu ne venaient pas simplement de leur pensée et de leur réflexion »).

La reformulation développe davantage l'argument, de sorte qu'il est plus explicite, et sa compréhension, plus immédiate. Dire simplement, selon le texte de l'autographe, que les choses transmises par les prophètes sont « parole de Dieu » équivaut à ne pas parachever l'explication, car l'expression dont l'homonymie fait l'objet de ce passage est employée d'emblée dans cette affirmation, justement selon son sens homonyme.

l. 12
תביין דלך (« < nous avons déjà > expliqué ce sujet ») > דכר הדא אלמעני (« < nous avons déjà > mentionné ce sujet »)

H. Hirschfeld n'avait pas pu lire le premier terme, au début de la ligne.

Le changement, relevé dans toute la tradition, est un choix stylistiquement plus cohérent. Le renvoi fait allusion au chapitre 46 (voir la traduction française de Munk : I, pp. 159 *sqq*), où il est question des organes corporels métaphoriquement attribués à Dieu et de ses attributs, et où l'auteur *mentionne* aussi la parole. Cependant, l'argument de la prophétie, strictement lié à la parole divine et à sa communication aux hommes, sera « expliqué » plus loin.

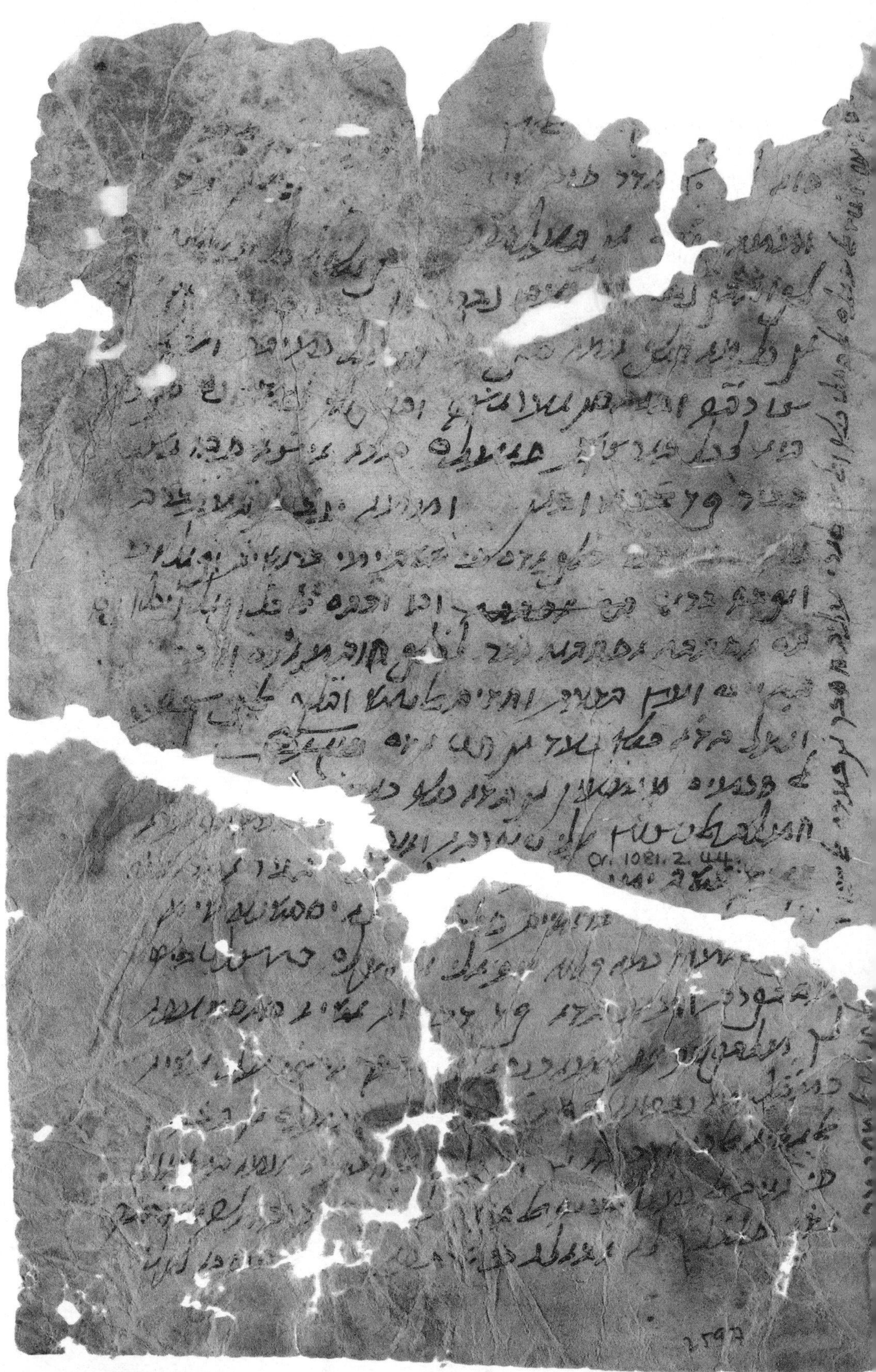

Illustration 16.

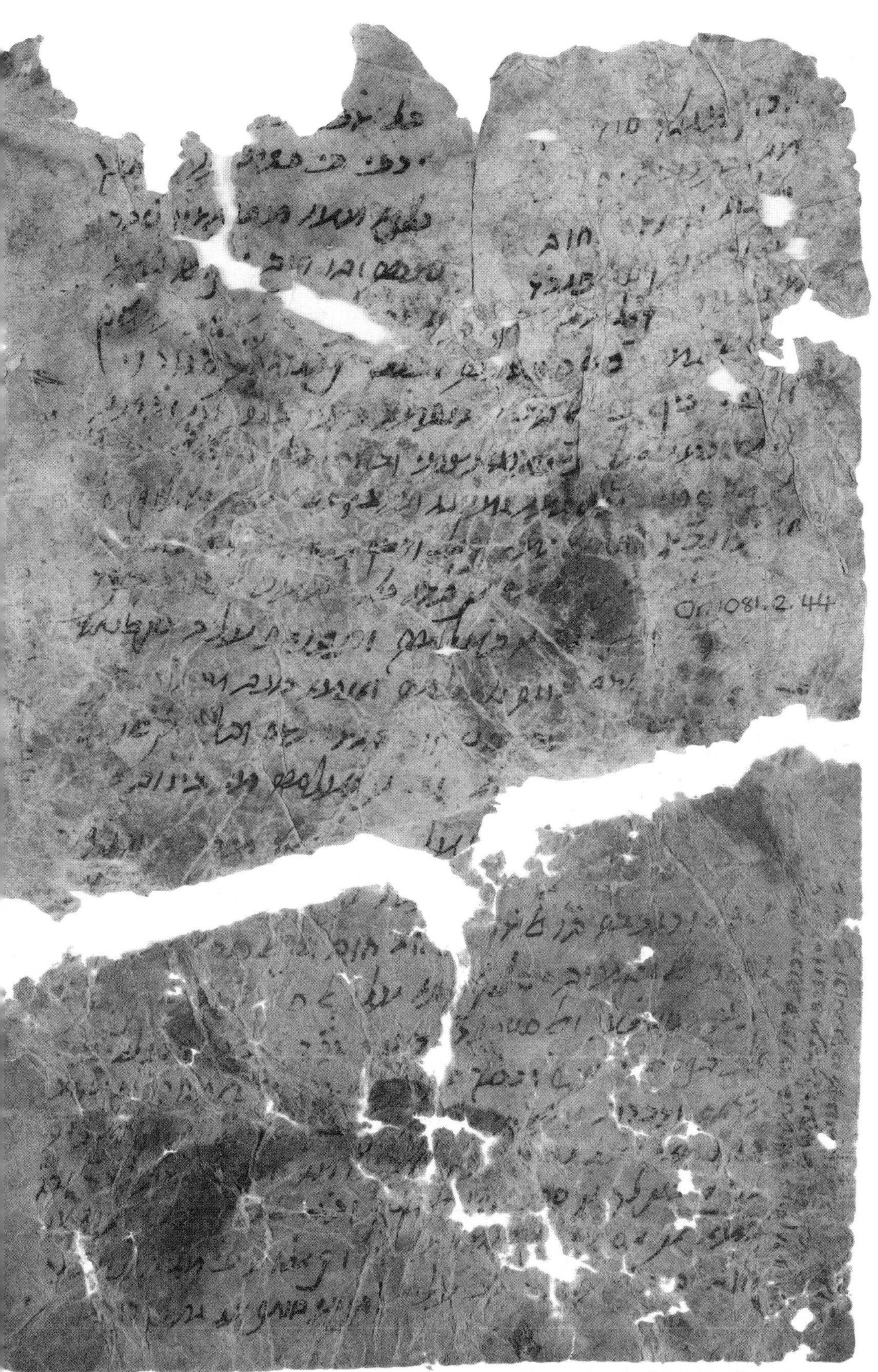

Illustration 17.

5) Manchester, John Rylands University Library. Gaster Collection, B 2597 et B 4094 ; Cambridge, Cambridge University Library. Taylor Schechter Genizah Collection, Or. 1081.2.44
Guide, II 30

f. 1 *recto*

אל [אנסא]ן [V*] [וכדל]ך [גא] אלנץ עלי [ה]דא אלתר[תיב]
סוא ל[ם] יגאדר פיה שיא מן הד[א]
וממא יגב אן תעלמה קולה[ם] כל [---]
לקומתן נב[רא]ו ל[ד]עתן נבראו ל[צביונ]ם נבר[או][1] יק[ול]
אן כל מא כלק אנמא כ[ל]ק עלי כמאל כמיתה ועל[י]
צורתה ובאהסן אעראדה והו קולה לצביונם מן צ[בי]
היא לכל הארצות[2] פאעלם הדא איצא פהו אצל
כביר קד ב'צח ובאן וממא יגב אן תעתברה
ג[דא כונה] דכר כלק אדם פי ששת ימי בראשית וקאל זכר
ונקבה בראם[3] ~~תם אפתתח~~ וכו' וכתם אלכל וקאל ויכלו וכו'[4]
תם אפתתח אפתתאח אכר לכלק חוה מן אדם ודכר עץ
החיים ועץ הדעת וחדית אלנחש ותלך אלקצה
וגעל הדא כלה בעד אן חט אדם ~~בגן עדן~~ [וכ]ל
אלחכמים מגמעין אן הדא כלה כא[ן \\ יום אל]גמעה ואדא
חמלת אלנצוץ עלי טאהרהא ואנה \\ לם [י]תגיר אמר בוגה

[1]תלמוד בבלי ראש השנה יא, א; חולים ס, א | [2]יחזקאל כ, ו | [3]בראשית ה, ב | [4]בראשית ב, א

1 וכדלך] והכדא M A א ב ג ד ה ו ז | אלנץ] *add.* פי מעשה בראשית A H T M א ב ג ד ה ו ז | הדא] הדה ז **2** לם] לא ג ז | פיה] *om.* A H T M א ב ג ד ה ו ז | הדא] הדה ז **3** ---] מעשה בראשית A H T M א ב ג ד ה ו ז **4** לקומתן] בקומתן ב | לצביונם] לצביונן א ה ז לצביונם] לצביון T (בצביונן) א ה ז. *add.* נבראו T **5** אן] *om.* ה | אנמא כלק] *homeot.* ז | כמאל] *om.* א תמאם ב | ועלי] *add.* כמאל T M **6** ובאהסן] באהסן ב | אעראדה] אעראדאה ד | קולה] קולהם א ד ה ז **7** הדא] הדה ז **8** ב'צח] צח A M א ב ג ד ה ו ז **10** ונקבה] ברא אותם (בראשית א, כז) T M | וכו'[1]] *om.* A H T M א ב ג ד ה ו ז | אלכל] אלכלק כלה T M (הבריאה) H (כל הבריאה) A א ב ג ד ה ו ז | וכו'[2]] השמים והארץ וכל צבאם (בראשית ב, א) A H T M א ב ו ז השמים והארץ וג' (וכו' ד כו' ה) ג ד ה **11** אפתתאח] אפתתאחא A M א ד ז | לכלק] כלק ב **12** החיים] חיים ב **13** הדא] הדה ז | כלה] *add.* אנה כאן T M (היה) H (היה) א ב ג ד ה ו ז. *add.* انه A | חט] געל A M א ב ג ד ה ו ז | בגן] פי גן A M א ב ג ד ה ו ז **14** אלחכמים] *add.* ז"ל M ה | מגמעין] מגמעון M A ג ו ז | הדא...כאן] הדה אלקצה כלהא כאנת T M (זה הענין כלו היה) H (כל זה הענין היה) A א ב ג ד ה ו ז **14–15** ואדא...טאהרהא] *om.* A H T M א ב ג ד ה ו ז

בעד ששת ימי \\ בראשית פלד[לך] לא יסתשנע שי מן [ת]ל \\ ך אלאמור כמא קלנא אנה אלי אלאן לם תחצל טביעה מסתקרה ומע הדא קד דכרוא אשיא סאסמעהא לך מלתקטה מן [א]מאכנהא [וא]נבהך איצא עלי אשיא כמתל מא נבהונא הם [עליהם אלסלאם] ואעלם אן הדֹה אלאשיא אלתי אדכרהא לך מן [כ]ל[אם] אלחכמים אנמא הי אקאויל פי גאיה אלכמאל בינה אלתאו[יל] ל[לדֹי דֹכ]רוהא לה מחכמה גֹדא פלדֹלך לא אבאלג פי שרחהא [ולא א]בסטהא לאן לא

[V* ואן אלטלאם הו] טביעה וגוד אלעאלם אלספלי כלה ואלצ[ו] טארי עליה חסבך אן בעדם אלצו ת[בקי] \\ אלחאלה אלמסתקרה

f. 1 *verso*

אכון מגלה סוד בל דכ[רי ל]הא [בתרתיב]
מא ובתנביה יסיר יכפי פי פהמהא [למ]תלך
ק[א]לוא אן אדם [ו]חוה כלקא מעא מתחדין טהר
[ל]טהר ואנה קסם פאכד נצפה והו חוה וקולה אחת

מצלעות[יו][5] קאל א[חד שיק]ה ואסת[ד]ל[וא] מן צלע המשכן [אלדי ת]רגמתה סטר משכנה וכדלך קאלוא מן סטרוי ואפ[הם] כיף כאן אלתב[יין] אנהמא [את]נין בגהה מא והמא

[5] בראשית ב, כא

17 קלנא] קולמא ז | אלי] *om.* ז 18 ומע] ובעד ב | הדא] הדה ז | דכרוא] דכרו ב ה
19 מלתקטה] מתלקטה ג | עלי] ען ז 20 נבהונא] נבהוא ג ו ז 21 אלחכמים] *add.* ז"ל ה
אנמא] אנהא ז 22 ללדי] לאלדין ה ז | להּ] לך ז | מחכמה] מחכמא ב ז 23 לאן] לאני ה

1–2 ואן...אלמסתקרה] *una linea in marg.* 1 טביעה] טבעה ג | טארי] טאר A M א ד ה ו ז טאהר ב ג | עליה] מקרי חוצה לו מתחדש עליו מחוץ T

1 בל] לכן A M א ב ג ד ה ו ז 3 קאלוא] פמן דלך קולהם A T M א ב ג ד ה ו ז | מתחדין] מתחדאן א ב ג ד ה ו ז | טהר] טהרא M 4 פאכד] ואכד ג | חוה] *add.* וקובל (פקובל א) בה (בראשית רבה פרשה ח ; השוה ערובים יח, א) A T M א ב ג ד ה ו ז והקביל אותו בה H 5 קאל] יעני A T M א ב ג ד ה ו ז | ואסתדלוא] ואסתדלו ב ג ד 6 משכנה] משכנא H T M א ב ג ד ה ו ז المسكن A | וכדלך] וכדא A M א ב ג ד ה ו | אלוא] קאלו ב ג ד ז קאל ה סטרוי] סטרוהי H T M ג ו סטר ב סטראוי ז 7 ואפהם] פאפהם A M א ב ג ד ה ו ז אלתביין] אלתביון ד אלתבאין ו | אתנין] אתנאן A M א ב ג ד ו ז | והמא] יוהמא ג

[וא]חד כמא קאל עצם מעצמי ובשר מ[בשרי[6] וזאד דלך תא[כידא] ב[קו]לה
אן א[לא]סמי[ה] עליהמא גמיעא ואחדה אש[ה כי] מאיש לוקחה
זאת[7] ואכד אתחאדהמא וקאל ודבק באש[תו והיו] ל[בשר אחד[8] פמא]
[אשד ג]הל מן [לא יפ]הם אן הדא כלה למעני צרורה פקד
[באן הדא וממ]א יגב אן תעלמה ותתנבה עליה כון אלנחש
[לם יבאשר] אדם בוגה ולא כלמה ואנמא כאנת מחאור[ת]ה
[ומבאשרתה לחוה] ובתוסט חוה תאדי אדם והלְ[ך] מן אלנחש [V*]
[... וממ]א יגב אן תעלמה מא בינוה פ[י]
[אל]מ[דרש וד]לך א[נהם] \\ אעל\\מו אן \\ [אלנ]חש מרכוב והו קדר
גמל וראכבה הו אלדי [אג]וא חוה ואן אלראכ[ב כאן סמאל[9]
והדה אלאסמיה יטלק[ו]נהא עלי אלס[טן תגד]הם [י]ק[ולו]ן [פי]
עדה מואצע ואלסטן אר[א]ד אן [י]עתר [אבר]הם חתי לא יגיב
אלי תקריב יצחק וכדלך א[ראד אן יעתר יצ]חק חת[י] לא יטיע
אבאה ודכרוא איצא פי ה[דה אל]ק[צה אעני פ]י אלעקידה קאלוא
בא סמאל אצל א[בינו אבר]הם [אמר] לו מה סבא [הוב]דת לבך וכו'[10]
[פ]קד באן לך אן סמאל הו אל[ס]טן והדה אלא[סמיה איצא] למעני
כמא אן אסמיה [אל]נחש למעני וקאלוא פי מגיה ל[כד]ע
חוה ה[י]ה [סמאל רוכ]ב עלי[ו] והקבה סוחק על גמל ורוכבו

[6] בראשית ב, כג | [7] בראשית ב, כג | [8] בראשית ב, כד | [9] פרקי ר' אליעזר, פרק יג | [10] בראשית רבה פרשה נו

8 כמא קאל] בקול' ב | ובשר מבשרי] *om.* ב | תאכידא] תכיידא [*sic*] ב | בקולה] *in marg.* **10** והיו...אחד] וג' ב **11** גהל] אגהל ז | הדא] הדה ז | פקד] לקד ג **12** הדא] הדה ז **12–14** וממא...והלך] *om. hic sed scripsit infra* **A H T M** א ב ג ד ה ו ז **14** והלך...אלנחש] ואהלכה אלנחש **A H T M** א ב ג ד ה ו ז **16** אעל\\מו] דכרוא **T M** (זכרו) **A** א ב ד ו ז דכרו ג ה | והו] ואנה כאן **T M** (ושהוא היה) **H** (וכי היה) **A** א ב ג ד ה ו ז **17** וראכבה] ואן ראכבה **T M** (ושהרוכב) **H** (וכי הרוכב) **A** א ב ג ד ה ו ז | כאן] הו ה | סמאל] שמאל ה **18** אלאסמיה] אסמייה ה אלאסמא ז *add.* הם **M** א ב ג ד ה ו ז | אלסטן] אלשטן **T M** א ב ג ה ו ז **19** ואלסטן] אן אלשטן **A T M** א ב ג ה ו ז | אברהם] *add.* אבינו **A H T M** א ב ג ד ה ו ז | חתי] *om.* ב **20** תקריב] אלתקריב ב | יצחק[1]] ליצחק ב | אן] *om.* ג **21** ודכרוא] ודכרו ב ג ה ז | קאלוא] קאלו ב ג ד ה ז **22** אצל] לאצל ז | אבינו אברהם] *inverso ordine* **T** ו ז | אמר לו] *om.* א | לו] לה ו | מה] *om.* ה | מה...הובדת] מא היה בדת ה | סבא] שבא ב | הובדת] הוא בדת ד *add.* לך ו | וכו] וגו' **M** (וג' ב) ב כו' ו **H** *om.* **23** לך] *om.* ה | אלסטן] אלשטן **T M** א ג ה ו ז | אלאסמיה] *add.* הי ב **24** אסמיה] אסמית ב | וקאלוא] וקאלו ב ד ז פקאל ג קאלו ה | לכדע] يخدع **A** **25** סוחק] שוחק **H T M** א ב ג ד ה ו ז

[V*] ואל[עדאוה ? ... אנ]מא מכנת [...] בין אלנחש [...? וחוה] ובין זרעו וז[רע]ה
[ולא שך אן זרעה] הו זרע [א]דם ואגרב מן הדא ארתבאט אל[נח]ש בחוה [אעני
[זרעו בזרעה רא]ש ועקב וכונהא גאלבה לה ברא[ש ו]הו גאל[ב להא ב]עקב

1–3 בעקבב...] *add. in marg.* **2** הדא] הדה ז

5) Manchester, John Rylands University Library. Gaster Collection, B 2597 et B 4094 ; Cambridge, Cambridge University Library. Taylor Schechter Genizah Collection, Or. 1081.2.44

Guide, II 30

S. Hopkins, « Two new maimonidean autographs », *Bulletin of John Rylands University Library of Manchester* 67, 1985, pp. 710-735.

B. Outhwaite et F. Niessen, « A newly Discovered Autograph Fragment of Maimonides' Guide for the Perplexed from the Cairo Genizah », *Journal of Jewish Studies* 57^2, 2006, pp. 287-297.

Munk-Joel : II, pp. 249, l. 9 à 250, l. 25.
Ibn Tibbon : II, ff. 60v, l. 10 à 61v, l. 6.
Al-Harîzî : (chapitre 31) pp. 529, l. 6 à 531, l. 21.
Atay : pp. 381, l.14 à 384, l. 12.
Ce chapitre n'a pas été traduit par Shem Tov ibn Falqéra dans le *Moré ha-Moré*.

Dimensions : 156-128 x 156 mm + 62-95 x 156-157 mm ; 23 lignes écrites (plus une ligne dans la marge) au recto et 25 lignes écrites (plus trois lignes dans la marge) au verso.

L'autographe est composé de trois morceaux du même feuillet, découverts à seize ans d'intervalle (les deux premiers en 1982, le troisième en 2006), et aujourd'hui conservés dans deux bibliothèques différentes. Ils ont été rassemblés et le feuillet complet a été reconstitué par B. Outhwaite et F. Niessen, qui ont récemment édité le texte (cf. ci-dessus).

Le papier de l'autographe est d'assez mauvaise qualité, endommagé par de nombreuses déchirures. Il semble probable que, dès l'origine, il était partiellement abîmé et déchiré dans la partie supérieure (cette déchirure, en particulier, est aujourd'hui restaurée). Cela expliquerait, en effet, que l'auteur ait laissé vierge une bande verticale d'environ 1,5 cm de largeur, au milieu des quatre premières lignes, au recto comme au verso, à l'endroit où se trouve cette déchirure. L'encre est aussi en mauvais état : elle tend à s'écailler et, à plusieurs endroits, le tracé des lettres est à peine visible.

Ce brouillon ne présente pas de corrections importantes : seules deux ratures sont visibles au recto. Elles correspondent à deux hésitations de Maïmonide : en premier lieu, il avait écrit quelque chose, pour revenir aussitôt sur ses mots. Le verso de la feuille ne contient ni rature, ni correction.

En revanche, des ajouts marginaux se trouvent au recto (une ligne ajoutée à la verticale dans la marge de droite, dont elle occupe toute la longueur) et au verso (trois lignes écrites à la verticale dans la moitié inférieure de la marge de de droite)[1]. La couleur de l'encre de ces ajouts est la même que celle du texte. Dans aucun des deux cas l'on ne voit le signe graphique qui renverrait à l'endroit où les additions doivent être insérées dans le texte. Ceci est probablement dû à l'état de conservation du fragment. En effet, la première ligne du recto est largement endommagée (l'addition doit être insérée justement à la première ligne) et l'encre a presque complètement disparu à plusieurs endroits du verso, de sorte que les traces d'écriture au début des trois lignes ajoutées au verso, ainsi qu'au début des lignes 11-15 et 17 du texte (l'ajout suit la fin de la ligne 14), sont très difficilement visibles.

La différence majeure entre l'autographe et le texte reçu concerne la succession du texte et la situation de ces mêmes lignes : dans le texte reçu, les lignes 12-14 du verso et les lignes ajoutées qui en sont la suite sont déplacées après l'argument, qui se conclut, dans l'autographe, à la ligne 25. Bien qu'aucun signe graphique ne soit visible aujourd'hui, le retrait plus important à droite, aux lignes 15 et 16 du verso, pourrait être une indication de la bonne succession des paragraphes (voir ci-dessous, p. 171).

Quant au contenu, la comparaison entre le texte de l'autographe et celui des manuscrits et des éditions montre que les dissemblances, qui ne sont pas particulièrement nombreuses, sont en large partie des remaniements d'ordre formel et stylistique.

Dans le chapitre 30, Maïmonide analyse le récit de la création, c'est-à-dire les deux premiers chapitres de la Genèse. Son contenu est annoncé vers la fin du chapitre précédent, où l'auteur dit : « Nous donnerons un chapitre dans lequel nous ferons aussi quelques observations sur des textes qui se trouvent dans le récit de la création » (II, 29 ; cf. Munk-Joel, II, p. 226).

Traduction française

(Salomon Munk, partie II, pp. 244, l. 16 à 249, l. 7)

[…] < Le premier mélange qui en naît, ce sont les deux espèces d'exhalaisons qui sont la première cause de tous les phénomènes supérieurs, du nombre desquels est la pluie, et qui sont aussi les causes des minéraux, et ensuite, de la composition des plantes, à laquelle succède celle des animaux et enfin >

f. 1 RECTO

de l'homme. **[*V]**

1. Nous signalons que, pour des raisons typographiques, dans l'édition, les lignes ajoutées se trouvent en bas de page.

[*V] Les ténèbres sont la nature de l'être de tout le monde inférieur, et la lumière lui survient (comme accident) ; il te suffit (de voir) que, dans l'absence de la lumière, tout reste dans un état immobile.

L'**Écriture** suit absolument le même ordre, sans rien omettre de tout cela.

Ce qu'il faut savoir encore, c'est qu'ils (les docteurs) disent : « **Toutes ---** furent créées dans leur stature (parfaite), avec toute leur intelligence et dans toute leur beauté » ; ce qui veut dire que tout ce qui a été créé l'a été dans la perfection de sa quantité, avec **sa forme** et avec ses plus belles qualités. Ce sont ces dernières qu'indique le mot לצביונם (dans leur beauté) qui vient de צבי, beauté, ornement, par exemple : *Le plus beau* (צבי) *de tous les pays* (Ez. 20 : 6). Sache bien cela ; car c'est là un principe important, parfaitement **vrai** et clair.

Ce qui doit être un sujet de sérieuse méditation, c'est qu'après avoir parlé de la création de l'homme, dans les six jours de la création, en disant : ***Il les créa mâle et femelle*** (Gen. 5 : 2) ~~**Et on ouvre**~~ etc. et après avoir conclu tout, en disant : *Ainsi furent achevés* **etc.** (*Ibid.* 2 : 1), on ouvre un nouveau chapitre, (pour raconter) comment Ève fur créée d'Adam. On y parle de l'arbre de la vie et de l'arbre de la science, de l'aventure du serpent et de ce qui en arriva, et on présente **tout cela aprè**s qu'Adam **eut été placé** dans ~~**le jardin d'Éden**~~. Tous les docteurs tombent d'accord que tout cet événement eut lieu le vendredi, **et si les versets sont pris dans leur sens littéral**, rien ne fut changé, en aucune façon, après les six jours de la création. Il ne faut donc rien voir de choquant dans aucune de ces choses ; car, comme nous l'avons dit, il n'y avait encore jusque-là aucune nature fixe.

Outre cela, ils ont dit d'autres choses que je dois te faire entendre, en les recueillant dans différents endroits, et je dois aussi appeler ton attention sur certains points, comme ils ont fait eux-mêmes à notre égard. Il faut savoir que tout ce que je vais te citer ici des discours des docteurs sont des paroles d'une extrême perfection, dont l'interprétation était claire pour ceux à qui elles s'adressaient, et qui sont d'une très grande précision. C'est pourquoi je n'en pousserai pas trop loin l'explication et je ne les exposerai pas longuement, afin

f. 1 VERSO

de ne pas révéler un secret ; **mais** il suffira, pour les faire comprendre à un homme comme toi, que je les cite dans un certain ordre **et** avec une rapide observation.

Ils disent qu'Adam et Ève furent crées ensemble, unis dos contre dos ; cet homme double) ayant été divisé, il (Dieu) en prit la moitié, qui fut **Ève. Et les mots** אחת מצלעתיו (Gen. 2 : 21) **disent** un de ses deux côtés, et on a cité pour preuve צלע המשכן (Ex. 26 : 20), que le Targum rend par **סטר משכנה**, « côté du tabernacle », **de sorte**, disent-ils, qu'ici (il faudrait traduire) : מן סטרוהי, de ses côtés. **Et comprends** bien comment on a dit clairement qu'ils étaient en quelque sorte deux et que cependant ils ne formaient qu'un, selon ces mots : *Un membre de mes membres et une chair de ma chair* (Gen. 2 : 23), ce qu'on a encore confirmé davantage, en disant que les deux ensemble étaient désignés par un seul nom : *Elle sera appelée Isha, parce qu'elle a été prise du Ish* (*Ibid.*) ; et pour faire mieux encore ressortir leur union, on a dit : *Il s'attachera à sa femme, et ils seront une seule chair* (*Ibid.* v. 25). Combien est forte l'ignorance de ceux qui ne comprennent pas qu'il y a nécessairement au fond de tout cela une certaine idée ! Voilà donc qui est clair.

Un autre sujet que tu dois connaıtre et sur quoi (tu dois) fixer ton attention, c'est que le serpent n'eut aucune espèce de rapport avec Adam et ne lui adressa pas la parole, mais qu'il ne conversa et n'eut de communication qu'avec Ève ; ce fut par l'intermédiaire d'Ève qu'il arriva du mal à Adam et qu'**il fut perdu** par le serpent. **[*V]**

[*V < La parfaite intimité n'a lieu qu'entre > ?] le serpent et Ève, et entre la postérité de l'un et celle de l'autre, bien que sa postérité à elle soit indubitablement celle d'Adam. Ce qui est encore plus remarquable, c'est que ce qui enchaîne le serpent à Ève, c'est-à-dire la postérité de l'un à celle de l'autre, c'est (d'une part) la tête, tandis que lui il la dompte par le talon [...].

Un autre sujet que tu dois connaıtre c'est ce qu'ils ont exposé dans le Midrash : **ils ont fait savoir que** le serpent était monté par un cavalier, **et il était** aussi grand qu'un chameau ; **et ce fut** son cavalier qui séduisit Ève, et ce cavalier fut Sammaël. Ce nom, ils l'appliquent à Satan ; ils disent, par exemple, dans plusieurs endroits : **Satan** voulait faire faillir notre père Abraham, en sorte qu'il ne consentît pas à offrir Isaac (en holocauste), et de même il voulut faire faillir Isaac, en sorte qu'il n'obéît pas à son père ; et, dans cette occasion, je veux dire, au sujet du sacrifice d'Isaac, ils s'expriment ainsi : « Sammaël se rendit auprès de notre père Abraham et lui dit : Eh quoi, vieillard, tu as donc perdu ton bon sens, etc. ». Il est donc clair que Sammaël est Satan. Ce nom, de même que celui du *naḥash* (serpent), indique une certaine idée ; en rapportant comment ce dernier vint tromper Ève, ils disent : « Sammaël était monté sur lui ; mais le Très-Saint se riait du chameau et de son cavalier ».

Analyse textuelle

f. 1 RECTO

l. 1

אלנץ (« l'Écriture ») > אל נץ פי מעשה בראשית (« l'Écriture, dans le récit de la création »)

L'ajout est attesté dans toute la tradition. Le texte de l'autographe est très difficilement lisible. Bien qu'il y ait un espace suffisant pour supposer la présence de פי מעשה בראשית (« dans le récit de la création »), en abrégé par exemple, il faut rappeler qu'au milieu des trois premières lignes, un espace est laissé blanc et rien n'y est inscrit. Le texte que nous avons transcrit correspond à ce que l'on peut déchiffrer et tient compte de l'ampleur du saut dans les autres lignes concernées.

l. 2
פיה
Omis dans toute la tradition.

מן הד[א]
Il n'est pas possible de lire ce qui précède, mais il semble bien y avoir, dans l'autographe, des traces d'écriture.

l. 3
[---] > מעשה בראשית (« récit de la création »)
Comme à la ligne 1, toute la tradition atteste la référence au récit de la création, auquel renvoie tout l'argument de cette partie du texte. Le texte du fragment n'est pas lisible à cet endroit, et B. Outhwaite et F. Niessen observent que les traces visibles dans le fragment ne semblent pas permettre de lire מעשה בראשית. Bien qu'elle ne soit pas lisible en tant que telle, cette expression pourrait bien se trouver dans le fragment en abrégé (voir ci-dessus), et d'autant plus en raison du renvoi des pronoms suffixes qui suivent.

ll. 5-6
ועל[י] צורתה (« et avec sa forme ») > ועל[י] כמאל צורתה (« et avec sa forme parfaite »)
L'ajout, attesté dans toute la tradition, établit, par rapport au texte de l'autographe, le parallèle avec ce qui précède (« sa quantité parfaite ») et ce qui suit (« avec ses plus belles qualités »), et complète l'expression.

l. 8
ב'צח ובאן (« vrai et clair »)
La lettre « bet » est surmontée par un signe de correction : Maïmonide a peut-être commencé à écrire באן (« clair »), qui suit, et a ensuite repris avec צח (« vrai »).

l. 10
זכר ונקבה בראם (« *Il les créa mâle et femelle* », Gen. 5 : 2).
La traduction d'Ibn Tibbon et l'édition de Munk-Joel attestent une citation différente, qui revêt pourtant la même signification avec des mots presque identiques : « *Mâle et femelle furent créés* » (זכר ונקבה ברא אותם, Gen. 1 : 27). Du point de vue du contexte, cette dernière citation, bien que ce soit une leçon plus rare parmi les témoins collationnés dans notre édition, semble être bien plus cohérente que celle de Genèse 5 : 2. L'auteur, s'étant aperçu d'une erreur de citation, pourrait l'avoir corrigée. En effet, les chapitres bibliques qui font l'objet de l'argument de Maïmonide dans ce chapitre sont justement le premier et le deuxième de la Genèse. De plus, dans la phrase suivante de l'autographe, le renvoi textuel est clair : « Et après avoir conclu tout, en disant : '*Ainsi furent*

achevés (Gen. 2 : 1), on ouvre un nouveau chapitre, (pour raconter) comment Ève fur créée d'Adam ». De fait, c'est à la fin du premier chapitre que s'achèvent les six jours de la création (c'est-à-dire « <le récit> de toute la création ») et s'ouvre un nouvel argument (voir aussi l'analyse de C. Sirat, p. 213). Et enfin, la suite du discours de Maïmonide concerne encore le chapitre 2, lorsqu'il dit : « On y parle de l'arbre de la vie et de l'arbre de la science, et de l'aventure du serpent ».

~~תם אפתתח~~ (« on ouvre »)

Maïmonide était d'abord passé, d'emblée, à l'argument suivant, traitant de la création d'Ève et de l'épisode du serpent. Mais il est tout de suite revenu sur ses pas, pour mieux conclure son discours et introduire la suite, en écrivant : « Et après avoir conclu tout en disant : '*Ainsi furent achevés le ciel et la terre et toute leur armée*' (Gen. 2 : 1), on ouvre un nouvel argument [...] ».

וכתם אלכל (« et après avoir conclu tout ») > וכתם אלכלק כלה (« et après avoir conclu < le récit > de toute la création »).

La modification, confirmée par toute la tradition, améliore le style et clarifie la compréhension de la phrase.

ויכלו וכו' (« ainsi furent achevés ») > ויכלו השמים והארץ וכל צבאם (« ainsi furent achevés les cieux et la terre »).

Toute la tradition confirme la deuxième version (soit selon cette variante longue, soit selon une variante abrégée), où la citation biblique est complétée et immédiatement repérable, par rapport au texte de l'autographe.

l. 11

אפתתאח

Maïmonide omet à la fin du mot le « alef » qui devrait indiquer l'accusatif. La lettre est en revanche ajoutée dans certains témoins, en accord avec la grammaire de l'arabe classique.

l. 13

וגעל הדא כלה בעד אן חט (« et on présente tout cela après que < Adam > eut été placé ... ») > וגעל הדא כלה אנה כאן בעד אן געל (« et on présente tout cela comme ayant eu lieu après que < Adam > eut été placé ... »).

La réécriture de la première partie de la phrase, confirmée par toute la tradition, améliore le style; quant au dernier verbe, il est remplacé par le même verbe qu'au début de la phrase.

~~בגן עדן~~ (« dans le jardin d'Éden »).

Ces mots, barrés dans l'autographe, sont surmontés par نسخه, en caractères arabes, pour signaler qu'il faut lire ce qui est barré (voir ci-dessus, frag. n. 2 : I, 17-21). L'ensemble de la tradition contient la leçon פי גן עדן, avec le même sens.

ll. 14-15

ואדא חמלת אלנצוץ עלי טאהרהא ואנה לם [י]תגיר אמר («< tous les docteurs tombent d'accord que > … et si les versets sont pris dans leur sens littéral, rien ne fut changé ») > ואנה לם [י]תגיר אמר («< tous les docteurs tombent d'accord que > … et que rien ne fut changé »).

La modification de ce passage – l'élimination de l'hypothèse – est confirmée par l'ensemble de la tradition. Le texte de l'autographe aurait pu laisser entendre une critique partielle de la position des docteurs et une orientation différente de la part de l'auteur, alors qu'il la confirme en tout point par la suite, en disant : « Il ne faut donc rien voir de choquant dans aucune de ces choses; car, comme nous l'avons dit, il n'y avait encore jusque-là aucune nature fixe ». Il était, donc, inutile de préciser « si les versets sont pris dans leur sens littéral » (voir aussi l'explication de C. Sirat, p. 213 *sqq.*).

ואנה (« et que »)

Contrairement à la lecture de B. Outhwaite et F. Niessen, qui omettent la conjonction « waw », nous la voyons clairement dans l'autographe.

f. 1 VERSO

l. 1

בל (« mais ») > לכן (« mais »)

Toute la tradition atteste la deuxième leçon, synonyme ; peut-être une intervention de l'auteur pour atténuer le sens adversatif de בל (بل).

דכ[רי

Contrairement à la lecture de B. Outhwaite et F. Niessen, il nous semble que seules les deux premières lettres sont visibles dans l'autographe.

l. 2

ובתנביה (« et avec une observation »)

Contrairement à la lecture de B. Outhwaite et F. Niessen, nous croyons devoir retenir la conjonction « waw » au début du mot, qui est confirmée aussi par toute la tradition. Bien que l'autographe soit très difficilement lisible à cet endroit, on y voit une trace d'écriture qui pourrait correspondre au « waw ». De plus, en omettant la conjonction, l'espace blanc qui sépare le mot de celui qui précède serait beaucoup trop grand par rapport à la densité habituelle de l'écriture de l'auteur.

l. 3

ק[א]לוא אן (« ils disent que ») > פמן דלך קולהם (« parmi ces < choses > il y a leur dire que »)

Ce changement formel est attesté dans toute la tradition.

מתחדין (« unis »)

L'usage du cas oblique généralisé est corrigé dans tous les manuscrits.

טהר

Seule l'édition de Munk-Joel adapte le texte à la grammaire classique de l'arabe et écrit טהרא, en ajoutant le « alef » de l'accusatif indéterminé qui indique le complément d'état. À propos de l'usage de l'accusatif et de l'omission du « alef » final pour l'accusatif indéterminé en judéo-arabe, cf. Blau, pp. 150-155 :155.

l. 4

והו חוה וקולה (« qui fut Ève. Et les mots... ») > והו חוה וקובל בה וקולה (« qui fut Ève, et elle lui [à l'autre moitié, *i.e.* Adam] fut donnée comme compagne. Et les mots »).

Toute la tradition atteste la deuxième version, complétée par l'allusion au passage de *Bereshit rabba*, VIII (début).

l. 5

קאל (« dit [disent] ») > יעני (« signifie [signifient] »)

Toute la tradition contient la deuxième leçon, plus précise.

l. 6

משכנה

Tous les témoins collationnés attestent la leçon משכנא.

וכדלך (« de sorte que, et ainsi ») > וכדא (« de sorte que, et ainsi »)

Synonymes. Seul le manuscrit « ז » confirme la leçon de l'autographe, mais ce cas n'est pas significatif car il est isolé et trop circonscrit.

l. 7

ואפ[הם] (« et comprends ») > פאפהם (« et comprends »)

Cette différence minime, concernant la conjonction préfixe, est attestée dans toute la tradition. Il se pourrait que Maïmonide ait changé la conjonction pour donner une nuance consécutive à la coordination, que la leçon relevée dans l'autographe n'a pas.

[את]נין

Pour l'usage généralisé de la forme oblique du duel (et du pluriel), cf. Blau, pp. 103-104.

l. 9

ואחדה (« un seul < nom > »)

Contrairement à B. Outhwaite et F. Niessen, qui lisent ואחדא il nous semble que la dernière lettre de l'autographe peut être un ה « he », plutôt qu'un א « alef », en raison de l'orientation des traits qui sont visibles.

l. 11

ג]הל (« < combien > est forte »)

B. Outhwaite et F. Niessen lisent גה]ל, mais la lettre ה « he » est bien visible dans le fragment.

l. 12-14

ממ]א יגב אן תעלמה ותתנבה עליה כון אלנחש
[לם יבאשר] אדם בוכה ולא כלמה ואנמא כאנת מחאור[ת]ה
[ומבאשרתה לחוה] ובתוסט חוה תאדי אדם והל[ך] מן אלנחש

(« Un autre sujet que tu dois connaître et sur quoi (tu dois) fixer ton attention, c'est que le serpent n'eut aucune espèce de rapport avec Adam et ne lui adressa pas la parole, mais qu'il ne conversa et n'eut de communication qu'avec Ève ; ce fut par l'intermédiaire d'Ève qu'il arriva du mal à Adam et qu'il fut perdu par le serpent »)[2].

Dans toute la tradition, ce passage, avec les lignes qui ont été ajoutées dans la marge et qui en constituent la suite, est placé plus loin, à la fin du texte contenu dans le fragment (l. 25).

Bien que l'état de conservation de l'autographe ne permette pas de voir les signes graphiques de renvoi qui devaient se trouver dans le texte pour signaler comment il devait être lu et copié, il est possible d'en comprendre la structure et la séquence. Si on observe la mise en texte du fragment, on remarque que le début du passage (2) qui suit immédiatement celui-ci (1), commençant avec la même formule (וממא יגב אן תעלמה מא בינוה פי אלמדרש, « Un autre sujet que tu dois connaître < c'est ce qu'ils ont exposé dans le *Midrash* >») et occupant tout le feuillet, est placé presque au milieu de la ligne 15, comme si celle-ci débutait par un retrait. Il nous semble probable que Maïmonide, après avoir écrit le passage (1), ait voulu ajouter quelque chose (le passage 2) et ait indiqué par un signe de repère que (2) devait précéder (1).

Du point de vue du contenu, en effet, le passage (2) qui traite de l'épisode du serpent – du fait que celui-ci était monté par un cavalier identifié à Satan, qui vint tromper Ève – précède logiquement et introduit le passage (1), où il est dit que le serpent n'eut aucun rapport avec Adam, mais seulement avec Ève.

l. 14

והל[ך] מן אלנחש (« et il fut perdu par le serpent ») > ואהלכה אלנחש (« et le serpent le perdit »)

La forme du passif présente dans l'autographe est remplacée, dans toute la tradition, par une forme active plus conventionnelle, puisque le sujet de l'action est mentionné.

l. 16

אעלמו (« ils ont fait savoir ») > דכרוא (« ils ont mentionné, dit »)

Toute la tradition confirme le changement. Choix plus neutre, au lieu de « faire savoir », qui implique la certitude de ce qu'on sait.

2. Voir l'analyse des différences terminologiques entre la traduction de ce passage par Ibn Falqéra et par Ibn Tibbon dans Y. Schiffman, 1999, pp. 48-49.

אן

B. Outhwaite et F. Niessen ne lisent que le א « alef ». Cependant, il nous semble que le ן « nun » est bien visible dans le fragment, où on distingue le trait descendant sous la ligne.

והו (« et il était ») > ואנה כאן (« et qu'il était »)

Changement formel et stylistique, peut-être de l'auteur, confirmé par toute la tradition.

וראכבה (« et < ce fut > son cavalier ») > ואן ראכבה (« et que < ce fut > son cavalier »)

Cf. ci-dessus. Cette modification est parallèle à celle que précède.

l. 19

ואלסטן (« Satan ») > אן אלשטן (« que Satan »).

Cette correction syntactique est attestée dans toute la tradition. Il s'agit ici de la phrase subordonnée introduite par יקולון (يقولون, « ils disent »), dont la construction se fait avec la particule אן (إنّ, « que »).

l. 25

חוה (« Ève »)

B. Outhwaite et F Niessen ne lisent pas la première lettre du nom, qui nous semble pourtant être clairement déchiffrable dans l'autographe.

עלי[ו]

B. Outhwaite et F. Niessen estiment que les traces d'encre visibles dans l'autographe suggèrent la lecture עליה (féminin, « sur elle ») plutôt que עליו (masculin, « sur lui »). La reproduction numérique que nous utilisons ne permet pas de dissiper le doute, aussi avons-nous laissé le pronom suffixe entre parenthèses. Cependant, du point de vue du sens, le suffixe féminin n'est pas correct.

[ajout] l. 1

On a déjà souligné le fait que le début des trois lignes ajoutées dans la marge n'est pas lisible. Cependant, pour ce qui concerne la première ligne, il semble possible de déchiffrer les lettres ואל dans la marge de la partie supérieure du fragment, près de la déchirure horizontale qui la sépare de la moitié inférieure. Il pourrait s'agir du début de ואלעדאוה (« et l'intimité < parfaite > »), qui constitue le commencement de la phrase en question dans toute la tradition.

La suite semble être différente du texte reçu. Il est toutefois impossible d'argumenter au sujet des dissemblances; on ne peut pas trancher car la lecture du texte de l'autographe reste incertaine.

[ajout] l. 2
אל[נח]ש
Contrairement à la lecture de B. Outhwaite et F. Niessen, il nous semble que la lettre ש « shin » est bien visible dans l'autographe.

Illustration 18.

Illustration 19.

6) Cambridge, Cambridge University Library. Taylor Schechter Genizah Collection, T-S 10 Ka 4[2], leaf 2

Guide, II 32-33

f. 1 *recto*

ואד ואנדרג לנא דכר מעמד הר סיני פלננבה עלי מא
תבין מן אלנצוץ ומן כלאם אלחכמים ודלך אן הדא אלאדראך
אלדי אדרך פי דלך אלמעמד לם יכן אלואצל למשה הו
אלואצל לכל ישראל בל אלכטאב למשה וחדה ולדלך גא
כטאב עשר הדברות כלה ~~בלשון יחיד~~ מכאטבה אלואחד
אלמפרד והו עליה אלסלאם ינזל אלי אספל אלגבל
ויכבר אלנאס במא סמע נץ אלתורה אנכי עומד
בין י"י וביני' להגיד לכם את דבר י"י וכו'[1] וקאל איצא משה
ידבר והאלה' יעננ' בקול[2] ~~ונץ~~ ובביאן פי [אל]מכלתא אן כל דבור
ודבור יעידה להם כמא סמע[3] ונץ אלתורה איצא
בעבור ישמע העם בדברי עמ'[4] דליל אן אלכטאב
לה והם ~~יסמעון אלאצואת אלעטימה~~ סמעוא אלצות אלעטים לא תפציל
אלכלאם וען סמאע דלך אל~~אצואת אלמהולה~~ צות אלעטים קאל
כשמעכם את הקול[5] ~~וכל העם רואים את הקולות וכו'~~[6]
וקאל קול דברים את' שומ' ותמ' אינ' רואי' זולתי קול[7]

---

[1]דברים ה, ה | [2]שמות יט, יט | [3]מכילתא לפ' כ, א | [4]שמות יט, ט | [5]דברים ה, כ | [6]שמות כ, טו | [7]דברים ד, יב

---

1 דכר] *om.* ז **2** תבין] יבין M T H A א ב ג ד ו ז יבאן ה | אלנצוץ] *add.* ענד (עלי ו) אלתאמל אלחסן M T H A א ב ג ד ה ו ז | ומן] מן ב ד | אלחכמים] *add.* ז"ל ה **2 – 3** ודלך…אדרך] *om.* M T H A א ב ג ד ה ו ז **3** אלמעמד] *add.* כיף כאן פי פצל מפרד **פצל** יבין לי אן פי מעמד הר סיני M T H A א ב ג ד ה ו ז | יכן] יכון א ב ד ז. *add.* גמיע M H A א ב ג ד ה ו ז | למשה] *add.* ר' ג | הו] *add.* כלה M A א ב ג ד ה ו ז **4** לכל] לגמיע M A א ב ג ד ה ו ז | אלכטאב] אלכטבה ב **5** עשר] אלעשר ב **6** והו] והוא ו | אלגבל] *om.* ז **7** נץ] ונץ ז **8** וביני'] *add.* בעת ההיא ב ג ז | להגיד…יי'[2]] *om.* ז | להגיד…וכו'] *om.* T H ו | וכו'] *supra linea* M *om.* א ב ג ד ה **9** ובביאן פי] *supra linea* | אלמכלתא] אלמכילתא M T H A א ב [*p. corr.*] ד ה ו ז מכילתא ג | דבור] דיבור ב ו ז **10** ודבור] ודיבור ו ז | כמא] למא ו | ונץ] נץ ז **11** בדברי עמ'] וכו' א | עמ'] וגו' T *add.* וכו' M **12** סמעוא…אלעטים] *supra linea* **13** צות אלעטים] *supra linea* **14** הקול] *add.* וכו' א **15** ותמ'…קול[2]] *om.* T H ו ז | רואי'] *add.* וג' ג | זולתי קול] *om.* ג

ולם יקל דברים אתם שומעים וכל מא גא מן סמאע
אלכלאם אנמא אלמראד בה סמאע אלקול ומשה
הו אלדי יסמע אלכלאם ויחכיה להם הדא הו אלדי
יטהר מן נץ אלתורה ומן אכתר כלאם אלחכמי' ז"ל
לכן להם איצא קולה מנצוצה פי עדה מואצע
מן אלמדרשות והי פי אלתלמוד איצא והי קולהם
אנכי ולא יהיה לך מפי הגבורה שמעום[8] יעני
אנהא וצלת להם כמא וצלת למשה רבינו Γ ולם יכן משה מוצלהא להם ודלך
יחק בלא שך לאן האדין אלאצלין אעני וגוד
אלאלאה וכונה ואחד אנמא ידרך באל

f. 1 *verso*

ברהאן אעני באלנטר אלאנסאני וכל מא הו כדלך
פחכם אלנביא פיה וחכם כל מן עלמה סוי לא תפאצל ולא עלם האדין אלאצלין מן גהה
אלנבוה נץ אלתורה אתה ה[ראת לדעת וכו'[9]]
אמא סאיר אלדברות פהי מן קביל אלמשהוראת ~~או אל~~
ואלמקבולאת לא מן קביל אלמעקולאת V פאעלם דלך

---

[8]מכות כד, א [9]דברים ד, לה

---

16 יקל] יקול ב ג ד ה ו ז **18–19** אלדי יטהר] אלצאהר **A H T M** א ב ג ד ה ו ז **19** נץ] *om.* ו ז **20** לכן] לכנה **A** | מנצוצה] מכצוצה א מנצוצא ז **21** והי[1]] והו ב | פי] *om.* ב | והי[2]] והו ב ג | קולהם] *add.* ע"אס ז **22** לך] *om.* א ב ג | יעני] יענון **A H T M** א ג ד ה ו ז **23** כמא] כמתל מא **A M** א ב ג ד ה ו ז *inverso ordine* **A** | רבינו] רבנו **H M** ב *add.* ע"ש **T** | ולם...להם[2]] *add. in marg.* יכן] יכון א ג ז | משה] *add.* רבינו (רבנו **M** ב רב' ה ו ז ר' ג ר' ג) **A H T M** א ב ג ד ה ו ז | ודלך] אדאלך א ד ה **24** יחק...שך] *om.* **A H T M** א ב ג ד ה ו ז | לאן...אלאצלין] אן הדין אלאצלין **T M** אן (*om.* ב) הדאן (החדאן ד האדאן ו ז) אלאצלאן א ב ג ד ה ו ז **A H** *add.* ע"ש **T** **25** אלאלאה] *add.* תע' ה | ואחד] ואחדא **A M** ב ג ד ה | אנמא] *om.* ב | באל] *om.* ו ז

25–1,0 באל...אעני] *om.* **A H T M** א ב ג ד ה ו ז **1** הו כדלך] יעלם בברהאן **A H T M** א ב ג ד ה ו ז **2** אלנביא] אלנבי ב ג ד ה ו ז | וחכם] *om.* ו | כל] וכל ו | ולא...וכו'] *in marg. et in marg. sup.* | האדין] האדאן **A M** ד ו ז הדאן א ב ג ה | אלאצלין] אלאצלאן **A M** א ב ג ד ה ו ז **2** אלנבוה] *add.* פקט **A H T M** א ב ג ד ה ו ז | אלנבוה] ונץ ז | הראת] הראתה א הראית ד ה ו ז | לדעת] *add.* כי י"י הוא האלהים ו ז | וכו'] וג' ב ג כו' ד ה *om.* ז **3** אלדברות] הדברות ו

ותדברה לאנה לא ימכן איצא אן יתערץ למעמד הר סיני באכתר מן הדא אלקדר אלדי דכרוה לאנה מן אעטם סתרי תורה והקיקה דלך אלאדראך וכיף כאן חאלה כ[פי] ענא גדא לאנה לם יתקדם מתלה ולא יתאכר פאעלמה V ואלדי תסתקל בה אלנצוץ ובעץ כלאם אלחכמים אנהם לם יסמעוא גיר קול ואחד פרד מרה פי דלך אלמעמד והו אלקול אלדי אדרך מנה משה אנכי ולא יהיה לך[10] ואסמעהם משה דלך כמא דכרנא בכלאמה וקד נבה אלחכמים עלי דלך בקולה אחת דבר אלו' שת' זו שמעתי[11] ובינוא פי אול מדרש חזית אנהם לא יסמעוא קולא אכר מן קבלה תעלי[12] ונץ אלתורה קול גדול ולא יסף[13] ובעד סמאע דלך אלקול אלאול כאן מא דכר מן אסתהואלהם וכופהם ומא חכי מן קולהם ותקרבון

[10]שמות כ, ב-ג; דברים ה, ו-ז | [11]תהלים סב, יב | [12]שיר השירים רבה, שם | [13]דברים ה, יט

5 לאנה] לאן ב | איצא] *om.* A H T ב ד ה ו 6 באכתר] אכתר ב 7 אעטם] גמלה A H T M א ב ג ד ה ו ז | דלך] *om.* ה 8 כאן] *om.* ב | חאלה] אלחאל פיה A H T M א ב ג ד ה ו ז | יתקדם] *om.* ד 10 ואלדי] ומע מא דכרוא (דכרו א ב ה דכרוה ז) איצא מן דלך פאן אלדי A H T M א ב ג ד ה ו ז ובעץ כלאם] וכלאם A T M א ב ג ד ה ו ז | אלחכמים] *add.* ז"ל ה *add.* הדא הו (הו הדי ה) A T M א ב ג ד ה ו ז 11 לם] לא ז | יסמעוא] יסמע ב יסמעו ד ה *add.* גמיע ישראל פי דלךמאלמעמד H T M A א ב ג ד ה ו ז | ואחד] אחד ב | פרד] פקט A T M א ב ג ד ה ו ז | מרה] *praem.* פי ז *add.* ואחדה A H T M א ב ג ד ה ו ז | פי...אלמעמד] *om.* A H T M א ב ג ד ה ו ז 12 אלקול] *om.* ב | מנה משה] משה וכל ישראל מנה A H T M א ב ג ד ו ז בה משה וכל ישראל ה | משה] *add.* ר' ג | לך] *om.* ה 13 כמא דכרנא] *om.* A H T M א ב ג ד ה ו ז | בכלאמה] בכלמאת ד ה *add.* בתפציל אחרף מסמועה A H T M א ב ג ד ה ו ז | נבה] דכרוא (דכרו ב ג ד ה) A H T M א ב ג ד ה ו ז | אלחכמים] *add.* ז"ל T ג ה ז | עלי] *om.* A H T M א ב ג ד ה ו ז | דלך²] *add.* ואסנדוה A H T M א ב ג ד ה ו ז 14 בקולה] לקולה A H T M א ב ג ד ה ו ז | אלו'] *add.* בקדשו ה | שמעתי] שמענו T ב ג ד ה ובינוא] ובײנו ב ג ה | אול] אל ג 15 לא] לם M א ב ד ה | יסמעוא] יסמעו ב ה | קולא] קול M ב ו صوتا A | תעלי] תעאלי M | ונץ] נץ ה 16 אלאול] *om.* H 17 אסתהואלהם] אסתהוילהם ב אסתוא לם ג *add.* אלאמר A T M א ב ג ד ה ו ז | וכופהם] *add.* אלשדיד A H T M א ב ג ד ה ו ז | ומא] מא ו 17–18 ותקרבון...וכו'¹] *om.* A H T M א ב ג ד ה ו ז

אלי וכו' ותאמ' הן הראנו וכו' ועתה למה נמות קרב אתה ושמע וכו'[14] פתקדם הו גל מן מולוד תאניה ותלקי ~~אלד~~ בקיה אלדברות ואחדה ואחדה ונזל לאספל אלגבל ואסמעהם איאהא פי דלך אלמשהד אלעטים והם יבצרון אלאנואר ויסמעון אלאצואת אעני תלך אלאצואת אלתי הי כאלרעוד ואצואת תבויק כמא דכר ויהי קול השופר הולך וחזק מאוד[15] וכל מא תגד מן דכר סמאע קולות כתירה כמא קאל וכל העם רואים את הקולות וכו'[16] אנמא הי קול שופר ורעוד ונחוהא אמא קול י"י אעני אלצות אלמכלוק אלדי מנה פהם אלדבור פלם יסמעונה גיר מרה ואחדה פקט כמא נץ אלתורה ~~מראת~~ וכמא בינוא אלחכמים פי אלמוצע אלדי

נ[ב]התך עליה ~~פאעל~~ והו אלקול אלדי יצאה נשמתן בשמעוא[17] [*sic*] ואדרך בה משה שתי הדברות הראשונות אמא כל קול נבוי סמעה משה בעד דלך פי דלך אלמשהד פלם יסמעה [גי]ר הו

---

[14]דברים ה, כ-כד | [15]שמות יט, יט | [16]שמות כ, טו [17]השוה שיר השירים רבה לפרק ה, ו

---

18 הראנו] *add.* י"י A M ד ז *add.* י"י אלהינו את כבודו א ב *add.* י"י אלהינו T ג ה ו *add.* י"י אלהינו את כבודו ואת גדלו H | וכו'[2]] *om.* T א כו' ה וגו' H | נמות] *add.* כו' (וגו' H T M ג וג' ז) H T M A ג ה ז | אתה ושמע] *om.* ד | ושמע] *om.* T | וכו'[3]] *om.* ה ז **19** הו] *om.* א | אלדברות] אלדיבאות ה **20** לאספל] אלי אספל ה | דלך] *om.* ג **21** אלמשהד] משהד ג | אלעטים] אלעצים א ד ה **22** אעני...אלאצואת[2]] *om.* H T ו | הי] *add.* קולות (קולת ד) וברקים (שמות יט, טו) A H T M א ב ג ד ה ו ז | כאלרעוד] כאלרעד A M א ב ד ה ו כלרעד ג **23** ואצואת...ויהי] *om.* H T M א ב ג ד ה ו ז **23–24** ואצואת...מאוד] וקול שופר חזק A H T M א ב ג ד ה ו ז **24** קולות] *add.* וברקים (שמות יט, טז) M ג **25** הקולות] *add.* ואת הלפידים ואת קול השופר ז | וכו'] *om.* H ה | הי] הו ז שופר] השופר H T ו | ורעוד] ورعد A **26** אמא] ואמא ו | ייי] *add.* الرب A **27** יסמעונה] יסמעוה A ו | נץ] נצת A T M א ב ג ד ה ו ז **28** בינוא] ביינו ב ד ה ביינא ג בוונוא ז | אלחכמים] *om.* ג *add.* ז"ל ה ז

1–3 נבהתך...הו] *in marg.* **1** נשמתן] נשמתם ז | בשמעוא] בשמעו H T M א ב ד ה ו ז כששמעו ג | בה] בו ב **1** משה] *om.* A H T M א ב ג ד ה ו ז **2** שתי] שני ו | הדברות] הדיברות ה **2–3** אמא...הו] *om.* A H T M א ב ס ד ה ו ז

6) Cambridge, Cambridge University Library. Taylor Schechter Genizah Collection, T-S 10 Ka 4^2, leaf 2

Guide, II 32-33

H. HIRSCHFELD, « The Arabic portion of the Cairo Genizah at Cambridge. Two autograph fragments of *Maimonide's Dalālat al-ḥā'irīn* » *Jewish Quarterly Review* 15, 1903, pp. 677-681

MUNK-JOEL : pp. 255, l. 27 à 257, l. 19 ; p. 258, ll. 1-4.
IBN TIBBON : ff. 69v, l. 1 à 71v, l. 1.
AL-HARÎZÎ : (II, 33-34) pp. 541, l. 8 à 544, l. 2.
ATAY : pp. 392, l. 15 à 395, l. 15.
Shem Tov ibn Falqéra n'a pas traduit ces chapitres dans le *Moré ha-Moré*.

Dimensions : 237 x 161 mm ; 25 lignes écrites au recto et 29 lignes écrites (plus 2 dans la marge) au verso.

Ce fragment nous conserve une page entière, dans ses dimensions originelles, même si ses coins ont été restaurés avec des pièces de papier. Il est probable que le coin inférieur gauche (recto) était déjà déchiré et manquant à l'origine : la justification des lignes écrites suit le contour de la déchirure, que la reproduction numérique permet de bien distinguer (voir au recto ll. 22-25 ; au verso ll. 26-29 et, en particulier, les bouts des deux lignes écrites à la verticale). De plus, le texte est complet (voir ci-dessous).

Au même endroit est également visible la trace d'une autre déchirure, originelle elle aussi, qui est aujourd'hui réparée. Cette déchirure a cependant gêné l'auteur car, à ce niveau, le début des lignes 17-21 du recto et la fin des ll. 18-21 du verso sont décalés, par rapport à la justification du reste du feuillet, par un espacement nettement plus important.

Dans la marge supérieure du recto du feuillet, on reconnaît l'abréviation ב"ה (בשם אדוני « au nom de Dieu » ; ou בעזרת השם « avec l'aide de Dieu »). Au verso, à la neuvième ligne, des arabesques suivent la formule de clôture de l'unité textuelle et en indiquent la fin.

Le brouillon se présente comme étant le résultat de différentes phases de rédaction (voir aussi l'explication de C. Sirat, p. 252-261) :

- Une première rédaction, dans une écriture aérée et à l'encre brune, occupe le recto et les neuf premières lignes du verso. Le recto contient des ratures et un ajout de deux courtes lignes inscrites à la verticale en bas du feuillet ; au verso, une ligne, continuant la ligne 2, a été ajoutée tête-bêche dans la marge supérieure. Ce sont des changements faits au fil de la plume (c'est-à-dire lors de la rédaction ou de la relecture d'un paragraphe au cours de la rédaction). À la ligne 9 du verso, des signes graphiques en arabesque qui suivent la formule de clôture indiquent la fin de l'unité textuelle.

- À partir de la ligne 10 du verso, l'écriture est beaucoup plus dense et l'encre d'un brun sombre : cette partie de l'autographe a été rédigée à un autre moment. C'est un très long ajout de 19 lignes horizontales et de deux autres lignes écrites à la verticale dans la marge de droite. Cette addition doit prendre place à la quatrième ligne du texte, comme l'indique le signe graphique, sous forme de « V », inscrit à cet endroit.

Cette modification ne fut pas la dernière. En effet, la comparaison entre l'autographe et le texte reçu montre que plusieurs changements et reformulations ont été apportés par la suite. Maïmonide a réorganisé le texte, précisé son argument et harmonisé les points saillants de la formulation de son propos (voir ci-dessous, ll. 2-4 recto ; ll. 13-14 recto ; l. 2 verso ; l. 12 verso ; l. 13 verso ; l. 29 verso).

Dans l'autographe, cette portion de texte constitue une seule unité. Lors d'un (ou des) remaniement(s) ultérieur(s), l'auteur a modifié certaines formulations, a ajouté encore un long paragraphe et a subdivisé le texte en deux chapitres indépendants, qui sont numérotés 32 et 33 dans les éditions courantes.

Le long ajout au verso de l'autographe contient un développement consacré aux particularités de la perception qu'a eue Moïse dans la scène du mont Sinaï, par rapport à celle qu'ont eue les Israélites. Après avoir reporté, et brièvement commenté, l'assertion des docteurs à propos de la connaissance des deux premiers commandements (« *Je suis et tu n'auras point,* ils les entendirent de la bouche de la Toute-Puissance »), Maïmonide avait conclu le chapitre (quatrième ligne du verso). Mais par la suite, il a ajouté ce développement en l'insérant avant la formule de clôture. L'assertion des docteurs évoque le caractère démonstratif des principes exprimés par les deux premiers commandements (« on les conçoit par la démonstration »), ce qui implique que la médiation du prophète n'est pas nécessaire pour que le peuple puisse les connaître. Mais leur propos semblerait exprimer une exception au principe, établi quelques lignes auparavant, que « la parole s'adressa à Moïse seul » (voir l. 4 recto) : tout Israël aurait en effet entendu la parole divine au sujet des deux premiers commandements. C'est pour cette raison qu'un éclaircissement était nécessaire, et il trouve sa place dans l'ajout. Maïmonide résout la difficulté en affirmant qu'il n'y a pas de désaccord entre les paroles des docteurs et les textes bibliques dont il a donné l'interprétation (voir l. 10 verso) et détaille ensuite son explication. Les Israélites entendirent un premier son, une voix, par laquelle ils perçurent les deux premiers commandements, dont les lettres intelligibles leur furent, cependant, communiquées par Moïse. Quant aux autres manifestations divines de cette scène, qui sont appelées « voix », ce ne furent que des sons effrayants perçus par l'ensemble du peuple, alors que la voix divine fut adressée à Moïse seul. D'autres interventions (comme, par exemple, aux ll. 2-4 du recto et aux ll. 13 et 29 du verso) sont dues à la volonté de cohérence par rapport à cet argument.

Traduction française

(Salomon Munk, partie II, pp. 267, l. 20 à 273, l. 2)

f. 1 RECTO

« [...]Puisque nous avons été amenés à parler de la scène du mont Sinaï, nous appellerons l'attention sur les éclaircissements que fournissent, au sujet de cette scène, **les textes** (bibliques), ainsi que les discours des docteurs. **Et cela c'est que, quant à la perception eue dans cette scène, ce qui parvint à Moïse ne parvint pas à tout Israël**. La parole, au contraire, s'adressa à Moïse seul c'est pourquoi l'allocution dans le Décalogue, ~~se fait au singulier~~ se fait à la deuxième personne du singulier], et lui, descendu au pied de la montagne, fit connaître au peuple ce qu'il avait entendu. Le texte du Pentateuque (dit) : *Je me tenais entre l'Éternel et vous, en ce temps-là, pour vous rapporter la parole de l'Éternel* (Deut. 5 : 5), et on dit encore : *Moise parlait et Dieu lui répondait par une voix* (Ex. 19 : 19) ; ~~**parole du Pen**~~ il est dit expressément dans la Mekhiltah qu'il leur répétait chaque commandement comme il l'avait entendu. Un autre passage du Pentateuque dit : *Afin que le peuple entende quand je parlerai avec toi*, etc. (*Ibid.*, v. 9), ce qui prouve que la parole s'adressait à lui ; eux ils ~~**entendent les voix fortes**~~ entendirent la voix forte, mais ils ne distinguèrent pas les paroles, et c'est de ~~**ces voix terribles**~~ cette voix forte, entendue (par eux), qu'on a dit : *Quand vous entendîtes a voix* (Deut 5 : 20) ; ~~***Tout le peuple apercevait ces voix***~~ (Ex. 20 : 15). On a dit encore : *Vous entendiez une voix de paroles, sans voir aucune figure ; rien qu'une voix* (Deut. 4 : 12) ; mais on n'a pas dit vous entendiez des paroles. Toutes les fois donc qu'il est question de paroles entendues, on ne veut parler que de la voix qu'on entendait ; ce fut Moïse qui entendit les paroles et qui les leur rapporta. Voilà ce qui est évident par le texte du Pentateuque et par plusieurs discours des docteurs.

Cependant, (je dois citer) de ces derniers une assertion rapportée dans plusieurs endroits des *Midrashim* et qui se trouve aussi dans le Talmud ; c'est celle-ci : *Je suis et tu n'auras point* (Ex. 20 : 2-3 ; Deut. 5 : 6-7), ils les entendirent de la bouche de la Toute-Puissance (b*Makkot*, 24a). Cela veut dire que ces choses[1] leur parvinrent (directement), comme elles parvinrent à Moïse, notre maître,

⌈ **et que ce ne fut pas Moïse qui les leur fit parvenir. Et cela est vérifié sans aucun doute car**

ces deux principes, je veux dire l'existence de Dieu et son unité, on les conçoit par la

1 . Cf. Munk-Joel, p. 296. La traduction française emploie le mot « paroles ». Nous avons estimé que, dans le contexte de l'argument de Maïmonide, qui distingue subtilement le fait d'entendre réellement des paroles de la perception directe des deux premiers commandements par tout Israël, l'emploi du terme « paroles » risquait d'engendrer la confusion.

f. 1 VERSO

démonstration, je veux dire par la spéculation humaine ; et tout ce qui **est de telle sorte** l'est absolument au même titre par le prophète et par tout autre qui le sait, sans qu'il y ait là une supériorité de l'un sur l'autre. **Ces deux principes** donc ne sont pas connus **par la prophétie**, (comme le dit) le texte du Pentateuque : On te l'a fait voir afin que tu reconnusses etc. (Deut. 4 : 35). Quant aux autres commandements, ils sont de la catégorie des opinions probables ~~**ou de**~~ et des choses acceptées par tradition, et non de la catégorie des choses intelligibles. **V**

Il faut savoir cela et te le rappeler ; car il est **impossible** de pénétrer dans la scène du mont Sinaï plus profondément qu'on ne l'a fait, (cette scène) étant **parmi les plus grands** secrets de la loi. La vraie nature de cette perception et **ses circonstances** sont pour nous une chose très obscure ; car il n'y en a jamais eu de semblables auparavant, et il n'y en aura pas dans l'avenir. Sache-le bien.

V **Et ce** que comportent les textes (bibliques) et **une partie des** paroles des **docteurs**, c'est **qu'ils n'entendirent** qu'un **simple** son, en une **seule** fois **dans cette scène** ; et c'est le son par lequel **Moïse** entendit (les deux commandements) *Je suis* et *Tu n'auras point* (Ex. 20 : 2-3; Deut. 5 : 6-7), que Moïse leur fit entendre (de nouveau) **comme nous l'avons évoqué** dans son **propre langage**. Les docteurs **ont attiré l'attention sur cela par** ces mots : *Une fois Dieu a parlé deux fois j'ai entendu cela* (Ps. 62 : 12), et ils ont clairement dit, au commencement du *Midrash Hazitha*, qu'ils n'entendirent pas d'autre voix émanée (directement) de Dieu (*Midrash* du Cantique des cantiques, 1 : 2), ce qu'indique aussi le texte du Pentateuque : ... *avec une grande voix, qui ne continua point* (Deut. 5 : 19). Ce fut après avoir entendu cette première voix, qu'arriva ce qu'on raconte de **la terreur** qu'ils éprouvaient et de **leur peur**, et (qu'ils prononcèrent) les paroles qu'on rapporte : ... *vous vîntes tous à moi* (Deut. 5 : 19), *Et vous dîtes : voici, l'Éternel, notre Dieu, nous a fait voir etc. Et maintenant pourquoi mourrions-nous ? etc. Approche-toi et écoute etc.* (*ibid.* vv. 20-24). Il s'avança donc, lui, le plus illustre des mortels, une seconde fois, reçut ~~**les comm**~~ le reste des commandements un à un, descendit au pied de la montagne, et les leur fit entendre au milieu de ce spectacle grandiose. Ils voyaient les feux et entendaient les voix, **je veux dire ces voix** qui sont comme le tonnerre et **des voix de son de trompette, comme il est dit :** ***Le son du cor allait redoublant d'intensité*** (Ex. 19 : 19) ; et partout où l'on parle (dans cette occasion) de plusieurs voix qu'on entendait, comme par exemple : *Et tout le peuple apercevait les voix* (*ibid.* 20 : 15), il ne s'agit que du retentissement du cor, du tonnerre, etc. Mais la voix de l'Éternel, je veux dire la voix créée, par laquelle fut communiquée la parole (de Dieu), ils ne l'entendirent qu'une seule fois, comme **le dit** textuellement le Pentateuque ~~**plusieurs fois**~~ et comme l'ont exposé les docteurs à l'endroit que je t'ai fait remarquer. ~~**Il faut savoir.**~~

C'est cette voix (dont on a dit) que "leur âme s'échappa en l'entendant" (*Midrash* sur le Cantique des cantiques, 5 : 6) et au moyen de laquelle **Moïse** perçut les deux premiers commandements. **Quant à toute voix prophétique que Moïse entendit par la suite, dans cette scène, ne l'entendit que lui seul.** […] »

Analyse textuelle

f. 1 RECTO

l. 2
תבין (« te deviendra clair ») > יבין (« deviendra clair »)

אלנצוץ (« les textes »)
Toute la tradition ajoute : ענד אלתאמל אלחסן (« quand on les examine bien »).

אן הדא
Ces deux termes n'ont pas été déchiffrés par H. Hirschfeld.

ll. 2-4
ודלך אן הדא אלאדראך אלדי אדרך פי דלך אלמעמד לם יכן אלואצל למשה הו אלואצל לכל ישראל
(« < Les éclaircissements des textes bibliques ainsi que les mots des docteurs >. Et cela c'est que, quant à la perception eue dans cette scène, ce qui parvint à Moïse ne parvint pas à tout Israël »).

Cette partie du texte a été modifiée dans toute la tradition :
פי דלך אלמעמד כיף כאן פי פצל מפרד. פצל. יבין לי אן פי מעמד הר סיני לם יכן גמיע אלואצל למשה הו כלה אלואצל לגמיע ישראל
(« < Les éclaircissements des textes bibliques ainsi que les mots des docteurs > au sujet de cette scène, comment elle a été, dans un chapitre à part. Chapitre. Il est clair pour moi que dans la scène du mont Sinaï, l'ensemble de ce qui parvint à Moïse ne parvint pas dans sa totalité à l'ensemble Israël »).

1) Tout en conservant quelques formules, Maïmonide a amplement réécrit le passage et en a fait le début d'un chapitre indépendant, alors que dans le fragment, il n'y a aucune solution de continuité dans le texte.

2) Dans le passage reformulé, Maïmonide précise que « l'ensemble de ce qui parvint à Moïse » (גמיע אלואצל למשה) ne parvint pas à tout le peuple. Seul le texte de la traduction d'Ibn Tibbon ne confirme pas cette leçon, mais est conforme à l'autographe (אלואצל למשה, « ce qui parvint à Moïse »). Il pourrait s'agir simplement d'une faute et d'une omission du traducteur.

Quant au contenu, le passage reformulé est plus cohérent avec la suite du texte et s'accorde avec d'autres interventions : dans la scène du mont Sinaï, les Israélites eurent une perception partielle, mais il ne leur parvint pas tout ce qui parvint à Moïse.

l. 3
הו
Omis par H. Hirschfeld.

l. 5
~~בלשון יחיד~~ (« se fait au singulier »)
Maïmonide avait d'abord écrit l'expression en hébreu, puis l'a barrée et réécrite en arabe. H. Hirschfeld n'avait pas pu lire et n'avait pas avancé d'hypothèse.

l. 6
ינזל אלי (« descendu au < pied de la montagne > »)
La lecture de H. Hirschfeld (אזל ינספל) est à corriger.

l. 8
להגיד לכם את דבר ייי (« *Pour vous rapporter la parole de l'Éternel* », Deut. 5 : 5)
La fin de la citation, présente dans le fragment et dans la plupart des manuscrits, est omise dans les deux traductions hébraïques et dans le ms. « ז ».

l. 9
~~ונץ~~ ובביאן פי [אל]מכלתא (« ~~parole du~~ et il est dit expressément dans la Mekhiltah »)
H. Hirschfeld avait déchiffré : אלכלתא.
Maïmonide avait probablement l'intention de citer un autre verset du Pentateuque (~~ונץ~~) et a tout de suite barré ce qu'il avait écrit en le remplaçant, au-dessus de la ligne, par le renvoi à la tradition dans un but explicatif. La formule ונץ אלתורה est reprise à la ligne suivante.

ll. 13, 14
והם ~~יסמעון אלאצואת אלעטימה~~ סמעוא אלצות אלעטים (« eux ils entendirent ~~les voix fortes~~ la voix forte »)

~~אלאצואת אלמהולה~~ צות אלעטים (« < de ces > ~~voix terribles~~ cette voix forte »)
L'auteur a barré les occurrences au pluriel pour les réécrire, au-dessus de la ligne, au singulier. Le type d'intervention, qui concerne plusieurs éléments à la fois (voir aussi la note suivante) sur plusieurs lignes, montre que le passage a été corrigé lors d'une relecture.

l. 14
~~וכל העם רואים את הקולות וכו~~ (« *Tout le peuple apercevait ces voix* », Ex. 20 : 15)
Cet exemple n'était pas cohérent avec le propos de Maïmonide (voir les deux ratures précédentes du mot « voix »). La citation barrée ici est reprise plus loin, dans l'ajout inséré avant la conclusion du chapitre (au verso du

feuillet), lorsqu'il est question des voix (au pluriel) et des sons terribles que le peuple perçut après avoir entendu la « parole » (de Dieu), « au moyen de laquelle furent perçus les premiers commandements » et qu'ils « n'entendirent qu'une seule fois ».

l. 15
ותמ' אינ' רואי' זולתי קול (« *sans voir aucune figure ; rien qu'une voix* » Deut. 4 : 12)

Cette deuxième partie de la citation est omise dans les deux traductions hébraïques et dans deux des manuscrits collationnés (mss. « ו » et « ז »).

ותמ'

H. Hirschfeld avait transcrit le mot en entier (תמונה) alors que dans l'autographe il est en abrégé.

ll. 18-19
אלדי יטהר (« ce qui est évident ») > אלצאהר (« l'évident »)

La correction, stylistique, est attestée dans toute la tradition.

אלחכמי' (« les docteurs »)

H. Hirschfeld avait transcrit le mot en entier (אלחכמים), alors que dans l'autographe il est en abrégé.

l. 22
יעני (« ça veut dire ») > יענון (« ils veulent dire »)

H. Hirschfeld a reconstitué יענ[ון], comme on le trouve dans l'ensemble de la tradition (sauf dans le ms. « ב »), en estimant probablement que la déchirure du feuillet (restauré par la suite) impliquait la perte d'une partie du texte. Toutefois, l'autographe est clairement lisible (יעני) et le mot en question est suivi d'environ cinq millimètres de papier blanc, qui ne porte aucune trace de lettre.

La leçon attestée dans les sources collationnées pourrait être une correction de Maïmonide : la phrase devient en effet plus incisive si l'interprétation de la citation est reconduite à l'intention des sages eux-mêmes (« ils veulent dire »).

l. 23
כמא (« comme ») > כמתל מא (« de la même manière »)

Changement stylistique confirmé par l'ensemble de la tradition manuscrite. Le texte des traductions hébraïques n'est pas indicatif.

ולם יכן משה מוצלהא להם (« et que ce ne fut pas Moïse qui les leur fit parvenir »)

Précision ajoutée à la verticale dans la marge droite. Un signe graphique indique l'endroit où elle doit être insérée dans le texte, au-dessus de l'avant-dernier mot de la ligne. L'encre est la même que celle du texte principal.

l. 24
ודלך יחק בלא שך לאן האדין אלאצלין (« Et cela est vérifié dans aucun doute, car ces deux principes ») > ודלך אן הדין אלאצלין (« En effet, ces deux principes »)

La nouvelle formulation du passage est confirmée par toute la tradition. La version de l'autographe contenait un jugement que l'auteur a peut-être considéré comme superflu par la suite et qu'il a changé pour une formule plus neutre.

f. 1 VERSO

l. 1
באלברהאן אעני באלנטר אלאנסאני וכל מא הו כדלך (« < on les conçoit > par la démonstration, je veux dire par la spéculation humaine et tout ce qui est de telle sorte ») > באלנטר אלאנסאני וכל מא יעלם בברהאן

Le passage a été remanié par l'auteur sans en altérer le sens, mais pour des raisons plutôt formelles et stylistiques.

אעני
H. Hirschfeld avait lu אלעיני.

l. 2
לא עלם האדין אלאצלין אלנבוה נץ אלתורה אתה ה[ראת לדעת וכו' (« ces deux principes ne sont pas connus seulement par la prophétie, < comme le dit > le texte du Pentateuque : *On te l'a fait voir afin que tu reconnusses etc.* », Deut. 4 : 35)

Cette phrase est ajoutée en remontant dans la marge de gauche puis en continuant dans la marge supérieure, où elle est écrite à l'envers. L'encre est la même que celle employée dans le reste du texte.

לא עלם האדין אלאצלין (« ces deux principes ne sont pas connus »)
À propos de l'usage généralisé de la forme oblique du duel (et du pluriel), cf. Blau, pp. 103-104 (dans toute la tradition : לא עלם האדאן אלאצלאן).

מן גהה אלנבוה (« par la prophétie ») > מן גהה אלנבוה פקט (« seulement par la prophétie »)

Ajout de l'auteur attesté dans toute la tradition collationnée. L'ajout est cohérent avec l'affirmation de Maïmonide : les Israélites perçurent les deux premiers commandements mais ils leur furent communiqués sous forme de lettres intelligibles par Moïse (voir ci-dessous, l. 13 verso).

l. 3
~~או~~אל (« ou des »)
H. Hirschfeld avait lu seulement אל.

Il se peut que la première intention de Maïmonide, corrigée au fil de la plume, ait été d'exprimer une alternative entre les « opinions probables » et les

« choses acceptées par tradition ». Après la correction, les deux catégories sont reliées par une conjonction copulative et non pas adversative.

l. 5

איצא (« aussi »)

Omis dans les deux traductions hébraïques et dans quatre manuscrits (mss. « ב », « ד », 3ה », « ו »).

l. 7

מן אעטם סתרי (« parmi les plus grandes secrets ») > מן גמלה סתרי (« du nombre des secrets »)

La leçon attestée dans toute la tradition est plus neutre que celle de l'autographe.

l. 8

חאלה (« ses circonstances ») > אלחאל פיה (« les circonstances qui l'accompagnaient »)

Modification stylistique confirmée par toute la tradition collationnée.

[ajout] l. 10

ואלדי (« < des choses intelligibles> et ce que < comportent les textes bibliques > ») > ומע מא דכרוא איצא מן דלך פאן אלדי (« < des choses intelligibles >. Mais, quoi qu'ils aient pu dire à cet égard, ce que <comportent les textes bibliques> »)

Le passage a été remanié pour améliorer la façon dont l'ajout qui commence ici (voir le signe graphique dans le corps du texte, à la ligne 4 et au début de l'addition) est relié au texte. Dans l'autographe, il n'y a pas de césure claire, alors que dans la tradition ultérieure, Maïmonide articule clairement un nouvel argument.

אלנצוץ ובעץ כלאם אלחכמים (« les textes bibliques et une partie des paroles des docteurs ») > אלנצוץ וכלאם אלחכמים הדא הו (« les textes bibliques et les paroles des docteurs »)

Maïmonide établit, dans la deuxième version, l'accord général des docteurs de la loi avec son explication et sa position.

[ajout] l. 11

לם יסמעוא גיר קול ואחד פרד מרה פי דלך אלמעמד (« n'entendirent qu'un son simple, en une fois ») > לם יסמעוא גמיע ישראל פי דלך אלמעמד גיר קול ואחד פקט מרה ואחדה («tous les Israélites n'entendirent dans cette scène qu'un son, en une seule fois »)

1) L'ajout du sujet et l'anticipation du rappel du contexte, qui dans l'autographe se trouve au bout de la ligne, facilitent la compréhension.

2) À la fin du passage, la leçon de l'autographe (« simple ») a peut-être été considérée comme redondante et superflue lors d'une relecture. Elle a été

remplacée par un adverbe (« פקט », فقط) qui exprime péremptoirement le propos.

3) L'unicité et la singularité de la manifestation perçue sont soulignées par l'adjectif ואחדה (واحدة, « une seule <fois> »), ajouté dans toute la tradition par rapport au texte de l'autographe.

[ajout] l. 12

אדרך מנה משה (« par lequel Moïse entendit ») > אדרך משה וכל ישראל מנה (« par lequel Moïse et tout Israël entendirent »)

De façon cohérente avec son argument, Maïmonide a précisé, ici encore, que les deux premiers commandements furent entendus par Moïse et par l'ensemble du peuple.

[ajout] l. 13

כמא דכרנא (« comme nous avons évoqué »)

Omis dans toute la tradition.

בכלאמה (« dans son propre langage ») > בכלאמה בתפציל אחרף מסמועה (« dans son propre langage, en prononçant distinctement des lettres intelligibles »)

L'ajout, attesté dans toute la tradition par rapport à l'autographe, rentre tout à fait dans l'optique de l'argument de Maïmonide. Il souligne que l'intelligence, par le peuple, des deux premiers commandements, bien que directement acquise et non prophétique, en raison de leur caractère démonstratif, fut transposée dans un langage intelligible (constitué de lettres) par Moïse.

נבה עלי דלך בקולה (« <les docteurs> ont attiré l'attention sur cela par ces mots ») > דכרוא עלי דלך ואסנדוה בקולה (« <les docteurs> se sont prononcés sur cela en s'appuyant sur ces mots »)

Toute la tradition atteste cette modification stylistique, qui élargit et précise la phrase.

[ajout] l. 17

דכר מן אסתהואלהם וכופהם (« ce qu'on raconte de la terreur qu'ils éprouvaient et de leur peur ») > דכר מן אסתהואלהם אלאמר וכופהם אלשדיד (« ce qu'on raconte de la terreur qu'ils éprouvaient et de leur peur violente »)

Le changement est d'ordre formel et stylistique.

[ajout] l. 17-18

ותקרבון אלי וכו (« *vous vîntes tous à moi* », Deut. 20 : 19)

Cette citation a été supprimée et ne se trouve pas dans le texte reçu.

[ajout] l. 19

~~אלד~~ בקיה אלדברות (« < il reçut > ~~les com~~ le reste des commandements »)

Maïmonide avait commencé à écrire le mot אלדברות (« les commandements ») et a modifié au fil de la plume afin d'éviter une incohérence, puisqu'il avait déjà parlé des deux premiers commandements, perçus par tout Israël.

[ajout] l. 22
אעני תלך אלאצואת (« je veux dire, ces voix »)
Cette incise est omise dans les deux traductions hébraïques et dans le ms. « ו ». Ce pourrait être un homéotéleute dû à la répétition du mot אלאצואת.

אלתי הי כאלרעוד (« < je veux dire, ces voix > qui sont comme le tonnerre ») > אלתי הי קולות וברקים כאלרעוד (« < je veux dire ces voix> qui sont [désignées par les mots] *des voix et des éclairs* <Ex. 19 : 16>, comme le tonnerre »)
L'ajout de la référence biblique, présent dans toute la tradition, précise la phrase.

[ajout] l. 23-24
ואצואת תבויק כמא דכר ויהי קול השופר הולך וחזק מאוד (« < comme le tonnerre > et des voix de son de trompette, comme il est dit : *Le son du cor allait redoublant d'intensité* < Ex. 19 : 19 > »)
> וקול שופר חזק (« < comme le tonnerre > et le fort retentissement du cor < Ex. 19 : 16 > »)
Le remaniement est attesté par l'ensemble de la tradition collationnée. Il ne change ni la portée ni le sens de la période (voir ci-dessus), mais allège la forme.

[ajout] l. 27
נץ
Tous les témoins attestent נצת.

[ajout] l. 28
~~מראת~~ (« plusieurs fois »)

[ajout, *in marg.*] l. 1
~~פאעלם~~ (« ~~Il faut savoir~~ »)
Dans un premier temps, Maïmonide envisage de terminer ainsi son développement, mais il ajoute encore une précision. Le verbe « il faut savoir » revient trois lignes plus bas (la suite du texte ne se trouvant pas dans l'autographe, voir les éditions).

ואדרך בה משה (« au moyen de laquelle Moïse perçut < les deux premiers commandements > ») > ואדרך בה (« au moyen de laquelle furent perçus < les deux premiers commandements > »)
Maïmonide intervient à nouveau pour éviter une contradiction dans son argument : jusqu'alors, il avait admis que l'ensemble d'Israël a entendu les deux premiers commandements, et non pas Moïse seul. C'est pour cela qu'il supprime le sujet.

[ajout, *in marg.*] l. 2
אמא כל קול נבוי סמעה משה בעד דלך פי דלך אלמשהד פלם יסמעה (« quant à toute voix prophétique que Moïse entendit par la suite, dans cette scène, ne l'entendit que lui seul »)

Cette dernière phrase, peut-être considérée comme redondante, a été éliminée lors d'une relecture et ne se trouve pas dans la tradition textuelle.

אלמשהד פלם יסמעה
Ce morceau de texte est omis par H. Hirschfeld.

III

Les sujets philosophiques abordés dans les brouillons autographes

Colette Sirat

1. Du *Mishné Tora* au *Guide des égarés*

Le cœur de la pensée de Maïmonide est la croyance à un Dieu unique qui n'est ni corps ni force dans un corps. L'unité de Dieu est à la base de la Loi religieuse (la Tora de Moïse et la tradition rabbinique), comme elle est à la base de la philosophie. L'incorporalité de Dieu se heurte à la lettre des textes bibliques et traditionnels. Depuis la fin du IXe siècle, tous les philosophes juifs, néoplatoniciens, tenants du Kalâm, aristotéliciens s'accordaient sur l'idée de l'incorporalité divine (quoique la définition de l'incorporalité différât parmi eux) et luttaient pour amener le peuple juif à concevoir un Dieu incorporel[1].

Maïmonide fit de ce point de théologie un combat personnel. Les nombreuses années passées dans l'empire almohade durant sa jeunesse avaient laissé leur trace. Shlomo Pines le remarquait déjà dans son introduction à sa traduction anglaise du *Guide* :

« En fait, [Maïmonide] a choisi de s'approprier une page du livre des Almohades et de rendre la croyance dans l'incorporalité divine (imposée par les dirigeants musulmans à tous leurs sujets) une obligation pour tous les membres de la communauté juive[2]. » Sa mission serait d'amener tout le peuple juif à la connaissance de « l'unité de Dieu », laquelle implique son incorporalité[3]. D'autres points de concordance avec la doctrine almohade ont été récemment mis en lumière[4]. Contrairement à son contemporain musulman Averroès[5], Maïmonide croyait possible de montrer la concordance entre la philosophie et les textes révélés, grâce à l'interprétation allégorique de ces textes.

Il croyait que le peuple accepterait ses vues : sa science, talmudique et scientifique, son statut de personnalité au-dessus du commun, le respect que lui portaient les autorités musulmanes lui semblaient suffisants pour que le peuple lui fasse confiance et accepte son enseignement.

Il imposerait la vérité, non point par la force, comme avaient tenté de le faire les Almohades, mais par sa puissante personnalité. Nous retrouvons la lutte contre la croyance à l'anthropomorphisme divin dans tous ses écrits[6].

L'attitude du jeune Maïmonide s'adressant au commun du peuple dans ses premiers livres : le *Commentaire sur la Mishna* et le *Mishné Tor*a est celle d'un pasteur bienveillant s'adressant à ses fidèles. Il veut les convaincre, les éloigner de l'anthropomorphisme, les amener aux opinions vraies. En cela, il joue le rôle du philosophe-législateur qui fut celui du prophète Moïse[7].

1. Cf. mon livre (1988).
2. (1963), pp. CVII-CXX.
3. Comme le montre son introduction au *Mishné Tora*. Cf. le début du *Livre de la connaissance* (1961).
4. Dans plusieurs articles (2005, 2008), et dans son livre récent (2009), pp. 53-83, Sarah Stroumsa a repris ce thème et l'a appuyé sur une large documentation. Nous la remercions vivement de nous avoir envoyé le texte des chapitres pertinents de son livre avant sa parution.
5. Voir, par exemple, les textes cités par Geoffroy (2000) et les deux articles (2001 et 2005) du même auteur.
6. Cf. *Guide*, partie I, chap. 35, pp. 130-133 de la traduction de Munk.
7. Sur ce point, la bibliographie est immense. On se reportera à Stroumsa (2009), pp. 153-188, et aux nombreuses notes qui accompagnent ces pages.

Les livres populaires avaient eu pour but d'éclairer tous les lecteurs, quelles que soient leur intelligence, leur culture, leurs connaissances, sur les actes qu'ils devaient accomplir pour respecter la Loi divine. Ces actes obligatoires devaient s'appuyer sur les « croyances » indispensables à l'exécution des commandements ; on ne demandait pas au fidèle de les « comprendre », mais seulement de les « admettre ».

Dans sa jeunesse, Maïmonide était persuadé que tout le peuple recevrait ses vues, que l'époque était mûre pour recevoir la vérité.

Après les attaques contre le *Mishné Tora*, vers 1185, il avait dû constater que les lecteurs vulgaires, et en tout cas leurs dirigeants religieux, n'avaient pas été convaincus. La querelle qui lui fut faite à propos de ces livres, lesquels auraient dû ramener le peuple d'Israël aux croyances vraies, l'obligea à se défendre, à se justifier, à répéter encore et encore les principes de base[8]. Le *Traité sur la résurrection des morts*, rédigé en même temps ou après le *Guide*, est un pamphlet destiné au grand public. Maïmonide y répond aux attaques de diverses personnalités religieuses et, surtout, à celles de son adversaire Samuel b. Elie, chef de l'Académie talmudique de Bagdad, lesquelles prétendaient que, dans ses ouvrages populaires, il avait nié la résurrection des morts.

Peu à peu, l'attitude bénigne de Maïmonide fait place à une agressivité virulente très perceptible dans les deux derniers ouvrages du Maître vieillissant : le *Guide* et le *Traité sur la résurrection des morts*. Aucun adjectif n'est assez fort pour fustiger les tenants de l'anthropomorphisme divin. Parmi les nombreux exemples, citons seulement l'un de ceux qu'on lit au début du *Traité sur la résurrection des morts* : « Les anthropomorphistes [...] pensent qu'ils sont les sages d'Israël alors qu'ils sont les plus ignorants des hommes, qu'ils se trompent plus que ne le font les animaux et que leurs cerveaux sont remplis d'absurdités [dignes] des vieilles femmes et d'images corrompues, comme [s'ils étaient] des jeunes gens et des femmes[9]. »

Maïmonide n'avait pas renoncé à son grand projet : extirper la croyance à l'anthropomorphisme mais, désormais, il ne s'adresse plus qu'à un public très limité : les peu nombreux qui peuvent le comprendre.

Le *Guide* est cette nouvelle tentative : contrairement aux livres populaires, il dissimulera les idées véritables de l'auteur. Mais il ira jusqu'au bout : comme nous le verrons dans les prochains chapitres, ses idées sont, sur deux points au moins, beaucoup plus éloignées des croyances du vulgaire que ne l'étaient celles qu'exprimaient clairement les livres précédents.

Et, avant tout, Maïmonide n'a plus sa bienveillance première. Il doit se défendre, il a des ennemis. Les ignorants et surtout ses adversaires liraient le *Guide*, mais il pensait que ses procédés de rédaction donneraient le change et suffiraient à prouver aux non-philosophes que lui, l'auteur, ne dépassait pas les limites des opinions admises par la plupart des fidèles. Les lecteurs ayant la formation nécessaire pour accéder aux secrets liraient et comprendraient les vrais buts du livre.

8. Comme le montrent très bien les remarques de Hartmann (1985).

9. Ed. Finkel (1935), p. 3.

L'adéquation entre les buts du *Traité sur la résurrection des morts* et ceux du *Guide des égarés* est bien mise en lumière par le court poème en hébreu qui précède l'épître dédicatoire du *Guide* et qu'on lit dans tous ses exemplaires.

Le pamphlet anti-maïmonidien de Samuel b. Elie se terminait sur le verset d'Isaïe 26 :2 : « Ouvrez les portes pour que puisse entrer un peuple juste qui garde les croyances[10]... »

Le poème répond :

« Ma pensée va vous guider dans le chemin du vrai, et en aplanir la voie.

« Venez, marchez le long de son sentier, ô vous qui errez dans le champ de la religion !

« L'impur et l'ignorant n'y passeront point ; on l'appellera le chemin sacré[11] [allusion à Is. 55 :8]. »

Une copie autographe du poème vient d'être découverte par J. L. Kraemer[12] ; elle est reproduite dans l'illustration 20 (page suivante) et ne diffère pas des imprimés[13].

Pourtant, Maïmonide savait bien que le *Guide*, comme le *Traité sur la résurrection des morts*, serait lu par tous :

« Si quelqu'un veut nous imputer à mal cette idée [que les êtres séparés de la matière sont infiniment supérieurs aux êtres corporels], qu'il accomplisse sa volonté. Et s'il veut la considérer comme une faute ou une erreur, qu'il le dise, nous ne discuterons pas à ce sujet. Quant à nous, nous préférons, comme nous l'avons expliqué dans le *Guide des égarés*, que celui qui nous suit, fût-il unique, soit doué d'intellect et croie le vrai, et que s'éloignent de nous les milliers d'ignorants qui croient le faux[14]. »

Les moyens pour parvenir à détourner l'attention des lecteurs ignorants sont longuement expliqués par l'auteur dans l'introduction au *Guide*. Mais, dans le *Traité sur la résurrection des morts*, Maïmonide est étrangement peu cohérent dans son dessein d'éloigner les non-initiés. Que ce petit traité soit destiné aux gens simples, aux ignorants, l'auteur le répète à satiété. Il multiplie aussi les injures et les invectives envers les tenants de l'anthropomorphisme divin, qu'il identifie à ses adversaires rabbanites. Nous en avons donné plus haut un exemple.

10. Cf. l'édition de Langermann (2001), p. 83.

11. Partie I, p. 2 de la traduction de Munk.

12. Cf. Kraemer (1999), p. 61, n. 18 et (2006), p. 374, n. 77. Ces notes avaient échappé à mon attention mais leur auteur m'a gracieusement informé de l'existence de ce nouvel autographe dans un message d'avril 2008 :
« A card in the folder says : Introduction to Moreh, PF (?). I take it to be Paul Fenton, who does not comment on Maimonides' holograph. I wrote to Fenton about it but he did not reply. »
En novembre 2009, Ben Outwhaite, son équipe et moi-même avons vérifié qu'il s'agit bien de la main de Maïmonide.

13. Maïmonide a écrit son poème au recto d'un feuillet qui était vierge (Cambridge, Cambridge University Library, Taylor Schechter Genizah Collection, J 2.39 recto), puis le papier (dont les mesures sont analogues à celle des autres brouillons : 23,5 par 15 cm) a été réutilisé par d'autres scripteurs.

14. Ed. Finkel (1935), p. 18.

Illustration 20.

Or, afin de se justifier des accusations portées contre lui, treize fois Maïmonide renvoie au *Guide des égarés*[15].

Les sujets pour lesquels il cite le *Guide* sont d'abord le refus de l'anthropomorphisme :

« La raison de tout cela est ce que nous avons déjà dit : pour le peuple, seul le corps ou ce qui existe dans le corps existe. Ce qui n'est pas corps ni dans un corps n'existe pas. Lorsque le peuple veut renforcer l'existence de quelque chose, il lui ajoute de la corporalité, je veux dire, il épaissit l'essence de sa matière. Nous avons déjà mentionné et expliqué une grande partie de ce sujet dans le *Guide des égarés*[16]. »

Les autres sujets à propos desquels il cite le *Guide* sont la permanence des lois de la nature et leur rapport avec les miracles[17], puis la nécessité de la création du monde et le refus de son éternité[18].

Comment se justifier devant le grand public en alléguant pour preuve de sa conformité (treize fois dans un traité de moins de quarante petites pages !) un livre qui ne lui est pas destiné, qu'il est censé ne pas comprendre et que seule l'élite est en mesure d'apprécier ?

Une autre affirmation de l'auteur dans l'introduction du *Guide* est évidemment erronée. Les sujets traités dans le *Guide* seraient différents de ceux qui sont traités dans ses ouvrages populaires (comme le *Mishné Tora*) : dans le *Guide*, il s'agirait exclusivement des « secrets » de la Tora – la physique et la métaphysique.

Or, le livre I du *Mishné Tora* est bien un résumé de la physique (le *Récit de la création*) et de la métaphysique (le *Récit du char*) qui forment les « secrets » de la Tora. Certes, ce résumé des sciences aristotéliciennes comporte moins de détails que ceux qu'on lit dans le *Guide* et le lecteur doit l'accepter tel quel ; certaines affirmations du *Guide* contredisent celles qu'on lit dans le *Mishné Tora*.

On ne peut pas croire que l'auteur ait exposé, dans ce livre destiné à tous, des vérités auxquelles il ne croyait pas. Faut-il admettre que, entre la rédaction des deux ouvrages, Maïmonide a nuancé certaines conceptions, ou bien a-t-il,

15. Cf. dans l'édition de Finkel : p. 4, ll. 2-4, à propos de l'anthropomorphisme ; p. 5, ll. 12-14, l'existence de l'intellect est plus assurée que celle du corps ; p. 10, ll. 11-12, sur les « secrets de la Loi » ; p. 14, ll. 1-3, ses adversaires prennent les tenants du Kalâm pour des philosophes ; p. 18, ll. 13-14, faisant référence à l'existence plus durable de l'intellect par rapport à celle du corps ; p. 18, l. 17, dans la poursuite de la vérité, un seul homme intelligent est préférable à des milliers d'ignorants qui sont dans l'erreur ; p. 22, ll. 2-3, affirmant que le monde est soumis aux lois de la nature, lesquelles ne changent pas ; p. 22, ll. 15-23, sur la concordance entre la Tora et la science ; p. 24, ll. 5-6, sur l'immutabilité des lois de la nature ; p. 30, l. 3, l'existence des miracles oblige à croire à la création du monde ; p. 30, ll. 12-14, il faut refuser l'éternité du monde ; p. 31, l. 10, les Sabéens croyaient à l'éternité du monde ; p. 32, l. 7, les miracles et la nouveauté du monde ; p. 37, ll. 12-13, il ne faut donner aux lecteurs que les têtes de chapitres, comme ce fut le cas dans le *Guide* et le *Mishné Tora*, et non comme ici (le *Traité sur la résurrection des morts*), où on s'adresse à des ignorants.

16. Ed. Finkel (1935), pp. 5, 10, 18.

17. Ed. Finkel (1935), pp. 22, 24, 30.

18. Ed. Finkel (1935), pp. 30, 31, 32.

par prudence, dissimulé ses opinions véritables, comme l'ont cru les commentateurs médiévaux et comme l'a proclamé Leo Strauss[19] ? Il nous semble qu'il en est bien ainsi et, dans certains des brouillons autographes, nous verrons clairement comment l'auteur avance dans cet exercice de dissimulation.

Cependant, les différences que nous voyons entre les premiers et les derniers écrits peuvent être dues aussi à une maturation de la pensée de l'auteur. La curiosité philosophique de Maïmonide était toujours aiguisée même si, comme on l'a vu dans l'introduction, il n'avait guère le temps de faire de nouvelles lectures. Les problèmes philosophiques continuèrent à le préoccuper jusqu'à la fin de sa vie.

L'un de ces problèmes était la différence d'opinion entre Aristote et Ptolémée en ce qui concerne les mouvements célestes. Lorsqu'il écrivait le proto-brouillon du chapitre 60 de la partie I, Maïmonide pensait que l'on pouvait savoir des choses positives à propos des mouvements des corps célestes (comme c'était le cas dans le chapitre 3 du *Livre de la connaissance*), et prenait le soleil pour exemple d'une connaissance scientifique positive. L'exemple du soleil a été supprimé dans la version définitive du *Guide*. Rappelons la phrase qui termine le chapitre sur l'astronomie :

« Le plus grand hommage que j'aie pu rendre à la vérité, c'est d'avoir ouvertement déclaré combien ces matières me jetaient dans la perplexité et que je n'avais ni entendu, ni connu de démonstration pour aucune d'elles[20]. »

Un autre problème était la limite de la connaissance du monde divin par l'homme[21]. On ne peut pas écarter l'hypothèse de Shlomo Pines que Maïmonide, à la fin de sa vie, ait désespéré de la possibilité d'atteindre les connaissances métaphysiques[22].

Le témoignage des autographes est forcément limité : nous n'avons que quatorze pages. De plus, comme on l'a dit plus haut, aucun des autographes n'est le texte que l'auteur considérait comme définitif et qu'il avait donné à copier à un scribe pour préparer son « Livre », le modèle proposé au public.

Tous ces brouillons sont des textes qui remontent à des périodes de l'activité intellectuelle de l'auteur antérieures à la publication du *Guide*. Ils portent tous des corrections, et il y en a eu beaucoup. Les dernières sont celles qui furent faites lors de la dernière relecture (étape 5) que l'on trouve dans la rédaction définitive mais dont nous n'avons pas de témoin matériel. Celle-ci est la mieux représentée par les portions de texte où l'on trouve un consensus entre le texte du *Guide* publié par Munk-Joel et l'unanimité des sept copies manuscrites que nous avons examinées, comme on l'a vu dans la partie II de cette étude.

19. (1952), pp. 75-133.

20. Partie II, chap. 24, pp. 194-195 de la traduction de Munk et les notes.

21. C'est en se fondant sur la profonde connaissance des philosophes arabes plus anciens, que Maïmonide a médités toute sa vie, que Shlomo Pines a suggéré que sa conception des limites de la connaissance de la métaphysique par l'homme était bien moindre à la fin de sa vie qu'au début. Il a rapproché un certain nombre de passages pris essentiellement dans la partie III du *Guide* et a montré leur cohérence avec des idées des différents philosophes arabes. Les brouillons que nous avons ici n'apportent pas de lumière nouvelle sur le sujet.

22. Voir surtout les deux articles de Pines (1979) et (1981).

Dans les feuillets de la main de Maïmonide, plusieurs sujets sont examinés et, dans cette étude, un chapitre est consacré à chacun d'eux[23] :

- La création de l'homme ; fin du chapitre 2 de la partie I (fragment 1r, brouillon) et fragment du chapitre 30 de la partie II (fragment 5, un proto-proto-brouillon).
- La langue hébraïque et son utilisation dans la Bible ; chapitre 3 de la partie I (fragment 1v) puis la seconde moitié du chapitre 17, les chapitres 18, 19, 20, et le début du chapitre 21 de la même partie (fragment 2, fol. 1r-v, fol. 2r-v). Ce sont là des chapitres d'exégèse biblique et ils sont tous des brouillons.
- Dieu et ses attributs ; partie du chapitre 60 de la partie I (fragment 3), un proto-brouillon.
- Les noms de Dieu et la gloire créée ; chapitre 64-65 de la même partie (fragment 4), également un proto-brouillon.
- La prophétie et la révélation sur le mont Sinaï ; un texte que l'on trouve, dans la version définitive à la fin du chapitre 32 et dans le chapitre 33 de la partie II (fragment 6), et qui inclut un proto-proto-brouillon et un proto-brouillon.

23. Les sujets sont introduits dans le cadre des chapitres tels qu'on les lit dans l'édition de Munk-Joel. Ces chapitres sont résumés et seule une partie du texte est citée. La traduction est celle de S. Munk, revue et corrigée d'après les autres traductions plus littérales, celle de Pines en particulier. Les fragments autographes ont été traduits dans l'édition (de manière très littérale pour toutes les variantes). Dans l'édition, on a aussi trouvé les transcriptions scientifiques des termes arabes. Dans ce qui suit, les transcriptions des mots arabes sont simplifiées et les transcriptions des mots hébreux restent celles données par S. Munk.

2. Étude des feuillets de la main de Maïmonide

1. La création de l'homme
Partie I, chapitre 2 (fragment 1r)
et Partie II, passage du chapitre 30 (fragment 5r-v)

Rappelons le but du livre : donner aux « désorientés », les étudiants en science et en philosophie, la méthode qui leur permettra d'interpréter la lettre des textes bibliques et traditionnels de manière à rester fidèles aux enseignements de la religion, sans abandonner la raison humaine.

Partie I, chapitre 2 : l'opposition entre le vrai et le bien

La Genèse du monde culmine dans la création de l'homme. Au sens littéral, Dieu aurait créé la terre et les cieux en six jours, couronnant son œuvre par la création de l'homme *à son image et à sa ressemblance.*

Le chapitre 1 de la partie I explique les deux mots du verset de Gen. 1 :26 : « Faisons un homme à notre image [*çalmenou*], à notre ressemblance [*demouthenou*]. » Le premier mot, *célem*, signifie la forme spécifique, intellectuelle ; le mot *demouth* figure le lien qui joint l'intellect divin à l'intellect humain[1]. Le chapitre suivant va expliquer ce qui fait que l'homme est homme et comment il s'est éloigné de ce qui constituait sa destinée véritable.

Dans la Genèse, la création de la race humaine est racontée deux fois, et les deux récits se contredisent sur plusieurs points[2]. Dans le premier récit (Gen. 1 :26 et 27) : « Dieu dit : *faisons l'homme à notre image [célem] et à notre ressemblance [demouth]* [...] Dieu créa l'homme à son image. C'est à l'image de Dieu qu'il les créa. Mâle et femelle furent créés à la fois. » Dans le second récit, l'homme est créé d'abord (Gen. 2 :7) et la femme est créée de la côte de l'homme (Gen. 2 :21-23). Complétant ces deux récits, Gen. 2 :16-17 raconte la défense faite à Adam de manger de l'arbre de la connaissance du bien et du mal, et, dans Gen. 3, la tentation du serpent, la faute d'Ève et l'expulsion du paradis.

Pour Maïmonide, il n'y a pas d'opposition entre ces deux versions de la création : elles se complètent l'une l'autre.

Le premier récit de la création de l'homme part du principe du monde existant : Dieu, et s'attache à décrire ce qui constitue véritablement la race humaine, le but de sa création et sa félicité suprême.

Dans le second récit de la création, Ève, les arbres du Jardin d'Éden, le serpent et la faute sont des allégories des facultés humaines, lesquelles s'inscrivent dans un tableau de la création du monde sublunaire dont elles font partie. Seul l'intellect, qui est le véritable être de l'homme, reste en dehors de ce tableau, car il n'est pas matériel et sa place dans l'ordre du monde a été expliquée dans le premier récit.

1. Cf. W. Z. Harvey (1988), critiquant Strauss (1963).
2. Ces contradictions ont provoqué nombre d'exégèses bien antérieures à celle du *Guide*.

Au début du *Guide*, I, chap. 2, l'auteur répond à une objection qui lui aurait été faite. La réponse est précédée de la remarque suivante :

« Tout Hébreu savait que le nom *Élohîm* est homonyme, s'appliquant à Dieu, aux anges et aux gouvernants régissant les États. Déjà Onkelos, le prosélyte, a expliqué – et son explication est vraie – que par les mots : "Et vous serez comme des *Élohîm* connaissant le bien et le mal" (Gen. 3 :5), on a eu en vue le dernier sens ; car il dit [dans sa traduction chaldaïque] : "Et vous serez comme les grands personnages[3] [*keravrevia*]". »

Comme le remarque Sarah Klein-Braslavy[4], cela nous montre, d'entrée de jeu, que le récit de la Genèse n'est pas historique : il n'y avait pas, à l'aube de l'histoire humaine, « des gouvernants régissant les États ». Les paroles adressées à Adam par Dieu sont le signe que nous sommes ici dans l'allégorie : la Genèse décrit l'homme actuel, l'homme de tous les temps, sa place dans la création et la destinée qui est la sienne.

L'objection qui a été faite, par un homme de quelque culture, est basée sur le sens littéral du texte : l'intention primitive dans la création de l'homme aurait été qu'il fût comme le reste des animaux, sans intellect et sans réflexion, sans savoir distinguer entre le bien et le mal. Sa désobéissance lui mérita la perfection particulière à l'homme, c'est-à-dire de posséder le discernement qui est en nous, qui est la chose la plus noble en nous et qui constitue notre substance[5].

À cette objection, l'auteur répond : l'intellect que Dieu a fait émaner sur l'homme, et qui constitue sa perfection finale, est aussi sa perfection première car Adam la possédait avant sa désobéissance ; « c'est à cause de [cet intellect] qu'il a été dit de lui qu'il était "à l'image de Dieu et à sa ressemblance", et c'est à cause de lui que la parole lui fut adressée et qu'il reçut des ordres, comme dit [l'Écriture] : "Et l'Éternel, Dieu ordonna, etc." (Gen. 2 :16), car on ne peut pas donner d'ordres aux animaux ni aux êtres dépourvus d'intellect. Par l'intellect on distingue entre le vrai et le faux, et cette faculté il [Adam] la possédait parfaitement et complètement ; mais le laid et le beau existent dans les [choses des] opinions probables, et non dans les choses intelligibles ; car on ne dit pas que cette proposition : "le ciel est sphérique" soit belle, ni que cette autre : "la terre est plane" soit laide ; mais on appelle l'une vraie et l'autre fausse [...]. Par l'intellect donc l'homme distingue le vrai du faux, et ceci a lieu dans toutes les choses intelligibles... »

« Il n'y avait en lui aucune faculté qui s'appliquât aux opinions probables, d'une manière quelconque, et il ne les appréhendait même pas ; de telle sorte que ce qu'il y a de plus manifestement laid par rapport aux opinions probables, c'est-à-dire de découvrir les parties honteuses, n'était point laid pour lui, et il n'en appréhendait même pas la laideur. Mais lorsque, désobéissant, il pencha vers ses désirs venant de l'imaginative et vers les plaisirs corporels de ses sens, comme dit [l'Écriture] : [...] "que l'arbre était bon pour en manger et qu'il était

3. Page 37 de la traduction de Munk.

4. Klein-Braslavy (1986), p. 302.

5. L'objection, l'objecteur et la réponse de Maïmonide ont piqué la curiosité de nombreux commentateurs. S. Klein-Braslavy (1986) leur consacre les pages 39 à 79.

un plaisir pour les yeux" (Gen. 3 :6), il fut puni par la privation de cette appréhension intellectuelle ; c'est pourquoi il transgressa l'ordre qui lui avait été donné à cause de son intellect, et, ayant obtenu la connaissance des opinions probables, il fut absorbé par ce qu'il devait trouver laid ou beau, et il connut alors ce que valait la chose qui lui avait échappé et dont il avait été dépouillé, et dans quel état il était tombé.»

La suite se trouve dans le brouillon autographe :

« C'est pourquoi il a été dit : "Et vous serez comme des *Élohîm* connaissant le bien et le mal" (*ibid.* 3 :5), et on n'a pas dit : connaissant le *faux* et le *vrai*, ou : appréhendant le *faux* et le *vrai* ; tandis que dans les choses [intelligibles : *'aqliyya* ; dans toute la tradition, le mot est remplacé par : *ḍarûra*] nécessaires, il n'y a pas du tout de *bien* ni de *mal*, mais du *faux* et du *vrai*.»

La suite du texte ne diffère du texte canonique que sur des détails. L'auteur explique que, dans le verset : « "Et les yeux de tous les deux s'ouvrirent et ils reconnurent qu'ils étaient nus" (*ibid.* 3 :7) [...] Le verbe *peqâh* ne s'emploie absolument que dans le sens de : *ouvrir la vue intelligible* [et ne se dit] pas de la restauration du sens de la vue corporelle.»

L'expulsion du paradis se fonde sur l'interprétation midrashique d'un verset de Job 14 :20[6]: « Quant à ce qui est dit d'Adam : "Quand il changea de face tu le renvoyas", il faut l'interpréter et commenter ainsi : "Lorsqu'il changea de *direction,* il fut expulsé" ; car *panîm* [face, visage] est un nom dérivé de *panah* [se tourner] parce que l'homme se dirige avec son visage vers la chose qu'il veut atteindre. On dit donc : Quand il eut changé de direction et qu'il se fut dirigé vers la chose vers laquelle il lui avait été défendu précédemment de se diriger, il fut expulsé du paradis.»

Ici se termine le brouillon autographe.

Dans le texte imprimé et les manuscrits, nous lisons ensuite :

« Et ce fut là un châtiment pareil à sa désobéissance, "mesure pour mesure" ; car il lui avait été permis de manger des choses agréables et de se délecter dans le repos et la tranquillité ; mais étant devenu avide, ayant suivi ses plaisirs et son imaginative comme nous l'avons dit, et ayant mangé ce qu'il lui avait été défendu de manger, il fut privé de tout [...] et ensuite on dit clairement : "Et l'Éternel Dieu le renvoya du paradis pour cultiver la terre" (*ibid.* v. 23). Et il l'assimila aux animaux dans sa nourriture et dans la plupart des circonstances, comme dit [l'Écriture] : "Et tu mangeras l'herbe du champ" (*ibid.* v. 18). Et comme pour expliquer ce passage [le psalmiste] a dit : "L'homme ne resta pas dans sa dignité, et il fut assimilé aux bêtes muettes" (Ps. 49 :13) – Louange au maître de cette volonté dont on ne saurait comprendre le dernier terme et la sagesse.»

Deux idées principales se dégagent de ce chapitre :

1. L'homme diffère des animaux par la raison, l'intellect, lequel lui permet de faire la différence entre le vrai et le faux. Distinguer le bien du mal est une faculté différente de l'intellect et elle relève des opinions probables.

6. Cf. la n. 1 de Munk, p. 42.

2. Ces deux facultés ne sont pas seulement différentes, elles sont opposées : se tourner vers l'une est se détourner de l'autre.

La faute d'Adam, la faute de l'homme, consiste à se « détourner » de l'intellect et à « se tourner » vers les opinions probables, la morale et la politique, les choses matérielles, se rangeant ainsi parmi les animaux, qui n'ont pas accès à la connaissance de Dieu, puisqu'ils n'ont pas d'intellect. La race humaine tient du monde matériel son corps, ses désirs, son imagination et les opinions probables qui règlent sa vie psychologique et sociale. Ce qui la relie à Dieu et constitue sa perfection finale, ce sont dans l'autographe, l. 3, « les choses intellectuelles », et, dans toute la tradition, manuscrits et imprimés : les « choses nécessaires ».

La correction a été faite par Maïmonide (durant l'étape 4 de correction du texte), et elle nous met au cœur de la pensée de l'auteur et de sa définition de l'intellect. Un peu plus haut, l'auteur avait opposé ces deux notions :

« L'intellect que Dieu a fait émaner sur l'homme, et qui constitue sa perfection finale, est celui qu'Adam possédait avant sa désobéissance ; c'est à cause de [cet intellect] qu'il a été dit de lui qu'il était “à l'image de Dieu et à sa ressemblance”. »

Les opinions probables sont à l'opposé de l'intellect : « Adam n'avait aucune faculté qui s'appliquât aux opinions probables, d'une manière quelconque, et il ne les appréhendait même pas ; de telle sorte que ce qu'il y a de plus manifestement laid par rapport aux opinions probables, c'est-à-dire de découvrir les parties honteuses, n'était point laid pour lui, et il n'en appréhendait même pas la laideur. »

Les relations du vrai et du faux avec le bien et le mal ont une longue histoire qui prend sa source chez Aristote ; on en trouve un résumé remarquable dans une note[7] de la traduction de Salomon Munk à ce passage du *Guide*. Cette histoire a ensuite été étudiée par Howard Kreisel[8] et, presque au même moment, par Shlomo Pines[9]. S. Pines a montré que deux traditions ont coexisté tout au long de l'histoire de la philosophie aristotélicienne. Dans l'une, le vrai peut être le bien, on l'appellera alors « l'intellect pratique ».

Une seconde tradition, illustrée par Themistius et Jean Philopon, oppose le vrai, appréhendé par le seul intellect théorique, au bien, lequel ressortit seulement de l'humain et, en réalité, fait partie des « opinions probables ». S. Pines remarque que les deux opinions : « le beau et le laid font partie de l'intellect » et « le beau et le laid ne font pas partie de l'intellect » se lisent toutes deux dans des textes d'Avicenne : la première dans le *Kitâb Shifâ al-nâfs*[10] et la seconde dans le *Kitâb al-ishârât wa'l tanbîhât*[11].

7. Partie I, p. 39, n. 1.

8. Les trois articles de H. Kreisel ont paru en 1988 et 1989. Ils ont été repris en 1999 aux pages 63-92 ; 93-124 ; 189-223.

9. Pines (1990).

10. Passage traduit aux pages 118-119 de l'article de Pines cité dans la note précédente. Signalons que Shem Tov ibn Falqéra cite aussi, à ce propos, le *Kitâb Shifâ al-nâfs* d'Avicenne dans son *Moré ha-moré,* pp. 124-126.

11. Passage traduit *ibidem* aux pp. 128-129.

La relation entre « le vrai et le faux » et « le bien et le mal » avait été abordée par Maïmonide dans le *Commentaire sur la Mishna*, terminé en 1168 et son premier grand livre populaire. Il y donnait, en introduction au traité *Abbot*, un petit traité de psychologie[12]. On y lit :

« [Dans l'âme humaine], la partie intellective est la faculté humaine par laquelle il intellige : en elle se produit l'intellection, par elle, il acquiert les sciences, et grâce à elle il différencie les actions laides des actions belles. Parmi ses actes, certains sont pratiques, d'autres sont théoriques. Parmi les pratiques, il y a l'art du calcul et aussi la technique. Et le théorique : c'est par lui que l'homme connaît les êtres inaltérables, selon ce qu'ils sont en eux-mêmes, et ce qu'on appelle tout simplement les sciences. »

On pourrait imaginer que Maïmonide avait suivi le *Shifâ* dans son *Commentaire sur la Mishna*, et que, plus tard, sa pensée s'est durcie et qu'il s'est rallié à l'opinion du *Kitâb al-ishârât*: la félicité suprême, la vie future dépend alors uniquement des notions nécessaires, les sciences (mathématique, physique et métaphysique), et exclut tous les non-philosophes, fussent-ils des justes. La politique comme la morale sont nécessaires à la survie de l'humanité et elles sont voulues par Dieu, mais, du point de vue de la perfection individuelle de l'homme, elles se trouvent ravalées à un stade inférieur.

Cependant, cet éloignement de l'intellect pratique n'a pas commencé avec le *Guide*. Dans le *Mishné Tora*, postérieur au *Commentaire sur la Mishna* mais antérieur au *Guide* et, comme le livre précédent, destiné au grand public, Maïmonide écrit :

« Quant à la qualité supplémentaire qui se trouve dans l'âme de l'homme, elle est la forme de l'homme envisagé dans la plénitude de sa raison. Et c'est à cette forme que pense l'écriture lorsqu'elle déclare (Gen. 1 :26) : "Faisons l'homme à notre image, selon notre ressemblance". En d'autres termes, donnons-lui une forme qui connaisse et appréhende les notions qui n'ont pas de matière [*tsura ha-yoda'at umaseget ha-deot sheyn lahem golem*] – comme les anges qui sont des formes dépourvues de matière – jusqu'à ce qu'il leur ressemble[13]. »

Dans cette formulation, l'intellect qui permet à l'homme de ressembler à Dieu est bien l'intellect théorique ; ni l'intellect pratique, ni les opinions probables ne sont mentionnés puisque, aussi bien, les anges, autrement dit les intelligences séparées, en sont dépourvus. Dans ce passage, il est question de la connaissance métaphysique qui est plus sublime que les autres sciences.

C'est bien la position du *Guide*. Dans l'autographe, les mots « choses intelligibles » étaient utilisés pour qualifier ce qui est à l'image de Dieu et représente la félicité suprême de l'homme. Se fondant sur le *Commentaire sur la Mishna*, le lecteur aurait pu comprendre que « l'intellect » dont il est question ici est « la partie intellective de l'homme dans laquelle se produit l'intellection ». Or, dans

12. Gorfinkle (1966), chap. 1, p. 12 de l'hébreu, p. 43 de la traduction anglaise.

13. Pages 60-61 de la traduction (remaniée) de Nikiprowetzky et Zaoui (1960). Ce passage, affirmant que l'homme peut connaître les anges = les intellects séparés, est l'un de ceux qui ne s'accordent pas avec l'idée de Shlomo Pines dans ses articles sur les limites de la connaissance de la métaphysique par l'homme. Cf. Pines (1997), pp. 404-431 et 432-446.

le *Commentaire sur la Mishna*, cette faculté intellective inclut l'intellect théorique (grâce auquel « l'homme connaît les êtres inaltérables, selon ce qu'ils sont en eux-mêmes, et ce qu'on appelle tout simplement les sciences ») mais aussi l'intellect pratique (grâce auquel « il différencie les actions laides des actions belles). Si Maïmonide a substitué « nécessaire » à « intelligible » dans l'édition finale, c'est qu'il veut ici, dans le *Guide*, dissocier complètement l'intellect théorique des autres intellections. En biffant le terme *'aqlyya* et en le remplaçant par *ḍarûra*, Maïmonide écartait la possibilité que la perfection finale de l'homme ait un rapport quelconque avec l'intellect pratique.

D'ailleurs, le mot « intellect pratique » est totalement absent du *Guide*[14]. On comprend bien pourquoi. L'auteur a commencé le chapitre en rappelant les trois sens du mot *Élohîm* dans le verset de Gen. 3 :5 : « Comme des *Élohîm* connaissant le bien et le mal » ; le mot *Élohîm* peut désigner Dieu, les anges ou les gouvernants régissant les États, lesquels, contrairement à Dieu et aux anges, doivent, en effet, connaître le bien et le mal mais ne connaissent pas forcément « les choses nécessaires ».

En fait, non seulement, la perfection de l'homme ne comprend-elle pas la distinction entre le bien et le mal, mais elle semble l'exclure, comme le montrent les deux exemples de vrai et de faux, tous deux pris dans la science astronomique : la sphéricité des cieux et la platitude de la terre.

De même, dans l'allégorie du palais exposée dans le chapitre 51 de la partie III du *Guide*, c'est seulement aux philosophes théoriques que l'auteur réserve l'accès à Dieu :

« [...] après avoir achevé les sciences physiques et étudié la métaphysique, tu es entré auprès du souverain, dans la cour intérieure, et tu te trouves avec lui dans le même appartement[15]. »

Cependant, dans le *Récit de la création* que nous venons de voir, il y a plus : l'intellect théorique et ce qui constitue l'intellect pratique (éthique et politique, lesquelles font partie des opinions probables) sont opposés l'un à l'autre. L'homme « se tourne » exclusivement vers l'un ou vers l'autre : s'il « se tourne » vers la connaissance des « choses nécessaires », il répond au dessein divin et il est « homme » ; s'il « se tourne » vers les « choses matérielles » qui incluent la connaissance du bien et du mal, il se retrouve au rang de l'animal et est chassé du paradis.

« Et ce fut là un châtiment pareil à sa désobéissance, “mesure pour mesure” [...] “Et l'Éternel Dieu le renvoya du paradis pour cultiver la terre”. »

Mais pourquoi Dieu a-t-il lié Adam, intellect parfait, proche des anges, à la matière ? Pourquoi l'avoir soumis à la tentation de se détourner de sa perfection essentielle ? Maïmonide n'a d'autre réponse que celle du libre arbitre :

« Dieu l'a voulu ainsi, je veux dire que c'est par l'effet de sa volonté éternelle et primitive que tous les animaux se meuvent selon leur libre arbitre, et

14. Ce que remarque Pines, art. cité, p. 127, n. 93, et p. 140. Dans cet article, S. Pines était guidé par sa seule intuition, il n'avait pas regardé les autographes et ne pouvait donc pas opposer les deux leçons.

15. Cf. livre III, p. 436 de la traduction de Munk.

que l'homme a le pouvoir de faire tout ce qu'il veut, ou tout ce qu'il préfère d'entre les actions dont il est capable[16]. »

Ainsi le chapitre se conclut-il par l'aveu de l'ignorance de l'homme adressant sa louange à un Dieu qu'il n'est pas possible de comprendre : « Louange au maître de cette volonté dont on ne saurait comprendre le dernier terme et la sagesse[17] ! »

Il n'est pas trop étonnant que la majorité des philosophes juifs ne furent pas en faveur de cette antinomie absolue entre l'intellect et la morale, l'intellect et la loi religieuse[18], et qu'ils cherchèrent des explications s'accordant mieux avec la religion. Shem Tov ibn Falqéra, philosophe du XIIIe siècle et l'un des premiers commentateurs du *Guide*[19], est le seul à ne pas critiquer l'opinion de Maïmonide[20].

Partie II, chapitre 30 : l'interprétation allégorique des rabbins du Talmud

Dans *Guide*, II, 30, le thème de la seconde relation de la création d'Adam s'insère dans celui des lois de la nature, telles que les rabbins ont voulu les enseigner. On y trouve la description des forces physiques, matières et formes, qui se succèdent dans un univers dont les lois restent sans changement. L'homme, la race humaine, est à la charnière des êtres matériels et des êtres intelligibles. Créé avec, pour félicité ultime, la connaissance des êtres d'en haut qui ne sont pas plongés dans les ténèbres de la matière, ses instincts matériels l'entraînent vers le bas. Comme tous les autres êtres créés, il est soumis à des lois permanentes et immuables. Dieu n'intervient pas dans l'histoire.

Le chapitre 30 de la partie II donne les clefs de certains des enseignements de la Genèse, en mettant en relation les versets bibliques et les textes traditionnels : Talmud et *Midrash*.

Le chapitre se compose de dix-huit paragraphes courts, reliés par des explications ou des exhortations, et presque tous sont précédés par l'injonction : « Ce qu'il faut savoir aussi » ou « Ce qu'il faut savoir aussi et méditer ». Nous avons ici un texte impératif, proche des ouvrages destinés au grand public : ce qui est dit ici n'est pas argumenté ; il ne s'agit pas d'expliquer ni de convaincre, mais de donner des règles que le peuple ne peut comprendre et qu'il doit admettre par voie d'autorité[21]. Comme dans le *Mishné Tora*, l'auteur part de Dieu, le Principe du monde, et détaille la hiérarchie des diverses parties de l'univers,

16. Cf. partie III, p. 124 de la traduction de Munk.

17. C'est l'interprétation de Shem Tov ibn Falqéra, cf. *Moré ha-Moré*, pp. 126-127.

18. Cf. l'article de Pines cité plus haut. Le problème du rapport entre l'intellect et la politique qui est esquissé par Pines dans cet article (pp. 147-149) ne peut pas être abordé ici.

19. Cf. son *Moré-ha-Moré*, pp. 123-127, et Jospe (1986).

20. Que Spinoza se soit inspiré de Maïmonide n'arrange pas les choses ! Cf. Pines (art. cité), pp. 142 *sqq*.

21. La nécessité d'admettre par voie d'autorité, et sans les comprendre, les principes de base de la connaissance de Dieu et du monde est fortement affirmée par Maïmonide dans la partie I, chap. 34 et 35 : si nous ne le faisions pas, « personne n'échapperait jamais à la perdition, si ce n'est peut-être un seul dans une ville ou [tout au plus] deux dans une famille » (*Guide*, I, 34, p. 123 de la traduction de Munk).

lesquelles se succèdent, dans l'ordre du récit de la création, pour arriver à l'homme et à sa place dans le cosmos.

Nous voyons bien qu'ont été réunis ici des morceaux de l'ouvrage sur les « Derachot du Talmud » dont Maïmonide parle dans son introduction. Dans ce proto-proto-brouillon autographe, l'ordre de présentation des textes n'avait pas encore été fixé de manière définitive et les longs ajouts dans les marges viendront prendre place dans le corps du texte, lors des étapes 3 et 4 de la rédaction, avant la publication du texte définitif.

Le texte canonique aborde successivement les sujets suivants[22] :

1. « La différence entre le premier et le principe [...] Le monde n'a pas été créé dans un commencement temporel[23] [...]. » « Quant à ce que tu trouves rapporté de la part de certains des docteurs, tendant à établir que le temps existait avant la création du monde, c'est très obscur [...] Je t'ai déjà fait savoir que c'est le principe fondamental de toute la religion, que Dieu a produit le monde du néant absolu, et non pas dans un commencement temporel ; le temps, au contraire, est une chose créée, car il accompagne le mouvement de la sphère céleste, et celle-ci est créée. »

2. « Ce qu'il faut savoir aussi, c'est que, pour ce qui est du mot *eth* dans Gen. 1 : 1, [...] il a le sens d'"avec" [...] Les docteurs veulent dire par là que Dieu créa "avec" le ciel tout ce qui appartient au ciel et "avec" la terre, tout ce qui appartient à la terre [...] Tout fut créé simultanément, et ensuite les choses se distinguèrent successivement les unes des autres. »

3. « Ce qu'il faut savoir aussi, c'est que "terre" est un homonyme [...] Il s'applique à tout ce qui est au-dessous de la sphère de la lune, c'est-à-dire aux quatre éléments et se dit aussi, en particulier, du dernier d'entre eux qui est la terre [...]. »

4. « Ce qu'il faut savoir aussi, c'est que les quatre éléments sont mentionnés tout d'abord après le ciel [...]. »

5. « Ce qu'il faut savoir aussi, c'est que dans le passage : "Et il fit une séparation entre les eaux", etc. (v. 7) [...] il y avait d'abord une certaine matière commune, appelée "eau", qui se distingua ensuite par trois formes : une partie forma les mers, une autre le firmament, et une troisième resta au-dessus de ce firmament [...] Réfléchis donc, si tu es de ceux qui réfléchissent, quel éclaircissement, il [Rabbi Aqiba] a donné par ce passage, et comment il a révélé tout le sujet, pourvu que tu l'aies bien examiné, et que tu aies compris tout ce qui a été démontré dans la *Météorologie* [d'Aristote][24], et que tu aies parcouru tout ce qui a été dit sur chaque point. »

6. « Ce qu'il faut savoir aussi [...] c'est pourquoi, au second jour, on ne dit pas "que c'était bien" [...] Les mots "que c'était bien" n'ont d'autre sens, si ce

22. On trouvera dans le livre de S. Klein-Braslavy (1978) une analyse très approfondie et très détaillée de ce chapitre et de ceux qui le complètent.

23. Le problème de la création du monde ou de son éternité a été longuement discuté depuis des siècles. Il en a été question plus haut, p. 59.

24. Cette phrase explique pourquoi Samuel ibn Tibbon n'a traduit de l'arabe qu'un seul traité d'Aristote, *Météorologiques*, et qu'il a consacré au problème son livre *Que les eaux se rassemblent*. Cf. Vajda (1962), pp. 1-32 ; Ravitzky (1996), pp. 205-245 et Fraenkel (2007).

n'est que la chose est d'une utilité manifeste et évidente pour l'existence et la prolongation de cet univers. »

7. « Ce qu'il faut savoir aussi, c'est que, selon l'explication des docteurs (*Beréshit Rabbâ* 13), les herbes et les arbres, Dieu ne les fit pousser de la terre qu'après l'avoir arrosée de pluie [...]. »

Vient ensuite un tableau de la structure du monde matériel et de son ordre tel qu'on le lit dans la Genèse. Ce paragraphe, qui commence à la page 249 du texte arabe imprimé (fin de la troisième ligne) et se termine à la ligne 9 (septième mot de la ligne), est le premier sujet abordé dans notre autographe[25].

8. « Tu sais, ô lecteur ! Que c'est par suite du mouvement de la sphère céleste que les éléments se mêlent ensemble, et leur mélange varie en raison de la lumière et des ténèbres. Le premier mélange qui en naît, ce sont les deux espèces d'exhalaisons qui sont la première cause de tous les phénomènes supérieurs, du nombre desquels est la pluie, et qui sont aussi les causes des minéraux, et, ensuite, de la composition des plantes, à laquelle succèdent celle des animaux et enfin celle de l'homme. »

C'est probablement par le mot « l'homme » que commençait la première ligne du feuillet autographe.

La ligne à la verticale, tracée de haut en bas, donne, sans changement de formulation, la phrase qui suit dans le texte imprimé :

« Les ténèbres sont la nature de l'être de tout le monde inférieur, et la lumière lui survient [comme accident] ; il te suffit [de voir] que, dans l'absence de la lumière, tout reste dans un état permanent. » Cet ajout, fait ensuite, correspond bien à la succession des phénomènes naturels : la phrase mentionnant les ténèbres, le néant, limite matérielle de la création, avait sa place avant l'explication du mélange dernier : l'homme.

9. Le sujet abordé ensuite est l'affirmation que l'ordre de la nature, tel qu'il est donné par le texte biblique, est parfait et donc immuable. Le déroulement du récit de la création, pris dans son sens littéral, donne l'impression que le temps a accompagné cette œuvre de création alors qu'il n'en est rien. C'est l'enchaînement des causes qui donne son existence au monde sublunaire comme le confirme le récit biblique, pris dans son sens allégorique, mais aussi la tradition talmudique.

« Ce qu'il faut savoir encore » est une citation des paroles des docteurs dans le Talmud de Babylone (*Rôch ha-chanâ* 11a), citation incomplète dans l'autographe et qu'on lit dans le texte canonique.

L'explication des rabbins (*Rôsh ha-chanâ* 11a) basée sur le mot *tçevi* ne diffère de l'imprimé que par la longueur des citations bibliques et un faux départ immédiatement corrigé par Maïmonide. Le texte définitif a ajouté, par rapport à l'autographe, la perfection de la forme, ce qui complète bien le propos de l'auteur.

Parmi les ajouts qui ont été faits pour le texte définitif, on trouve deux fois ajoutés des mots qui désignent « le récit de la création » ou « les œuvres de la création » (fol. 1r, lignes 3 et 10).

25. Page 244, lignes 5 à 16 de la traduction de Munk.

À la ligne 8, la correction vient insister plus fortement sur la « véracité » de cet ordre des parties de la nature et des lois qui les gouvernent.

Le texte de la Genèse, la citation d'Ez. 20 :8 et l'explication du verset par les rabbins du Talmud sont des arguments contre toute rupture de l'ordre du monde (autrement dit, le miracle), car cet ordre découlant du mouvement des sphères (les éléments, la lumière et les ténèbres, les exhalaisons, les plantes, les animaux) a toujours existé dans sa perfection.

10. Le troisième motif concerne l'histoire d'Adam. Elle ne s'est pas non plus déroulée dans le temps. On y lit un court paragraphe rappelant l'excellence des conceptions des rabbins du Talmud, lequel introduit l'affirmation que la matière ne peut pas être dépourvue de la forme : Ève et Adam sont indissolublement liés. Enfin, que l'intellect n'est lié à la matière que par l'intermédiaire des facultés inférieures : l'imaginative et la sensitive.

Confirmant ici ce qui a été dit dans la partie I, chapitre 2, Maïmonide montre que, si l'on suit le second récit de la Genèse, l'histoire de la faute d'Adam et son expulsion du paradis n'est pas un événement historique qui se serait déroulé après la création du monde. Le tableau est celui de l'Adam de tous les temps, irrémédiablement lié à la matière et qui se détourne de l'intellect théorique, lequel, cependant, le distingue des autres créatures terrestres.

« Ce qui doit être un sujet de sérieuse méditation, c'est qu'il est parlé de la création de l'homme, dans les six jours de la création, en disant : “il les créa mâle et femelle, etc.” (Gen. 1 :27) » [sont biffés ici les mots : « on ouvre un nouveau chapitre » qui sont repris à la ligne suivante], puis, après avoir entièrement conclu [dans le texte canonique et tous les manuscrits, on trouve : le récit de la création], il est dit : « Ainsi furent achevés [...] (*ibid.* 2 :1), on ouvre un nouveau chapitre, la création d'Ève à partir d'Adam. On y parle de l'arbre de la vie et de l'arbre de la science, de l'allégorie du serpent et de ce qui en arriva [...]. »

La suite de l'autographe et la comparaison avec le texte définitif montrent qu'ici Maïmonide a hésité. Il avait écrit :

« et on présente tout cela comme ayant eu lieu après qu'Adam soit descendu (*ḥaṭṭa*) dans le jardin d'Éden. » L'expression : « le jardin d'Éden » a été biffée à tort et elle a été restituée par l'auteur lui-même.

Comme le fait remarquer S. Munk, le verbe *ḥaṭṭa* signifie proprement *déposer, faire descendre d'un lieu supérieur* et, comme verbe neutre, *descendre*. Ibn Tibbon, dans le chapitre 24 de la partie II, l'a pris dans ce dernier sens et l'a traduit par « le monde dans lequel *il est descendu*[26] ». Adam est-il *descendu* ou bien a-t-il *été placé* dans le jardin d'Éden ? La version canonique porte : « *eut été placé* [*ja'ala*] » dans le jardin d'Éden.

Nous retrouvons ici le problème philosophique difficile de la chute d'Adam : comment un être qui est, par nature, un intellect pur, tourné exclusivement vers la connaissance des intelligibles théoriques, s'est-il trouvé éternellement lié à une

26. Cf. traduction Munk, partie II, p. 371, renvoyant à la p. 194, l. 18 de sa traduction. Pour l'hébreu, voir fol. 51r, l. 18. La traduction française, comme celle de Pines et de Qafih, donne : « il a été placé ».

matière qui l'a détourné de sa destinée pratiquement angélique ? Est-il *descendu* dans ce monde matériel ? Dieu l'y a-t-il *placé* ?

Le paragraphe suivant vient appuyer le propos sur les docteurs du Talmud mais aussi, étrangement dans l'autographe, sur la lettre du texte biblique :

« Tous les docteurs tombent d'accord que cela eut lieu le vendredi, et que rien ne fut changé, en aucune façon, après les six jours de la création. En conséquence, il ne faut rien voir de choquant dans aucune de ces choses ; car, comme nous l'avons dit, il n'y avait encore jusque-là aucune nature permanente. »

Dans la conclusion de l'autographe, on lit une phrase qui a été supprimée dans le texte canonique et dans tous les manuscrits : « et l'Écriture le montre ici littéralement. »

Maïmonide avait trois raisons de supprimer cette phrase :

D'abord, le livre tout entier a été rédigé pour démontrer que le sens littéral doit être compris dans un sens qui n'est pas littéral, sauf exception, mais alors, il fallait expliquer pourquoi[27].

Ensuite, ce chapitre est certes consacré au texte biblique, mais tel qu'il est vu au travers des allégories rabbiniques.

Enfin, cette phrase apodictique, digne d'un Maïmonide jeune et sûr de lui (l'interprétation qu'il donne du texte biblique est forcément la bonne et, si on regarde bien, elle en est même le sens littéral !), aurait, sans aucun doute, provoqué des réactions hostiles. On peut supposer que les démêlés avec Samuel b. Elie et les autres rabbins l'ont amené à nuancer son langage et à se contenter ici des allégories rabbiniques que chacun peut comprendre à sa façon.

Le passage qui suit est rhétorique :

« Il faut savoir que tout ce que je vais te citer ici des discours des docteurs – que la paix soit sur eux ! – sont des paroles d'une extrême perfection, dont l'interprétation était claire pour ceux à qui elles s'adressaient, et qui sont d'une très grande précision. C'est pourquoi je n'en pousserai pas trop loin l'explication et je ne les exposerai pas longuement, [verso] afin de ne pas révéler un secret ; mais il suffira, pour les faire comprendre à un homme comme toi, que je les cite dans un certain ordre et avec une rapide observation. »

La conjonction inévitable entre l'esprit et la matière est encore confirmée par d'autres propos des rabbins. « C'est ainsi qu'ils disent [*Beréshit Rabbâ* 8] qu'Adam et Ève furent créés ensemble, "unis dos contre dos puis divisés, puis une moitié en fut prise, c'est-à-dire Ève" [...] Comprends bien comment on a dit clairement qu'ils étaient en quelque sorte deux et que cependant ils n'étaient qu'un, selon ces mots : "un os de mes os et une chair de ma chair" (Gen. 2 :25), ce qu'on a encore confirmé davantage en disant que les deux ensemble étaient désignés par un seul nom : "Elle sera appelée *Isha*, parce qu'elle a été prise du *Ish*" [*ibid.*] ; et, pour faire mieux encore ressortir leur union, on a dit : "Il s'attachera à sa femme, et ils seront une seule chair" [*ibid.* v. 25]. – Combien est forte l'ignorance de ceux qui ne comprennent pas qu'il y a nécessairement au fond de tout cela une certaine idée ! Voilà donc qui est clair. »

27. Dans le chapitre suivant, nous reviendrons sur le peu d'intérêt que porte Maïmonide au sens littéral du texte biblique.

L'idée de l'union de l'homme et de la femme a déjà été exprimée dans le chapitre 17 de la partie I dont nous avons conservé, en partie, le brouillon[28] :

« C'est ainsi que Platon et d'autres avant lui appelaient la matière la "femelle", et la forme le "mâle". Tu sais que les principes des êtres qui naissent et périssent sont au nombre de trois : la matière, la forme et la privation particulière, qui est toujours jointe à la matière ; car, si cette dernière n'était pas accompagnée de la privation, il ne lui surviendrait pas de forme, et de cette manière la privation fait partie des principes. Lorsque la forme arrive, cette privation [particulière], je veux dire la privation de cette forme survenue, cesse, et il se joint [à la matière] une autre privation, et ainsi de suite, comme cela est expliqué dans la *Physique* [d'Aristote][29]. »

11. L'intellect n'est lié à la matière que par l'intermédiaire des facultés inférieures : l'imaginative et la sensitive. Cette idée est illustrée par un grand nombre d'images allégoriques :

« Ce qu'il faut savoir aussi et méditer, c'est que le serpent n'eut aucune espèce de rapport avec Adam et ne lui a pas parlé et que la conversation et le rapport eurent lieu entre Ève et lui. C'est par l'intermédiaire d'Ève qu'Adam fut détérioré et détruit à partir du serpent. »

Dans le texte canonique et tous les manuscrits, le passage que nous venons de citer vient plus loin. Ici, nous avons ensuite :

« Ce qu'il faut savoir aussi, c'est ce qu'ils ont exposé dans le *Midrash* (*Pirké R. Eliézer* 13) : et c'est qu'ils ont enseigné que le serpent était monté par un cavalier, et il était aussi grand qu'un chameau ; ce fut son cavalier qui séduisit Ève, et ce cavalier fut Sammaël. Ce nom, ils l'appliquent à Satan [...] Il est donc clair pour toi que Sammaël est Satan[30]. Ce nom, de même que celui du *na'hach* [serpent], indique une certaine idée ; en rapportant comment ce dernier vint tromper Ève, ils disent : "Sammaël était monté sur lui ; mais le Très-Saint se riait du chameau et de son cavalier." »

12. Le long ajout au verso, mentionnant la tête du serpent et le talon d'Ève, est devenu, dans la version canonique et les copies, un paragraphe à part.

« Cependant la parfaite inimitié n'a lieu qu'entre le serpent et Ève, et entre la postérité de l'un et celle de l'autre, bien que sa postérité à elle soit indubitablement celle d'Adam. Ce qui est encore plus remarquable, c'est ce qui enchaîne le serpent à Ève, c'est-à-dire la postérité de l'un à celle de l'autre, c'est la tête et le talon, de sorte qu'elle le dompte par la tête, tandis que lui la dompte par le talon. »

L'autographe s'arrête ici.

Le chapitre se poursuit avec un certain nombre de notes presque toujours introduites par l'avertissement : « Ce qu'il faut savoir aussi, [...] ».

13. « Ce qu'il faut savoir aussi, c'est que le serpent n'eut aucune espèce de rapport avec Adam », soit le passage qui se trouve plus haut dans l'autographe. Mais ajouté : « Voilà donc qui est également clair. »

28. Voir plus loin, p. 220.
29. Aristote, la *Physique*, I, 6 et 7.
30. Sur Satan, voir Nuriel (1986).

14. « Ce qu'il faut savoir aussi, c'est qu'on a dit : l'arbre de la vie a cinq cents ans de marche [...] »

15. « Ce qu'il faut savoir aussi, c'est qu'ils ont dit : l'arbre de la science [...] »

16. « Ce qu'il faut savoir aussi, c'est avec quelle sagesse les deux fils d'Adam furent désignés par les noms de Caïn et d'Abel [...] »

17. « Ce qu'il faut savoir aussi, c'est le passage : et l'homme imposa des noms [...] » Ici, l'auteur, au lieu de citer le *Midrash* en l'approuvant, y fait allusion pour mieux le contredire, comme nous le verrons dans le prochain chapitre.

18. « Ce qu'il faut savoir aussi, ce sont les quatre mots employés pour désigner le rapport entre le ciel et Dieu [...] »

Le chapitre se termine sur les mots suivants : « Ces observations sommaires, avec ce qui précède et ce qui sera dit encore sur ce sujet, sont suffisantes par rapport au but qu'on s'est proposé dans ce traité et par rapport au lecteur. »

Dans le livre I, au chapitre 17, Maïmonide répète que les *Aggadot* montrent que les rabbins du Talmud connaissaient les principes de la physique comme ceux de la psychologie humaine ; ils ont proposé des allégories pour les enseigner. Ce sont ces allégories que nous lisons ici.

Les commentateurs sur ce chapitre ont été extrêmement nombreux et diffèrent sur le décryptage de toutes ces allégories. Cependant, tous s'accordent à reconnaître que le serpent symbolise la faculté imaginative et tout ce qui lui est lié. La faute ne peut pas être imputée à Adam car il représente l'intellect, et l'intellect n'a pas de rapport direct avec la matière qui est représentée par Ève. Mais pourquoi Dieu les a-t-il liés ?

2. La langue hébraïque et l'exégèse biblique

Partie I, chapitres 3 (fragment 1v) et 17-21 (fragment 2, fol. 1r-v, 2r-v)

« Ce qui mérite encore de fixer ton attention, c'est le passage : "Et l'homme imposa des noms" (Gen. 2 :20), qui nous apprend que les langues sont conventionnelles et non pas naturelles, comme on l'a cru[1]. »

Cette déclaration se trouve dans la partie II, chapitre 30, où, comme nous venons de le voir, sont citées avec approbation et expliquées brièvement un certain nombre de *Aggadot*. S. Munk rappelle le *Midrash* où est interprété ce verset de Gen. 2 :20 : il signifie qu'Adam, contrairement aux anges, connaissait les choses et les êtres du monde, et savait donner à chacun le nom qui convenait à sa nature et le caractérisait[2]. Ces noms ne sont pas arbitraires mais ils dépendent de décisions humaines.

Adoptant les théories linguistiques des philosophes et, en l'occurrence, celle d'Al-Fârâbî, Maïmonide affirme donc que la langue hébraïque est l'une des langues humaines ; elle partage les caractères des autres langues ; il explique ailleurs qu'elle ne leur est supérieure que par la pureté de son vocabulaire, où les mots « ignobles » sont exprimés par des périphrases[3].

Cette théorie philosophique de la langue hébraïque s'oppose de front à la lettre de la Bible, à des croyances séculaires et à une sensibilité populaire très profondément enracinée dans le peuple juif. Le partisan le plus illustre de la divinité de la langue hébraïque a été Juda ha-Lévi dans son *Kuzari* composé en arabe en 1140[4].

Les tout premiers versets de la Genèse établissent le caractère performatif, surnaturel, divin de la langue hébraïque : « Dieu dit : "Que la lumière soit !" et la lumière fut [...] Dieu appela la lumière "jour". »

Pour la très grande majorité des croyants, l'hébreu était, et est toujours, « la langue sainte », celle de la création du monde, et, nonobstant le *Midrash* cité par Maïmonide, la langue que parlent les anges. Aucune autre langue ne peut lui être comparée car elle est divine. Les racines de cette conception sont anciennes (elles sont antérieures au *Midrash* le plus connu, le *Sefer Yetsira*) et ont fleuri aussi bien dans la Kabbale[5] que dans la culture populaire. L'écriture hébraïque carrée, celle qui succéda au paléohébraïque[6], est intimement

1. Partie II, pp. 253-254 de la traduction de Munk.

2. Voir les notes 1 et 2 à la p. 254 de la traduction de Munk. Et surtout, Stern (2000), pp. 188-199.

3. *Guide*, III, chap. 8, pp. 53-54 de la traduction de Munk.

4. Traduction française de C. Touati (1994).

5. La littérature sur ce sujet est immense, plus encore que celle sur Maïmonide. On peut citer les noms de G. Scholem, de M. Idel, de C. Mopsik. Voir, entre autres, Idel (1989) et (1991). Dans le livre de M. Kellner (2006), le chapitre traitant de la langue hébraïque, pp. 155-178, décrit très bien le conflit entre ces deux conceptions. Un autre article, toujours de Kellner (2008), pp. 91-94, exprime aussi fortement l'opposition entre la tradition courante et les idées de Maïmonide ; les notes (dans le chapitre et l'article cités) réunissent la plus grande partie de la littérature écrite à ce sujet.

6. Le meilleur livre reste celui de Yardeni (1997).

mêlée à la langue sainte et les textes parlent presque toujours des lettres et non du langage oral[7].

Les juifs ne furent pas les seuls à croire que l'hébreu fût la langue du paradis[8], mais, actuellement, ils sont les seuls à y croire encore.

Cependant, au Moyen Âge, les juifs des pays musulmans ne parlaient pas l'hébreu mais l'arabe. Ils utilisaient l'arabe comme langue vernaculaire mais aussi comme langue de culture, et presque toutes les compositions scientifiques et religieuses furent rédigées en arabe.

En revanche, la littérature et la poésie étaient en hébreu, comme l'étaient la Bible et la majorité des textes traditionnels, où se mêlait l'araméen. Le prestige de l'hébreu était grand : c'est en hébreu que Maïmonide a composé le poème qui précède le début du *Guide*. Comme les autres juifs médiévaux, il appréciait la beauté de l'hébreu et regrettait de ne pas l'avoir utilisé plus souvent (on sait que seul le *Mishné Tora* est en hébreu[9]).

Maïmonide ne fut pas le seul philosophe juif[10] à adopter la théorie contractuelle et proprement humaine du langage. Nous l'avons dit, il s'inspirait essentiellement d'Al-Fârâbî, lequel s'inspirait des sources grecques, et la question des langues est liée à la logique du discours interne, qui est proprement humaine et universelle[11].

Selon la théorie contractuelle, les langues naturelles ont été instituées par les hommes, et leur valeur est proportionnelle à celle des personnes qui les ont constituées. Généralisant l'opinion de Galien sur la langue grecque, Maïmonide affirme que les hommes des climats tempérés ont les langues les meilleures et il met sur le même pied grec, arabe, hébreu et araméen :

« En ce qui concerne les langues hébraïque et arabe, tous ceux qui connaissent ces deux langues admettent qu'elles sont sans aucun doute une seule langue et que l'araméen en est très proche. Le grec est proche de l'araméen[12] [...]. » L'hébreu n'est donc pas supérieur à l'arabe, ni aux autres langues civilisées.

Pour Maïmonide, marchant sur les traces d'Aristote, les langues humaines naturelles sont les conduits qui permettent aux hommes de communiquer entre eux, tout en représentant la pensée abstraite et en se conformant à la logique rationnelle, au discours interne.

7. Une courte synthèse se trouve dans Sirat et Avrin (1981), pp. 7-43.

8. Cf. Zwiep (1997), pp. 12-161, et sa conclusion aux pp. 158-161. On lira aussi, avec plaisir, le livre de Olander (1989).

9. Cf. Halkin (1963) et Kraemer (1999), pp. 42-43.

10. Les autres philosophes juifs qui admettent l'origine conventionnelle du langage ont rarement tiré les conséquences que cette théorie implique pour l'exégèse biblique.

11. On consultera : Hyman (1996), Stern (2000) et Kellner (2006) pp. 155-178. Cette théorie du langage vient de faire l'objet d'un article excellent (Ravitsky, 2008). On y trouvera une histoire détaillée des sources grecques de la théorie farabienne-maïmonidienne. On y découvrira aussi que le Maître utilise volontiers les caractères tenant à sa conception philosophique de la langue même dans des matières de droit, où d'autres caractères auraient pu l'emporter.

12. Ce passage, tiré des *Aphorismes médicaux*, est cité par M. Kellner (2006), pp. 166-167, où l'on trouvera les références bibliographiques. Ajoutons que G. Bos a commencé une nouvelle édition arabe avec une traduction anglaise (2004 et 2007).

Le peuvent-elles ? Oui, mais à condition qu'on sache en faire une analyse logique et les interpréter de manière véridique.

Dans son introduction au *Guide*, Maïmonide indique que le premier but du livre est « la science de la Loi dans sa réalité ». La science de la Loi dans sa réalité consiste à expliquer le sens véritable des mots bibliques « à celui qui est embarrassé par ce qu'il a toujours compris ou ce qu'on lui a fait comprendre du sens de ces noms homonymes, ou métaphoriques ou amphibologiques ».

Ces trois genres de mots sont déjà expliqués dans le petit *Traité de logique*[13], qui fut rédigé par Maïmonide au tout début de sa carrière.

En effet, dès son plus jeune âge[14], notre auteur était sensible à la nécessité de classer les mots (en fait, les noms, les racines) selon leur espèce logique, et le chapitre XIII de son *Traité de logique* donne, en grande partie, la clef des exégèses plus tardives. Il ne fait preuve d'aucune originalité philosophique. Ce n'était pas nécessaire : le seul fait important est que Maïmonide accepte le point de vue des « philosophes » : la base de la communication entre les hommes est la logique, l'outil des sciences. Cependant, les langues naturelles, quelles qu'elles soient[15], ne sont pas des outils logiques adéquats. Aussi longtemps que le statut logique des mots qui les composent n'a pas été déterminé, le sens des phrases est incertain.

En effet, les langues naturelles utilisent des mots qui sont soit « distincts », soit « univoques », soit « équivoques ». Le sens de chaque mot dépend de son statut : il peut être homonyme, synonyme, amphibologique, métonymique, ou encore faire partie d'une métaphore.

Dans ce livre de jeunesse, adressé à « un grand personnage parmi les spécialistes des sciences ayant trait aux lois religieuses et de ceux qui possèdent la correction et l'éloquence en langue arabe[16] », Maïmonide, prenant pour exemple la langue arabe, semble penser que « la langue », sous le magistère de la logique, pourrait exprimer et rendre compte de ce que le philosophe a dans l'esprit avec assez d'exactitude. Dans le *Guide*, au contraire, Maïmonide semble être moins sûr de la possibilité d'utiliser « la langue », ici les langues hébraïque et araméenne, pour exprimer les vérités de la physique, sans même parler de la métaphysique, lesquelles sont « la science de la Loi dans sa réalité[17] ». Tout dépend de la formation intellectuelle de l'interlocuteur : a-t-il déjà formé son esprit aux sciences de base ou bien est-il homme de religion, ou encore fait-il partie du vulgaire ?

Dans ces deux derniers cas, il aura du mal à comprendre les propos du *Guide*.

De la Loi, écrite et orale, l'homme de religion et l'ignorant connaissent l'enseignement des préceptes divins. Ils ont appris et ils respectent les actions,

13. Cf. Brague (1996), pp. 27-28 de l'édition arabe et tout le chapitre XIII de la traduction française, avec ses notes, pp. 87-94. La terminologie du *Vocabulaire* diffère de celle du *Guide*.

14. Probablement ving et un ans. Cf. Brague (1996), pp. 12-13.

15. Dans l'original du *Traité*, les exemples sont en langue arabe.

16. Cf. Brague (1996), p. 1 de l'édition arabe et p. 35 de la traduction française.

17. Cf. Stern (2000).

commandements et défenses, qui permettent la survie de la société et son bon fonctionnement. Le texte révélé est la Loi politique et, pour être efficace, elle a dû être adaptée à l'esprit des gens simples de sorte qu'elle véhicule des croyances anthropomorphiques, nécessaires au vulgaire, mais indignes de Dieu. Or, le but profond de la Loi est d'encourager l'homme à se rapprocher du Dieu véritable, un et totalement incorporel. Et, ici, les textes révélés sont un obstacle, que l'enseignement du *Guide* veut aider le lecteur à surmonter.

La conception philosophique de la langue transforme radicalement la compréhension des textes révélés. Ces textes ne doivent plus être compris comme sortant de la bouche de Dieu ; la révélation n'est plus « la parole divine » mais celle de Moïse, qui a reçu une révélation intelligible et l'a revêtue des mots qui constituent la Bible. Ces mots, comme ceux de toutes les autres langues, peuvent induire en erreur le lecteur ignorant et ils le font. Les simples fidèles, de même que les rabbins, sont piégés par la lettre du texte et s'imaginent que Dieu a un corps, qu'il parle, que les anges eux aussi ont un corps, qu'on utilise leurs noms et les noms divins pour obtenir des biens matériels, etc. En cela, ils continuent des pratiques idolâtres qui étaient celles de leurs ancêtres, et dont la Loi divine ne pouvait les éloigner que progressivement car l'homme a bien du mal à changer les habitudes dans lesquelles il a été élevé[18].

Aussi seuls les philosophes sont-ils capables de comprendre le texte sacré comme il doit l'être, en respectant l'unité et l'incorporalité divines. Pour ce faire, ils doivent délimiter les divers sens des mots de la langue hébraïque, car les homonymes y sont nombreux. Heureusement, la métaphore permet de mettre en lumière le sens véritable du texte[19].

D'un autre côté, le texte divin est destiné au vulgaire comme au philosophe, et celui-ci doit prendre bien garde de ne pas froisser les simples fidèles et de ne pas leur révéler une vérité qu'ils sont incapables de comprendre, car ce dévoilement aurait sur eux un effet nocif et les éloignerait de la religion.

Partie I, chapitre 17 : le danger qui guette ceux qui enseignent la philosophie

Nous avons le brouillon des deux derniers tiers de la partie I, chapitre 17.

C'est un chapitre court, composé de trois paragraphes qui traitent de la réception de l'enseignement de la philosophie.

Nous lisons d'abord une réitération des principes de prudence vis-à-vis du public non philosophe, principes qui ont déjà été donnés dans l'introduction : ni la science physique, ni la métaphysique ne peuvent être exposées sans précautions.

Puis vient un exemple de métaphore, empruntée aux philosophes anciens : les trois principes des êtres qui naissent et périssent sont la matière, la forme et la privation de la forme. Platon a appelé la matière « femelle » et la forme « mâle ».

18. On lira à ce sujet, dans Stroumsa (2009), les pp. 84-124.
19. Cf. Robelin (1991).

On revient ensuite à la comparaison entre les philosophes anciens « qui n'avaient rien à perdre » et les philosophes modernes, écrivant dans des sociétés gouvernées par les religions basées sur la révélation.

Le chapitre débute ainsi :

« Il ne faut pas croire que ce soit de la science métaphysique seule qu'on ait été avare envers le vulgaire, car il en a été de même de la plus grande partie de la science physique, et nous avons déjà cité à différentes reprises ces paroles : "on n'interprétera pas le *ma'asé beréshit* [la physique] devant deux personnes". Cela [se faisait] non seulement chez les théologiens, mais aussi chez les philosophes ; et les savants païens de l'Antiquité s'exprimaient sur les principes des choses d'une manière obscure et énigmatique. C'est ainsi que Platon et d'autres avant lui appelaient la matière la "femelle", et la forme le "mâle[20]". »

Ce passage, que nous n'avons pas dans l'autographe, associe les philosophes anciens et les rabbins du Talmud dans leurs connaissances physiques et métaphysiques, et leurs méthodes d'enseignement. Les commentateurs médiévaux juifs ne se sont pas étonnés de cette équivalence : pour la plupart d'entre eux, comme pour Maïmonide, la connaissance des sciences était une connaissance *sui generis,* proprement humaine, qui ne recoupait pas les limites et les frontières des religions, révélées ou païennes, lesquelles règlent le cours des sociétés. Philosophes païens et hommes de religion avaient des méthodes communes et des contraintes communes : ne pas troubler les âmes simples.

Cependant, la religion révélée imposait au fidèle l'obligation d'aimer un Dieu unique, donc d'étudier la Loi, ce qui, pour un juif rationaliste, incluait la physique (l'œuvre divine, le *ma'asé beréshit*) et la métaphysique (le *ma'asé mercaba*[21]).

Le deuxième paragraphe du chapitre 17 énumère les trois principes de la physique : « Tu sais que les principes des êtres qui naissent et périssent sont au nombre de trois : la matière, la forme et la privation particulière, qui est toujours jointe à la matière [...] comme cela est expliqué dans la physique[22]. »

C'est ce paragraphe qui a intéressé les commentateurs. Tout en donnant explicitement ces principes, Maïmonide affirme qu'on ne doit les exposer que par métaphore : un bon exemple de la méthode ambiguë de l'auteur, qui révèle sa pensée autant qu'il la dissimule.

Remarquons d'abord que cette description de la génération et de la corruption des êtres sublunaires n'est pas aussi triviale qu'elle le paraît : à l'époque, la *Physique* d'Aristote n'était pas de lecture courante, même en arabe.

La raison de la nécessité de la métaphore est donnée dans le troisième paragraphe ; dans la version de l'autographe :

« Si donc ceux-là, qui n'avaient rien à perdre en s'expliquant clairement, se sont servis, dans l'enseignement, de noms pris au figuré et ont employé des images, à plus forte raison faut-il que nous autres, hommes de la religion, nous

20. Pages 67-68 de la traduction de Munk.
21. Cf. sur le sujet en général, Davidson (1974).
22. Cf. *La Physique* d'Aristote, livre I, chap. 6-8.

évitions de dire clairement des choses dont l'intelligence est difficile pour le vulgaire, ou [à l'égard desquelles] il se figure la réalité de la chose d'une façon contraire à la vérité que nous avons en vue. Il faut savoir cela.»

L'homme, fût-il philosophe, n'atteint pas la vérité dans tous les domaines de la connaissance. Cependant, grâce aux règles de la logique, dont la faculté se dirige vers ce qui est exact, les philosophes arrivent à la certitude dans la connaissance des choses qu'il est de la capacité de l'homme d'atteindre[23]. Ces philosophes, qui savent la vérité, utilisent la métaphore pour faire comprendre cette vérité au vulgaire. Le processus d'explication « des choses dont l'intelligence est difficile pour le vulgaire » passe mieux par la métaphore, où le sens exotérique doit guider vers le sens ésotérique. En effet, le vulgaire ne comprend pas, il imagine. Le philosophe, qui a en vue la vérité, n'a pas changé depuis la période des philosophes grecs et il utilise le moyen pédagogique le mieux adapté à faire passer la vérité dans l'esprit du vulgaire, lequel n'a pas changé non plus. Malheureusement ! Dans son brouillon, l'auteur avait écrit : « [...] il [le vulgaire] se figure la vérité de la chose d'une façon contraire au vrai que nous avons en vue.» La métaphore, qui dit le vrai, est souvent incomprise par l'imagination du vulgaire, lequel s'imagine tout le contraire de la vérité de la chose que la métaphore veut enseigner.

La formulation de la dernière phrase a été changée, dans la tradition tout entière, lors de l'étape de correction que nous n'avons pas. Postérieurement, l'auteur a corrigé la phrase, en écrivant :

« Il se figure la vérité de la chose d'une façon contraire à la chose que nous avons en vue[24].»

Entre les deux formulations, surgissent l'expérience personnelle de l'auteur et les polémiques auxquelles il a dû faire face après la publication du *Mishné Tora*[25]. La communication de la vérité reste bien le but du philosophe, et le vulgaire peut toujours se tromper sur la vérité de la chose dont nous parlons, mais, nous dit Maïmonide dans la seconde formulation, il peut aussi se tromper sur le but que se propose l'auteur de l'explication de cette vérité. Comme il l'écrit à Joseph b. Juda :

« Ces gens ont confondu le *monde futur* avec les *temps du Messie,* quoique nous nous soyons expliqués là-dessus dans le chapitre *Heleq*[26].»

Le *Traité sur la résurrection* commence de même :

« Il n'est pas rare qu'une personne veuille expliquer l'intention d'une assertion[27] de manière claire et explicite, qu'il fasse de son mieux pour écarter les doutes et les interprétations [fausses] et que, [cependant], des insensés comprennent le contraire de ce qu'il a voulu expliquer[28].»

23. Brague (1996), chap. XIV, p. 30 du texte arabe, p. 95 de la traduction française.

24. Voir l'explication de S. Di Donato, p. 116.

25. Cette lettre est déjà citée par Munk (1842), pp. 22-25. Elle a été rééditée par Baneth (*Epistulae*, 1946), lettre 6 (p. 66 pour ce passage) et très longuement discutée dans l'introduction à cette édition.

26. Traduit par S. Munk (1842), p. 25. Cf. la traduction hébraïque médiévale dans Rabinowitz (1972), pp. 109-150.

27. Cf. *Traité de logique* trad. Brague (1996), chap. II, pp. 36 *sqq.*

28. Finkel (1939), p. 1 ; Halkin et Hartmann (1985), p. 211.

C'est tout le sujet du *Traité sur la résurrection*, composé presque au même moment que le *Guide* : c'est à tort que l'on a accusé Maïmonide de nier la résurrection des morts ; dans le *Mishné Tora*, il parlait d'autre chose : l'immortalité de l'âme[29]. Les hommes de religion, arguant de la lettre du texte révélé, ont refusé les paroles de l'auteur parce qu'ils n'ont pas compris de quoi il leur parlait et lui ont attribué des opinions qui étaient tout le contraire de ses opinions réelles.

Il faudrait citer la suite mais ce début montre bien le changement d'attitude de Maïmonide : ce n'est pas seulement la vérité qu'on attaque, c'est lui, personnellement, qui est attaqué. La correction faite après l'autographe est la conséquence des polémiques, qui ne cessèrent pas entre 1189 et 1192 ; elles furent pour l'auteur une expérience douloureuse. Les contraintes sont donc plus lourdes pour les philosophes vivant dans une société de religion révélée, comme l'est Maïmonide, qu'elles ne l'étaient pour les philosophes païens.

Maïmonide a encore ajouté aux derniers mots du chapitre un adverbe qui appuie l'hypothèse d'une allusion à la pénible expérience que l'auteur a vécue. L'autographe disait : « Il faut savoir cela », la version définitive donne : « Il faut savoir cela aussi ».

Pour un lecteur moderne, les premier et troisième paragraphes rappellent des faits bien connus : les philosophes ont souvent subi les attaques des autorités religieuses[30]. Le danger existait : les philosophes anciens n'avaient rien à perdre, les philosophes contemporains pouvaient perdre leur statut social et peut-être leur vie.

Les autres brouillons de chapitres d'exégèse biblique (partie I, chap. 3, 18 à 21)

Ils sont basés sur l'analyse de certains mots hébreux. Nous allons les parcourir, en cherchant l'explication des corrections que nous voyons sur les documents et celle des corrections que nous constatons en confrontant le texte des brouillons à celui de la tradition unanime. Deux détails viennent confirmer que ces brouillons sont basés sur une rédaction antérieure et qu'ils ont été corrigés ensemble en vue du texte final :

1. Plusieurs fois dans les autographes, nous lisons « chez les Hébreux[31] ». Cette expression a été corrigée partout et a été remplacée par « dans la langue hébraïque ». Cette correction est attestée dans toute la tradition, et c'est une correction de bon sens. La langue hébraïque est bien celle de la Bible mais elle n'a jamais été la langue unique utilisée par les Hébreux. Outre l'hébreu, les Hébreux ont utilisé, au cours de leur histoire, des langues aussi diverses que l'araméen, le grec, le latin, l'arabe, etc. Ce dont Maïmonide, écrivant en arabe, était un bon témoin.

29. Cf. Finkel (1939).

30. Les références sont trop nombreuses pour être citées. Notons seulement Leo Strauss et son célèbre livre *La Persécution et l'art d'écrire*. Il a été plusieurs fois traduit en français. Cf. dans la traduction d'O. Berrichon-Sedeyn, 1952, les pp. 75-133.

31. Fragment 1v, ligne 5 (I, chap. 3). Voir plus haut, p. 95.

2. De même, plusieurs fois, l'expression « dans un chapitre[32] » a été complétée par « de ce livre ». Encore une correction faite probablement au cours de la dernière relecture.

Partie I, chapitre 13 : le choix des termes bibliques expliqués

Quel critère a guidé le choix des mots bibliques qui sont expliqués par Maïmonide ? Ses explications concordent-elles avec la philologie ? Pourquoi certains mots sont-ils considérés comme univoques et d'autres comme équivoques ?

Abraham, le fils de Maïmonide, se posait déjà ces questions et après Spinoza, qui accusait Maïmonide d'avoir totalement détruit le sens premier du texte biblique[33], le débat a été ranimé par les discussions modernes. Le texte, long et filandreux, où Leo Strauss[34] explique « comment commencer l'étude du *Guide des égarés* » pose nombre de questions et donne pour réponse que le lecteur du *Guide* doit prendre en compte l'ensemble des textes bibliques qui sont cités et les replacer dans leur contexte[35]. Zev Harvey[36] rappelle que les citations bibliques viennent enseigner une doctrine : celle que Maïmonide considère comme vraie et non une vérité philologique. Il cite le commentaire de Profiat Duran (Efodi, XVe siècle) à *tavnit* du chapitre 3.

Dans le chapitre 3, sont examinés deux mots qui expriment la structure, la figure des choses, *tavnit* et *temouna* : « Pourquoi le Maître n'a-t-il pas énuméré les différentes acceptions du mot, comme il l'a fait pour le mot *temouna* ? C'est qu'il n'a pas trouvé que ce mot a été utilisé à propos de Dieu, il n'avait donc pas besoin de rapprocher le sens du mot de son sens spirituel, mais pour le mot *temouna* qui est utilisé en conjonction avec Dieu (Ex. 12 : 8) il était obligé de faire cette distinction et de détailler le sens pour expliquer que le mot ait été employé à propos de Dieu[37]. »

L'autographe vient conforter cette opinion.

Maïmonide avait d'abord écrit (aux lignes 5 et 6) *tekhouna* (« plan, disposition d'une maison ») ; il l'a rayé à la ligne 5, puis il avait commencé à l'écrire à la ligne 6, et l'a corrigé, lui substituant le mot *tavnit.* À première vue, le mot *tekhouna* lui avait donc semblé adéquat ; on le trouve utilisé trois fois dans la Bible : dans Ez. 43 : 10, il signifie bien le plan, la structure ; dans Nahoum 2 : 10, il est associé à l'argent et aux trésors, mais le verset de Job 23 : 3 est une exclamation de colère de Job : « Que ne m'est-il donné de savoir où le trouver ? Je voudrais pénétrer jusqu'à sa *tekhouna* ! » Si c'est bien de Dieu qu'il s'agit, et l'on peut discuter à ce

32. A. Kasher (1995) avait déjà relevé des leçons de ce genre.

33. Dans son *Traité des autorités théologique et politique*, chap. 7, pp. 786-787 de la traduction de M. Francès, Éd. de la Pléiade, 1954.

34. Malheureusement placé en tête de l'introduction de S. Pines à sa traduction anglaise 1963, pp. XI-LVI.

35. Reste, évidemment, à définir le contexte biblique. Vaste problème !

36. Dans l'article de Z. Harvey (1988) que nous allons beaucoup utiliser, l'auteur remarque, avec quelque ironie (p. 6, n. 7), qu'il n'a jamais vu cette œuvre citée par des collègues.

37. Folio 18b, cité dans Harvey (1988), p. 18.

sujet, mais il semble bien qu'il s'agisse de Dieu, le mot *tekhouna*[38] est utilisé en conjonction avec la divinité. C'est un risque que Maïmonide n'a pas voulu prendre et il a choisi, à la place, le mot *tavnit*.

Certes, *tavnit* ne s'applique qu'aux choses matérielles et ne peut, en aucun cas, être employé dans des descriptions qui se rapportent à Dieu. On le trouve une vingtaine de fois dans la Bible mais il peut avoir un autre sens que « la figure matérielle ». L'auteur nous dit : « C'est pourquoi la langue hébraïque n'emploie aucunement cette sorte d'expressions dans des descriptions qui se rapportent à Dieu ». Cependant, dans la partie III, chapitre 7[39], le mot est utilisé dans le contexte du trône divin, c'est-à-dire le monde céleste et son rapport avec les intellects séparés, et, là, le mot *tavnit* a le sens de « ressemblance ».

C'est peut-être parce que *tavnit* peut se rencontrer dans le contexte du trône divin que l'auteur a changé « en tout, en général », que nous avons dans l'autographe, par « aucunement », qu'on lit dans le texte canonique. Par cette correction qu'il a faite au fil de la plume, Maïmonide substitue à un adverbe positif un autre adverbe de sens similaire, qui exclut l'utilisation du mot *tavnit* en ce qui concerne Dieu lui-même sans pour autant l'exclure dans le cas de l'entourage divin.

Au contraire du mot précédent, le mot *temouna* se dit par amphibologie dans trois sens divers.

1. « Il se dit de la forme d'un objet perçue par les sens en dehors de l'esprit, je veux dire de sa figure et de ses linéaments, et c'est là le sens des mots : "[...] *et que vous ferez une image d'un être quelconque*" » (Deut. 4 : 25).

Le sens matériel du mot dans ce verset est renforcé par le verbe : *vous ferez, vous fabriquerez*. À la suite de cette citation, toute la tradition donne un verset qui n'est pas dans l'autographe mais qui a été probablement rajouté par l'auteur lui-même car il oppose une figure de fabrication humaine, un objet matériel, à Dieu qui n'est pas une figure et ne peut pas être vu : « Car vous n'avez vu aucune figure » (Deut. 4 : 15).

2. Le mot se dit aussi d'une figure imaginaire ou d'un objet individuel, « qui laisse une trace dans l'imagination après s'être dérobé aux sens, comme dans ce passage : "*Dans les pensées (nées) de visions nocturnes* [...]" (Job 4 : 13 et ss.), qui finit par ces mots : "*il s'arrêta et je ne reconnaissais pas son visage*" ; il y avait une figure devant mes yeux, c'est-à-dire il y avait un fantôme devant mes yeux dans le sommeil ».

3. « On le dit [enfin] de la forme véritable [d'une chose] perçue par l'intelligence, et c'est dans ce troisième sens qu'on dit *temouna* en parlant de Dieu ; par exemple : "*Et il contemple la figure de l'Éternel*" (Nombres 12 : 8), ce qui doit être expliqué dans ce sens : Et il comprend la vérité de Dieu. »

L'autographe dit bien à propos de Dieu « sa forme véritable » et, si cette expression a disparu ensuite, supprimée sans aucun doute par l'auteur, celui-ci a

38 L'utilisation de *tekhouna* pour la géométrie, la mécanique céleste, etc., est devenue courante au XIIIe siècle, après Maïmonide. Cf. Klatzkin (1968), IV, pp. 194 *sqq*.

39. Page 39 de la traduction de Munk.

cependant laissé dans la version officielle : « Il comprend la vérité de Dieu. » Nous discuterons cette expression et son sens dans le chapitre qui traite des attributs divins.

Partie I, chapitre 18 : les termes dénotant l'approche

«*Karab, naga' et nagach.* – Ces trois mots ont tantôt le sens d'"aborder [toucher]", "s'approcher" dans l'espace, tantôt ils expriment la réunion de la science avec la chose sue, [réunion] que l'on compare en quelque sorte à un corps "s'approchant" d'un autre corps. »

La grande majorité des corrections apportées dans l'autographe est liée au verbe *naga'*. En effet, les versets où l'on trouve le sens premier, matériel, des trois verbes sont très nombreux. Le second sens : l'approche spirituelle, cognitive, se laisse assez bien interpréter pour les verbes : *karab* et *nagach* mais pose des problèmes pour le verbe *naga'*. Maïmonide n'a pas, en réalité, résolu le problème. Au début, il inclut le verbe dans sa définition générale et cite le verset de Jer. 51 : 9 : « On a employé *naga' dans* le sens de "l'union par la science" en disant : "Car son jugement a touché (*naga'*) jusqu'au ciel" » (fol. 1r, lignes 23-24).

Mais, arrivé au bout du chapitre, il se rend compte que son argument à propos de *naga'* est insuffisant car, dans les deux versets qu'il va citer, le verbe ne signifie pas l'approche cognitive mais plutôt la métaphore de l'approche cognitive.

« Quant à ces paroles : "Touche les montagnes, et qu'elles fument" (Ps. 144 : 5), on veut dire par là : Fais-leur parvenir ton ordre [ce qui, à son tour, doit s'entendre] métaphoriquement ; de même les mots : "Et touche sa personne" (Job 2 : 5) signifient : Fais descendre ton fléau sur lui. »

Or, le verset des Ps. 144 : 5 est une demande adressée à Dieu (touche les montagnes [...]) et celui de Job 2 : 5 est un ordre que Dieu donne à Satan (touche sa personne [...]).

Aussi Maïmonide ajoute-t-il des considérations générales qui lui semblent irréfutables : « C'est ainsi que, dans chaque passage, tu dois considérer le verbe *naga'* [toucher], ainsi que ses formes dérivées, conformément à l'ensemble : on exprime par ce verbe tantôt le contact d'un corps avec un autre, tantôt l'union par la science et la perception de quelque chose ; car celui qui perçoit la chose qu'il n'avait pas perçue auparavant s'approche, pour ainsi dire, d'une chose qui était loin de lui. Il faut bien comprendre cela » (fol. 1v, ligne 21 à 2r, ligne 2).

Maïmonide a fait une autre correction que l'on trouve dans le texte canonique par rapport à l'autographe (fol. 1v, ligne 5) :

« Toutes les fois qu'on rencontre dans les livres prophétiques l'expression de *qarab* ou de *nagash* [s'appliquant à un rapport] de Dieu avec un corps ou d'un individu avec Dieu » est devenu : « Toutes les fois qu'on rencontre dans les livres prophétiques l'expression de *qarab* ou de *nagash* [s'appliquant à un rapport] entre Dieu et une créature quelconque. »

La première formulation pouvait inclure les versets où il était question d'une action de rapprochement, la seconde se contente de décrire une situation de rapprochement entre Dieu et une créature, évitant, en effet, un anthropomorphisme évident[40].

Une autre addition faite à l'autographe est celle qui accompagne la mention du feu dont le texte nous dit qu'il se trouvait en haut de la montagne lors de la révélation du mont Sinaï. Moïse et le peuple d'Israël sont au bas de la montagne. Moïse s'avancera seul et « eux ne s'avanceront pas » (Ex. 24 :2). « Cependant, si tu veux entendre par le mot "s'avancera", appliqué à Moïse, qu'il pouvait s'approcher de cet endroit de la montagne où descendait la lumière », le texte reçu ajoute : « je veux dire la Gloire de l'Éternel, tu en es libre. »

Nous discuterons plus loin ce que signifient : « la Présence, la Gloire, la Voix de Dieu ». Remarquons ici seulement que cette mention d'une réalité matérielle et localisée de la Présence divine (que le Prophète percevait comme des figures imaginatives et intérieures de « lumière » ou « gloire ») sonne d'autant plus comme une concession à la lettre du texte et au vulgaire que Maïmonide n'a pas changé la suite du texte qui dément l'hypothèse d'une présence locale de « la Gloire de l'Éternel » : « [...] seulement il faut t'en tenir à ce principe que, n'importe que l'individu soit dans le centre de la terre ou au sommet de la neuvième sphère – si cela était possible –, il n'est pas ici plus éloigné de Dieu, et là il n'en est pas plus rapproché ; mais on est près de Dieu en le percevant, et celui qui l'ignore est loin de lui. » Il est vrai que l'expression « je veux dire la Gloire de l'Éternel, tu en es libre » ne précise pas que Maïmonide parle ici de la « Gloire créée ». Or, la « Gloire créée » est, à notre sens, l'une des concessions faites au vulgaire lors de la révision du texte avant la publication. Mais, ici, il n'y a qu'une partie de la concession, ce qui permet à l'auteur de la rendre inacceptable dès la phrase qui la suit.

Partie I, chapitre 19 : les termes dénotant la plénitude

Un seul mot y est expliqué : « *Malé.* – C'est un mot homonyme utilisé dans un sens matériel : un corps entrant dans un autre corps, de manière à le remplir, par exemple : "Et elle remplit sa cruche" (Gen. 24 :16) [...] On l'emploie aussi dans le sens de fin d'un temps et de son accomplissement ; par exemple : "Et lorsque ses quarante jours furent accomplis" (Gen. 50 :3) [...]. On l'emploie ensuite pour désigner la perfection et le plus haut degré dans le mérite ; par exemple : "Et rempli de la bénédiction de l'Éternel" (Deut. 33 :23). C'est dans ce sens qu'il a été dit : "Et la gloire de l'Éternel remplit la demeure (Ex. 40 :34) [...]. »

Les corrections dans l'autographe sont stylistiques, sauf à la fin où, comme dans le chapitre précédent, l'auteur a essayé d'être moins tranchant : il a barré la formule de clôture du chapitre pour rajouter une longue phrase qui est, de nouveau, une concession au vulgaire : « Cependant, si tu veux admettre que "la

40. Voir les remarques de Silvia Di Donato, pp. 120-121, à propos de l. 12.

gloire de l'Éternel remplit la demeure" signifie la Lumière créée, qui partout est appelée Gloire, et que c'est elle qui remplissait la demeure, il n'y a pas de mal à cela. »

Partie I, chapitre 20 : les termes dénotant l'élévation

Ce chapitre se découpe en trois paragraphes : dans les deux premiers, on lit l'explication de deux mots homonymes, dont le sens est proche mais qui sont traités successivement.

D'abord le mot *ram*, mot homonyme qui désigne l'élévation du lieu, ainsi que l'élévation du rang : la majesté, la noblesse et la puissance.

De même *nasa'* a le sens d'élévation de lieu et celui d'élévation de rang, et aussi d'agrandissement en dignité.

Dans l'autographe, une phrase, qui concerne ce dernier verbe mais, en fait, termine les deux explications, nous dit : « Toutes les fois que le verbe *nasa'* se trouve "à propos de Dieu" (*fī Allah*), il s'agit d'élévation. » L'expression a été corrigée dans la version finale et remplacée par : « appliqué à Dieu – qu'Il soit exalté ». En effet, le mot *fī* signifie bien : « à propos de » mais il signifie aussi « dans », or l'une des idées de base de Maïmonide est que Dieu n'a pas d'attributs essentiels, « dans Lui », tous ses attributs ne sont que des mots appliqués par des hommes (qui d'ailleurs ne devraient pas le faire) ; il valait donc mieux éviter l'ambiguïté.

Le troisième paragraphe répond à l'avance à une autre question que Maïmonide posera lorsqu'il exposera, de manière plus complète, le problème des attributs divins. Là aussi, le texte de l'autographe a été remanié dans l'édition canonique, afin de bien séparer ceux qui savent que Dieu n'a pas d'attributs (les hommes parfaits, les philosophes) et ceux qui ne le savent pas (le vulgaire, les hommes de religion) :

« Peut-être trouveras-tu une difficulté dans ce que je dis : "élévation de rang", "de majesté et de puissance" ; comment, me diras-tu, peux-tu rattacher plusieurs idées à un seul et même sens ? Mais on t'expliquera (plus loin) "que Dieu n'a pas d'attributs" a été corrigé en "que Dieu, le Très-Haut, pour les hommes parfaits qui saisissent (son être), ne saurait être qualifié" par plusieurs attributs, et que tous ces nombreux attributs… »

Une troisième modification de l'autographe a remplacé un verbe signifiant « qui donnent, qui confèrent » par un autre, signifiant « qui indiquent[41] », toujours afin de distancier Dieu des attributs qu'utilisent les hommes en parlant de Lui, même s'il s'agit d'attributs laudatifs : « […] ces nombreux attributs qui indiquent la glorification, la puissance, le pouvoir, la perfection, la bonté, etc., reviennent tous à une seule chose, et cette chose c'est l'essence divine. »

Une quatrième modification concerne toujours la définition des attributs divins, lesquels « guident vers l'essence divine » et, ajoute le texte canonique, corrigé par l'auteur après le brouillon autographe : « non pas quelque chose qui

41. Voir, plus haut, Silvia Di Donato, p. 115.

serait hors de cette essence ». Comme il l'expliquera plus loin, ce serait, en effet, associer des accidents au Dieu unique[42].

« Tu auras plus loin des chapitres sur les noms et les attributs [de Dieu] ; le but du présent chapitre est uniquement [de montrer] que les mots *ram* et *nisa'* [appliqués à Dieu] doivent être entendus dans le sens, non pas d'une élévation locale, mais d'une élévation de rang. »

Toutes ces modifications ont été faites, à mon sens, lorsque Maïmonide a mis en forme les quarante-cinq premiers chapitres de la partie I. En effet, toutes les considérations sur l'exégèse des mots bibliques sont, comme on l'a déjà vu à la fin du chapitre 17, la base de l'exposition des attributs divins, laquelle, introduite par les chapitres 44-49, occupe les chapitres 50 à 70 de cette même partie, comme nous le verrons dans notre chapitre 3.

Partie I, chapitre 21 : à propos des visions prophétiques

Nous n'avons que le début du chapitre. Il est consacré à un seul mot :

1. « *'Abar* signifie primitivement la même chose que le verbe *'abara* en arabe, et se dit d'un corps qui se transporte dans l'espace. Il désigne d'abord le mouvement de l'animal à une certaine distance directe [...]. »

2. « Ensuite on l'a employé au figuré pour (exprimer) la propagation des sons dans l'air [...]. »

3. « On l'a encore employé pour (désigner) l'arrivée de la lumière et de la majesté divine que les prophètes voyaient dans une vision prophétique [...]. »

4. « On l'emploie aussi quelquefois (en parlant) de quelqu'un qui, en faisant une action quelconque, l'exagère et dépasse la limite (convenable). »

Les corrections que l'auteur a faites au fil de la plume visent à donner plus de précision au propos, lequel est tout entier dirigé vers l'analyse de la « vision de Moïse » telle qu'on la lit dans Ex. 34 :6 : « Et l'Éternel passa devant sa face. »

5. « Parfois aussi on l'emploie [en parlant] de quelqu'un qui passe devant un but [qu'il avait en vue], et se dirige vers un autre but et un autre terme ; par exemple : "Et il tira la flèche pour la faire passer au-delà" (1 Sam. 20 :36). C'est conformément à ce sens figuré qu'il faut, selon moi, entendre ces paroles : "Et l'Éternel passa devant sa face" (Ex. 34 :6) [...] » Le verset, pris dans son sens littéral, signifie que « l'Éternel passa devant la face de Moïse ». Une expression évidemment inacceptable, et que Maïmonide, comme d'autres avant lui, a cherché à expliquer autrement. Ici, Maïmonide a beaucoup hésité. Il a d'abord barré « sa face » pour adopter : « l'affixe [de possession : sa)] dans, "sa face", se rapportant à Dieu – qu'il soit exalté. »

« C'est là aussi ce qu'ont admis les docteurs [Maïmonide a barré ici "que l'affixe (se rapporte) à Dieu", expression qui faisait double emploi, et a écrit], à savoir que le mot *panav* [sa face] est celle de Dieu – qu'il soit exalté. »

Le chapitre continue : « Quoiqu'ils disent cela dans un ensemble de *Aggadot* (ou explications allégoriques) qui ne seraient pas ici à leur place, il y a là

42. Cf. partie I, chapitre 50, p. 184 de la traduction de Munk et la n. 1.

cependant quelque chose qui corrobore notre opinion. Ainsi, le pronom dans *panav* se rapportant à Dieu, l'explication [du passage en question] est, à ce qu'il me semble, celle-ci : que Moïse avait demandé une certaine perception [...].»

L'autographe s'interrompt ici et le texte imprimé continue :

« celle qui a été désignée par [l'expression] *voir la face*, dans ces mots : *Mais ma face ne saurait être vue* (Ex. 34 :23) et qu'il lui fut promis une perception au-dessous de celle qu'il avait demandée, savoir, celle qui a été désignée par l'expression *voir par-derrière*, dans ces mots : *Et tu me verras par-derrière* [*ibid.*]. Nous avons déjà appelé l'attention sur ce sujet dans le *Mishné Tora* [...] On veut donc dire ici que Dieu lui voila cette perception désignée par le mot *panîm*, "face", et le fit passer vers une autre chose, je veux dire vers la connaissance des actions attribuées à Dieu, et qu'on prend pour de nombreux attributs, comme nous l'expliquerons.»

Ces mêmes versets sont expliqués, en effet, dans le *Livre de la connaissance*[43]. Mais l'explication est différente car elle se concentre sur les rapports entre Dieu et le seul Moïse, alors qu'ici Moïse sert d'exemple à l'ensemble des hommes, lesquels, contrairement à lui, ne reconnaissent pas que la connaissance des actions divines ne doit pas donner lieu à l'attribution de nombreux attributs positifs.

Toute la fin du chapitre et tout le chapitre 37 de la partie I sont consacrés à l'explication du mot *panîm*. Ici comme dans le *Mishné Tora,* l'explication de la vision de Moïse vise à renforcer l'idée de l'incorporalité divine. Dans le *Mishné Tora,* le chapitre qui suit celui de la vision de Moïse débute par les mots : « Maintenant qu'il est clair que Dieu n'est pas corporel [...].»

43. Cf. Le *Livre de la connaissance* I, chap. 10, pp. 32-33 de la traduction française. Cependant, ce dont il est question est le contenu des demandes faites par Moïse et la révélation qui lui fut accordée, à lui mais à aucun autre vivant à part lui : « [...] il appréhenda de la vérité de l'essence divine quelque chose grâce à quoi le Saint, béni soit-il, fut, dans son esprit distinct du reste des êtres [...] ».

3. Les attributs négatifs

Partie I, une partie du chapitre 60 (fragment 3r-v)

Langage et conception intellectuelle

Comment parler de Dieu, comment le qualifier ? La question des « attributs divins » avait été abordée bien des fois dans les chapitres précédents, comme nous l'avons vu dans les fragments autographes. En effet, dans la partie I, les chapitres d'exégèse qui occupaient les chapitres 1 à 45 étaient destinés à analyser les divers sens des mots utilisés dans les versets bibliques afin d'éloigner de Dieu les attributs anthropomorphiques et toutes les autres interprétations (versets bibliques et textes traditionnels) qui ne conviennent pas à son être véritable.

La question des attributs divins (ce qu'on peut dire de Dieu, comment parler de Lui, comment penser à Lui) traverse l'histoire de la pensée occidentale et elle a été bien souvent explorée et discutée[1]. D'un côté, nous avons les simples fidèles qui accomplissent les ordres et répètent les mots des textes révélés, or ceux-ci parlent « la langue des hommes ». Ces fidèles acceptent la lettre de ces textes sans se poser de questions.

De l'autre côté, les penseurs et les philosophes accomplissent aussi les commandements révélés, mais ils s'interrogent sur ce que les mots veulent dire.

Quand les textes révélés et traditionnels parlent de Dieu, ils emploient un grand nombre de mots-attributs dont Dieu est le sujet : nous avons vu que tous les mots qui peuvent suggérer l'anthropomorphisme doivent être repoussés. Mais il est des qualificatifs que l'on emploie pour louer les hommes et qui paraissent convenir pour louer Dieu ; les bénédictions de louange et de gratitude qui accompagnent le déroulement quotidien de la vie du fidèle comportent des qualificatifs : la grandeur, la générosité, la puissance, etc. Le but de la prière de l'homme est de se rapprocher de Dieu. La prononciation des prières en est-elle le moyen ?

La parole est liée à la pensée raisonnable mais, nous l'avons vu, parole et raison s'opposent souvent. Selon les philosophes, puisque l'homme a été doué de raison, c'est par la raison qu'il doit tenter de se rapprocher de son Créateur et croire en Lui : ses paroles doivent se conformer à la conception philosophique de Dieu.

En plaçant ce problème dans le cadre de la philosophie et de la logique aristotéliciennes, Maïmonide est l'héritier direct des philosophes musulmans et tout particulièrement d'Al-Fârâbî.

Pour parler de Dieu, les hommes utilisent deux modes, deux attitudes, deux genres de croyance :

1. Dans la première, ils utilisent seulement la parole extérieure, celle que prononcent les lèvres ; elle peut paraître vraie ou être basée sur des opinions reçues, sur les textes bibliques ou traditionnels. Elle ne demande ni réflexion, ni interrogation.

1. Cf. les nombreuses études de Wolfson, lesquelles ont guidé ma recherche.

2. Dans la seconde, ils se fondent sur une conception intellectuelle, logique, une représentation interne qui a été confrontée à la réalité externe puis a été jugée certaine avant d'être accueillie dans la croyance[2].

Cette seconde croyance ne diffère pas de celle qui caractérise les sciences et la philosophie ; elle est une proposition logique telle qu'elle a été définie par Aristote : une combinaison de mots qui expriment soit la vérité, soit l'erreur ; elle a été vérifiée d'après la réalité des choses en dehors de l'intellect humain et elle est exprimée par le syllogisme démonstratif, ou, à défaut, par l'induction. Son instrument est l'intellect, lequel distingue le vrai du faux. Dans le chapitre sur la création, nous avons vu que le propre de l'homme avant la faute était justement cette faculté de distinguer le vrai du faux[3].

Rappelons d'abord ce que nous savons de vrai sur Dieu. Le titre du premier chapitre du *Mishné Tora* résume ces premières vérités : « Qu'il existe un être premier qui est le seigneur de l'univers et le seigneur de toute la terre, qu'il est incorporel et unique. » Ces vérités font l'objet d'une série de preuves apodictiques : « [...] c'est lui qui dirige la sphère d'une puissance qui n'a ni fin ni terme, d'une force qui ne souffre pas d'interruption : la sphère, en effet, tourne toujours et il est impossible qu'elle tourne sans que quelqu'un soit cause de sa révolution [...] Ce Dieu est un [...] et son unité n'est comparable à aucune des unités qui existent dans l'univers [...] Mais la puissance de notre Dieu [...] n'ayant ni fin, ni cesse, puisque la sphère effectue sa rotation sans s'arrêter jamais, n'est pas une puissance matérielle[4]. »

Dans le *Guide*, où Maïmonide semble pencher pour la création du monde, il n'en écrit pas moins :

« Le monde, dis-je, est nécessairement ou éternel ou créé [...] Si le monde est éternel, il s'ensuit nécessairement, en vertu de telle ou telle preuve, qu'il existe un être, autre que tous les corps de l'univers, qu'il n'est ni corps, ni force dans un corps, qu'il est un, permanent, éternel, qu'il n'a pas de cause et qu'il est immuable ; cet être est Dieu. Il est donc clair que les preuves de l'existence de Dieu, de son unité et de son incorporalité, il faut les obtenir uniquement par l'hypothèse de l'éternité et ce n'est qu'ainsi que la démonstration sera parfaite, que le monde soit éternel ou qu'il soit créé[5]. »

Adossés à ces certitudes scientifiques, que pouvons-nous concevoir de plus, et qui soit vrai, à propos de Dieu ? Dans la partie I, les chapitres 50 à 70 sont consacrés à la discussion philosophique et exégétique des attributs divins. Le tout début du chapitre 50 de la partie I pose clairement le problème :

« Sache, ô lecteur de mon présent traité, que la croyance n'est pas quelque chose qu'on prononce, mais quelque chose que l'on conçoit dans l'âme, en croyant que la chose est telle qu'on la conçoit[6]. »

2. Sur la conception intellectuelle (*Tasawwur*) et la vérification de cette conception (*Tasdiq*), cf. Wolfson (1943, 1973).

3. Cf. plus haut, pp. 204-209.

4. Traduction française de V. Nikiprowetsky et A. Zaoui (1961), pp. 29-31.

5. Partie I, chap. 71, pp. 349-350 de la traduction de Munk, et n. 1 de la p. 350. Ce passage a donné lieu à un très grand nombre de commentaires, voir, en dernier Stroumsa.

6. Partie I, chap. 50, pp. 179-180 de la traduction de Munk.

Laissant de côté les hommes stupides qui retiennent des croyances dont ils ne conçoivent absolument aucune idée, Maïmonide s'adresse à ceux qui peuvent s'élever au degré de la spéculation. Ceux-là doivent réfléchir aux conséquences logiques qui découlent des vérités déjà admises. Si l'on a la certitude que Dieu est *un,* d'une unité réelle de sorte qu'on ne trouve en lui rien de composé ni rien qui soit virtuellement divisible d'une manière quelconque, alors, on doit admettre que Dieu n'a pas d'attribut essentiel, sous aucune condition :

« Celui qui croirait qu'il est *un*, possédant de nombreux attributs, exprimerait bien, par sa parole, qu'il est *un* mais, dans sa pensée, il le croirait multiple. Cela ressemblerait à ce que disent les chrétiens : "Il est *un,* cependant il est *trois,* et les trois sont *un*" [...] tout en écartant la corporéité et en croyant la simplicité absolue [de Dieu], comme si notre but était seulement de chercher comment nous devons nous exprimer, et non pas ce que nous devons croire. »

En effet, parler d'attribut essentiel, aussi louangeur soit-il, c'est admettre qu'il existe deux entités, l'essence et l'attribut.

Les langues humaines fonctionnent sur une base nécessairement duelle. Dans le *Traité de logique* de Maïmonide, qu'il rédigea dans sa jeunesse et qui se fonde sur la logique telle qu'on la trouve chez Al-Fârâbî, nous lisons :

« Le nom par lequel commence le grammairien arabe est celui que les spécialistes de l'art de la logique nomment le sujet et celui que le grammairien nomme "ce que l'on dit à propos [du sujet]" est ce que les logiciens nomment l'attribut[7]. »

En conséquence, les langues naturelles, toutes les langues naturelles, sont fondamentalement mal capables ou incapables d'exprimer une unité réelle, comme celle de Dieu. Les textes bibliques, pris littéralement, selon la langue, ne permettent pas de concevoir que Dieu est absolument différent de ce que nous pouvons décrire par le langage.

Les conceptions intellectuelles

On peut remédier aux inconvénients de la parole grâce à l'usage de la raison. Il peut alors y avoir une certaine adéquation entre la conception intellectuelle et la parole[8] :

« [Par l'art de la logique, l'homme] [...] se garde de l'erreur et se dirige vers ce qui est exact, de sorte que la certitude parvient à l'homme dans tout ce qu'il est de sa capacité de connaître avec certitude ; cet art donne aussi des règles communes à l'ensemble des langues par lesquelles le logos externe est dirigé vers ce qui est exact et gardé de l'erreur, de sorte que ce qui est exprimé par lui au moyen de la langue corresponde à ce qu'il y a dans l'esprit et lui soit égal[9] [...]. »

La conception intellectuelle vraie est la clef d'une parole vraie qui met sur la voie d'une croyance digne de Dieu.

7. *Traité de logique* (éd. Brague, 1996), p. 34 de la traduction et n. 4. J'ai traduit d'après l'arabe, p. 1, afin de conserver l'identité de la traduction des termes.

8. Cf. Stern (2000), p. 202.

9. *Traité de logique,* trad. Brague (1996), p. 95.

« Il ne peut y avoir croyance que lorsqu'il y a eu conception ; car la croyance consiste à admettre comme vrai ce qui a été conçu [et à croire] que cela est hors de l'esprit tel qu'il a été conçu dans l'esprit [...]. »

« Si tu te dépouilles des désirs et des habitudes, si tu es intelligent et que tu considères bien ce que je dirai, dans ces chapitres suivants, sur la négation des attributs, tu auras nécessairement de la certitude à cet égard, et alors tu seras de ceux qui conçoivent l'unité de Dieu, et non pas de ceux qui la prononcent seulement de leur bouche, sans en concevoir une idée, et qui appartiennent à cette classe dont il a été dit : "Tu es près de leur bouche, loin de leur intérieur" (Jer. 12 : 2). Il faut, en effet, que l'homme soit de ceux qui conçoivent la vérité et la comprennent, quand même ils ne la prononceraient pas comme on l'a ordonné aux hommes vertueux, en leur disant : "Dites [pensez] dans votre cœur, sur votre couche, et demeurez silencieux" (Ps. 4 : 5)[10]. »

Les dangers de la parole sont, en effet, très grands. Dans le chapitre 59, Maïmonide reprend la citation des Psaumes que nous avons lue dans le chapitre 50 :

« Quoi que ce soit que nous disions dans le but d'exalter et de glorifier [Dieu], nous y trouvons quelque chose d'offensant [littéralement : nous le chargeons, nous lui donnons à porter une charge qui n'est pas digne de son être véritable] à son égard et nous y verrons une certaine imperfection. Il vaut donc mieux se taire et se borner aux perceptions de l'intelligence, comme l'ont recommandé les hommes parfaits, en disant : "Dites [pensez] dans votre cœur, sur votre couche et demeurez silencieux" (Ps. 4 : 5)[11]. »

Que la prière véritable doive être une méditation intellectuelle est répété dans la partie III du *Guide*[12]. Ici, on ne peut pas ne pas se souvenir des très longues pages que Maïmonide a consacrées à la codification des prières et du culte public dans ses ouvrages de droit rabbinique : en particulier dans le *Mishné Tora*[13]. Là, il parlait au simple fidèle. Ici, il parle à ceux qui se posent des questions. À la parole des prières, la méditation silencieuse est toujours préférable : le plan de la religion et celui de la philosophie ne coïncident pas.

Mais, si la méditation intellectuelle, la seule qui soit conforme à la vocation humaine, et la seule qui en soit digne, écarte les dangers de la parole, écarte-t-elle ceux de la conception intellectuelle ? D'abord, est-elle digne de Dieu ? Ensuite et surtout, est-elle « vraie » par rapport à Dieu ?

Certes, « la croyance n'est pas quelque chose qu'on prononce, mais quelque chose que l'on conçoit dans l'âme », mais seulement lorsque cette conception mentale est vraie ; sinon, ce n'est pas une croyance mais une illusion. Selon certains chapitres du *Guide*, la conception de Dieu semble ne pas faire partie de « ce qu'il est dans la puissance de l'homme que la certitude lui vienne ». S'il en est ainsi, ce ne sont pas seulement les mots, mais aussi les conceptions mentales, qui portent à faux quand il s'agit des attributs de Dieu.

10. Partie I, chap. 50, pp. 181-182 de la traduction de Munk.

11. Partie I, chap. 59, p. 253 de la traduction de Munk et n. 1.

12. Partie III, chap. 51, pp. 440-441 de la traduction de Munk.

13. Tout le livre II du *Mishné Tora* (« Le livre de l'amour ») est consacré au culte divin et, en particulier, à la prière.

Le problème est bien celui-là : l'esprit de l'homme est-il capable ou incapable de concevoir les réalités immatérielles des intellects et, à plus forte raison, de Dieu ?

Dans certains chapitres du *Guide*, on a bien l'impression que la réponse est positive. Par exemple, dans le célèbre chapitre 51 de la partie III, où sont décrits ceux qui ont achevé l'étude des sciences physiques et métaphysiques, et ont le privilège de se rapprocher de Lui, « d'entrer auprès du souverain, dans la cour intérieure et de se trouver avec Lui dans le même appartement[14] ».

Dans d'autres chapitres, la chose paraît beaucoup moins sûre. Dans la conclusion, nous reviendrons sur l'hypothèse de Shlomo Pines : Maïmonide, à la fin de sa vie, aurait désespéré de la capacité humaine à s'élever à la compréhension du monde sublunaire, des intellects et de Dieu[15].

Cependant, dans une suite de trois chapitres (58, 59 et 60), le Maître démontre que nous pouvons avoir une certaine connaissance « vraie » de Dieu mais c'est une connaissance négative. Elle est, certes, imparfaite, mais contrairement à une prétendue connaissance positive, elle est vraie.

La théologie négative

La théologie négative[16] est l'une des idées les plus fortes et les plus caractéristiques de la philosophie de Maïmonide et on ne la lit que dans le *Guide*. Elle affirme que l'unité absolue de la divinité n'implique pas seulement le rejet de toute corporalité, elle entraîne aussi le refus de l'attribution d'attributs positifs, ceux qui sont répétés constamment dans tous les textes religieux. Il ne s'agit pas des attributs qui seraient des défauts chez les hommes mais de ceux que l'on considère comme laudatifs, dignes des meilleurs des hommes et plus encore de Dieu : « Certains croient qu'il y a des attributs essentiels qui s'appliquent au Créateur, à savoir qu'il a l'existence, la vie, la puissance, la science et la volonté[17]. »

Or, nous dit Maïmonide, on ne doit parler de Dieu, on ne doit penser à Dieu que par des négations. Il ne suffit pas de dire que son existence, sa vie, sa puissance, sa science ou sa volonté surpassent de beaucoup celles des hommes. Il faut nier de lui ces qualifications. Seules les qualifications négatives permettent de ne pas porter atteinte à son honneur et à sa dignité. Plus nous avançons dans la connaissance négative de Dieu, plus nous nous approchons véritablement de Lui. Utiliser des mots exprimant des qualificatifs positifs qui amènent à concevoir à son propos des attributs positifs a pour conséquence d'éliminer de sa croyance l'existence de Dieu.

Disons d'abord que cette conception n'a été adoptée par aucun des philosophes païens[18], juifs[19], arabes[20] ou chrétiens[21]. Il est question chez Avicenne de

14. Livre III, chap. 51, p. 436 de la traduction de Munk.
15. Cf. Pines (1979) et (1981).
16. Cf. Wolfson (1945), (1973, vol. II, pp. 195-230), Pines dans l'introduction à sa traduction (1963, pp. CXIII-CXVIII), et le petit article, très éclairant, de Buijs (1992).
17. Livre I, chap. 56, p. 228 de la traduction de Munk.
18. Cf. Wolfson (1947 et 1952), (1973, vol. I, pp. 98-114 et 115-130).
19. Cf. Wolfson (1916 et 1953), (1973, vol. II, pp. 231-337).
20. Cf. Wolfson (1956), (1973, vol. I, pp. 143-169).
21. Cf. Wolfson (1957), (1973, vol. I, pp. 131-142).

théologie négative mais sous une forme nettement plus mitigée. Un seul penseur musulman a choisi d'exposer une théorie des attributs négatifs qui soit aussi intransigeante, c'est le théologien ismaélite Hamîd al-Dîn al-Kirmânî[22] (mort après 1021).

Maïmonide n'expose sa théologie négative que dans le *Guide*, c'est-à-dire vers 1190. Mais l'examen des autographes montre qu'il en avait conçu l'idée depuis plus longtemps. Le groupe des chapitres 50 à 70 forme un ensemble structuré et avait probablement été mis en place par Maïmonide à une date bien antérieure à la rédaction du *Guide*. En tout cas, les folios autographes des chapitres 60 et 64-65 sont tous deux des proto-brouillons. Ils ont les mêmes caractères codicologiques et paléographiques (mêmes dimensions, même nombre de lignes, même genre d'écriture large et bien formée) et étaient séparés probablement par six feuillets. Soit ils proviennent du même quinion, soit ils faisaient partie d'un groupe de cahiers homogène. Ils ont probablement été rédigés à un stade plus ancien de la pensée de l'auteur et, comme les brouillons, ils portent témoignage des idées et des corrections antérieures à la rédaction du *Guide* ; leur texte est nettement différent du texte canonique et les modifications que l'auteur a apportées à son texte avant de le livrer au public sont nombreuses. Ces modifications ne changent pas le contenu de la pensée de l'auteur qui s'affirme ici clairement : on ne doit pas parler, ni penser à Dieu en termes d'attributs autres que négatifs.

La nécessité de la théologie négative est écrite de la main de Maïmonide, elle est maintes fois répétée et exprimée de la manière la plus catégorique qui soit. Elle explique pourquoi on ne doit pas prendre à la lettre les textes révélés et traditionnels ou les anciens savants comme Saadia Gaon, lesquels parlent des qualités divines en utilisant des qualificatifs positifs. Tous se trompent.

« Les vrais attributs de Dieu sont ceux où l'attribution se fait au moyen de négations, ce qui ne nécessite aucune expression impropre, ni ne donne lieu, en aucune façon, à attribuer à Dieu une imperfection quelconque[23]. »

C'est dans ce sens qu'il faut comprendre ce que nous avons lu auparavant.

Dans le chapitre 3, expliquant le mot *temouna*, nous avions lu dans l'autographe : « On le dit [enfin] de la forme véritable [d'une chose] perçue par l'intelligence, et c'est dans ce troisième sens qu'on dit *temouna* en parlant de Dieu ; par exemple : “Et il contemple la figure de l'Éternel” (Nombres 12 : 8), ce qui doit être expliqué dans ce sens : Et il comprend la vérité de Dieu[24]. »

Dans les chapitres d'exégèse, nous avions appris comment les textes biblique et traditionnel induisent en erreur. À la fin du chapitre 17, l'autographe disait : « [...] il [le vulgaire] se figure la vérité de la chose d'une façon contraire au vrai que nous avons en vue. » Heureusement, la métaphore peut permettre d'amener le vulgaire à une conception plus proche de l'être véridique de Dieu[25].

22. Cf. Pines, dans son introduction (p. XCV) à sa traduction du *Guide* et (1980), pp. 240-243 (1997, pp. 294-297).

23. Livre I, chap. 58, p. 238 de la traduction de Munk.

24. Cf. plus haut, p. 225-226.

25. Cf. plus haut, p. 28.

À la lumière de ce que nous lirons maintenant, il sera évident que cette vérité, connue des philosophes par l'exégèse métaphorique, n'est pas une connaissance positive ; nous ne pouvons nous approcher de Lui que par une vérité négative, car la langue des hommes, comme la pensée humaine, est prise au piège de la dualité, alors que Dieu est unique.

Dans le chapitre 51, le texte canonique faisait une première distinction :

« [...] (ou bien) l'attribut est autre chose que l'essence du sujet qualifié, qu'il est une certaine circonstance de l'essence et, par conséquent un accident ; (ou bien) quand l'attribut est l'essence même du sujet qualifié, il n'est autre chose qu'une tautologie[26]. »

Si nous écartons les tautologies, nous demeurons dans le premier cas, celui où l'attribut est autre chose que l'essence du sujet qualifié. Dans le cas d'un attribut positif, on « associe » à Dieu quelque chose ou quelqu'un et on nie son unité absolue.

Le chapitre 52 énumère ensuite les classes d'attributs affirmatifs :

« La première classe est celle où la chose a pour attribut sa définition [...] mais Dieu ne peut être défini[27]. »

« La deuxième classe est celle où la chose a pour attribut une partie de sa définition [...] Ce genre d'attribut doit [...] être écarté de Dieu, car, s'il avait une partie d'une quiddité, sa quiddité serait composée[28]. »

« La troisième classe est celle où la chose a pour attribut quelque chose en dehors de sa réalité et de son essence[29]. »

« La quatrième classe des attributs est celle où on désigne la chose par son rapport avec autre chose[30]. »

« La cinquième classe des attributs affirmatifs est celle où la chose a pour attribut son action [...] Les attributs de cette sorte sont loin de l'essence de celui qui en est qualifié [et n'y sont pas quelque chose de permanent] ; c'est pourquoi il est permis de les attribuer à Dieu, pourvu qu'on sache bien que ces actions diverses n'émanent pas nécessairement de conditions diverses existant dans l'essence de leur auteur, comme on l'exposera. Au contraire, les actions diverses de Dieu se font toutes par son essence même, et non par quelque chose qui y serait joint, ainsi que nous l'avons déclaré[31]. »

Maïmonide s'arrête à un moindre mal : on peut parler et penser à Dieu de deux manières : grâce aux attributs d'action (en admirant le monde qu'il a créé) et grâce à des attributs négatifs. La suite des chapitres va montrer, de manière apodictique, que la multiplication des attributs positifs, autres que les attributs d'action, est une erreur, et que la multiplication des attributs négatifs permet d'avancer dans la connaissance de Dieu.

26. Cf. partie I, p. 183 de la traduction de Munk.
27. Cf. partie I, pp. 189-190 de la traduction de Munk.
28. Cf. partie I, p. 193 de la traduction de Munk.
29. Cf. Livre I, p. 193 de la traduction de Munk.
30. Cf. Livre I, p. 198 de la traduction de Munk.
31. Cf. livre I, pp. 204-205 de la traduction de Munk.

Partie I, chapitre 60 : des exemples d'attributs négatifs

Le chapitre 60 continue le propos du chapitre 52 et donne les exemples d'attributs négatifs qui correspondent à l'énumération des classes d'attributs positifs 2, 3 et 4 en montrant leur conséquence nocive.

Dans la version canonique, le chapitre débute par les mots suivants :

« Dans ce chapitre, je veux te donner des exemples par lesquels tu pourras mieux concevoir combien il est nécessaire de donner à Dieu de nombreux attributs négatifs, et par lesquels aussi tu éviteras de plus en plus d'admettre à son égard des attributs affirmatifs[32]. »

Le premier exemple est celui de la manière dont l'homme peut construire la représentation mentale d'un navire, objet dont il ne connaît que le nom. Au fur et à mesure que les détails négatifs s'ajoutent les uns aux autres, l'idée de l'objet « navire » se fait de plus en plus précise. Cet exemple est appliqué à la connaissance de Dieu : « [...] à mesure qu'il te sera manifesté par une démonstration qu'une chose qu'on croyait exister dans Dieu doit être niée de lui, tu te seras indubitablement rapproché de lui d'un degré de plus [...] C'est ainsi que les attributs négatifs te rapprochent de la connaissance de Dieu et de sa perception [...] Quant aux attributs de Dieu [exprimés] par des affirmations, ils renferment un grand danger [...] En effet, tout sujet possède indubitablement des attributs, et, quoique un par l'existence, il est [divisé en] deux pour la définition [...]. »

L'exemple du navire est suivi d'un développement où il est répété que les conséquences de l'utilisation des attributs positifs sont graves car ce qui en résulte n'est pas une conception imparfaite, mais la destruction de la représentation intellectuelle de Dieu et, en conséquence, la disparition de la croyance en l'existence d'un Dieu unique.

Le fragment d'autographe du chapitre 60 commence en milieu de chapitre et en milieu de phrase, mais, par chance, les premiers mots conservés sont le pivot de toute la discussion sur les attributs divins. Ils réitèrent une notion de base (fol. 1r, ligne 1) : « la notion subjectée est une autre que la notion prédiquée ». Comme le remarque Silvia Di Donato[33], la formulation de ce passage est problématique dans la tradition textuelle, qui n'est pas univoque. En effet, pour la première partie de l'expression, toutes les sources comparées attestent une leçon, en état construit, différente de celle de l'autographe : « la notion du sujet ». La deuxième partie, en revanche, montre des dissemblances : les traductions, les éditions et certains manuscrits attestent à nouveau l'état construit, gardant le parallélisme avec ce qui précède (« la notion de l'attribut »), alors que d'autres manuscrits conservent une version conforme à l'autographe « la notion prédiquée » : « [...] parce que "la notion de sujet" est autre que "la notion d'attribut". » Mais c'est bien l'expression de l'autographe qu'il faut conserver car nous ne sommes plus dans la dualité des formes grammaticales, comme c'était le cas dans le *Vocabulaire logique*, mais dans celle des notions intelligibles.

32. Cf. livre I, p. 259 de la traduction de Munk.
33. Cf. ci-dessus, p. 138.

L'autographe continue : « Dans quelques chapitres de ce traité on te démontrera par une démonstration rigoureuse [*burhan*] que la composition est impossible [dans Dieu – qu'il soit exalté –], mais qu'il est la simplicité pure, au dernier degré. »

« Au dernier degré », cette précision n'est pas dans l'autographe et a été ajoutée par l'auteur pour l'édition finale. La démonstration dont parle Maïmonide est la preuve que procure le syllogisme tel qu'il est exposé dans *Les Seconds Analytiques* d'Aristote. La traduction de Munk : « dans quelques chapitres de ce traité, on t'expliquera clairement [...][34] » affaiblit le propos de l'auteur.

Maïmonide rappelle ici que la logique est la base de la pensée humaine : elle convient parfaitement à la connaissance du monde sublunaire et à la construction de la science. Cependant, à première vue, elle interdit toute pensée comme elle interdit tout discours à propos du Créateur : en effet, elle porte en elle sa limite ; comme le langage, elle repose sur une dualité : celle du concept du sujet et celle du concept de l'attribut. Or Dieu est un, non point par le nombre mais par essence.

Et pourtant, c'est dans ce cadre logique, le seul qui puisse atteindre la vérité, qu'il faut tenter de concevoir la déité. Maïmonide se fait fort de montrer scientifiquement qu'en utilisant des attributs négatifs on peut parler de Dieu et surtout penser à Dieu sans porter atteinte à sa simplicité parfaite.

L'autographe du chapitre 60 continue par une phrase où Maïmonide prend la parole et juge personnellement les personnes qui donnent à Dieu des attributs positifs :

« Je ne dirais pas [...] mais je dirais [...]. » Les exemples d'attributs positifs qui ont été donnés plus haut sont repris et jugés, cas par cas.

Dans ce passage, l'autographe porte (fin de la l. 4 et ce qui reste du début de la l. 5) une phrase barrée qu'on ne peut pas reconstituer (car il manque deux mots sur quatre), mais le sens est clair car l'idée est répétée plus loin dans l'autographe (aux ll. 17 et 18 du verso) comme dans la version canonique.

Il s'agit des jugements que l'on peut porter sur les partisans des attributs positifs (c'est-à-dire tous les juifs sauf les philosophes). Trois jugements peuvent être portés et Maïmonide ne les portera pas, se contentant de les mentionner deux fois, en y ajoutant son jugement personnel.

Le texte a été reconstitué grâce à la version canonique mais il présente une variante importante :

« Je ne dirais pas, du reste, que celui qui prête à Dieu des attributs positifs

1. « le saisisse imparfaitement »,
2. « l'associe [à d'autres êtres] »,
3. « ou le saisisse contrairement à ce qu'Il est, je dirais plutôt que »
4. « il abolit l'existence de Dieu tout court ou que, sans s'en apercevoir, il élimine de sa croyance l'existence de Dieu. »

Le jugement de Maïmonide est bien plus sévère que les trois autres qu'il aurait pu porter : tout simplement, ceux qui disent de Dieu « qu'il a existence, vie, puissance, science et volonté » parlent d'un Dieu qui n'a rien à voir avec le véritable Dieu.

34. Contrairement aux traductions hébraïques et à celle de Pines.

Dans l'allégorie du palais divin dont les hommes cherchent l'entrée[35], on part de ceux qui sont le plus éloignés de Dieu pour aboutir à ceux qui en sont le plus proches.

Il y a d'abord « ceux qui étaient hors de la ville, ce sont tous les hommes qui n'ont aucune croyance religieuse, ni spéculative, ni traditionnelle [...] je ne les place point au rang des hommes ». Ce portrait ressemble beaucoup à « celui qui prête à Dieu des attributs positifs » et dont Maïmonide dit [4] : « qu'il abolit l'existence de Dieu tout court ou que, sans s'en apercevoir, il élimine de sa croyance l'existence de Dieu ». Or, parmi ceux qui attribuent à Dieu des attributs positifs, sont les Geonim, les dirigeants religieux du peuple juif.

Ils ne sont pas même dignes de faire partie de :

« ceux qui étaient dans la ville, mais tournaient le dos à la demeure du souverain », dont Maïmonide dit : « ce sont des hommes qui ont une opinion et qui pensent, mais qui ont conçu des opinions contraires à la vérité [...] ».

Dans la version finale du chapitre 60, l'auteur est un peu moins féroce envers les traditionalistes et il a supprimé l'abolition de l'existence de Dieu, mais c'est pour la reprendre plus loin, puisqu'il déclare après l'exemple de l'éléphant (ce passage n'a pas été conservé dans l'autographe) :

« Certes, je ne dirais pas que cet homme [3] se figure l'éléphant contrairement à ce qu'il est en réalité, ni [1] qu'il a de l'éléphant une connaissance imparfaite ; mais je dirais que [4] la chose qu'il s'imagine être de cette façon est une invention et un mensonge, qu'il n'existe rien de semblable, et qu'au contraire c'est un non-être auquel on a appliqué le nom d'un être comme le griffon, le cheval-homme [centaure] et d'autres figures imaginaires auxquelles on a appliqué le nom de quelque être réel[36]... »

On peut se demander si cette phrase veut désigner « ceux qui étaient hors de la ville » ou « ceux qui étaient dans la ville » !

Dans l'autographe, les pertes sont de plus en plus importantes à mesure qu'on approche du milieu du feuillet, de sorte que l'interprétation devient de plus en plus difficile. Continuons cependant.

« Je m'explique :

« [la première classe inclut] celui qui saisit imparfaitement une chose, [c'est celui qui en saisit] une partie et en ignore une autre, comme, par exemple, celui qui saisit, [dans l'idée d'homme, ce qui se rattache] à la nature animale, [sans saisir ce qui se rattache à la raison]. »

L'exemple appartient à la seconde classe d'attributs que nous avons vue dans le chapitre 52 :

« La deuxième classe est celle où la chose a pour attribut une partie de sa définition, comme, par exemple, lorsqu'on désigne l'homme par la qualité d'animal ou par la raison [...] Ce genre d'attribut doit [...] être écarté de Dieu, car, s'il avait une partie d'une quiddité, sa quiddité serait composée[37]. »

35. Partie III, chap. 51, pp. 434-436 de la traduction de Munk.
36. Partie I, chap. 60, pp. 265-266 de la traduction de Munk.
37. Cf. p. 193 de la traduction de Munk.

En effet, continue le chapitre 60 :

« à propos de Dieu il n'y a pas de multiplicité [dans sa réalité, de manière qu'on puisse en comprendre telle chose] et en ignorer telle autre ».

« Celui qui associe à Dieu [d'autres êtres] » nous dit le texte canonique mais, dans l'autographe, nous n'avons plus que la fin des lignes car toute une partie manque, le texte est donc très fragmentaire :

[......] « De même,

[.........], celui qui se représente la vérité d'une certaine essence

[.........] attribue une vérité semblable

[.........] et si c'est selon une opinion parmi d'autres, il ne

[...] en son ensemble, mais tout ce que nous connaissons et percevons

[...] selon l'espèce, comme je l'ai expliqué.

De même, celui qui [saisit une chose] contrairement à ce qu'elle est doit nécessairement saisir

[quelque chose de ce] qu'elle est comme quelqu'un qui imagine le soleil rond

[......] il se figure qu'il est un corps et il se figure, à son égard, l'idée de rotondité telle qu'elle est. »

Les mots conservés montrent que Maïmonide nous renvoie à la quatrième classe des attributs du chapitre 52, celle où « on désigne la chose par son rapport avec autre chose[38] ».

« Lorsque deux choses sont sous un même genre, il n'y a pas de rapport entre elles [...] Que si les deux choses se trouvent sous deux genres [...] il n'y a pas de rapport entre elles, quand même elles remonteraient à un seul genre [supérieur] [...] car l'une des deux choses est de la catégorie de la qualité tandis que l'autre est de celle de la quantité[39] [...]. »

L'exemple du soleil est basé sur l'espèce, le genre et les qualités. La rotondité du soleil fait bien partie de son être véritable et il est un corps, mais il n'est pas de l'espèce des corps sublunaires puisqu'il n'est pas composé des quatre éléments.

L'auteur a supprimé dans la rédaction finale l'exemple du soleil et il ne l'a pas remplacé par un autre exemple, ce qui perturbe l'ordre du développement, puisqu'à chaque jugement erroné correspondait un exemple. Un commentateur au moins s'en est aperçu : Crescas. Celui-ci propose un exemple différent, celui de l'or, qui fait partie du genre des métaux : on se trompe et on trompe les autres si l'on applique ses qualités à d'autres métaux[40].

Reste le cas où deux choses n'ont absolument aucun rapport entre elles car elles ressortent de genres aussi différents que le sont la *quantité* et la *qualité*.

Notre autographe, comme le texte canonique, continue en effet :

« Mais si quelqu'un se figurait que le goût fût une quantité, je ne dirais pas qu'il se figure la chose contrairement à ce qu'elle est, mais je dirais qu'il ignore jusqu'à l'existence du goût et qu'il ne sait pas à quoi s'applique ce nom » (fol. 1v).

38. Cf. partie I, p. 198 de la traduction de Munk.
39. Cf. partie I, pp. 201-203 de la traduction de Munk.
40. Cf. folio 91a de l'édition de 1904 (1960).

Cette phrase reprend celle qu'on lisait au chapitre 52 :

« Mais il n'y a pas non plus de rapport entre la science et la douceur. »

Cette situation est la même que celle du mur qui ne voit pas[41], un exemple emprunté à Al-Fârâbî[42], et qui énonce une impossibilité absolue de comparaison entre deux choses.

Le développement se termine par les mots suivants :

« Ce sont là des considérations très subtiles, qu'il faut bien comprendre. »

Le chapitre, texte canonique et autographe, passe ensuite à l'exposé des attributs négatifs et celui qui ne les admet pas est passible d'un jugement plus bénin :

« Sache que celui qui saisit Dieu imparfaitement, et est loin de le connaître, est celui qui ne reconnaît pas la non-existence [dans Dieu] d'une notion que d'autres ont démontré devoir être niée de Dieu ; de sorte qu'à mesure que quelqu'un admet moins de négations, il le saisit moins parfaitement, comme nous l'avons exposé au commencement [de ce chapitre]. Quant à celui qui prête à Dieu un attribut affirmatif, il ne sait [de lui] rien que le simple nom, mais l'objet auquel, dans son imagination, ce nom s'applique, est une notion qui n'existe pas ; c'est plutôt une invention et un mensonge, et c'est comme s'il appliquait ce nom à un non-être, car il n'y a dans l'être rien de pareil. [Il est comme] quelqu'un qui, ayant entendu le nom de l'éléphant et ayant su que c'est un animal, et il ne connaît pas la chose à laquelle s'applique ce nom [...] . »

La suite du texte est trop fragmentaire pour qu'on puisse la reconstituer et les détails différaient peut-être du texte canonique mais la conclusion que nous venons de citer était évidemment la même :

« Certes, je ne dirais pas que cet homme [...] à ce qu'il est en réalité, et je ne dirais pas qu'il a de l'éléphant une connaissance imparfaite ; [...] que la chose qu'il s'imagine être de cette [...], qu'il n'existe rien de semblable, [et qu'au contraire, c'est un non-être] auquel on a appliqué le nom d'un [...] homme, et d'autres [...]. »

Les exemples choisis et la connaissance des corps célestes

Dans l'autographe du chapitre 60, les exemples choisis pour illustrer les classes d'attributs donnant naissance à des croyances qui ne sont pas vraies sont :

2. L'homme, que l'on connaît imparfaitement si on ne saisit qu'une partie de sa définition.

3. Dieu, lorsqu'on attribue sa nature réelle à un être autre que lui et que l'on multiplie les êtres que l'on conçoit selon la nature réelle du Dieu unique.

4. Le soleil, que l'on connaît contrairement à ce qu'il est, si l'on connaît la notion de rotondité mais non la classe des corps auxquels il appartient.

5. L'ignorance totale de la réalité de deux choses lorsqu'elles n'ont strictement rien en commun, comme c'est le cas de la quantité et du goût.

41. Cf. partie I, p. 246 de la traduction de Munk.

42. Cf. S. Munk n. 1 de cette même page et Stern (2000), p. 208.

De ces choses, on ne connaît que le nom, leur nature vraie reste inconnue.

Dans tous ces exemples, on pourrait connaître de manière démonstrative la réalité de la chose et se former une croyance adéquate : l'homme, si l'on prend en compte toutes les parties de sa définition ; Dieu, dont on a prouvé qu'il est unique ; le soleil, à condition de le classer dans l'espèce des corps célestes, qui est la sienne ; le goût et la quantité, qui sont des notions premières.

Ainsi donc, lorsqu'il écrivait le brouillon autographe, Maïmonide pensait que l'on pouvait savoir des choses positives à propos des corps célestes. Cela confirme ce que nous lisons dans le chapitre 3 du *Livre de la connaissance*: les neuf premiers paragraphes sont consacrés aux « Noms que portent les sphères ; leur ordre, leur activité[43] ».Ce bref exposé astronomique est clair et paraît sans problème : des sphères célestes concentriques tournent autour de la terre, on en connaît le nombre et la nature[44], etc.

Cependant, l'exemple du soleil a été supprimé dans la version définitive du *Guide*. Ici, la connaissance des corps célestes n'est plus une vérité simple et évidente. Dans la partie II, le chapitre 24 donne une sorte de résumé de l'histoire de l'astronomie après l'*Almageste* de Ptolémée, exposant les hypothèses mathématiques qui peuvent rendre compte de l'observation visible des mouvements des astres (épicycles et excentriques), mais qui sont contraires aux théories d'Aristote. À l'époque, ces hypothèses étaient discutées par les philosophes andalous et par tous les savants du monde arabe[45]. Maïmonide, se posait les mêmes questions :

« Le plus grand hommage que j'aie pu rendre à la vérité, c'est d'avoir ouvertement déclaré combien ces matières me jetaient dans la perplexité et que je n'avais ni entendu, ni connu de démonstration pour aucune d'elles[46]. »

43. *Le Livre de la connaissance* (1961), pp. 45-53.
44. Cf. Langermann (1996), pp. 162-167 et (1999), pp. 8-9.
45. Cf. Saliba (1997).
46. Partie II, chap. 24, pp. 194-195 de la traduction de Munk et les notes.

4. Les noms de Dieu, sa Gloire et sa Présence

Partie I, chapitre 64 et début du chapitre 65 (fragment 4r-v)

Avec le chapitre 64 de la partie I, qui est complet dans l'autographe, et le chapitre 65 dont nous avons le début, nous continuons à discuter des attributs divins tout en revenant à l'explication des termes bibliques et traditionnels, et à leur interprétation métaphorique. La langue comme la pensée humaines sont piégées dans leurs structures logiques duelles et seule la métaphore permet de s'approcher de leur sens véritable. Cependant, un des noms de Dieu échappe à cette imperfection génétique.

Le nom Tétragramme

Dans la Bible, comme dans les textes traditionnels, les noms de Dieu sont très nombreux et tous étaient, et sont encore, révérés :

« C'est à toute la Maison d'Israël qu'il a été commandé de sanctifier le Nom de ce Grand Dieu, selon le verset : "Je serai déclaré saint au milieu des fils d'Israël" (Lév. 32 : 12). »

Ce sont les mots par lesquels débute le chapitre 5 du livre I du *Mishné Tora*[1], lequel, avec le chapitre 6, expose les actes liés aux commandements de la sanctification du Nom. Plus loin, l'auteur rappelle que, dans le Talmud de Babylone[2], on parle des sept noms de Dieu. Mais la combinaison des lettres de ces noms a augmenté leur nombre et la magie s'est emparée de la « puissance » qu'ils renferment. L'utilisation de la sainteté des noms divins à des fins pratiques s'est épanouie dans la piété populaire, mystique et kabbalistisque[3], et elle reste très vivante dans la communauté juive religieuse. Lorsque Maïmonide fustige l'utilisation magique des Noms, il pourrait aussi bien s'adresser à nos contemporains :

« Ces mensonges, inventés par un premier homme pervers et ignorant, furent mis par écrit ; les écrits ayant été transmis entre les mains d'hommes de bien, pieux mais bornés, et qui n'avaient pas de jugement pour discerner le vrai du faux, ceux-ci en firent mystère, et, quand [ces écrits] furent retrouvés dans leur succession, on les prit pour de la pure vérité. Bref, "le sot croit à toute chose" (Prov. 14 : 15)[4]. »

Parmi les sept noms cités dans le Talmud, le premier est le Nom Tétragramme : *Yod Hé Waw Hé* (Je Suis celui qui Suis), le nom spécifique[5]. Le chapitre 3 de l'Exode raconte, en effet, comment Dieu ordonne à Moïse d'aller vers les enfants d'Israël afin de les faire sortir de la servitude qu'ils subissent en Égypte. Moïse se laisse finalement convaincre : « Moïse dit à Dieu : "Or, je vais

1. *Le Livre de la connaissance,* p. 68.
2. Cf. Talmud de Babylone, *Shebouot* 35a.
3. Cf. Scholem (1972 et 1973) ; Idel (1989) ; Groezinger (1987) ; Stern (2000), pp. 212-215 ; Kellner (2006), pp. 173-175.
4. Cf. partie I, pp. 278-279 de la traduction de Munk (légèrement modifiée) et les notes.
5. *Le Livre de la connaissance,* p. 75.

trouver les enfants d'Israël et je leur dirai, le Dieu de vos pères m'envoie vers vous [...]" S'ils me disent : "Quel est son nom ? Que leur dirais-je ?" Dieu répond à Moïse : "Je Suis celui qui Suis." »

Le chapitre 61 de la partie I avait été tout entier consacré aux noms de Dieu. Maïmonide y expliquait que tous les noms sont dérivés des actions de Dieu, à l'exception d'un seul, qui désigne l'essence divine elle-même :

« Tous les noms de Dieu qu'on trouve dans les livres [sacrés] sont généralement dérivés des actions, et il n'y a là aucun secret. Un seul nom doit être excepté, c'est celui qui s'écrit par *yod, hé, waw, hé* ; car c'est le nom [propre] de Dieu, qui est originel et n'est pas dérivé. Aussi, il est appelé *shem mephorash* [nom articulé], ce qui veut dire qu'il indique expressément l'essence de Dieu, et qu'il n'y a pas là d'homonymie[6]. »

Le chapitre 63 est tout entier consacré à l'explication de ce nom :

« C'est là un nom dérivé de *haya* qui désigne l'existence, car *haya* signifie "il fut", et, dans la langue hébraïque, on ne distingue pas entre "être" et "exister[7]". Tout le mystère est dans la répétition, sous forme d'attribut, de ce mot même qui désigne l'"existence" ; car le mot *ascher* [*qui*] étant un nom incomplet qui a besoin d'une adjonction et ayant le sens des mots *alladhî* et *allatî* en arabe, exige qu'on exprime l'attribut qui lui est conjoint ; et, en exprimant le premier nom, qui est le sujet, par *ehyé*, et le second nom, qui lui sert d'attribut, par *ehyé*, on a pour ainsi dire déclaré que le sujet est identiquement la même chose que l'attribut. C'est donc là une explication de cette idée : que Dieu *existe*, "mais non par l'existence", de sorte que cette idée est ainsi résumée et interprétée : "l'être qui est l'être", c'est-à-dire, l'"être nécessaire". C'est ce à quoi la démonstration conduit nécessairement [...]. »

Ainsi, du point de vue logique, le nom Tétragramme est une forme de tautologie, laquelle, cependant, nous renseigne sur l'être divin.

La Gloire, la Présence et la Voix de Dieu

Le chapitre 64 poursuit cette explication. Trois sens du Nom sont proposés :

1. « Sache que par *shem* ou Nom de l'"Éternel" on désigne souvent [dans l'Écriture] le simple nom, comme, par exemple, dans ces mots : "Tu ne proféreras pas le Nom de l'Éternel, ton Dieu, en vain" (Ex. 20 : 6) ; "Et celui qui aura prononcé le Nom de l'Éternel" (Lév. 24 : 16). Les exemples en sont innombrables. »

Ici, Maïmonide fait allusion à tous les commandements positifs et négatifs qui concernent le respect des noms divins et qu'il a exposés dans les deux chapitres du *Mishné Tora* mentionnés plus haut.

2. « Quelquefois on désigne par là l'essence de Dieu et son véritable être, par exemple : "S'ils me disent : Quel est son nom ?" (Ex. 3 : 13). »

C'est le Nom que nous venons d'expliquer.

6. Cf. partie I, pp. 267-268 de la traduction de Munk (légèrement modifiée) et les notes.

7. Un point que le traducteur vers le latin n'a pas su rendre (il a traduit « essence » au lieu d'« existence »), ce qui a induit Thomas d'Aquin en erreur, cf. Rubio (2006), pp. 65-126.

3. « D'autres fois on désigne par là [Maïmonide avait écrit "volonté" et l'a barré au fil de la plume pour le remplacer par "ordre"] l'ordre de Dieu, de sorte que, si nous disons Nom de l'Éternel, c'est comme si nous disions parole ou ordre de l'Éternel ; ainsi, par exemple, les mots *car mon nom est dans lui* [*ibid.* 23 :21] signifient : ma parole ou mon ordre est dans lui, ce qui veut dire qu'il [le messager] est l'instrument de ma volonté et de mon désir. J'expliquerai ces paroles en parlant de l'homonymie du mot *malakh*[8]. »

Il n'est pas étonnant que Maïmonide ait barré le mot « volonté » et l'ait remplacé par le mot par « ordre ». En effet, nous venons de voir que les attributs d'« existence », de « vie », de « puissance », de « science » et de « volonté » sont les exemples des attributs essentiels qu'*il ne faut pas* attribuer à Dieu[9].

Le mot « volonté » a été rayé au fil de la plume et il est évident que, dans le contexte des attributs positifs, ce mot pouvait prêter à confusion. Mais, le mot « volonté » n'est pas rayé du vocabulaire du *Guide*, il sera repris plus loin dans son sens métaphorique.

La suite du chapitre propose quatre explications de la « Gloire de Dieu », un mot qui a une longue histoire dans la Bible (il y apparaît près de trente fois), dans la tradition, en particulier liturgique, mais aussi parmi les tenants du Kalâm, karaïtes comme rabbanites.

Dans le *Guide*, pour la première fois dans son œuvre, Maïmonide mentionne l'idée que la « Gloire », identifiée à la « Présence divine » et à la « Voix », peut être considérée comme une manifestation créée, localisée, visible et audible, et il attribue cette idée à Onkelos.

Le paraphraste Onkelos (IIe siècle de notre ère[10]) joue un grand rôle dans le *Guide*, alors qu'il n'est pratiquement pas cité dans les autres œuvres de notre auteur. En effet, il s'est efforcé, dans sa traduction vers l'araméen, d'écarter l'anthropomorphisme divin. C'est à lui, et non à Saadia Gaon, l'auteur de cette conception, que Maïmonide emprunte la « lumière créée », la « gloire créée », la « voix créée ».

« Onkelos, le prosélyte, qui possédait parfaitement les langues hébraïque et syriaque [araméenne], a fait tous ses efforts pour écarter la corporification [de Dieu] ; de sorte que, toutes les fois que l'Écriture se sert [en parlant de Dieu] d'une épithète pouvant conduire à la corporéité, il l'interprète selon son [véritable] sens. Chaque fois qu'il trouve un de ces mots qui indiquent une des différentes espèces de mouvement, il prend le mouvement dans le sens de "manifestation", d'"apparition d'une lumière créée", je veux dire de la "majesté divine", ou bien [dans celui] de "providence"[11]. »

8. Cf. partie II, chapitres 6 et 34.

9. Dans la partie I, chapitre 66, pp. 228-229 de la traduction de Munk.

10. Il joue un grand rôle dans la tradition juive en général et surtout dans la tradition ashkénaze médiévale où l'araméen n'avait pas été remplacé par les langues vernaculaires européennes (contrairement aux pays d'islam où il avait été remplacé par l'arabe). Dans pratiquement toutes les bibles ashkénazes, le Targum araméen suit l'hébreu, verset par verset. En revanche, dans les bibles des rabbanites copiées en pays d'islam, c'est la traduction arabe de Saadia qui suit, verset par verset, le texte hébreu et, dans les bibles des karaïtes, c'est, le plus souvent, celle, arabe également, de Japhet b. Eli.

11. Partie I, chap. 27, p. 91 de la traduction de Munk.

L'idée que la « Gloire », la « Présence » et la « Voix » de Dieu puissent être perceptibles aux sens, donc corporelles, est absolument contraire à la pensée maïmonidienne. Dieu, totalement incorporel, se manifeste par un influx intellectuel qui est perçu par l'intellect humain, lequel le transmet à la faculté imaginative, qui le revêt d'images corporelles[12]. La conception maïmonidienne s'oppose aux textes bibliques, à la littérature traditionnelle et à la mystique juives qu'admettaient pratiquement tous les fidèles, une opposition qui a été particulièrement bien mise en lumière par Menachem Kellner[13].

C'est ici, dans les fragments autographes[14], que nous voyons pour la première fois Maïmonide se résoudre à faire cette concession au vulgaire. C'est une concession qu'il n'avait pas faite dans le *Mishné Tora*, ni dans les autres compositions destinées au grand public[15]. Dans le texte canonique du *Guide*, les mentions sont nombreuses[16] et l'auteur ne fait pas mystère de la raison pour laquelle il mentionne « Gloire », « Présence », ou « Voix créées ». Prenons un exemple :

« En somme, nous avons pour but d'établir que chaque fois que le verbe *ra'a*, ou *haza*, ou *ybit*, est employé dans le sens de la vue, il s'agit d'une perception intellectuelle et non pas de la "vue" de l'œil ; car le Très-Haut n'est pas un être que les yeux puissent voir. Si cependant il y a un tel homme borné qui ne veut pas parvenir à ce degré auquel nous désirons monter, et qui admet que tous ces mots, employés dans le sens en question, indiquent la perception sensible de certaines lumières "créées", soit anges ou autre chose, il n'y a pas de mal à cela[17]. »

Mais Maïmonide, à défaut de le nommer, ne pouvait pas ne pas penser à Saadia Gaon, comme le faisaient ses lecteurs. Selon Saadia, il existe un air ténu (le second air), à partir duquel Dieu crée, au fur et à mesure des événements, des phénomènes lumineux et audibles qu'Il fait apparaître de manière miraculeuse[18]. À première vue, en donnant cette explication du mot, Maïmonide semble confirmer l'opinion de Saadia Gaon : Dieu interviendrait dans l'histoire en manifestant sa « Gloire » ou sa « Présence » au moment opportun. Maïmonide dit, en effet :

« De même, par *kabod*, ou "Gloire" de l'Éternel, on désigne quelquefois la lumière créée que Dieu fait d'une manière miraculeuse descendre d'un lieu pour le glorifier ; par exemple : *Et la gloire de l'Éternel demeura sur la montagne de Sinaï, et le nuage la couvrit, etc.* (*ibid.* 24 : 16) ; *Et la gloire de l'Éternel remplissait la demeure* (*ibid.* 40 : 35)[19]. »

12. Voir le chapitre suivant qui traite de la prophétie et de la révélation du mont Sinaï.

13. Kellner (2006), pp. 179-215.

14. Et surtout le fragment 6 que nous étudierons dans le chapitre suivant.

15. Cf. Kellner, *loc. cit.*, pp. 209-215. C'est un point que nous essayerons d'expliquer dans notre conclusion.

16. Dans la partie I, aux chapitres 10 (p. 58 de la traduction de Munk) ; 18 et 19 (comme nous l'avons vu ici, p. 227) ; 24 (p. 88 de la traduction de Munk) ; 28 (p. 95 de la traduction de Munk), etc.

17. Partie I, chap. 5, p. 49 de la traduction de Munk.

18. Cf. dans la partie I, pp. 286-287 de la traduction de Munk, n. 3, où l'on trouvera les références de base, et mon livre (1969), pp. 16-60 et surtout pp. 21-27.

19. Chapitre 64, p. 287 de la traduction de Munk.

Cette impression de conformité entre les opinions de Saadia et de Maïmonide pourrait encore être renforcée par ce que nous avons lu dans le chapitre 19 de la partie I du *Guide* :

« Cependant, si tu veux admettre que “gloire de l’Éternel” signifie la “lumière créée”, qui partout est appelée “gloire”, et que c’est elle qui “remplissait la demeure”, il n’y a pas de mal à cela[20]. »

Mais les mêmes mots n’ont pas le même sens sous la plume de Saadia et sous celle de Maïmonide, car, pour ce dernier, toute la création a eu lieu en même temps, étant entendu que « temps » est probablement un terme métaphorique pour signifier l’éternité. En conséquence, le miracle et la création des phénomènes lumineux de la « Gloire » et de la « Présence » ont été créés de toute éternité. Cette opinion est attribuée par notre philosophe aux rabbins du Talmud dans le chapitre 30 de la partie II du *Guide*, comme l’avons vu plus haut (p. 211), mais elle est déjà très clairement exprimée dans le *Commentaire sur la Mishna* :

« J’ai déjà dit [...] que dès le moment où les choses furent produites, elles furent naturellement disposées de manière à se prêter à tout ce qui s’y est opéré ensuite, n’importe que la chose qui devait s’opérer arrivât fréquemment, et c’est une chose “naturelle” ou qu’elle arrivât rarement, et alors c’est le “miracle”[21]. »

« Gloire », « Présence », et « Voix créées » ont été créées, comme ont été créées toutes choses en ce monde, par une série de causes qui s’enchaînent naturellement et éternellement l’une à l’autre et prennent leur source dans Dieu *Un* et *incorporel*.

La deuxième explication du mot « gloire » répète l’explication 2 du chapitre précédent :

« D’autres fois, on désigne par là l’essence de Dieu et son véritable être ; par exemple : “Fais-moi donc voir ta gloire” (*ibid.* 33 : 18), à quoi il fut répondu : [...] “car l’homme ne peut me voir et vivre” (v. 20), ce qui indique que gloire ici est son essence. S’il a dit “ta gloire”, c’était par respect [pour la divinité], conformément à ce que nous avons exposé au sujet de ces mots : “s’ils me disent : Quel est son nom ?”. »

La troisième explication est métaphorique comme l’était l’explication 3 du chapitre précédent :

« Enfin, on désigne quelquefois par *kabod* la glorification dont Dieu est l’objet de la part de tous les hommes : En effet, [ici, le mot “ensemble” est barré au fil de la plume] tout ce qui est en dehors de lui – qu’il soit exalté – le glorifie[22]. »

Ce sens est celui qu’on retrouve le plus fréquemment dans la Bible (une centaine de fois) lorsqu’il est question de « gloire » en général. Et des objets

20. Page 73 de la traduction de Munk.

21. Cf. les traductions de ce passage du *Commentaire sur la Mishna* qu’on trouve dans la traduction de S. Munk, partie I, p. 296, n. 1.

22. Si l’auteur avait voulu garder le mot « l’ensemble », il aurait dû spécifier de quel ensemble il voulait parler, c’est-à-dire « des choses qui sont en dehors de Lui » ; en écrivant « tout », la phrase est plus brève.

inanimés peuvent aussi porter témoignage de la gloire de Dieu ou de celle d'un homme. Ici, Maïmonide se contente donc de rappeler les diverses manières de glorification :

« [...] L'homme en particulier le glorifie par des paroles, pour indiquer ce qu'il a compris par son intelligence et pour le faire connaître aux autres, mais [les êtres] qui n'ont pas de perception, comme les êtres inanimés, le glorifient aussi, en quelque sorte, en indiquant par leur nature la puissance et la sagesse de celui qui les a produits [...]. »

L'ajout dans la marge rend plus clair le sens que peut avoir la louange pour les êtres qui ne parlent pas :

« L'hébreu s'est donné de la latitude à cet égard, de sorte qu'on applique à l'idée en question le verbe : dire, et qu'on dit même de ce qui n'a pas d'élocution qu'il loue [Dieu] ; on a dit, par exemple : "Tous mes os disent : Éternel, qui est semblable à toi ?" (Ps. 35 :10), ce qui signifie qu'ils rendent cela [la louange] nécessaire, comme s'ils la prononçaient. »

Mais ensuite est introduite une quatrième homonymie qui n'est pas donnée explicitement, mais sera beaucoup plus compréhensible après l'ajout fait pour la version finale. Il semble clair que c'est ce sens du mot que Maïmonide considérait comme étant le plus adéquat : les mots « gloire », « présence » peuvent aussi signifier l'intellect et la providence divine qui l'accompagne :

« C'est dans ce sens [de glorification] attribué au mot *kabod* [gloire] qu'on a dit : "Toute la terre est remplie de sa gloire" (Is. 6 :3), ce qui est semblable à ces mots : "Et la terre fut remplie de sa louange" (Habacuc 3 :3). »

La version canonique ajoute :

« [...] car la louange est appelée *kabod* [gloire], ainsi qu'il a été dit : "Donnez la gloire à l'Éternel, votre Dieu" (Jer. 13 : 16) ; "Et dans son temple tout dit : gloire !" (Ps. 29 :9) Il y en a de nombreux exemples. »

Puis, nous avons dans l'autographe :

« Il faut te pénétrer aussi de cette homonymie », ce qui est complété dans la version finale par :

« du mot *kabod* [gloire] et l'interpréter dans chaque passage selon ce qui convient, et tu échapperas par là à de grandes difficultés. »

La clef de cette homonymie se trouve dans le chapitre 52 de la partie III :

« L'homme seul dans sa maison s'assied, se meut et s'occupe, comme il ne le ferait pas en présence d'un roi [...] Ce roi qui s'attache [à l'homme] et l'accompagne, c'est l'intellect qui s'épanche sur nous et qui est le lien entre nous et Dieu ; et, de même que nous le percevons au moyen de cette lumière qu'il épanche sur nous, comme il est dit : "par ta lumière, nous voyons la lumière" (Ps. 36 :10), de même c'est au moyen de cette lumière qu'il nous observe et c'est par elle qu'il est toujours avec nous [...] Tu sais aussi que les docteurs ont défendu de marcher la taille droite [d'un air majestueux], "toute la terre étant remplie de sa gloire" (Is. 6 :3)[23]. »

23. Pages 451-452 de la traduction de Munk.

Selon M. Kellner, ce dernier sens est bien celui que Maïmonide avait en dilection particulière[24] comme le montrent les nombreuses citations dans le *Mishné Tora* et le *Commentaire sur la Mishna*[25].

Le chapitre qui suit (chap. 65) aborde un problème difficile : puisqu'il a été prouvé que Dieu ne parle pas [étant incorporel, il n'a pas les organes de la parole ; étant totalement un, il ne peut pas avoir d'attribut essentiel positif comme l'attribut du langage], quel est le rapport entre Dieu et la Loi donnée par Dieu ? Cette question est d'autant plus épineuse que, selon le texte biblique, les Dix Commandements ont été entendus par le peuple d'Israël tout entier rassemblé au pied du mont Sinaï.

Le chapitre débute par un rappel des idées démontrées auparavant :

« Je ne pense pas qu'après être arrivé à ce point et avoir reconnu que Dieu existe, mais non par l'existence et qu'il est un, mais non par l'unité, tu aies encore besoin qu'on t'expose [la nécessité] d'écarter de Dieu l'attribut de la parole. »

Pour Maïmonide, la question ne pourra être abordée que dans le cadre de la prophétie puisque, selon lui, la Loi a été effectivement « donnée » par Dieu mais par l'intermédiaire de Moïse, qui était prophète.

Cependant Maïmonide veut poser les jalons de ce qu'il dira plus tard (et que nous verrons dans le prochain chapitre) en expliquant que le problème de la source de la Loi s'inscrit dans une structure plus générale, et dont il montrera qu'elle est universelle dans le chapitre 48 de la partie II :

« Sache que toutes les causes prochaines, desquelles naît ce qui naît, n'importe que ces causes soient essentielles et naturelles, ou arbitraires, ou accidentelles et dues au hasard [...] toutes ces causes sont, dans les livres des prophètes, attribuées à Dieu ; et, dans leurs manières de s'exprimer, on dit, de tel fait, que Dieu l'a fait, ou l'a ordonné ou l'a dit. Pour toutes ces choses, on emploie les verbes "dire", "parler", "ordonner", "appeler", "envoyer"[26] [...]. »

Cependant, la Loi doit être traitée à part à cause de son importance religieuse et parce qu'elle a été l'objet de nombreuses discussions talmudiques comme celle que cite ici Maïmonide. Dans l'autographe, nous voyons combien cette question a été difficile à exprimer. Les mots barrés au fil de la plume sont nombreux :

« [...] surtout lorsque notre nation admet d'un commun accord que ["la parole" a été barré] la Loi est une chose créée, ce qui veut dire que la parole attribuée à Dieu est une chose créée[27], et que, si elle a été attribuée à Dieu, ce n'est que parce que le discours entendu par Moïse, c'était Dieu qui l'avait créé ["et elle n'est pas la parole" a été barré] comme ["que" a été barré] tout ce qu'il a créé et mené à l'existence. ["Et qu'est-ce que" a été barré] Il sera parlé plus amplement du prophétisme ; ici on a seulement pour but [de montrer] que, si l'on attribue à Dieu la parole, c'est comme quand on lui attribue, en général, des

24. M. Kellner, (2006), p. 205.

25. Kellner, *loc. cit.*, et, tout particulièrement, les dernières pages de son étude (pp. 209-215).

26. Pages 362-363 de la traduction de Munk.

27. Cf. les sources talmudiques citées par Munk dans la n. 1 de la page 290 de sa traduction.

actions semblables aux nôtres. Ainsi donc, les esprits des gens sont amenés à [reconnaître] qu'il y a une connaissance divine qui vient aux prophètes en conséquence du fait que Dieu leur avait parlé, de sorte que nous sussions que ces choses qu'ils nous rapportaient étaient la parole de Dieu, ainsi qu'il sera exposé [ailleurs]. Nous avons déjà mentionné ce sujet précédemment[28]. »

L'influx divin qui s'épanche sur l'intellect humain ne cesse pas et il reste éternellement disposé à s'épancher. Pour qu'il y ait prophétie, il faut qu'un intellect humain soit disposé à recevoir cet influx[29]. Mais, pour le non-prophète, il faut pouvoir faire la différence entre les vrais et les faux prophètes, et, surtout, la référence à Dieu permet d'écarter les lois que pourraient proposer d'autres prophètes après Moïse. Ces sujets occupent les chapitres 32 à 39 de la partie II. Mais ici, comme le dit l'auteur :

« Ce chapitre a uniquement pour but [de montrer] que les verbes *dibber* [parler] et *amar* [dire] sont des homonymes. Ils s'appliquent d'abord au langage proprement dit ; par exemple : "Moïse parlait" (Ex. 19 : 19) ; "Et Pharaon dit" (*ibid.* 5 : 5). Ensuite ils s'appliquent [...]. »

Là s'arrête notre fragment.

La suite du chapitre donne l'exemple des deux verbes lorsqu'ils doivent être compris de manière métaphorique, c'est-à-dire dans tous les cas où il s'agit de la pensée ou de l'intellect :

« [...] ils s'appliquent à la pensée que l'on forme dans l'intelligence, sans l'exprimer » et « Enfin ils s'appliquent à la volonté [...] ».

Il est clair que, puisque Dieu n'a pas de parole, les deux verbes homonymes les exprimant ne peuvent s'appliquer à Dieu que dans un sens métaphorique. Et l'auteur poursuit :

« Toutes les fois que les verbes *amar* [dire] et *dibber* [parler] sont attribués à Dieu, ils ont les deux derniers sens, je veux dire qu'ils désignent ou bien la volonté et l'intention, ou bien quelque chose qu'on comprend [être rapporté] de la part de Dieu, n'importe qu'on l'ait appris par une voix créée ou par l'une des voies prophétiques que nous exposerons ; et [ils ne signifient] nullement que Dieu ait parlé par des lettres et des sons, ni qu'il ait une âme, pour que les choses puissent s'imprimer dans son âme de manière à être en lui quelque chose qui soit ajouté à son essence. Mais on a rattaché ces choses à Dieu, et on les lui a attribuées comme on lui a attribué toutes les autres actions. »

28. Dans la partie I, chap. 46, pp. 158-159 de la traduction de Munk.

29. Sauf si Dieu s'y oppose ! Cf. partie II, chap. 32, p. 262 de la traduction de Munk. Ce point, qui différencie l'opinion de la Loi juive de celle des philosophes, a fait couler des flots d'encre et reste, en partie, énigmatique.

5. La prophétie et la révélation sur le mont Sinaï

Partie II, fin du chapitre 32 et chapitre 33 (fragment 6 r-v)

La prophétie est une perception intérieure

Les chapitres 32 à 39 de la partie II sont consacrés à la prophétie. Dans le chapitre 32, Maïmonide présente les trois opinions qui en rendent compte.

La première est celle des païens et du vulgaire de la religion juive.

« [...] Dieu choisit celui qu'il veut d'entre les hommes, le rend prophète et lui donne une mission ; et peu importe selon eux que cet homme soit savant ou ignorant, jeune ou vieux. Cependant, ils mettent aussi pour condition qu'il soit un homme de bien et de bonnes mœurs [...]. »

« La deuxième est celle des philosophes, à savoir que la prophétie est une certaine perfection [existant] dans la nature humaine ; mais que l'individu humain n'obtient cette perfection qu'au moyen de l'exercice, qui fait passer à l'acte ce que l'espèce possède en puissance, à moins qu'il n'y soit mis obstacle par quelque empêchement, tenant au tempérament ou par quelque cause extérieure. Car toutes les fois que l'existence d'une perfection n'est que possible dans une certaine espèce, elle ne saurait exister jusqu'au dernier point des individus de cette espèce, mais il faut nécessairement [qu'elle existe au moins] dans un individu quelconque : et si cette perfection est de nature à avoir besoin d'une cause déterminante pour se réaliser, il faut une telle cause. Selon cette opinion, il n'est pas possible que l'ignorant devienne prophète, ni qu'un homme, sans avoir été prophète la veille, le soit [subitement] le lendemain comme quelqu'un qui fait une trouvaille. Mais voici, au contraire, ce qu'il en est : si l'homme supérieur, parfait dans ses qualités rationnelles et morales, possède en même temps la faculté imaginative la plus parfaite et s'est préparé de la manière que tu entendras, il sera nécessairement prophète [...]. »

« La troisième opinion, qui est celle de notre Loi et un principe fondamental de notre religion, est absolument semblable à cette opinion philosophique à l'exception d'un seul point. En effet, nous croyons que celui qui est propre à la prophétie et qui y est préparé peut pourtant ne pas être prophète, ce qui dépend de la volonté divine. Selon moi, il en est de cela comme de tous les miracles, et c'est de la même catégorie [...]. »

Le processus de la prophétie est totalement interne à l'homme et il se fonde sur la réception de l'influx divin, l'intellect agent, par l'intellect humain parvenu à sa perfection. Tous les phénomènes visibles et audibles racontés par les prophètes sont un effet de leur faculté imaginative. Moïse est le seul à n'avoir pas prophétisé par l'intermédiaire de l'imaginative, il est donc aussi le seul à remplir le rôle de prophète-philosophe que Maïmonide dessine dans le chapitre 38. En effet, Moïse entendait Dieu parler directement (il était proche de l'Intellect Agent, il prophétisait à l'état de veille, sans qu'il éprouvât aucun trouble, chaque fois qu'il le désirait). C'est sur la supériorité intellectuelle de Moïse que se fonde la supériorité de la Tora sur les autres lois religieuses-politiques.

Ayant ainsi montré que Moïse est le prophète-philosophe par excellence, Maïmonide étudie les autres prophètes et nous voyons que leur éminence est infiniment moindre. En effet, ils prophétisent par l'intermédiaire de l'imaginative.

Le processus de la perception est normalement : sens > sens commun > imaginative ; lorsque l'imaginative, sous l'influence de l'intellect en état de prophétie, se trouve libérée du monde extérieur, coupée d'avec le monde sensible, elle se tourne vers elle-même et retrouve les images qu'elle avait emmagasinées pendant la veille :

« [...] il arrive à la faculté imaginative d'agir si parfaitement qu'on voit la chose comme si elle existait au-dehors et que ce qui n'a son origine que dans elle lui semble être venu par la voie de la sensation extérieure » (*Guide*, II, 36, p. 284, de la traduction de Munk).

Pour tous les prophètes sauf Moïse, la clef, l'explication de leurs perceptions et des descriptions qu'ils en ont laissées est la compréhension de la nature de l'imaginative, de ce qu'elle impose et de ce qui l'accompagne nécessairement : songe, vision, images, métaphores.

Le verset que Maïmonide cite douze fois au moins est Nombres, 12 :6 : « Je me fais connaître à lui dans une vision, je lui parle dans un songe.» Il n'y a pas de troisième voie entre ces deux sortes de révélation que sont le songe et la vision (communs à tous les prophètes et encombrés d'images proches de la matière) et celle de Moïse, qui tend à se rapprocher de la pure intelligibilité.

Comment faire entrer la révélation du mont Sinaï, décrite (dans Ex. 19-20) comme un événement public, dans le cadre d'une vision individuelle entièrement intérieure à l'homme ? La description biblique contredit presque point par point la théorie maïmonidienne et la tradition en a fait la base historique de la révélation divine.

Rappelons un passage de Juda ha-Lévi qui exprime bien ce point de vue, lequel faisait pratiquement l'unanimité dans le peuple :

« En effet, bien que le peuple crût au message que lui apportait Moïse, il conservait encore, après ces miracles, un doute dans son esprit : comment Dieu pouvait-il adresser la parole à l'homme ? Il estimait que toute loi tire son origine de la réflexion et de la pensée de l'homme, inspiré et assisté par Dieu, car il tenait pour absurde qu'un autre que l'homme puisse parler, étant donné que la parole est liée à un corps. Voulant lui ôter ce doute, Dieu soumit ce peuple à des commandements touchant son âme et son corps. L'ordre le plus insistant fut de se séparer des femmes, de se disposer et de se préparer à écouter les paroles de Dieu. Le peuple se disposa donc et se prépara à accéder au niveau de la révélation. Oui, tous allaient écouter publiquement la parole de Dieu. Elle se fit entendre après un prélude extrêmement surprenant qui dura trois jours : éclairs, coups de tonnerre, tremblements de terre ; un feu entourait la montagne appelée Sinaï et il y demeura quarante jours. Le peuple voyait le feu et Moïse qui y pénétrait et en ressortait. Puis il [le peuple] entendit distinctement la parole de Dieu qui proclamait les Dix Commandements, principes et racines des lois[1].»

1. *Le Kuzari*, traduction C. Touati (1994), p. 22.

Les Israélites n'avaient atteint aucun des degrés prophétiques, pas même le niveau de l'Esprit Saint, le plus bas des degrés prophétiques. Or le texte affirme qu'ils ont « entendu » Dieu. Comment mettre ce texte en accord avec la théorie des visions intérieures ?

Partie II, chapitre 33 : les Israélites n'ont-ils vu que des phénomènes météorologiques ?

Grâce à l'autographe, nous pouvons suivre les étapes successives de la rédaction du chapitre 33 qui répond à toutes ces objections et propose une exégèse qui ne contredit pas trop le texte biblique.

Analysons d'abord les parties successives de la première phase de rédaction[2] (le proto-proto-brouillon).

1. Maïmonide déclare que ce qu'il va dire exprime les idées que l'on trouve dans la Bible et dans la tradition, dont il se fait ici le porte-parole :

« Puisque nous avons été amenés à parler de la scène du mont Sinaï, nous appellerons l'attention sur les éclaircissements que fournissent, au sujet de cette scène, les textes bibliques, ainsi que les discours des docteurs. »

2. La perception de Moïse et celle du reste du peuple ont été totalement différentes. Moïse « entendit les paroles divines » ; le peuple « entendit des voix » :

« Et cela c'est que, en ce qui concerne la perception qui fut perçue dans cette scène, ce qui parvint à Moïse ne parvint pas à tout Israël. La parole, au contraire, s'adressa à Moïse seul c'est pourquoi l'allocution dans le Décalogue se fait ["au singulier" a été barré] à la deuxième personne du singulier. »

3. Moïse répéta au peuple les paroles divines, comme l'attestent les versets bibliques et traditionnels :

« [...] et lui, descendu au pied de la montagne, fit connaître au peuple ce qu'il avait entendu. Le texte du Pentateuque [dit] : "Je me tenais entre l'Éternel et vous, en ce temps-là, pour vous rapporter la parole de l'Éternel" (Deut. 5 : 5), et on dit encore : "Moise parlait et Dieu lui répondait par une voix" (Ex. 19 : 19) ; il est dit expressément dans la *Mekhiltah* qu'il leur répétait chaque commandement comme il l'avait entendu. Un autre passage du Pentateuque dit : "Afin que le peuple entende quand je parlerai avec toi", etc. (*ibid.*, v. 9), ce qui prouve que la parole s'adressait à lui. »

4. Le peuple, quant à lui, entendit des voix, c'est-à-dire des sons inarticulés :

« [...] eux ils entendirent les voix fortes [barré et corrigé en : la voix forte], mais ils ne distinguaient pas les paroles, et c'est de ces voix terribles [corrigé en : cette voix forte], entendue [par eux], qu'on a dit : "Quand vous entendîtes la voix" (Deut. 5 : 20 ; Ex. 20 : 15). On a dit encore : "Vous entendiez une voix de paroles, sans voir aucune figure ; rien qu'une voix" (*ibid.* 4 : 12) ; mais on n'a pas dit vous entendiez des paroles. Toutes les fois donc qu'il est question de paroles entendues, on ne veut parler que de la voix qu'on entendait ; ce fut Moïse qui entendit les paroles et qui les leur rapporta. Voilà ce qui est évident par le texte du Pentateuque et par plusieurs discours des docteurs. »

2. Les corrections faites lors de la rédaction ne sont pas relevées ici.

Le verset d'Exode 19 :9 cité dans la *Mekhiltah* : « Afin que le peuple entende quand je parlerai avec toi [...] » doit, bien évidemment, être pris dans un sens métaphorique : « Afin que le peuple se rende compte que je serai en communication avec toi. »

Les corrections de *voix plurielles* en *voix singulière* me semblent avoir été faites lors de la deuxième étape de rédaction et nous allons y revenir.

5. L'auteur constate ensuite la différence essentielle qui existe entre les deux premiers commandements et les suivants : les deux premiers, « l'existence de Dieu et son unité », sont le lot de tous les hommes et ils sont compris par tous : philosophes comme prophètes. Ce n'est pas de la bouche de Moïse que les enfants d'Israël ont appris ces commandements car ils sont donnés par la raison humaine :

« Cependant, [je dois citer] de ces derniers une assertion rapportée dans plusieurs endroits des *Midrashim* et qui se trouve aussi dans le Talmud ; c'est celle-ci : "Je suis et tu n'auras point" (Ex. 20 :2-3 ; Deut. 5 :6-7), ils les entendirent de la bouche de la Toute-Puissance. Cela veut dire qu'ils[3] [ces principes] leur parvinrent [directement], comme ils parvinrent à Moïse, notre maître, et que ce ne fut pas Moïse qui les leur fit parvenir. Et cela est vérifié sans aucun doute car ces deux principes, je veux dire l'existence de Dieu et son unité, on les conçoit par la [fol. 1v] démonstration, je veux dire par la spéculation humaine ; et tout ce qui est de telle sorte l'est absolument au même titre par le prophète et par tout autre qui le sait, sans qu'il y ait là une supériorité de l'un sur l'autre. Ces deux principes donc ne sont pas connus par la prophétie, [comme le dit] le texte du Pentateuque : "On te l'a fait voir afin que tu reconnaisses" [...] (Deut. 4 :35). Quant aux autres commandements, ils sont de la catégorie des opinions probables et des choses acceptées par tradition, et non de la catégorie des choses intelligibles. »

Ces explications paraissaient suffisantes à Maïmonide et il conclut par les mots :

6. « Il faut savoir cela et te le rappeler ; car il est impossible de pénétrer dans la scène du mont Sinaï plus profondément qu'on ne l'a fait, [cette scène] étant parmi les plus grands secrets de la loi. La vraie nature de cette perception et ses circonstances sont pour nous une chose très obscure ; car il n'y en a jamais eu de semblable auparavant, et il n'y en aura pas dans l'avenir. Sache-le bien. »

La deuxième phase de rédaction, le proto-brouillon, porte aussi quelques corrections faites au fil de la plume, mais il est clair que ce passage a été écrit d'un seul jet.

Et, ici, le scénario a changé :

1. L'auteur s'efforce de répondre à la question que son interprétation posait à son propre système : la démonstration philosophique de l'existence d'un Dieu unique et incorporel est bien partie intégrante de la raison humaine, à laquelle l'homme accède grâce aux sciences. Mais Israël est un peuple composé de simples fidèles qui n'ont pas étudié les sciences et n'ont pas l'usage de la spéculation rationnelle. Comment auraient-ils pu accéder à une idée dont Maïmonide a écrit,

3. Cf. S. Munk, p. 296. La traduction française emploie, à tort, le mot « paroles ».

bien des fois, qu'ils doivent l'admettre par voie d'autorité parce qu'ils sont dans l'impossibilité de la comprendre réellement, par ses causes ?

Maïmonide nuance donc son propos : le peuple n'a pas « entendu », n'a pas « compris » les deux premiers commandements, il en a eu une impression forte et indistincte. Il fut le témoin de la voix créée et cette voix, il ne l'entendit qu'une fois. C'est Moïse qui entendit (comprit, conçut intellectuellement) les deux commandements et les a ensuite exprimés à leur intention, dans sa langue d'homme, en langage articulé. En effet, il fut le seul à « intelliger » les deux premiers commandements que le peuple avait « perçus » de manière indistincte dans un son unique et terrible : la « Voix créée ». C'est afin de faire concorder la première rédaction avec la seconde que Maïmonide a biffé toutes les *voix plurielles* qui étaient mentionnées au début.

Dans cette deuxième phase, Maïmonide se place bien dans le courant des textes bibliques et talmudiques, mais reconnaît qu'il ne représente pas l'ensemble des docteurs.

« Et ce que comportent les textes [bibliques] et une partie des paroles des docteurs, c'est qu'ils n'entendirent qu'un simple son, en une seule fois dans cette scène ; et c'est le son par lequel Moïse entendit [les deux commandements] "Je suis" et "Tu n'auras point" (Ex. 20 :2-3 ; Deut. 5 :6-7), que Moïse leur fit entendre [de nouveau] comme nous l'avons évoqué dans son propre langage. Les docteurs ont attiré l'attention sur cela par ces mots : "Une fois Dieu a parlé deux fois j'ai entendu cela" (Ps. 62 : 12), et ils ont clairement dit, au commencement du *Midrash Hazitha*, qu'ils n'entendirent pas d'autre voix émanée [directement] de Dieu, ce qu'indique aussi le texte du Pentateuque : ... "avec une grande voix, qui ne continua point" (Deut. 5 : 19). »

Il écrira un peu plus loin :

« Mais la voix de l'Éternel, je veux dire la "voix créée", par laquelle fut communiquée la parole [de Dieu], ils ne l'entendirent qu'une seule fois, comme le dit textuellement le Pentateuque et comme l'ont exposé les docteurs à l'endroit que je t'ai fait remarquer. C'est cette voix [dont on a dit] que "leur âme s'échappa en l'entendant" et au moyen de laquelle Moïse perçut les deux premiers commandements. »

2. C'est alors que le peuple prit peur et demanda à Moïse de s'avancer seul vers Dieu : il y a eu non pas *une* rencontre entre le peuple et Dieu mais *deux*. En effet, après que Moïse fut redescendu de la montagne et ait transmis les deux premiers commandements, le peuple, terrifié, lui demanda de remonter sur la montagne et c'est lui, « le plus illustre des mortels », le philosophe parfait, le prophète accompli, qui reçut, par voie intellectuelle, les autres commandements divins qu'il rapporta au peuple d'Israël.

3. C'est alors, durant la méditation silencieuse de Moïse, lorsque l'influx divin était lié à son intellect, que le peuple entendit et vit des voix et des lumières, qui sont des phénomènes météorologiques, tonnerre, éclair, etc. :

« Ce fut après avoir entendu cette première voix qu'arriva ce qu'on raconte de la terreur qu'ils éprouvaient et de leur peur, et [qu'ils prononcèrent] les paroles qu'on rapporte : [...] "vous vîntes tous à moi" (Deut. 20 : 19), "Et vous dites : voici, l'Éternel, notre Dieu, nous a fait voir, etc. Et maintenant pourquoi mourrions-nous ?" [...] "Approche-toi et écoute" [...] (*ibid.* vv. 21-24). Il s'avança donc, lui, le plus illustre des mortels, une seconde fois, reçut le reste des commandements un à un, descendit au pied de la montagne, et les leur fit entendre au milieu de ce spectacle grandiose. Ils voyaient les feux et entendaient les voix, je veux dire ces voix qui sont comme le tonnerre et des voix de son de trompette, comme il est dit : "Le son du cor allait redoublant d'intensité" (Ex. 19 : 19) ; et partout où l'on parle [dans cette occasion] de plusieurs voix qu'on entendait, comme par exemple : "Et tout le peuple apercevait les voix" (*ibid.* 20 : 15), il ne s'agit que du retentissement du cor, du tonnerre, etc. »

Dans la partie III, au chapitre 9, Maïmonide ajoute une interprétation allégorique des phénomènes météorologiques qui se produisirent durant la révélation du mont Sinaï :

« Bien que cette scène grandiose fût plus grande que toute autre vision prophétique et en dehors de toute analogie, elle n'est pas cependant sans indiquer une idée, notamment quand Dieu se manifeste "dans une nuée épaisse" (Ex. 19 : 9) ; mais on veut faire remarquer que la perception de son véritable être nous est impossible, à cause de la matière ténébreuse qui entoure notre être, et non le sien ; car lui, le Très-Haut, n'est pas un corps[4] [...]. »

Nous n'avons pas de témoin matériel des autres étapes de rédaction et de correction, mais nous les voyons en creux par la comparaison entre le feuillet autographe et le texte canonique.

A. Elles montrent, tout d'abord, que Maïmonide ne se pose plus comme le représentant parfait des idées bibliques et traditionnelles. Dans la première phrase de l'autographe, qui est devenue la dernière du chapitre 32, au lieu de lire :

« les éclaircissements que fournissent, au sujet de cette scène, les textes [bibliques], ainsi que les discours des docteurs »,

nous lisons : « les éclaircissements que fournissent, au sujet de cette scène, les textes [bibliques], "quand on les examine bien", ainsi que les discours des docteurs. »

B. Au lieu de :

« Et cela c'est que, en ce qui concerne la perception qui fut perçue dans cette scène, ce qui parvint à Moïse ne parvint pas à tout Israël »,

nous lisons dans le texte définitif :

« "Il est clair pour moi" que, dans la scène du mont Sinaï, "tout" ce qui parvint à Moïse ne parvint pas, "dans sa totalité", à tout Israël. »

Toujours dans la première phrase de l'autographe, l'affirmation que les deux perceptions, celle de Moïse et celle d'Israël sont différentes, est apodictique et n'est pas présentée comme l'opinion de l'auteur. Ensuite, il ne s'agit pas de la quantité d'information qui parvint à Moïse, comme c'est le cas dans le texte définitif, mais du genre de perception : prophétique pour Moïse, rationnelle pour tout le reste du peuple.

4. Page 57 de la traduction de Munk.

C. L'explication n'a pas disparu ; elle est ici rapportée aux Sages du Talmud et elle n'est plus « vérifiée sans aucun doute ». La phrase qu'on lit au bas du recto de l'autographe et au début du verso :

« Cependant, [je dois citer] de ces derniers une assertion rapportée dans plusieurs endroits des *Midrashim* et qui se trouve aussi dans le Talmud ; c'est celle-ci : *Je suis et tu n'auras point* (Ex. 20 :2-3 ; Deut. 5 :6-7), ils les entendirent de la bouche de la Toute-Puissance. Cela veut dire que ces choses leur parvinrent (directement), comme elles parvinrent à Moïse, notre maître, et que ce ne fut pas Moïse qui les leur fit parvenir. "Et cela est vérifié sans aucun doute car ces deux principes" [...] »

a été changée dans le texte définitif :

« "Ils veulent dire par là" que ces choses leur parvinrent [directement], comme elles parvinrent à Moïse, notre maître, et que ce ne fut pas Moïse qui les leur fit parvenir. En effet, ces deux principes [...] »

D. Le passage suivant est différemment rédigé dans la version canonique et les deux premiers commandements font maintenant partie non seulement de la raison humaine mais également de la prophétie. Un « seulement » a été ajouté dans la seconde phrase. Au lieu de :

« [...] ces deux principes, je veux dire l'existence de Dieu et son unité, on les conçoit par la (fol. 1v) démonstration, je veux dire par la spéculation humaine ; et tout ce qui est de telle sorte l'est absolument au même titre par le prophète et par tout autre qui le sait, sans qu'il y ait là une supériorité de l'un sur l'autre. Ces deux principes donc ne sont pas connus par la prophétie, [comme le dit] le texte du Pentateuque : "On te l'a fait voir afin que tu reconnaisses" [...] (Deut. 4 :35),

nous avons :

« En effet, ces deux principes, je veux dire l'existence de Dieu et son unité, on les conçoit par la simple spéculation humaine ; et tout ce qui peut être su par une démonstration l'est absolument au même titre par le prophète et par tout autre qui le sait, sans qu'il y ait là une supériorité de l'un sur l'autre. Ces deux principes donc ne sont pas connus "seulement" par la prophétie [comme le dit le texte] du Pentateuque : "On te l'a fait voir afin que tu reconnaisses" [...] (Deut. 4 :35). »

E. La phrase qui concluait la première étape de la rédaction et qui conclut également le texte canonique a été aussi corrigée. Au lieu de :

« il est impossible de pénétrer dans la scène du mont Sinaï plus profondément qu'on ne l'a fait, [cette scène] étant "parmi les plus grands" secrets de la Loi. La vraie nature de cette perception et ses circonstances sont pour nous une chose très obscure »,

nous lisons :

« il est impossible de pénétrer dans la scène du mont Sinaï plus profondément qu'on ne l'a fait, [cette scène] étant "parmi les secrets" de la Loi. La vraie nature de cette perception et les circonstances qui l'accompagnaient sont pour nous une chose très obscure... ».

La scène du mont Sinaï n'est plus parmi les plus grands secrets, elle est seulement parmi les secrets de la Loi.

F. Cependant un paragraphe entier a été rajouté avant ces phrases de conclusion. Une phrase a été supprimée :

« Quant à toute voix prophétique que Moïse entendit par la suite, dans cette scène, ne l'entendit que lui seul »

et remplacée par :

« Il faut savoir cependant que, pour cette voix même [la voix créée], leur degré [de perception] n'était point égal à celui de Moïse, notre Maître. Je dois appeler ton attention sur ce mystère et te faire savoir que c'est là une chose traditionnellement admise par notre nation et connue par ses savants. En effet, tous les passages où tu trouves [les mots] : "Et l'Éternel parla à Moïse en disant", Onkelos les traduit [littéralement] par "Et l'Éternel parla [...]" Et de même [il traduit les mots]: "Et l'Éternel prononça toutes ces paroles" (Ex. 20 : 1) de manière littérale. Mais, ces paroles des Israélites [adressées] à Moïse : "Et que Dieu ne parle pas avec nous" (*ibid.*, 16), il les traduit par : "et qu'il ne soit pas parlé avec nous de la part de Dieu". Il t'a donc révélé par là la distinction que nous avons établie. Tu sais que ces choses remarquables et importantes, Onkelos, comme on l'a dit expressément, les apprit de la bouche de R. Eliézer et de R. Josué, qui sont les docteurs d'Israël par excellence[5]. »

Dans l'autographe comme dans le texte définitif, la perception de Moïse et celle du peuple sont bien différenciées :

1. Seul Moïse a perçu toute la scène de la révélation et c'est à lui seulement que Dieu s'est adressé.

2. Lui seul a entendu distinctement les paroles divines et il les a répétées au peuple.

3. Les autres spectateurs ont été témoins de phénomènes météorologiques effrayants, des sons terribles, une voix inarticulée.

4. Toutefois, selon une assertion des rabbins du Talmud, les deux premiers commandements (reconnaître l'existence d'un Dieu unique et incorporel) qui sont connus par la raison humaine et sont communs à tous les hommes de la même manière sont parvenus à tous les assistants, sans l'assistance de Moïse, car, en ce qui concerne ces commandements, il n'y a pas de différence entre la spéculation humaine et la prophétie.

Maïmonide approuve cette assertion (c'est une idée généralement juste), mais elle n'est pas pertinente dans le cas présent : les gens du peuple n'étaient pas au niveau de la prophétie, et ils n'étaient pas non plus au niveau de la spéculation humaine qui leur aurait démontré la vérité de ces commandements. On comprend pourquoi Maïmonide ne s'attarde pas sur cette seconde impossibilité mais revient à la voix entendue par le peuple, bruit terrible et effrayant.

Dans le chapitre 33, tel que nous le livre le texte canonique, la scène du mont Sinaï se trouve décomposée en cinq actes :

1. Au moment où Moïse, au sommet de la montagne, était plongé dans la méditation intellectuelle qui l'amena, comme philosophe-prophète, à comprendre,

5. Partie II, chap. 33, p. 273 de la traduction de Munk. Voir également, dans l'index, s.n. Onkelos.

en vision prophétique, la démonstration rationnelle des deux premiers commandements, le peuple était massé au pied de la montagne du Sinaï.

2. À ce même moment, le peuple entendit la « Voix créée » : un son inarticulé, terrible et unique.

3. Moïse descendit de la montagne et transmit au peuple les deux premiers commandements, en un langage humain, accessible aux gens simples. Ceux-ci, frappés de terreur par l'audition de la « Voix créée », demandèrent au prophète de remonter vers la montagne.

4. Durant sa seconde vision prophétique, Moïse reçut les huit autres commandements.

5. Cette seconde vision s'accompagna de phénomènes météorologiques multiples et effrayants : son du cor, tonnerre…

Dans le deuxième acte, la voix physique, créée par Dieu, répond à une conviction indistincte que les Israélites avaient de l'unité et de l'existence divines. En effet, enfoncés dans la matière, ils avaient besoin d'un signe matériel. La voix en question était audible mais sans que l'on pût y distinguer des articulations ; en fait, ce n'était qu'un bruit formidable. Pourquoi Dieu a-t-il créé cette voix ? C'est que la conviction ne suffisait pas. Maïmonide l'explique dans un autre passage :

« [...] Ici donc, dans la scène du mont Sinaï, Moïse leur dit : ne craignez rien, car ce grand spectacle que vous avez vu a eu lieu uniquement pour que vous puissiez, par votre propre vue, acquérir une conviction certaine, et afin que, si l'Éternel votre Dieu, pour publier votre grande foi, vous éprouvait par un faux prophète qui vous invitât à renverser ce que vous avez entendu, vous restassiez fermes, sans broncher, car si je m'étais présenté à vous comme prophète ainsi que vous le vouliez, et si je vous eusse rapporté ce qui m'aurait été dit, sans que vous l'eussiez entendu vous-mêmes, il se pourrait que vous auriez considéré comme vrai ce qui vous serait rapporté par un autre, quand même il viendrait renverser ce que j'aurais annoncé, puisque vous ne l'auriez pas entendu vous-mêmes dans ce spectacle[6]. »

On voit que Maïmonide a voulu conserver le caractère historique de la scène du mont Sinaï. Finalement, seul ce caractère historique, fondement de la religion du peuple juif et signe de son acceptation de la Loi, permet de comprendre son originalité. Mais cette scène a bien du mal à entrer dans le système philosophique prôné par notre auteur.

Dans le *Mishné Tora*, la théorie des visions surnaturelles ne diffère pas de celle du *Guide*, mais le sujet de la scène du mont Sinaï n'est pas expliqué dans ses détails, seul le but est mis en valeur :

« Et par quoi les Israélites furent-ils déterminés à croire en Moïse ? Par la scène du mont Sinaï, quand le feu, les voix, les éclairs furent aperçus, non par les yeux d'un étranger, mais par les nôtres, entendus de nos propres oreilles et non de celles d'autrui. Lorsque Moïse approcha de la nuée ténébreuse et que la Voix lui parla, nous l'entendîmes personnellement lui enjoindre : "Moïse, Moïse, va leur parler de telle ou telle sorte"» (Deut. 5 :4).

6. Partie III, chap. 24, p. 192 de la traduction de Munk.

« Comme le déclare le prophète lui-même : “C’est *face à face* que *vous* a parlé le Seigneur” et comme porte encore le Texte : “Ce n’est point *avec nos pères* que le Seigneur a conclu cette alliance, c’est avec nous qui sommes aujourd’hui tous vivants” (Deut. 5). Et d’où savons-nous que la station de Moïse sur le mont Sinaï a seule administré la preuve de l’indubitable vérité de sa mission prophétique ? Du verset où nous lisons : “Voici, je vais venir à toi dans une nuée épaisse, afin que le peuple entende quand je parlerai avec toi et qu’en toi aussi il ait foi à jamais” (Ex. 19 :9)[7]. »

Ici, nul besoin de Voix créée, nul besoin d’explication contournée, Maïmonide est le Maître incontesté, comme il l’est dans la première phase de rédaction de l’autographe : il dit le vrai.

7. *Le Livre de la connaissance*, chap. 8, p. 93 de la traduction française.

Conclusion

Des siècles d'études nous ont dévoilé un très grand nombre d'aspects de Maïmonide et de son *Guide*. Aujourd'hui encore les savants scrutent la pensée du Maître et les influences qu'elle a pu subir[1]. Que nous apprend de nouveau l'examen de ces quelques feuillets autographes ?

D'abord, nous montrons au public[2] Maïmonide écrivant de sa main, s'exprimant face à nous, réfléchissant à la forme qu'il va donner à sa pensée, biffant telle phrase et ajoutant telle autre. Les siècles de commentaires, d'éditions, de traductions disparaissent : c'est l'homme que nous appréhendons, un Maïmonide vivant et pensant. Pour qu'il soit compris par un homme de nos jours, il a fallu rappeler bien des faits et des idées anciennes, mais la rencontre personnelle de chaque lecteur avec le Maître est directe, non médiatisée, c'est un dialogue réel. Certes, chacun des deux interlocuteurs reste cloué dans son temps historique, géographique et culturel ; les intermédiaires technologiques s'interposent et, en partie, déforment l'image, mais le regard entre les deux personnes, celle qui a disparu il y a huit siècles et le lecteur d'aujourd'hui, demeure[3].

Pour apprécier les autographes du *Guide*, il nous a fallu partir de ses œuvres précédentes : *Commentaire sur la Mishna* et *Mishné Tora*. Ces deux livres donnaient les bases de la Loi orale et mettaient entre les mains du public tous les commandements qui lui permettaient d'accomplir son destin de juif.

La liste des commandements débute par l'acceptation de croyances vraies.

Maïmonide, en cela, était l'élève d'Al-Fârâbî[4] et se souvenait de la politique almohade. Il voulait inculquer au peuple les croyances vraies, celles qui prouvent que la Tora est une Loi divine. Dès sa jeunesse, son grand projet avait été d'extirper du peuple d'Israël la croyance à la corporalité divine. La croyance à la corporalité divine détruit l'unité de Dieu et jette le fidèle dans l'ignorance de l'existence divine. Ce but est proclamé dès le début de son *Mishné Tora* :

« Le principe des principes et le pilier des sciences, c'est de connaître qu'il y a un être premier et que c'est lui qui impartit l'existence à tout ce qui existe [...] c'est lui qui dirige la sphère d'une puissance qui n'a ni fin, ni terme, d'une force qui ne souffre pas d'interruption : la sphère en effet tourne toujours [... en sorte que] la puissance de notre Dieu, n'ayant ni fin, ni cesse, puisque la sphère effectue sa rotation sans s'arrêter jamais, n'est pas une puissance matérielle [...] Aussi ne saurait-il être qu'un et la connaissance de cette vérité constitue un précepte positif[5]. »

1. La dernière étude, fort intéressante, est celle de Sarah Stroumsa (2009).

2. Toutes les photographies sont présentées ici grâce à la courtoisie des bibliothèques où les fragments sont conservés. Nous les en remercions vivement.

3. L'analyse graphologique de Marie-Jeanne Sedeyn qu'on lira plus loin a été faite indépendamment de notre étude. Elle est basée sur l'idée, généralement admise, que le *Guide* marque l'apogée de la gloire de Maïmonide.

4. Cf. Berman (1980).

5. *Le Livre de la connaissance,* pp. 29-34.

L'unité et l'incorporalité divines sont prouvées par la philosophie. Tout le monde ne peut pas aller très loin dans cette étude, même lorsque les bases en sont exprimées clairement, comme c'est le cas dans le *Commentaire sur la Mishna* et le *Mishné Tora*. Les hommes qui ne sont pas capables de comprendre ces preuves doivent accepter ces principes sans discussion, comme ils acceptent les autres commandements.

Dans les deux livres que nous venons de citer, Maïmonide s'adresse au peuple, au commun de la communauté juive, avec respect et bienveillance. Nulle part on ne trouve de terme péjoratif ou injurieux envers les ignorants. Bien des lecteurs lurent, admirèrent le *Mishné Tora* et se conformèrent à ses vues.

Mais beaucoup d'autres le critiquèrent. Actuellement, huit cents ans après l'œuvre du « Second Moïse », on pourrait croire que Maïmonide a réussi à imposer au plus grand nombre des juifs l'idée d'un Dieu non corporel, que cette idée va de soi. Mais, pour la majorité du peuple, encore de nos jours, cette idée ne s'est pas intégrée profondément et elle coexiste, sans y rien changer, avec le sens littéral de la Bible et de la tradition rabbinique, avec la croyance à la Kabbale et à la magie des « noms ». Le Maître n'a pas réussi à extirper de la culture juive, ni les usages populaires basés sur la croyance à la sainteté de la langue hébraïque et à son efficacité magique, ni même la croyance à l'astrologie[6].

Lorsque Maïmonide écrit le *Guide des égarés*, il sait que ses efforts n'ont pas porté les fruits qu'il en attendait : le peuple n'a pas vraiment accepté les principes de l'unité et de l'incorporalité divines avec toutes leurs conséquences ; les dirigeants politiques du peuple, les juristes, ceux qu'il appelle les religieux, l'ont fait bien moins encore. Les critiques viennent, en particulier, des talmudistes, les très influents dirigeants des yeshivot babyloniennes.

De ces confrontations avec les fidèles des communautés juives orientales sort un homme déçu, amer et blessé. Désormais, les ignorants et les rabbins talmudistes sont ses ennemis et aussi les ennemis de Dieu : car, selon Maïmonide, en acceptant qu'Il puisse avoir un corps, ils nient son existence[7].

Cependant, Maïmonide reste déterminé à se battre ; nous le voyons dans le *Guide* et bien plus encore dans le *Traité sur la résurrection des morts*.

Ce *Traité* n'apporte aucune idée nouvelle, il répète, à satiété, ce qui a déjà été maintes fois écrit. L'auteur, mis le dos au mur, réplique avec une ironie acerbe et un mépris profond pour tous ceux qui ont osé mettre en doute son « orthodoxie ». Nous avons vu[8] qu'il y cite souvent le *Guide*. À la même période de sa vie, il le cite aussi dans une glose marginale à son « Livre » du *Commentaire sur la Mishna*[9]. Le *Guide* est son testament.

En effet, c'est bien dans le *Guide* qu'il a livré à ses élèves et à ses successeurs sa pensée tout entière : il donne aux philosophes les clefs de la compréhension réelle des textes bibliques et traditionnels, et expose les traits les plus extrêmes de

6. Kellner (2006), pp. 1-32 et (2008), pp. 83-116. Dans les notes de ces deux articles, on trouvera les références bibliographiques aux études sur ce sujet et, en particulier, celles de Moshe Idel.

7. Voir plus haut, pp. 239 *sqq*.

8. Voir p. 201.

9. Voir, plus haut, pp. 58-59.

sa philosophie (ceux qu'il n'avait pas dévoilés dans ses livres populaires), mais il fait en sorte que ses adversaires, les religieux et le vulgaire, ne le comprennent pas et ne puissent pas l'accuser d'infidélité à la Loi juive.

Voyons d'abord les doctrines que l'auteur n'a pas exprimées dans ses livres populaires et qui poussent à l'extrême la logique philosophique.

1. Dans le chapitre 2 de la partie I[10], nous avons vu que c'est durant la dernière correction, juste avant le texte définitif, que l'auteur s'est décidé à nier tout rapport entre la vérité scientifique et la morale ; et même à les opposer l'une à l'autre, contrairement à la position moins extrême qu'il avait soutenue auparavant.

2. Une autre doctrine est affirmée dans le *Guide*, qui n'apparaît pas sous cette forme dans les écrits précédents. C'est la théologie négative. Elle concerne non seulement les limites de la connaissance humaine[11], mais aussi, très pratiquement, les rapports du fidèle avec Dieu. La prière est un commandement positif auquel Maïmonide a consacré la plus grande partie du livre II du *Mishné Tora*. Or, on voit dans le *Guide* que la langue hébraïque, à l'instar des autres langues humaines, est dans l'impossibilité de parler de Dieu. Bien plus, la logique humaine, elle aussi, est piégée par la dualité du sujet et de l'attribut. De Dieu, on ne doit pas proclamer les louanges car toute louange introduit une comparaison avec les êtres créés. On ne doit pas non plus méditer avec des mots de louange. On ne doit parler de Dieu, on ne doit penser à Dieu que par des négations. Seule une méditation abstraite, éloignée de toute expression positive, de toute trace de mots qui décriraient la bonté, la grandeur ou la justice divines, est digne de Dieu. Les fidèles qui n'acceptent pas la théologie négative ne se rendent pas compte qu'ils nient l'existence de Dieu, mais ils le font cependant. Cette affirmation est durement opposée à la religiosité commune et on ne peut pas croire que l'auteur pensait qu'elle aurait des conséquences pratiques ; de fait, elle n'en a eu aucune.

Continuons par les concessions faites au vulgaire. Deux doctrines philosophiques, tout simplement exprimées dans le *Mishné Tora*, trouvent, dans le *Guide*, des alternatives qui peuvent contenter les tenants de la religion populaire :

1. L'éternité du mouvement de la sphère est la seule preuve démonstrative de l'existence d'un Dieu unique et elle est logiquement liée à l'éternité du monde prônée par Aristote[12]. Et pourtant, Maïmonide déclare que la création du monde, qui est nécessaire à la religion puisqu'elle permet d'expliquer les miracles, lui paraît plus probable.

2. Les visions surnaturelles sont, pour Maïmonide, des visions intérieures. Ni dans le *Commentaire sur la Mishna*, ni dans le *Mishné Tora* cela ne fait problème, car « Dieu n'a de figure ou de forme que dans la vision extatique de la prophétie qui lui prête ces apparences[13] ».

10. Voir les pp. 207-208.

11. Cf. les études de Pines (1979 et 1981).

12. Preuve cependant plusieurs fois répétée dans le *Guide*. Sur les aspects philosophiques de ce problème, cf. l'introduction de Pines à sa traduction anglaise (1963), pp. CXII-CXV.

13. *Le Livre de la connaissance*, p. 32.

En revanche, le problème se pose dans le *Guide* et l'auteur a cherché un moyen convenant au peuple qui expliquerait la « Gloire », la « Voix », la « Présence », la « Lumière » divines que, selon de nombreux versets bibliques, tout le peuple d'Israël a vues et entendues.

Dans la rédaction canonique du *Guide*[14], comme dans nos autographes (partie I, chap. 18, 19 et 64 ; partie II, chap. 33), on rencontre plusieurs fois la « Gloire », la « Voix », la « Présence créées »[15]. Maïmonide en attribue l'idée au paraphraste araméen Onkelos. Jusque-là, cette idée n'avait pas été mentionnée par Maïmonide. Nous la lisons pour la première fois dans la deuxième étape de la rédaction du chapitre 33 de la partie II du *Guide*[16].

Que ce soit uniquement une concession au vulgaire, nous le voyons par plusieurs passages, par exemple dans le chapitre 5 de la partie I :

« En somme, nous avons pour but d'établir que chaque fois que le verbe *ra'a*, ou *haza*, ou *ybit*, est employé dans le sens de la vue, il s'agit d'une perception intellectuelle et non pas de la *vue* de l'œil ; car le Très-Haut n'est pas un être que les yeux puissent voir. Si cependant il y a un tel homme borné qui ne veut pas parvenir à ce degré auquel nous désirons monter, et qui admet que tous ces mots, employés dans le sens en question, indiquent la perception sensible de certaines lumières *créées*, soit anges ou autre chose, il n'y a pas de mal à cela[17]. »

Ce n'est pas de gaîté de cœur que Maïmonide a introduit ces concessions aux hommes bornés. Mais, après les querelles qui lui sont faites, il ne peut plus dire ouvertement, comme il l'avait fait dans le *Mishné Tora*, que la révélation du mont Sinaï raconte la prophétie du seul Moïse[18], et que le peuple en a été témoin et en a gardé un souvenir historique car elle s'est déroulée dans un grand tumulte de bruits naturels et humains.

Dans le chapitre 17 de la partie I, Maïmonide compare son sort à celui des philosophes anciens, qui vivaient sous les lois païennes. Eux n'avaient rien à craindre[19], lui se sentait persécuté.

On a beaucoup parlé des secrets dissimulés dans le *Guide des égarés*, nous avons ici touché du doigt les sentiments secrets de l'homme qui voulait montrer l'accord profond entre la philosophie aristotélicienne et la religion[20]. Ses contemporains n'étaient pas prêts à accepter ses idées et l'ont attaqué de tous côtés, provoquant sa douleur et son ressentiment. Mais peut-être fallait-il ces épreuves pour que Maïmonide bâtisse son œuvre immortelle ?

14. Les occurrences sont bien répertoriées et expliquées dans Kellner (2006), pp. 179-215.
15. Voir, plus haut, nos chapitres 2, 4 et 5 de la partie III.
16. Voir plus haut, p. 256.
17. Partie I, chap. 5, p. 49 de la traduction de Munk.
18. Il le dira de nouveau, mais toujours de manière allégorique, dans le chapitre 34.
19. À part Socrate, mais il ne représentait pas l'ensemble des philosophes.
20. Ravitzky (1996), p. 270.

Appendices et annexes

A. Note sur des pages autographes de Maïmonide

Étudier l'écriture comme la trace personnelle de l'individu[1], sans lire, et sans être largement informé sur le scripteur ni sur ses intentions peut apparaître comme une gageure. Pourtant, une telle observation, libérée en principe des préjugés, représente un exercice visuel comparable à l'étude d'une œuvre d'art, l'analyse d'un paysage naturel, ou celle d'un comportement humain, tel qu'il se manifeste dans les attitudes, la démarche, les diverses expressions du visage et du corps.

Personne ne met en doute le caractère individuel de l'écriture. Nous reconnaissons immédiatement sur l'enveloppe d'un courrier l'écriture de nos proches et, lorsque nous sommes en présence d'une écriture inconnue, notre curiosité s'éveille sur l'auteur, en même temps que surgit une préférence, sympathie ou antipathie plus ou moins inconsciente, née d'impressions ou de sentiments complexes : facteur esthétique, ressemblances, interrogations...

L'on peut toutefois regretter que l'écriture n'ait pas fait l'objet, à ce jour, de recherches scientifiques approfondies et coordonnées. Certes, des neurologues procèdent à des constatations, des paléographes réalisent des observations minutieuses pour rétablir ou analyser des textes anciens, des recherches littéraires s'appuient sur l'étude des manuscrits, la graphologie tente d'apporter à partir de l'écrit une interprétation psychologique, et l'expertise en écritures s'applique à résoudre avec plus ou moins d'efficacité les problèmes judiciaires bien réels liés à la recherche d'identification.

Mais la graphologie n'est pas une science. Enseignée et pratiquée de manière très inégale, elle devrait être repensée, refondue, et enrichie des données recueillies par les différents spécialistes avant d'être prise au sérieux. Dans l'attente de recherches sur l'écriture qui auraient un caractère véritablement universel, nous ne pouvons aujourd'hui que produire un effort modeste à partir de cas individuels précis. C'est dans cet esprit que, grâce à Colette Sirat, j'ai eu l'occasion d'étudier différents manuscrits hébraïques et d'apporter avec quelques remarques une information susceptible de s'insérer dans les connaissances acquises d'autre part.

Examiner les manuscrits autographes de Maïmonide m'est apparu comme un exercice à la fois tentant et redoutable. Même avec la culture vraiment très limitée dont je dispose, on ne peut pas ignorer la dimension du personnage ni ses qualités scientifiques et philosophiques. Personnellement, je me suis tenue à distance, jusqu'à présent, des « portraits graphologiques » construits à partir des écrits de célébrités reconnues, historiques ou littéraires. Trop de livres ont déjà été écrits, trop de détails biographiques ont été publiés pour que l'on prétende apporter quelque observation ou information supplémentaire.

1. Cette note a été rédigée par Marie-Jeanne Sedeyn en 2008. Les photocopies qui lui ont été fournies sont tirées du livre de Sassoon (1956, 1990), où les planches sont numérotées en chiffres romains, de celui de Hopkins (2001) où elles sont numérotées en lettres hébraïques et, ici, en chiffres arabes, et des illustrations de notre étude.

La prudence et l'humilité sont à mon avis impératives. Face à la liasse de reproductions (photocopies et photographies) dont l'examen m'a été proposé, j'ai abordé ce travail en définissant à titre personnel plusieurs résolutions. Tout d'abord, maintenir en quelque sorte mon ignorance, en évitant de rechercher une information plus large et plus approfondie sur le sujet Maïmonide et son œuvre – cela afin d'écarter si possible la subjectivité toujours menaçante. Et dans cet esprit :

1. Procéder à des observations concrètes, claires et vérifiables par un observateur de bonne foi.

2. Proposer – avec prudence –, des interprétations dont le spécialiste pourra ensuite apprécier l'éventuelle vraisemblance ou pertinence.

1. Observations

1. Commentaire sur la Mishna

A. Quatre feuillets (photocopies recto et verso plus une photocopie de verso seulement : Hopkins, planches 4 et 7 à 14) constituent un ensemble homogène :

• Le format assez grand est couvert d'une écriture aux lignes serrées qui ménage seulement une petite marge assez régulière à droite. La page dans son ensemble évoque une prairie qui ondule sous le souffle du vent, impression générale due aux nombreuses inégalités qui s'observent dans l'orientation des axes.

• La ligne de crête, stable pour un mot, tout en ondulant sur la ligne, la dimension : l'écriture est majoritairement maigre dans la zone médiane, avec d'assez grands prolongements, et des inégalités par groupes de plusieurs mots, dont les uns présentent des lettres très tassées, et les autres un calibre légèrement plus gros avec des lettres plus larges (page 1, lignes 8 ; 9 ; 10, milieu des lignes 17 et 18, par exemple),

• La pression, qui produit un trait assez fin avec un certain relief : appui assez fort au départ, qui s'affine ensuite avec des finales descendantes courtes et élégantes.

• La vitesse : accélérée, avec des inégalités de rythme, en relation avec la dimension.

B. Sur une feuille très endommagée (reproduction recto et verso : Hopkins, planches 1 et 2), on retrouve :

• L'occupation maximale de l'espace, à l'exception de la marge de droite (dans laquelle peut s'insérer ensuite une ligne supplémentaire perpendiculaire aux autres), ainsi que les inégalités relevées précédemment sur l'orientation des axes.

• La ligne de crête.

• La dimension (hauteur et largeur des lettres), avec alternance de mots dont les lettres sont très tassées, et d'autres plus larges.

• Le rythme, avec cependant des différences : les inégalités sont moins marquées, le trait est plus épais, les finales notamment sont moins fines et moins prolongées, ce qui peut correspondre en partie à l'utilisation d'un autre instrument, moins aiguisé, et une allure générale moins précipitée.

C. Dans quatre photocopies dont deux représentent le recto et le verso d'un même feuillet (Sassoon, planches XXXII et XXXIII, Hopkins, planches 5 et 6), le texte comporte des retouches (mots barrés) et des additions, mais l'écriture se distingue très sensiblement des documents décrits en A : elle s'aère, se stabilise, et adopte des proportions plus équilibrées entre la hauteur et la largeur des lettres, ce qui fait apparaître ces documents comme vraisemblablement postérieurs à ceux du groupe A.

2. *Hilkoth ha-Yerushalmi*

Les pièces communiquées comportent :

A. Un grand feuillet reproduit recto et verso (Sassoon, planches XXVIII et XXIX), morceaux manquants sur un côté, trous à l'intérieur du texte, où l'écriture est comparable à ce que l'on observe sur le feuillet B du *Commentaire sur la Mishna* : les inégalités sont nettement plus faibles, le geste plus lent et plus contrôlé, l'ondulation des lignes se maintient.

B. Un fragment de feuillet reproduit recto et verso (Sassoon, planches XXXI et XXXI), sur lequel on recueille les mêmes observations.

3. *Mishné Tora*

A. Un feuillet (Sassoon, planche XXXIV), sur format plus petit, montre une écriture de plus grand calibre avec des lignes inégales centrées sur la page, mais il ne permet pas de rapprochements intéressants avec les spécimens précédents. Il pourrait s'agir d'une page de titre. Le trait semble cependant moins ferme, le geste moins aisé, ce qui peut faire apparaître ce document comme postérieur aux précédents.

B. Dix photocopies reproduisent des feuillets d'un même manuscrit (Sassoon, planches XXXV à XLII et XLV). Ici, sur les feuillets de petit format, le texte est entouré de marges assez régulières. L'écriture d'assez gros calibre témoigne d'une régularité qui suggère une copie attentive plutôt que l'exercice d'une pensée en recherche. Une certaine élégance dans la forme, ainsi que la rareté relative des modifications, tend à confirmer cette impression.

4. Le *Guide des égarés*

Ici, les pièces qui nous ont été communiquées sont des photographies, qui permettent une observation plus sûre. Examinons en détail :

Fragment 1, recto (partie I, chap. 2)

La page est homogène, avec de très faibles inégalités dans l'orientation des axes et la dimension. Les lettres sont clairement espacées, la liaison manque de souplesse, l'allure est pondérée, le rythme régulier, l'impression générale équilibrée.

Fragment 1, verso (partie I, chap. 3)

Une légère différence avec le recto : l'écriture est un peu plus maigre, notamment dans la partie droite du texte, la forme est moins précise, certaines finales s'affinent.

Fragment 2, folio 1 recto, et 2 verso (partie I, chap. 17-21)

Le feuillet de droite (fol. 2v) montre des corrections mais il est bien homogène. Les lettres ont des proportions équilibrées, elles sont clairement espacées, l'allure est plus rapide, l'appui plus fort et plus ferme, avec des attaques rectilignes assez raides, et des finales parfois prolongées en s'affinant, et d'autres accentuées.

Sur le feuillet de gauche (fol. 1r), on relève plus d'inégalités, quelques tassements et, dans le tiers inférieur de la page, un texte plus compact, plus régulier dans son allure générale.

Fragment 3 recto et verso (partie I, chap. 60)

Au recto, cette page très endommagée (pratiquement réduite à la moitié gauche) se signale, en particulier, par les finales souvent prolongées (affinées ou non) en fin de ligne. La photographie du recto n'est pas très nette dans la mesure où le texte du verso apparaît en transparence.

La photographie du verso est plus nette. Elle permet de constater la stabilité de la marge de droite, les lignes régulièrement espacées, la régularité des dimensions et du rythme.

Fragment 4 recto et verso (partie I, chap. 64-65)

Ici, l'écriture est toujours aussi homogène, tout en présentant plus d'inégalités que sur le spécimen précédemment étudié.

Au recto, les deux premiers tiers du feuillet sont comparables au spécimen précédent, puis le calibre devient plus petit, les lignes sont plus tassées, et trois lignes (17, 18, 19) sont partiellement rayées.

Au verso, on retrouve un calibre un peu plus gros, avec davantage d'inégalités et quelques retouches. La main manque de souplesse, mais l'allure ici est plus rapide et témoigne d'une pensée particulièrement active.

Fragment 5 recto et verso (partie II, chap. 30)

Il s'agit d'un feuillet déchiré au bord supérieur et dans sa partie centrale, où l'écriture est plus lisible dans la partie supérieure, un peu moins endommagée.

Au recto, l'écriture est ferme, assez rapide, avec des prolongements où le geste est libre.

Au verso, même remarque, avec un léger tassement localisé dans la partie supérieure de la page.

Fragment 6 recto verso (partie II, chap. 32-33)
Le recto peut être rapproché du spécimen B du *Mishné Tora* : malgré les corrections en milieu de page, l'écriture favorise la forme dans la seconde moitié de la page, comme s'il s'agissait d'un fragment antérieur recopié, ou d'une phrase familière ou construite intérieurement depuis longtemps.

L'écriture est plus spontanée sur le verso, où l'on retrouve un calibre plus petit, des inégalités et des corrections.

D'une manière générale, l'écriture est moins souple que dans les premiers documents examinés, les liaisons plus anguleuses, les finales parfois accentuées.

On observe un décalage de la marge dans le dernier quart de la feuille, qui pourrait s'expliquer par un défaut du support. Deux lignes sont ajoutées dans la marge, perpendiculairement au texte.

Dans la partie supérieure, le calibre est assez gros, les lignes espacées en proportion. À partir de la ligne 11, le texte est plus compact, le trait un peu plus lourd.

Dans l'ensemble, si l'on cherche à distinguer entre les caractéristiques constantes du graphisme et ce qui peut varier d'un document à l'autre ou au cours d'un même écrit, on relève :

A. Des caractéristiques constantes :
• La bonne adaptation au format.
• La présence constante de la marge de droite assez régulière, qui permet occasionnellement l'addition d'une ou deux lignes, perpendiculairement au texte.
• Les légères inégalités dans l'orientation des axes, avec parallélisme de certaines attaques.
• L'ondulation large de la ligne, coexistant avec la stabilité de la ligne de crête sur un mot.
• Les proportions.
• La liaison arrondie.
• L'homogénéité généralement constatée sur l'ensemble de la page et, lorsque cela peut être observé, sur plusieurs feuilles d'un même manuscrit, et, naturellement, la parfaite clarté qui doit permettre une lisibilité satisfaisante.

B. Des particularités variables :
• Le calibre général.
• Les prolongements plus ou moins longs.
• La répartition des espacements.

En définitive, on observe dans les divers spécimens examinés trois aspects différents d'une même écriture :

1. Le premier manuscrit examiné du *Commentaire sur la Mishna* témoigne d'une écriture à l'allure précipitée, avec des alternances de rythme qui se manifestent par des différences notables dans la largeur des lettres (exemples 1 et 2).

2. Les autres spécimens provenant du *Commentaire sur la Mishna* montrent une allure à la fois moins rapide et plus régulière, avec un calibre plus petit, des proportions plus équilibrées et un texte assez compact. Ces mêmes particularités s'observent dans les pages provenant d'autres manuscrits, par exemple *Hilkhoth ha-Yerushalmi*, ou certains feuillets du *Guide des égarés* (exemples 3 et 4).

3. Ailleurs, on observe une écriture plus grande, plus aérée, avec de grands prolongements : sur le manuscrit du *Mishné Tora* (exemple 5), sur le recto du fragment 1 du *Guide* (partie I, chap. 2) et dans plusieurs *Responsa*, comme celui qui est reproduit dans l'exemple 6.

À noter :

• Les feuillets du *Commentaire sur la Mishna* n'ont pas d'homologue parmi les autres spécimens.

• Les styles 1 et 2 peuvent coexister d'un feuillet à l'autre ou au cours d'un même feuillet.

2. Comment interpréter ces observations ?

1. Les inégalités relevées sur les pages du *Commentaire sur la Mishna* donnent à l'ensemble de la page l'aspect d'une prairie frissonnant sous le vent. Ces inégalités manifestent la présence dans la pensée d'éléments conflictuels, de contradictions au milieu desquelles l'esprit se débat, dans des alternances d'attachement aux idées reçues et de remise en question.

Le texte compact serait oppressant si les prolongements n'apportaient pas le signe d'une mobilisation très diversifiée des ressources : l'effort assez acharné pour échapper à la confusion et rechercher la clarté s'enrichit d'une intuition assez fine, qui peut prendre des formes originales tout en s'appuyant sur des repères fermes.

Le rythme accéléré marque la volonté urgente de sortir d'une situation où s'affrontent des arguments apparemment inconciliables qui doivent nécessiter des choix éclairés.

2. L'écriture à la fois plus petite, mieux proportionnée tout en étant assez compacte, indique la concentration. D'allure posée, elle s'accorde avec une réflexion attentive, dont la rigueur s'exprime par la stabilité de la ligne de crête sur un mot, et la capacité de nuancer par l'ondulation de la ligne et les légères différences d'orientation des axes.

La recherche du mot juste, la poursuite d'une pensée claire, s'effectuent à un rythme régulier, qui n'est jamais systématique, et reste ouvert à des modifications successives.

3. Le graphisme plus grand, un peu plus aéré, parfaitement clair, qui comporte des prolongements plus généreux, reflète une certaine satisfaction en privilégiant

la forme. Ici, les interrogations sont largement dominées par une pensée qui a su se libérer de ce qui n'est pas l'essentiel, et qui éprouve le juste plaisir d'une expression claire en s'autorisant parfois une élégance discrète.

Certains de ces documents, qui ne présentent de retouches qu'occasionnelles, pourraient être des copies de passages préalablement écrits, voire réécrits. On y trouve la marque d'un accord, d'une confirmation, mais aussi parfois, si cela se prolonge sur plusieurs folios, un certain ennui face à une besogne trop répétitive sans exigence créatrice.

C'est évidemment l'alternance entre ces deux types d'écriture (tous deux présents jusque dans les feuillets du *Guide des égarés* dont nous avons pu examiner les photographies) qui témoigne des différentes étapes de la création littéraire, avec les moments de réflexion, d'approfondissement, de recherche, où la concentration s'obstine, où la phrase a du mal à se construire, et ceux d'étonnement joyeux où la pensée trouve soudain une expression libre.

Ce qui est frappant dans l'exercice auquel nous nous sommes livré, c'est la différence entre les premiers écrits, produits par Maïmonide dans son extrême jeunesse, et les derniers, qui correspondent en quelque sorte au couronnement de son œuvre.

L'écriture du *Commentaire sur la Mishna* montre à la fois l'inconfort dû à l'intensité des interrogations et la volonté urgente de rechercher des solutions en mobilisant la totalité des ressources. Dans le *Guide*, le feuillet de la partie II, chapitre 32-33 verso, témoigne du travail de la pensée, alors que le fragment de la partie I, chapitres 2 et 3, présente, comme fréquemment dans les *Responsa*, une écriture grande, large, claire, assurée, correspondant à une affirmation calme, sans aucune rigidité.

Ainsi se trouve réalisée l'harmonie à laquelle aspirait le jeune Maïmonide, alors en proie aux questionnements qui sont décrits dans l'introduction au *Guide des égarés* : « [...] l'homme religieux [...] se laissera-t-il guider par sa raison et rejettera-t-il ce qu'il a appris en fait de ces noms ? Il croira alors avoir rejeté les fondements de la Loi. Ou bien s'en tiendra-t-il à ce qu'il en a compris sans se laisser entraîner par sa raison ? Il aura donc tourné le dos à la raison et il s'en sera éloigné, croyant néanmoins avoir subi un dommage et une perte dans sa religion, et persistant dans ces opinions imaginaires par lesquelles il se sentira inquiété et oppressé, de sorte qu'il ne cessera d'éprouver des souffrances dans le cœur et un trouble violent » (trad. Salomon Munk, éd. Verdier, p. 11).

MARIE-JEANNE SEDEYN

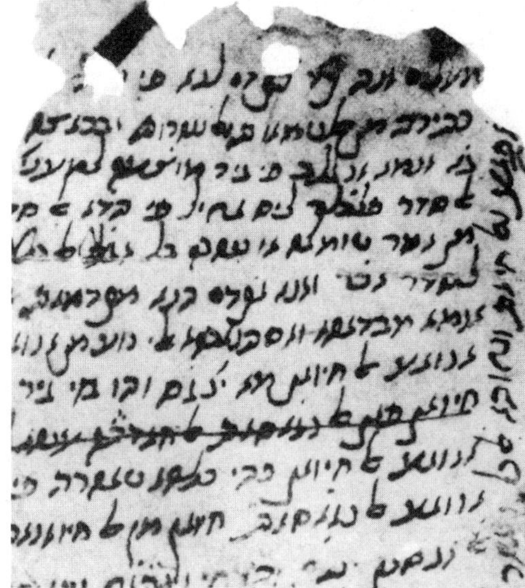

Illustration 21.
Exemples des écritures cursives de styles 1 et 2.

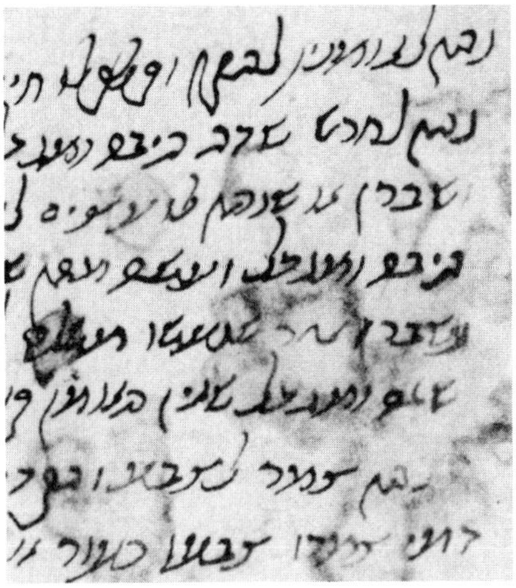

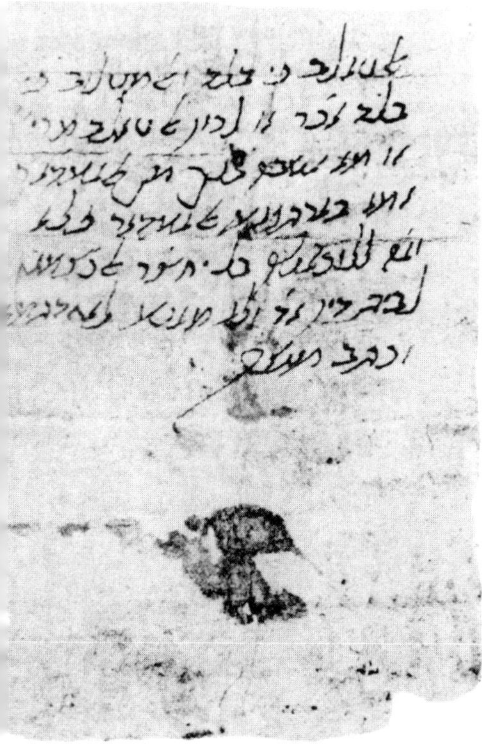

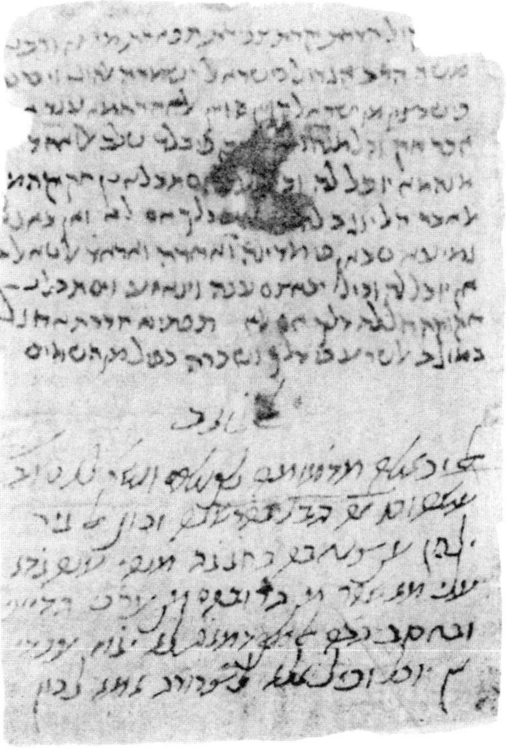

Illustration 22.
Exemples de l'écriture cursive de style 3.

B. Un exemple de la popularité du *Guide* parmi les auteurs chrétiens du XIIIe siècle

Un bon exemple de la popularité du *Guide des égarés* est donné par le *Pugio fidei* (« Poignard de la foi ») de Raymond Martin : achevé en 1278, c'est-à-dire quinze ans après la dispute de Barcelone (1263) et trente-huit ans après la dispute de Paris (1240), cet ouvrage est un volumineux manuel destiné aux Mendiants engagés dans la prédication auprès des juifs (et des musulmans[1]).

Raymond Martin réunit des passages tirés de divers écrits et susceptibles, selon la lecture qu'il en propose, d'être utilisés pour attester la vérité du christianisme : beaucoup d'entre eux sont tirés de la Bible, mais l'essentiel est emprunté aux sources rabbiniques (Talmud, *Midrash*, commentateurs).

Le *Pugio fidei* est la première entreprise illustrant de manière systématique cette approche nouvelle de l'activité missionnaire ; son influence est très sensible dans la littérature chrétienne de controverse avec le judaïsme.

Maïmonide est souvent cité : cinq occurrences pour le *Mishné Tora*, quatorze pour le *Guide des égarés*. Il est considéré comme une autorité jouissant, au sein du judaïsme, d'un statut particulier. L'utilisation de son œuvre dans une perspective chrétienne est investie d'une fonction particulière et elle a une portée spécifique parce que cette œuvre cristallise les différents aspects de la tradition juive invoqués par ailleurs dans le *Pugio fidei*, en leur donnant une portée philosophique et théologique.

Les références au *Guide* sont réparties sur l'ensemble de l'ouvrage ; elles portent sur divers sujets (éternité du monde, attributs divins, noms divins, interprétation des prophéties et des prescriptions de la Loi) et prennent, selon le contexte, la forme de mentions ou de citations. L'hébreu ou l'arabe, que Raymond Martin donne toujours, ici comme ailleurs, est presque systématiquement vocalisé.

De longueurs fort diverses, les six véritables citations correspondent, successivement, à la traduction d'Ibn Tibbon (2), au texte arabe en caractères hébreux (1), à la traduction d'Al-Harizi (3). Les passages cités selon Ibn Tibbon présentent d'assez nombreuses variantes avec l'édition utilisée (Mossad ha-Rav Kook, Jérusalem 2000) et il en va de même pour ceux qui sont cités selon Al-Harizi, si on les compare avec l'unique manuscrit conservé pour cette traduction (Paris, BNF, Hébreu 682[2]) et son édition par Schlossberg. Il semble que Raymond Martin ait utilisé (au moins) trois manuscrits différents et cela, sans

1. Ces remarques résument une étude plus complète qui sera prochainement publiée. L'édition utilisée pour le *Pugio fidei* est celle de J.-B. Carpzov (Leipzig, 1687) qui reproduit, avec quelques variantes dans la pagination, mais en conservant les fautes…, celle de Joseph de Voisin (Paris, 1651). Les deux éditions sont accessibles sur le site de la Judaica Sammlung de Francfort, section « Apologetik und Polemik ». Les manuscrits de la Bibliothèque Sainte-Geneviève (Ms. latin 1405), de la Bibliothèque nationale de France (Latin 3356 et 3357), de la Bibliothèque Mazarine (796 [2138]) et de Toulouse (n° 219 [168]) ont également été pris en compte.

2. Manuscrit décrit dans : Ph. Bobichon, *Manuscrits en caractères hébreux conservés dans les bibliothèques de France : Théologie I (Hébreu 669 à 703)*, Brepols, 2008, pp. 156-160.

doute, en divers endroits, puisque l'élaboration du *Pugio fidei* a pris une vingtaine d'années.

Les citations sont régulièrement suivies d'une traduction latine et tout porte à croire que celle-ci peut être attribuée à Raymond Martin (ou à ses collaborateurs), car elle est très littérale et correspond toujours parfaitement au texte tel qu'il vient d'être cité.

Les passages invoqués sont tirés des trois livres du *Guide* (quatre citations ou mentions pour chacun d'entre eux) et relativement proches les uns des autres dans l'original. Les questions qu'ils illustrent correspondent aux principaux sujets abordés dans le *Pugio fidei* (Dieu, le Messie, la Loi) et dans tous les écrits qui s'en inspirent[3]. Aussi les retrouve-t-on fréquemment dans ces écrits, sans le texte original mais selon une traduction analogue ou identique à celle du *Pugio fidei*.

PHILIPPE BOBICHON

3. Victor Porchet de Salvaticis († *ca* 1315) ; Aesclanus (= Johannes Baptista) Gratiadei († 1341) ; Abner de Burgos/Alfonso de Valladolid (*ca* 1270-1348) ; Bernard Oliver (*ca* 1290-1348) ; compte rendu latin de la dispute de Tortosa (éd. A. Pacios Lopez, Madrid, 1957).

Bibliographie

Éditions et traductions des œuvres de Maïmonide et des auteurs médiévaux

Isaac Abrabanel, « Ma'amar qatsar bebi'ur sod ha-moré », dans *Ketavim 'al Mahshevet Israel,* 3, Jérusalem, 1967, 1re partie, ff. 21v-26r. Reproduction photostatique de l'éd. de Venise, 1574.

Atay, H., *Dalâlat al-Ḥâ'irîn* (édition en caractères arabes), Ankara, 1974.

Baneth, D.H., *Mose ben Maimon Epistulae*, Jérusalem, 1946.

Blau, J., *R. Moses b. Maimon. Responsa,* ed. J. Blau, 3, Jérusalem, 1969.

Bos, G., *Maimonides. Medical Aphorisms,* Brigham Young UP, vol. I, 2004, vol. II, 2007.

Brague, R., *Maïmonide : Traité de logique, traduction de l'arabe, introduction et notes*, Paris, 1996.

Cohen, C., « À propos d'une liste autobiographique attribuée à Maïmonide (Paris, BNF, Hébreu 336) », *Tarbiz*, 76, 2007, pp. 283-287.

Diesendruck, Z., « Samuel and Moses ibn Tibbon on Maimonides' Theory of Providence », *Hebrew Union College Annual,* 11, 1936, pp. 341-366.

Finkel, J., « Maimonides' Treatise on Resurrection », *Proceedings of the American Academy for Jewish Research,* 9, 1938-1939.

Friedländer, M., *The Guide for the Perplexed by Moses Maimonides*, 2nd ed., Londres, 1928.

Gorfinkle, J. I., *The Eight Chapters of Maimonides on Ethics (shemonah perakim)*, New York, 1966.

Goshen-Gottstein, M. H., « Maimonides' *Guide of the Perplexed* : Towards a Critical Edition », dans S. Stein, and R. Loewe eds, *Studies in Jewish and Intellectual History presented to Alexander Altman*, Alabama, 1979, pp. 235-244.

Halkin, A.S., *Josephi b. Judah b. Jacob Ibn 'Aknin Divulgatio mysteriorum luminumque apparentia, Commentarius in Canticum Canticorum,* Jérusalem, 1964.

Halkin, A.S. (translation and notes) and D. Hartmann (discussions), *Crisis and Leadership : Epistles of Maimonides*, The Jewish Publication of America, 1985.

Hirschfeld, H., « Kritische Bemerkungen zu Munk's Ausgabe des Dalâlat Al Hâirin », *Monatsschrift für Geschichte und Wissenschaft der Judentums*, 1895, repris et complété dans l'édition de Munk-Joel, pp. 477-490.

Hirschfeld, H., « The Arabic portion of the Cairo Genizah at Cambridge. Two autograph fragments of Maimonide's *Dalâlat al-Ḥâ'irîn*», *Jewish Quarterly Review*, XV (1903), pp. 677-681.

Hopkins, S., « A new autograph fragment of Maimonides', *Hilkhot ha-Yerushalmi*», *Journal of Semitic Studies*, 28, 1983, pp. 273-295.

Hopkins, S., « Two New Maimonidean Autographs in the John Rylands University Library », *Bulletin of the John Rylands Library*, 67, 1985, pp. 710-735.

Hopkins, S., « An unpublished autograph fragment of Maimonides's *Guide of the Perplexed* », *Bulletin of the School for Oriental and Asian Studies,* 50, 1987, pp. 465-469.

Hopkins, S., « A new autograph fragment of Maimonides' *Epitomes of Galen (De locis affectis)* », *Bulletin of the School for Oriental and Asian Studies*, 57, 1994, p. 128, n. 6.

Hopkins, S., *Maimonides's Commentary on tractate Shabbat,* The draft Commentary according to Autograph Fragments from the Cairo Genizah, Jérusalem, 2001.

Ibn Shmuel, Y., *Rabbi Moses ben Maimun (Rambam) Doctor perplexorum* (*Guide of the Perplexed*), *Hebrew Version of R. Samuel ibn Tibbon*, New Revised and Vocalized Ed. Jerusalem, 2000.

Juda Hallevi, *Le Kuzari*, traduction, introduction et notes par C. Touati, Paris, 1994.

Kobetz Teshuvot ha-Rambam (Responsa Lipsiae), Leipzig, 1859.

Langermann, Y. T., « Samuel ben Eli's Epistle on Resurrection » (en hébreu), *Kovez 'al Yad,* 25, 2001, pp. 39-94.

Magnes, J.-L., *A Treatise as 1) Necessary Existence, 2) The Procedure of Things from Necessary Existence, 3) The Creation of the Word by Joseph ibn Aknin*, Berlin, 1901.

Mishné Tora, édition « el hamekoroth », Jérusalem, 1954.

Moré ha-nevukhim, traduction de Samuel ibn Tibbon, avec les commentaires d'Efodi, de Shem Tov Ibn Shem Tov, de Crescas et d'Abrabanel, Vilna, 1904, repr. Jérusalem, 1960.

Munk, S., *Dalâlat al-Ḥâ'irîn*, Paris, 1846-1856, réédition avec notes et additions par I. Joel, Jérusalem, 1929.

Munk, S., *Maïmonide. Le Guide des égarés*, traduction et notes, Paris, 1861, réédition Vrin, Paris, 2004.

Nikiprovetsky, V. et A. Zaoui, trad., *Le Livre de la connaissance*, Paris, 1961.

Outhwaite, B, and Niessen, F., « A Newly Discovered Autograph Fragment of Maimonides *Guide for the Perplexed* from the Cairo Genizah », *Journal of Jewish Studies*, 57, 2006, pp. 287-295.

Pines, S., *The Guide of the Perplexed, Moses Maimonides*, translated with an Introduction and Notes, with an Introductory Essay by L. Strauss, Chicago, 1963.

Qafih, J., « Ketav hagana miteyman », *Kovez 'al yad*, 15, 1951, pp. 41-63.

Qafih, J., *Moré ha-nevukhim, maqor we-targum*, 3 vol., Jérusalem, 1972.

Qafih, J., *Moré ha-nevukhim*, traduction hébraïque annotée d'après une nouvelle édition, Jérusalem, 1977.

Rabbi Mosei Aegytii, *Dux seu director dubitatium aut perplexorum*, Augustini Justiniani recognitus, Paris, 1520.

Rabinowitz, M. D., *Haqdamot lepérush ha-Mishna*, Jérusalem, 1972.

Raymond Martin, *Pugio fidei*, Paris, 1651 ; Leipzig, 1687.

Samuel ben Juda ibn Tibbon, « Glossaire des termes inusuels du *Guide des égarés* », dans *Moré ha-nevukhim, avec les commentaires d'Efodi, de Shem Tov Ibn Shem Tov, de Crescas et d'Abrabanel*, Vilna, 1904, repr. Jérusalem, 1960.

Sassoon, S. D., ed., *Commentarium in Mishnam, Corpus codicum hebraicorum medii aevi*, 5 vol., Copenhague, 1956.

Schlossberg, L., *Sefer Moré ha-nevukhim*, traduction hébraïque de Salomon al-Harizi, 1re partie, Londres, 1851 ; 2e et 3e parties, Vienne 1876, 1879 ; reproduit avec des notes de B. Sheyer et de S. Munk, Tel-Aviv, 1953.

Sermoneta, G., *Un glossario filosofico ebraico-italiano del XIII secolo*, Rome, 1969.

Shailat, I., « Iggeret ha-Rambam el Rabbi Shemuel Ibn Tibbon be'iynyyanei tirgum ha-moreh » (en hébreu), dans *Studies in Memory of R. Yitzhak Nissim*, ed. M. Benayahu, Jérusalem, 1988, pp. 253-290.

Shailat, I., *The Letters and Essays of Moses Maimonides*, third printing including additional letters, addenda and corrigenda (en hébreu), Jérusalem, 1995.

Shem Tov b. Joseph ibn Falaquera, *Moreh ha-Moreh,* ed. M. Bisliches, Presbourg, 1837, repr. *Shlosha qadmoney mefareshey ha-moré*, Jérusalem, 1961.

Shem Tov b. Joseph ibn Falaquera, *Moreh ha-Moreh,* Critical Édition. Introduction and Commentary by Y. Shiffman, Jérusalem, 2001.

Stern, S.M., « Ten autographs by Maimonides - fragments of medical works, responsa, letters and prescriptions », dans *Maimonidis Commentarius in Mishnam*, R. Edelmann ed., Part I, 1966, pp. 11-29.

Stroumsa, S., *The Beginnings of the Maimonidean Controversy in the East : Yosef Ibn Shim'eon's Silencing Epistle Concerning the Resurrection of the Dead*, Jérusalem, 1999.

Yellin, D., « Deux pages de l'autographe de Maïmonide » (en hébreu), Tarbiz 1, 1929-1930, pp. 93-106.

Catalogues, bibliographies et dictionnaires

Ben-Shammai, B., « Twenty-five years of Research on Maimonides, Bibliography » (en hébreu), *Maimonidean Studies*, 2, 1991, pp. 17-42.

Bobichon, Ph., *Bibliothèque nationale de France, Hébreu 669 à 703. Manuscrits de théologie*, Turnhout, 2008.

Catalogue de la Collection Jack Mosseri, édité par l'Institut des manuscrits microfilmés hébraïques avec le concours de nombreux spécialistes, Jérusalem, 1990.

Di Donato, S., *Bibliothèque nationale de France, Hébreu 214 à 259. Commentaires bibliques*, Turnhout, 2010.

Klatzkin, J., *Thesaurus philosophicus linguae hebraicae*, New York, 1968.

Kellner, M., « Select bibliography of studies on Maimonides, 1991- », *Jewish History*, 18, 2004, Guest ed. M. Kellner, pp. 243-289.

Lachterman, D.R., « Maimonidean Studies 1950-1986 : A Bibliography », *Maimonidean Studies*, 1, 1990, pp. 197-216.

Langermann, Y.T., « The India Office Manuscript of Maimonides' *Guide* : the earliest complete copy in the Judeo-Arabic original », *British Library Journal*, 21, 1 (1995), pp. 66-70.

Riegler, M., « Bibliografia shel bibliografiot » (en hébreu), *Sinai*, 135-36, 2004, pp. 456-471.

Études

Abrahams, I., *Hebrew Ethical Wills*, Philadelphie, 1954.

Allony, N., *The Jewish Library in the Middle Ages. Book Lists from the Cairo Genizah* (en hébreu), Jérusalem, 2006.

Assaf, S., compte rendu du livre de S.H. Atlas, *A section from Yad ha-Hazakah of Maimonides* dans *Kiryat Sefer*, 18, 1941-42, pp. 150-155.

Bataillon, L. J., « L'activité intellectuelle de la première génération », dans *Lector et compilator, Vincent de Beauvais, frère prêcheur, un intellectuel et son milieu au XIIIe siècle*, éd. S. Lusignan et M. Paulier-Foucart (Rencontres à Royaumont), 1997, pp. 9-19.

Bataillon, L. J., « Le letture dei maestri dei Frati Predicatori », *Libri, Biblioteche e letture dei frati mendicanti (secoli XIII-XIV)*, Centro italiano di Studi sull'alto medioevo, Atti del XXXII Convegno internationale, Assise, 2004, Spolète, 2005.

Badawi, A., « Méprises au sujet de Maïmonide », dans *Délivrance et fidélité, Maïmonide, textes du colloque tenu à l'Unesco en décembre 1985 à l'occasion du 850e anniversaire du philosophe*, Paris, 1987, pp. 47-54.

Baneth, D.H., « Ha-Rambam kemetargem divrey 'atsmo » (Maïmonide traduisant lui-même ses œuvres, en hébreu), *Tarbiz*, 23, 1952, pp. 170-191.

Beit-Arié, M., *Hebrew Codicology*, 2nd ed., Jérusalem, 1981.

Beit-Arié, M., « *Genizot* : depositories of consumed books as disposing procedure in Jewish society », *Scriptorium*, 50, 1996, pp. 407-414.

Beit-Arié, M., *Hebrew Manuscripts of East and West. Towards a comparative codicology*, Londres, 1992.

Beit-Arié, M.E. Engel, *Specimens of Medieval Hebrew Scripts. Volume II : Sefaradic Scripts*, Jérusalem, 2002.

Berman, L.V., « The structure of *Maimonides' Guide of the Perplexed* », *Proceedings of the Sixth World Congress of Jewish Studies*, division 3, Jérusalem, 1977, pp. 7-13.

Berman, L.V., « Maimonides on the Fall of Man », *Israel Oriental Studies*, 4, 1974, pp. 1-15.

Berman, L.V., « Maimonides, the disciple of Alfârabî », *Association of Jewish Studies Review*, 5, 1980, pp. 154-178.

Blau, J., *A Grammar of Medieval Judaeo-Arabic*, The Magness Press, Jérusalem ,1953.

Blau, J., « Analyse grammaticale de la langue arabe de Maïmonide dans ses *Questions et réponses* » (en hébreu : *Seqirah dikdukit shel ha-lashon ha-'aravit shebeshe'elot u-teshuvot ha-Rambam*), dans *R. Moses b. Maimon. Responsa*, ed. J. Blau, 3, Jérusalem, 1969, pp. 61-116.

Blau, J., *The Emergence and Linguistic Background of Judeo-Arabic*, 2nd ed., Jérusalem, 1981.

Blau, J., « Medieval Judeo-Arabic », dans *Studies in Middle Arabic and its Judeo-Arabic Variety*, Jérusalem, 1988, pp. 121-194.

Blau, J., *A Dictionary of Mediaeval Judaeo-Arabic Texts*, The Israel Acadamy of Sciences and Humanities, Jérusalem, 2006.

Botwinick, A., « Skeptical Motifs Linking Together Maimonides' *Guide* and his *Mishneh Torah*», dans *The Trias of Maimonides*, ed. G. Tamer, Berlin-New York, 2005, pp. 151-172.

Buijs, J.A., « Is the Negative Theology of Maimonides Intelligible ? », *Torah and Wisdom*, ed. R. Link-Salinger, New York, 1992, pp. 9-15.

Chapira, B., « Un autographe de Maïmonide, fragment d'un commentaire arabe inédit sur le *Michné Tora*», *Revue des études juives*, 99, 1935, pp. 8-13.

Davidson, H.A., *Alfarabi, Avicenna and Averroès on Intellect*, Oxford, 1992.

Davidson, H.A., *Moses Maimonides, The Man and His Works*, Oxford, 2005.

Déroche, F., avec la collaboration de A. Berthier *et alii*, *Manuel de codicologie des manuscrits en écriture arabe*, Paris, 2000.

Diesendruck, Z., « Samuel and Moses Ibn Tibbon on Maimonides' Theory of Providence », *Hebrew Union College Annual*, 11, 1936, pp. 341-366.

Diesendruck, Z., « On the date of the Completion of the Moreh Nebukim », *Hebrew Union College Annual*, 12-13, 1937-1938, pp. 461-497.

Eisenmann, E., « The Term "Created Light" in Maimonides' Philosophy », *Daat*, 55, 2005, pp. 41-57.

Endress, G., « Reading Avicenna in the Madrasa : Intellectual Genealogies and Chains of Transmission of Philosophy and the Sciences in the Islamic East », *Arabic Theology, Arabic Philosophy. From the Many to the One : Essays in Celebration of R.M. Frank*, ed. J.E. Montgomery, Louvain-Paris-Dudley (Mass.), 2006, pp. 171-422.

Fraenkel, C., *From Maimonides to Samuel ibn Tibbon ; The Transformation of the Dalâlat al-Ḥâ'irîn into the Moreh ha-nevukhim* (en hébreu, résumé anglais pp. VI-XIV), Jérusalem, 2007.

Fraenkel, C., « A New Examination of the Attribution to Samuel ibn Tibbon of Two Collections of Glosses on the *Guide of the Perplexed* and of a Commentary on the *Account of the Beginning* with an Appendix Containing a Partial Edition of the Commentary » (en hébreu), *Alei Sefer*, 20, 2008, pp. 57-80.

Freudenthal, G., « Pour le dossier de la traduction latine médiévale du *Guide des égarés* », *Revue des études juives*, 1988, pp. 167-172.

Friedmann, M.A., « New Fragments from the Genizah of Maimonides' Responsa » (en hébreu), dans *Hebrew and Arabic Studies in Honour of Joshua Blau*, ed. H. Ben-Shammai, Jérusalem, 1993, pp. 443-462.

Geoffroy, M., *Averroès. L'Islam et la raison,* Paris, 2000.

Geoffroy, M., « L'almohadisme théologique d'Averroès (Ibn Rushd) », *Archives d'histoire doctrinale et littéraire du Moyen Âge*, 66, 1999, pp. 9-47.

Geoffroy, M., « Ibn Rushd et la théologie almohadiste : une version inconnue du *Kitab al-Kasf 'an manahig al-adilla* dans deux manuscrits d'Istanbul », *Medioevo*, 26, 2001, pp. 328-356.

Geoffroy, M., « À propos de l'almohadisme d'Averroès : l'anthropomorphisme (*tagsim*) dans la seconde version du *Kitab al-Kasf 'an manahig al-adilla*», dans *Los Almohades : Problemas y Perspectivas*, eds. P. Cressier, M. Fierro et L. Molina, vol. 2, 2005, pp. 853-894.

Glasner, R., *Averroes' Physics*, Oxford, 2009.

Goitein, S.D., *A Mediterranean Society as Portrayed in the Documents of the Cairo Genizah*, 5 vol., Los Angeles, 1967-1988.

Goitein, S.D., *From the Land of Sheba, Tales of the Jews of Yemen*, New and Revised Edition, New York, 1973.

Goitein, S.D., « Moses Maimonides, Man of Action, a Revision of the Master's Biography in Light of the Genizah Documents », dans *Hommage à Georges Vajda,* éds. G. Nahon et C. Touati, Louvain, 1980, pp. 155-167.

Gutwirth, E. and Motis Dolader, M.A. « Twenty-six Jewish Libraries from Fifteenth-Century Spain », *The Library*, Series 6, vol. 18, 1996, pp. 27-53.

Halkin, A. S., « The Medieval Jewish Attitude Toward Hebrew », dans *Biblical and Other Studies*, ed. A. Altmann, Cambridge (Mass.), 1963, pp. 233-248.

Harvey, S., « Maimonides in the Sultan's Palace », dans *Perspectives on Maimonides, Philosophical and Historical Studies*, ed. J. L. Kraemer, Portland (Oregon), 1996, pp. 47-75.

Harvey, W. Z., « How to Begin to Study the *Guide of the Perplexed* », dans *Daat*, 21, 1988 (en hébreu), pp. 5-24.

Harvey, W. Z., « Levi ben Abraham of Villefranche's Controversial Encyclopedia », dans *The Medieval Hebrew Encyclopedia of Science and Philosophy*, ed. S. Harvey, Dordrecht, 2000, pp. 177-188.

Harvey, W. Z., « The *Mishneh Torah* as a key to the Secrets of the *Guide* », *Me'ah She'arim, Studies in Medieval Jewish Spiritual Life in Memory of Isadore Twersky*, eds. E. Fleischer, G. Blidstein, C. Horowitz, B. Septimus, 2001, pp. 11-28.

Hasselhof, G. K., « Maimonides in the Latin Middle Ages : An Introductory Survey », *Jewish Studies Quaterly*, 9, 2002, pp. 1-20.

Hasselhof, G. K., « Zur Problematik kritischer ausgaben der Schriften von Moses Maimonides », *Bulletin de philosophie médiévale*, 46, 2004, pp. 39-53.

Hopkins, S., « The Languages of Maimonides », dans *The Trias of Maimonides*, ed. G. Tamer, Berlin-New York, 2005, pp. 85-107.

Humbert, G., « Le *ǧuz'* dans les manuscrits arabes médiévaux », dans *Scribes et manuscrits du Moyen-Orient*, sous la direction de F. Déroche et F. Richard, Paris 1997, pp. 77-86.

Hyman, A., « Maimonides on Religious Language », dans, *Perspectives on Maimonides*, J. L. Kraemer ed., 1996, pp. 175-191.

Idel, M., *Language, Torah, and Hermeneutics in Abraham Abulafia*, New York, 1989.

Idel, M., *Maïmonide et la mystique juive*, Paris, 1991.

Imbach, R., « Alcune precicazioni sulla presenza di Maïmonide in Tomasso d'Aquino », dans *Instituto San Tommaso Studi*, Rome, 1995, pp. 48-64.

Jospe, R., « Negating Moral Virtue as the Ultimate Human End » (en hébreu), *Jerusalem Studies in Jewish Thought*, vol. V, 1985, pp. 93-112.

Jospe, R., *Torah and Sophia : The Life and Thought of Shem Tov Ibn Falaquera*, Cincinnati, 1998 (1988a).

Jospe, R., « The number and Division of Chapters in *The Guide of the Perplexed* » (en hébreu), dans *Shlomo Pines Jubilee Volume*, Part I, *Jerusalem Studies in Jewish Thought*, VII, 1988, pp. 387-397 (1988b).

Kahle, P. E., *The Cairo Genizah*, Londres, 1947, repr. Munich, 1980.

Kasher, H., « Is there an early stratum in the *Guide of the Perplexed* ? », *Maimonidean Studies*, 3, 1995, pp. 105-129.

Kaufmann, D., « Le Neveu de Maïmonide », *Revue des études juives*, 7, 1883, pp. 152-153.

Kellner, M., « Maimonides on the science of the *Mishneh Torah* provisional or permanent », *Association of Jewish Studies Review*, 18, 1993, pp. 169-194.

Kellner, M., *Maimonides' Confrontation with Mysticism*, Oxford-Portland (Orégon), 2006.

Kellner, M., « Maimonides' Critique of the Rabbinical Culture of His Day », *Rabbinic Culture and Its Critics*, 2008, D. Frank et M. Goldish eds, Détroit, pp. 83-116.

Kellner, M., *Science in the Bet Midrash Studies in Maimonides*, Brighton (É.-U.), 2009.

Khan, G., *Karaite Bible Manuscripts from the Cairo Genizah*, Cambridge, 1990.

Khan, G., *Arabic Legal and Administrative Documents in the Cambridge Genizah Collections*, Cambridge, 1993 (1993a).

Khan, G., « On the question of script in Medieval Karaite Manuscripts : New Evidence from the Genizah », *Bulletin of the John Rylands University Library of Manchester*, 75, 3, 1993, pp. 133-141 (1993b).

Klein-Braslavy, S., *Maimonides' Interpretation of the Story of Creation* (en hébreu), Jérusalem, 1978.

Klein-Braslavy, S., *Maimonides' Interpretation of the Adam Stories in Genesis. A Study in Maimonides Anthropology* (en hébreu), Jérusalem, 1986.

Kraemer, J.L., « Maimonides' Letters Yield Their Secrets », *Genizah Fragments 18* (octobre 1988), p. 3.

Kraemer, J.L., « Two letters of Maimonides from the Cairo Genizah », *Maimonidean Studies*, 1, 1990, pp. 87-98.

Kraemer, J.L. ed., *Perspectives on Maimonides, Philosophical and Historical Studies*, Londres, 1996.

Kraemer, J.L., « Maimonides and the Spanish Aristotelian School », dans *Christians, Muslims and Jews in Medieval and Early Modern Spain*, eds. M.D. Meyerson and E.D. English, 1999, pp. 40-68.

Kraemer, J.L., « How (not) to read the *Guide of the Perplexed* », dans *Jerusalem Studies in Arabic and Islam*, 32, 2006, pp. 351-409.

Kreisel, H., M*aimonides' Political Thought*, New York, 1999.

Kreisel, H., *Prophecy. The History of an Idea in Medieval Jewish Philosophy*, Dordrecht, 2001.

Hamesse, J. et O. Weijers (éd.), *Écriture et réécriture des textes philosophiques médiévaux*, volume d'hommage offert à Colette Sirat, Turnhout, 2006.

Langermann, Y.T., « Cultural Contacts of the Jews of Yemen », dans *Contacts between Cultures. West Asia and North Africa*. 1, 1992, ed. A. Harrak, pp. 281-285.

Langermann, Y.T., « Some Issues relating to Astronomy in the Thought of Maimonides » (en hébreu), *Daat*, 37, 1996, pp. 107-117.

Langermann, Y.T., « The True Perplexity : *The Guide of the Perplexed*, Part II, Chapter 24 », dans *Perspectives on Maimonides, Philosophical and Historical Studies*, Londres, Portland (Orégon), 1996, pp. 159-174 (1996a).

Langermann, Y.T., « Arabic Writings in Hebrew Manuscripts : A Preliminary Relisting », *Arabic Sciences and Philosophy*, 6, 1996, pp. 137-160 (1996b).

Langermann, Y.T., « A New Source for Samuel Ibn Tibbon's Translation of *The Guide of the Perplexed* and His Notes on it » (en hébreu), *Pe'amim*, 72, 1997, pp. 51-74.

Langermann, Y.T., « Maimonides and Astronomy, Some Further Reflections », *The Jews and the Sciences in the Middle Ages*, 1999, article IV.

Langermann, Y.T., « Supplementary List of Manuscripts and Fragments of *Dalâlat al-Ḥâ'irîn*», *Maimonidean Studies,* 4, 2000, pp. 31-37.

Langermann, Y.T., « Maimonides and the Sciences », *Cambridge Companion to Medieval Jewish Philosophy,* D. Frank ed., Cambridge, 2003, pp. 157-175.

Langermann, Y.T., « L'œuvre médicale de Maïmonide : un aperçu général », dans *Maïmonide, philosophe et savant (1138-1204)*, éd. T. Levy et R. Rashed, Louvain, 2004, pp. 275-302.

Marx, A., « The correspondance between the Rabbis of Southern France and Maimonides about Astrology », *Hebrew Union College Annual*, 3, 1926, pp. 311-358.

Marx, A., « Texts by and about Maimonides », *Jewish Quaterly Review*, n.s. 25, 1935, pp. 371-428.

Meyerhof, M., « The Medical Work of Maimonides », dans *Essays on Maimonides, An Octocentennial Volume*, ed. S.W. Baron, New York, 1941, pp. 265-299.

Munk, S., *Mélanges de philosophie juive et arabe*, nouvelle édition, Paris, 1955.

Munk, S., *Notice sur Joseph ben-Iehouda ou Aboul 'Hadjadj Yousouf ben Ha'hya al-Sabti al-Maghrebi, disciple de Maïmonide*, Paris, 1842.

Nuriel, A., « The concept of Satan in the *Guide of the Perplexed* » (en hébreu), dans *Jerusalem Studies in Jewish Thought*, 5, 1986, pp. 83-91.

Olander, M., *Les Langues du Paradis*, Paris, 1989.

Olzsowy-Shlanger, J., « Learning to read and write in Medieval Egypt : children's exercice books from the Cairo Genizah », *Journal of Semitic Studies*, 48, 2003, pp. 47-69.

Outhwaite, B., « Maimonides autographs linked », *Genizah Fragments*, 48, octobre 2004.

Pedersen, J., *The Arabic Book*, Princeton, 1984.

Pines, S., « Les limites de la métaphysique selon Al-Fârâbî, Ibn Bâjja et Maïmonide : sources et antithèses de ces doctrines chez Alexandre d'Aphrodise et chez Thémistius » (1981), repris dans *Studies in the History of Jewish Thought, The Collected Works of Shlomo Pines*, vol. V, eds. W.Z. Harvey and M. Idel, Jérusalem, 1997, pp. 432-446.

Pines, S., « The Limitations of Human Knowledge according to Al-Fârâbî, Ibn Bâjja and Maimonides » (1979), repris dans *Studies in the History of Jewish Thought, The Collected Works of Shlomo Pines*, vol. V, eds. W.Z. Harvey and M. Idel, Jérusalem, 1997, pp. 404-431.

Pines, S., « Le discours théologico-philosophique dans les œuvres halachiques de Maïmonide comparé avec celui du *Guide des égarés* » (1986), repris dans *Studies in the History of Jewish Thought, The Collected Works of Shlomo Pines*, vol. V, eds. W.Z. Harvey and M. Idel, Jérusalem, 1997, pp. 457-462.

Pines, S., « The Philosophical Purport of Maimonides' Halachic Works and the Purport of *The Guide of the Perplexed* » (1986), repris dans *Studies in the History of Jewish Thought, The Collected Works of Shlomo Pines*, vol. V, eds. W.Z. Harvey and M. Idel, Jérusalem, 1997, pp. 463-473.

Pines, S., « Truth and Falsehood Versus Good and Evil. A Study in Jewish and General Philosophy in Connection with the *Guide of the Perplexed*, I, 2 », dans *Studies in Maimonides*, ed. I. Twersky, Harvard University Press, 1990, pp. 95-157.

Pines, S., « A Conference on the *Guide of the Perplexed* of Maimonides » (article posthume), *Iyyun*, 47, 1998, pp. 115-128.

Rabin, C., « Hebrew and Arabic in Medieval Jewish Philosophy », dans *Studies in Jewish and Intellectual History presented to Alexander Altman*, eds. S. Stein and R. Loewe, Alabama, 1979, pp. 235-244.

Ravitzky, Aviezer, « The Secrets of Maimonides between the Thirteenth and the Twentieth Centuries », dans *History and Faith. Studies in Jewish Philosophy*, Amsterdam, 1996, pp. 246-303.

Ravitzky, Aviram, « Maimonides' Theory of Language : Philosophy and Halakhah » (en hébreu, résumé anglais), *Tarbiz*, 76, 2008, pp. 185-231.

Rawidowicz, S., « The Structure of the Moreh Nebuchim » (en hébreu), *Tarbiz*, 6 (1935), pp. 285-333 ; repris dans *Likkutei Tarbiz V, Studies in Maimonides, A Reader*, Jérusalem, 1985, pp. 41-89.

Regev, S., « Collective Revelation and Mount Sinai : Maimonides and his Commentators » (en hébreu), dans *Shlomo Pines Jubilee Volume*, Part II, *Jerusalem Studies in Jewish Thought*, IX, 1990, pp. 251-265.

Reif, S.C., *A Jewish Archive from old Cairo. The History of Cambridge University's Genizah Collection*, Richmond (Surrey), 2000.

Robelin, J., *Maïmonide et le langage religieux*, Paris, 1991.

Robinson, J.T., « Samuel Ibn Tibbon's Theory of Tranlation and its Relation to Arabic Sources », *Alei Asor, Proceedings of the Tenth Conference of the Society for Judeo-Arabic Studies*, eds. D.J. Lasker and H. Ben-Shammai, Beer-Sheva, 2008, pp. 249-268.

Rosenthal, F., « From Arabic Books and Manuscripts : A One-Volume Library of Arabic Philosophical and Scientific Texts in Istanbul », *Journal of Arabic and Oriental Studies*, 75, 1955, pp. 12-23.

Roux, G., *Du prophète au savant : l'horizon du savoir chez Maïmonide*, Paris, 2010.

Rubio, M., *Aquinas and Maimonides on the Possibility of the Knowledge of God*, Dordrecht, 2006.

Sassoon, S.D., *Maimonidis Commentaries in Mishnam*, introduction au vol. I, Hafniae, 1956, réédition revue et corrigée : *A comprehensive Study of the Autograph Manuscript of Maimonides' Commentary to the Mishnah*, Jérusalem, 1990.

Saliba, G., « Les théories planétaires en astronomie arabe après le XIe siècle », *Histoire des sciences arabes*, éd. R. Rashed, Paris, 1997.

Sedan, J., « Genizah and Genizah-like practices in Islamic and Jewish Traditions », *Bibliotheca Orientalis*, 43, pp. 36-58.

Shiffman, Y., « On Different Ways of Translating the *Guide of the Perplexed* and its Philosopical Meaning » (en hébreu), *Tarbiz*, 65, 1996, pp. 263-275.

Shiffman, Y., « The Differences between the Translations of Maimonides' *Guide of the Perplexed* by Falaquera, Ibn Tibbon and Al-Harizi and their Textual and Philosophical Implications », *Journal of Semitic Studies*, 44, 1999, pp. 47-61.

Sirat, C., *Les Théories des visions surnaturelles dans la pensée juive du Moyen Âge*, Louvain, 1969.

Sirat, C., avec la collaboration de M. Dukan, *Écritures et civilisations*, Paris, 1976.

Sirat, C., *La Lettre hébraïque et sa signification*, avec L. Avrin, *Micrography as Art*, Paris-Jérusalem, 1981.

Sirat, C., « Maïmonide, leader politique », dans *Délivrance et fidélité. Maïmonide, textes du colloque tenu à l'Unesco en décembre 1985 à l'occasion du 850e anniversaire du philosophe*, Paris, 1987, pp. 101-113.

Sirat, C., *La Philosophie juive médiévale en terre d'islam*, Paris, 1988.

Sirat, C., « Pour quelle raison trouve-t-on au Moyen Âge des quinions et des quaternions ? Une tentative d'explication », dans *Recherches de codicologie comparée*, textes édités par P. Hoffmann, Paris, 1998, pp. 131-135.

Sirat, C., « Une liste de manuscrits préliminaire à une nouvelle édition du *Dalâlat al-Ḥa'irîn* », *Archives d'histoire doctrinale et littéraire du Moyen Âge*, LVIII, 1991, pp. 9-29 ; repris dans *Maimonidean Studies*, 2000, pp. 109-133.

Sirat, C., *Hebrew Manuscripts of the Middle Ages*, ed. and trans. N. De Lange, Cambridge, 2002.

Sirat, C., *Writing as Handwork. A History of Handwriting in Mediterranean and Western Culture*, Turnhout, 2006.

Sonne, J., « Maimonides' Letter to Samuel b. Tibbon according to an Unknown Text in the Archives of the Jewish Community of Verona » (en hébreu), *Tarbiz*, 10 (1939), pp. 135-154, 309-332, repris dans *Likkutei Tarbiz V, Studies in Maimonides, A Reader*, Jérusalem, 1985, pp. 265-308.

Stein, S. and Loewe, R. eds., *Studies in Jewish and Intellectual History presented to Alexander Altman*, Alabama, 1979.

Steinschneider, M., « Moré meqom ha-moré » (recueil des poésies en l'honneur du *Guide des égarés*), *Kovez al Yad*, 1, Berlin, 1885, pp. 1-32 ; 2, 1886, pp. 33-36.

Steinschneider, M., *Die hebraeischen übersetzungen des mittelalters und die Juden als dolmetscher*, Berlin, 1893, repr. Graz, 1956 (Hüb).

Stern, J., « Language and the Science of Language », *Maimonides and the Sciences*, eds. R.S. Cohen and H. Levine, Dordrecht, Boston, Londres, pp. 173-226.

Stern, S.M., « Maimonides' Correspondence with the Scholars of Provence » (en hébreu), *Zion*, 16, 1951, pp. 18-29.

Strauss, L., « The Literary Character of the *Guide for the Perplexed* », *Persecution and the Art of Writing*, Glencoe, Ill, 1952, pp. 33-94 ; traduit en français par O. Berrichon-Sedeyn, *La Persécution et l'art d'écrire*, Paris, 1952, pp. 75-144.

Strauss, L., « How to begin to study the *Guide of the Perplexed* », an introductory essay to the translation into English by S. Pines : *The Guide of the Perplexed*, 1963, pp. XI-LVI.

Strauss, L., « On the Plan of the Guide of the Perplexed », *Harry Austin Wolfson Jubilee Volume*, ed. S. Lieberman *et alii*, Jérusalem, 1965, English sec., pp. 775-792.

Stroumsa, S., « Was Maimonides an Almohad Thinker ? » (en hébreu), *Alei Asor, Proceedings of the Tenth Conference of the Society for Judeo-Arabic Studies*, eds. D.J. Lasker and H. Ben-Shammai, Beer-Sheva, 2008, pp. 151-171.

Stroumsa, S., « Philosophes almohades ? Averroès, Maïmonide et l'idéologie almohade », *Los Almohades : Problemas y Perspectivas*, eds. P. Cressier, M. Fierro et L. Molina, vol. 2, 2005, pp. 1137-1162.

Stroumsa, S., *Maimonides in His World. Portrait of a Mediterranean Thinker*, Princeton University Press, 2009.

Touati, C., « La littérature rabbinique », *Prophètes, talmudistes, philosophes*, Paris, 1990, pp. 23-58.

Touati, C., « La controverse de 1303-1306 autour des études philosophiques et scientifiques », *Prophètes, talmudistes, philosophes*, Paris, 1990, pp. 201-217.

Vajda, G., « Un abrégé chrétien du *Guide des égarés* de Moïse Maïmonide », *Journal asiatique*, 1960, pp. 115-136.

Vajda, G., *Recherches sur la philosophie et la kabbale dans la pensée juive du Moyen Âge*, Paris-La Haye, 1962.

Vajda, G., « À propos d'une citation non identifiée d'Al-Fârâbî dans le *Guide des égarés* », *Journal asiatique*, 1965, pp. 43-50.

Wolfson, H.A., « The Amphibolous Terms in Aristotle, Arabic Philosophy and Maimonides », *Studies in the History of Philosophy and Religion*, vol. I, eds. I. Twersky and G.H. Williams, Cambridge (Mass.), 1973, pp. 455-477.

Yardeni, A., *The Book of Hebrew Script*, Jérusalem, 1997.

Yellin, D., and Abrahams, I., *Maimonides. His Life and Works*. Third, Revised Edition by J. Dienstag, New York, 1972.

Zwiep, I.E., *Mother of Reason and Revelation. A Short History of Jewish Linguistic Thought*, Amsterdam, 1997.

Origine des illustrations

Les illustrations 5 et 8 à 20 sont reproduites avec l'aimable permission des Syndics de la Bibliothèque universitaire de Cambridge.
Les illustrations 6 et 7 (Adler Collection, ENA 31985, f. 1r-v) le sont avec l'aimable permission de la Bibliothèque du Jewish Theological Seminary.
Les fragments B 2597 et B 4094, partie des illustrations 16 et 17 (Manchester, John Rylands University Library. Gaster Collection) ont aussi reçu une gracieuse autorisation de publication.
Nous remercions vivement ces bibliothèques de leur obligeance.

1. Une attestation de Maïmonide avec sa signature (Oxford, Bodleian Library, MS Hunt 80, fol. 165r), repris de S.D. Sassoon (1956) introduction au vol. I, planche XXIV.
2. Un brouillon du *Commentaire sur la Mishna* (Saint-Pétersbourg, Bibliothèque nationale de Russie, Antonin 1095).
3. L'écriture arabe de Maïmonide (Cambridge, University Library, Taylor Schechter Genizah Collection, T.-S. 12, 192v) repris de S.D. Sassoon (1956) introduction au vol. I, planche XXI.
4. Oxford, Bodleian Library, MS Poc. 295, Introduction à *Sanhédrin* (Traité *Neziqin*), repris de S.D. Sassoon (1956) vol. II, p. 301.
5. Cambridge, University Library, Taylor Schechter Genizah Collection, T.-S. NS 306. 252, fol. 1r.
6. New York, Jewish Theological Seminary, Adler Collection, ENA 31985, fol. 1r.
7. New York, Jewish Theological Seminary, Adler Collection, ENA 31985, fol. 1v.
8. Cambridge, University Library, Mosseri Collection, VIII, 35, fol. 1r.
9. Cambridge, University Library, Mosseri Collection, VIII, 35, fol. 1v.
10. Cambridge, University Library, Mosseri Collection, VIII, 35, fol. 2r.
11. Cambridge, University Library, Mosseri Collection, VIII, 35, fol. 2v.
12. Cambridge, University Library, Mosseri Collection, VIII, 24, 1, fol. 1r.
13. Cambridge, University Library, Mosseri Collection, VIII, 24, 1, fol. 1v.
14. Cambridge, University Library. Taylor Schechter Genizah Collection, T.-S. 10 Ka 4, leaf 1r.
15. Cambridge, University Library. Taylor Schechter Genizah Collection, T.-S. 10 Ka 4, leaf 1v.
16. Manchester, John Rylands University Library. Gaster Collection, B 2597 et B 4094. Cambridge, University Library. Taylor Schechter Genizah Collection, Or. 1081.2.44, fol. r.
17. Manchester, John Rylands University Library. Gaster Collection, B 2597 et B 4094. Cambridge, University Library. Taylor Schechter Genizah Collection, Or. 1081.2.44, fol. v.
18. Cambridge, University Library. Taylor Schechter Genizah Collection, T.-S. 10 Ka 4 leaf 2 r.
19. Cambridge, University Library. Taylor Schechter Genizah Collection, T.-S. 10 Ka 4, leaf 2v.
20. Cambridge, University Library. Taylor Schechter Genizah Collection, J 2. 39r.
21. Exemples des écritures cursives de style 1 et 2.
22. Exemples de l'écriture cursive de style 3.

Index des noms de personnes de l'Antiquité et du Moyen Âge

TABLE DES MATIÈRES

ACHEVÉ D'IMPRIMER
EN JANVIER 2012
PAR L'IMPRIMERIE
DE LA MANUTENTION
À MAYENNE
FRANCE
N° 817270A

Dépôt légal : 1er trimestre 2012